चन्द्रशेखर के विचार

भाषण एवं लेख

चन्द्रशेखर के विचार

भाषण एवं लेख

चन्द्रशेखर

सम्पादन

हरिवंश

कृपाशंकर चौबे

राजकमल प्रकाशन

संपादन सहयोग : अनिल अत्रि, अविनाश

ISBN : 978-81-267-0469-9

मूल्य : ₹895

पहला संस्करण : 2002
पहली आवृत्ति : 2022
This book is printed on **Print on Demand** Technology : 2026

प्रकाशक : राजकमल प्रकाशन प्रा. लि.
1-बी, नेताजी सुभाष मार्ग, दरियागंज
नई दिल्ली-110 002
शाखाएँ : अशोक राजपथ, साइंस कॉलेज के सामने, पटना-800 006
पहली मंजिल, दरबारी बिल्डिंग, महात्मा गांधी मार्ग, प्रयागराज-211 001
1, अनमोल सोराबजी सन्तुक लेन, धोबी तलाव, मरीन लाइंस, मुम्बई-400 002
वेबसाइट : www.rajkamalprakashan.com
ई-मेल : info@rajkamalprakashan.com

CHANDRASHEKHAR KE VICHAR
(Speeches and writings by Chandrashekhar)
Edited by Harivansh & Kripa Shanker Chaubey

वैचारिक रुझान के विविध आयाम

जब इस लेख और भाषण संग्रह के संपादकों ने मुझसे आग्रह किया कि मैं इसकी भूमिका लिखूँ, तो मेरी पहली प्रतिक्रिया यह थी कि इस काम के लिए मुझसे कोई बेहतर व्यक्ति चुना जाना चाहिए था। पर अंततः मैंने इस प्रस्ताव को स्वीकार किया और ऐसा करने के पीछे दो महत्त्वपूर्ण कारण मेरे सामने थे। मैंने जब लेखों पर निगाह दौड़ाई, तो पाया कि इसमें अनेक लेख तथा भाषण ऐसे हैं, जो सामान्यतः राजनेताओं के यहाँ कम ही पाए जाते हैं। उनमें से कई विषय मुझे ऐसे दिखाई पड़े, जिनमें इस देश के एक बुद्धिजीवी नागरिक के नाते मेरी खासी दिलचस्पी है। मैंने इन लेखों-भाषणों को पढ़ने के बाद यह पाया कि अनेक महत्त्वपूर्ण समस्याओं पर चन्द्रशेखर जैसे अत्यंत व्यस्त राजनेता ने जिस तरह, संकेत में ही सही, गंभीर मंतव्य प्रकट किए हैं, वह कई दृष्टियों से विचारणीय हैं।

प्रस्ताव स्वीकार का दूसरा कारण ज्यादा व्यक्तिगत है और वह यह कि चन्द्रशेखर देश के चाहे बड़े नेता हों, पर हमारी मिट्टी के हैं और हमारे सांसद भी। पिछले पच्चीस-तीस वर्षों से लगातार वे हमारे जनपद के लिए जिस तरह एक आकर्षण का केन्द्र बने रहे हैं, उसका कारण केवल राजनीतिक नहीं है, हालाँकि वह भी है। इन दोनों कारणों को ध्यान में रखकर मैंने यह तय किया कि परिश्रम से तैयार किए गए इस संकलन के लिए दो शब्द लिखूँ।

इस संग्रह की एक महत्त्वपूर्ण विशेषता मुझे यह लगी कि इसमें चन्द्रशेखर की वैचारिक दिलचस्पी के क्षेत्र का एक विलक्षण वैविध्य दिखाई पड़ता है। लेखक होने के नाते मेरे मन में यह आकर्षण पैदा हुआ कि मैं यहाँ संकलित 'लेखक : राष्ट्र की शक्ति' शीर्षक आलेख को उलटूँ-पलटूँ। वस्तुतः यह उनका लेख नहीं, बल्कि भाषण का अविकल रूप है। यहाँ चन्द्रशेखर ने भारतेंदु को स्मरण करते हुए जो पंक्तियाँ लिखी हैं, वे मुझे इसलिए उल्लेखनीय लगती हैं कि यहाँ एक बड़े नेता द्वारा साहित्य की महत्ता के बारे में जिम्मेवारी-भरी टिप्पणी की गई है। चन्द्रशेखर के वाक्य हैं—"हमें निराश होने की कोई जरूरत नहीं। जिस देश में भारतेंदु पैदा हो सकते हैं, वह देश कभी मरेगा नहीं।" साथ ही उन्होंने बलिया के ददरी मेले में दिए गए भारतेंदु के ऐतिहासिक भाषण का उल्लेख किया है और कुछ इस तरह किया है कि वह आज भी नए प्रस्थान का प्रेरणास्रोत बन सकता है। अचानक मेरी दृष्टि एक अन्य लेख पर पड़ी, जिसका शीर्षक है 'वैज्ञानिक प्रगति'। यह आलेख भारतीय विज्ञान कांग्रेस के 78वें अधिवेशन में पढ़ा गया था। मुझे यह बताने की आवश्यकता नहीं कि वर्तमान सत्ता-प्रतिष्ठान वैज्ञानिक प्रगति को पीछे ढकेलने के प्रयास में जुटा हुआ है। एक ऐसे समय में इस प्रश्न पर चन्द्रशेखर का विचार विशेष महत्त्व रखता है। हमारे देश में अपेक्षित वैज्ञानिक विकास के मार्ग की सबसे बड़ी बाधा क्या है, इस पर विचार करते हुए चन्द्रशेखर ने एक गंभीर टिप्पणी की है, "यह दुख की बात है कि अंधविश्वास और पुराने विश्वासों के कारण

बहुत-सी चीजें नहीं हो पातीं। हमारी सामाजिक प्रथा में कुछ कमियों के कारण हमारे वैज्ञानिक दृष्टिकोण का विस्तार नहीं हो पाता।'' वर्तमान संदर्भ में जबकि अंधविश्वासों को सांस्कृतिक जीवन में लौटाने की कोशिश की जा रही है, चन्द्रशेखर की टिप्पणी कितनी सामयिक और अर्थ-गर्भ है, यह कहने की आवश्यकता नहीं। इससे यह भी ध्वनित होता है कि इस पुस्तक का निर्माता वैज्ञानिक विकास के महत्त्व को आज भी, जबकि उनके विरुद्ध बहुत-से प्रश्नचिह्न खड़े किए जा रहे हैं, स्वीकार करता है और पूरे बलाघात के साथ स्वीकार करता है।

इधर बहुत से बुद्धिजीवियों और प्रगतिकामी विचारकों के भीतर एक नई चिंता यह पैदा हुई है कि हमारे देश में सार्वजनिक क्षेत्र का भविष्य निरंतर धूमिल होता जा रहा है और ऐसा एक गहरे षड्यंत्र के तहत सत्ता प्रतिष्ठान के द्वारा किया जा रहा है। ऐसे समय में चन्द्रशेखर का यह कहना कि ''हमें सार्वजनिक क्षेत्र की प्रणाली पर नए दृष्टिकोण से विचार करना होगा।'' और आगे यह कि ''हमें यह समझना होगा कि हमारे आर्थिक विकास के लिए सार्वजनिक क्षेत्र नितांत आवश्यक हैं'' अलग महत्त्व रखता है। मैं समझता हूँ कि इस टिप्पणी से चन्द्रशेखर के आर्थिक दृष्टिकोण पर समुचित प्रकाश पड़ता है। एक ऐसे समय में, जब जोर-शोर से विनिवेशीकरण की बात की जा रही हो, चन्द्रशेखर की यह बात और भी महत्त्वपूर्ण हो जाती है।

वैसे तो इस संकलन में अन्य अनेक टिप्पणियाँ ऐसी हैं, जो मुझे विचारणीय जान पड़ती हैं और शायद जिन पर लम्बी बहस भी की जा सकती है, पर मैं एक अभिलेख का खासतौर से उल्लेख करना चाहूँगा, जिसका शीर्षक है 'दार्शनिक-राजनेता हो ची मिन्ह'। मुझे यह दिलचस्प लगा कि चन्द्रशेखर की दृष्टि में हो ची मिन्ह केवल एक महान क्रांतिकारी नेता ही नहीं, दार्शनिक राजनेता भी हैं। चन्द्रशेखर ने अपनी इस टिप्पणी में उनके अनेक विचार-सूत्र उद्धृत किए हैं, जिनसे इस महान नेता के व्यक्तित्व पर तो प्रकाश पड़ता ही है, चन्द्रशेखर के वैचारिक रुझान को समझने में भी मदद मिलती है। मुझे यह विशेष रूप से महत्त्वपूर्ण लगा कि चन्द्रशेखर का ध्यान इस महान क्रांतिकारी नेता के एक अपेक्षाकृत कम लक्षित वैशिष्ट्य की ओर भी गया है और वह है हो ची मिन्ह का सर्जक व्यक्तित्व। साहित्य की दुनिया में यह तथ्य सुविदित है कि हो ची मिन्ह एक बड़े कवि भी थे और उनकी कविताएँ संघर्ष की भूमि से पैदा हुई थीं। चन्द्रशेखर ने इस आलेख को समेटते हुए उनकी चार बेहद मार्मिक पंक्तियाँ उद्धृत की हैं, जो इस प्रकार हैं—

शरीर सलाखों के पीछे हो सकता है,
आत्मा कभी कैद नहीं होने वाली।
उस बड़े काम को पूरा होने तक
यह लगन कभी हलकी नहीं पड़ने वाली

वियतनाम के क्रांतिकारी नेता हो ची मिन्ह का यह स्मरण इसलिए भी खासतौर से उल्लेखनीग है कि द्वरा इतिहास-निर्माता वियतनामी नेता ने साम्राज्यवाद के विरुद्ध लम्बा संघर्ष किया था। आज जबकि एकध्रुवीय विश्व की बात कही जाती है और अमरीका का एकछत्र प्रभामंडल लगभग पूरे विश्व में छाया हुआ है, तो हो ची मिन्ह जैसे नेता का स्मरण और वह भी तीसरी दुनिया के एक नेता के द्वारा, गहरा अर्थ रखता है।

—केदारनाथ सिंह

क्रम

कुछ अन्य महत्त्वपूर्ण भाषण

आलेख

प्रधानमंत्रित्व-काल के भाषण

बच्चों का उज्ज्वल भविष्य

आज यहाँ आकर अत्यंत प्रसन्नता का अनुभव हुआ। बेबसी, मायूसी और उदासी में बच्चों की मुस्कान देख कर एक नया भरोसा, एक नया विश्वास होता है, क्योंकि यही बच्चे कल के हिंदुस्तान को सुखमय और उज्ज्वल बनाने वाले हैं। हर बच्चे की मुस्कराहट के साथ हमें यही संदेश मिलता है कि यदि कोई भगवान है, तो वह मानवता से निराश नहीं हुआ है। इंसानियत ऊँचा उठेगी, प्यार-मोहब्बत के रास्ते एक उज्ज्वल भविष्य की ओर हम आगे जाएँगे, हर बच्चे की किलकिलाहट में, हर बच्चे के उत्साह में, हर बच्चे के साहस में हमें यही संदेश मिलता है।

लेकिन जहाँ बाल भवन जैसी संस्था बच्चों के अंदर छिपी हुई शक्ति को उजागर करने के लिए प्रयास कर रही है, जहाँ पर काम करने वाले लोग उनकी छिपी हुई शक्ति के जरिए कल का हिंदुस्तान बनाने की कोशिश कर रहे हैं और जिसके लिए वे हमारे बधाई के पात्र हैं, वहीं बरबस हमारा ध्यान उन करोड़ों बच्चों की ओर जाता है, जिनको जीवन की कोई सुविधा प्राप्त नहीं हुई है। दुनिया में आने वाले हर बच्चे को इस बात का अधिकार है कि समाज में उसे स्वस्थ रहने का अवसर मिले। कम से कम पीने का अच्छा पानी, स्वास्थ्य के लिए कुछ खाना-पीना, कुछ दूध और अगर बच्चा थोड़ा बड़ा हो जाए, तो उसकी शिक्षा का प्रबंध, बीमार पड़े, तो उसकी दवा का प्रबंध तो होना ही चाहिए। इतना इंतजाम, इतना प्रबंध करना तो समाज का कर्त्तव्य होता है। हमें दुःख के साथ कहना पड़ता है कि पंडित जवाहरलाल नेहरू जी की कल्पना को हम साकार नहीं कर सके। जिन बच्चों के चाचा ने नए भारत का इतिहास लिखना शुरू किया था, आज उन्हीं के भारत में बच्चे बेबस, लाचार और उपेक्षित हैं। इससे बड़ी लज्जा और शर्म की बात हमारे लिए कुछ भी नहीं हो सकती।

कहा जाता है, किस बात में प्राथमिकता दी जाए ? योजनाएँ बनती रही हैं और शायद बनती रहेंगी, लेकिन कोई भी समाज, कोई भी राष्ट्र, जो उन्नति के पथ पर जाना चाहता है—उसका पहला ध्यान बच्चों की ओर जाना चाहिए। बच्चे आज नहीं, तो 14-15-20 वर्षों के बाद इतिहास पर अपना पहला कदम रखेंगे। हम समता के समाज की बात करते हैं, हम पंडित जवाहरलाल नेहरू के सपनों का भारत बनाना चाहते हैं, लेकिन कभी हमने अपने दिल पर हाथ रखकर सोचा कि जो बच्चा किसी बड़े स्कूल में शिक्षा पाता है और जो बच्चा गाँव की किसी वीरान गली में माँ-बाप की झिड़की सुनता रहता है और कभी स्कूल का मुँह भी नहीं देखता है—वहाँ बीस वर्षों में भी क्या पचास वर्षों में भी हम समतामूलक समाज की स्थापना नहीं कर सकेंगे।

मैं शिक्षा सचिव जी से यह निवेदन करूँगा कि उनके साथ काम करने वाले प्रारंभिक

शिक्षा के जो हमारे अधिकारी हैं—हमारा पहला ध्यान उन छोटे बच्चों की ओर जाना चाहिए जिनके चेहरे पर मुस्कराहट लाना हमारा राष्ट्रीय कर्त्तव्य है। यह कोई हम उपकार नहीं कर रहे हैं, यह हम अपने कर्त्तव्यों का निर्वाह कर रहे हैं। आज जवाहरलाल जी के जन्मदिन पर बाल-दिवस मनाने का एक ही अर्थ होता है, वह यह कि हमारे विकास के और सब काम भले ही रुक जाएँ, लेकिन बच्चों के विकास के लिए हमारे साधनों में कोई कमी नहीं हो, ऐसा प्रयास हमें करना होगा। मैं बाल-भवन के अधिकारियों से कहूँगा कि आपने एक सराहनीय कार्य किया है। आपने बड़ा काम किया है, लेकिन यह बड़ा काम दिल्ली तक ही सीमित न रह जाए। मैं चाहूँगा कि यह काम देश के गाँवों तक जाए, देश के कोने-कोने तक जाए। पिछड़े इलाकों में हमारे जो भाई हैं, उनके मन में भी यह उत्साह बने। आज मेरे जैसा आदमी भी, जो बराबर देश के कोने-कोने में घूमता रहता है, बाल-भवन में यहाँ आकर बच्चों की कला को देख कर, उनके अंदर विकसित होती हुई शक्ति को देख कर एक नए विश्वास से भर जाता है। यदि बच्चों का यह कार्यक्रम देश के कोने-कोने में हो, तो न केवल बच्चों के जीवन को हम अधिक उज्ज्वल बनाएँगे बल्कि इस देश में निराशा का जो आज एक वातावरण है, जो लोगों के मन बुझ रहे हैं—उन बुझे हुए दिलों में एक नया विश्वास हम पैदा कर सकते हैं।

हमारे गाँव में कहा जाता है कि एक बूढ़ा, जो अपनी जिंदगी के कगार पर होता है, एक छोटे बच्चे की मुस्कान को देख कर उसकी जिंदगी कुछ दिनों के लिए बढ़ जाती है। यह पुरातन देश, विशाल सभ्यता-संस्कृति का हमारा यह देश, जहाँ बच्चों में समता का संदेश दिया गया है—हमारे नीतिकारों ने, हमारे शास्त्रकारों ने यह कहा है कि आदमी के बच्चे को तो छोड़ दीजिए, जो पशु-पक्षियों के बच्चों के साथ भी क्रूरता करता है, निर्दयता करता है, वह भी पाप का भागी होता है। जाने-अनजाने आज हम अपने मानव समाज के अपने ही बच्चों के साथ जिस निर्दयता का व्यवहार कर रहे हैं, शायद उसका एहसास हमें नहीं हो पाता। अगर यह एहसास हमको होता, तो आज गलियों में घूमते हुए बच्चे, आज रेल और सड़क पर भीख माँगते हुए बच्चे हमें बार-बार यह नहीं धिक्कार रहे होते कि कहाँ है तुम्हारे नए भारत का सपना, कहाँ है वो जवाहरलाल की कल्पना, कहाँ है वो गांधी की समता का समाज, कहाँ गया जयप्रकाश नारायण की संपूर्ण क्रांति का संदेश, कहाँ है वो आचार्य नरेन्द्र देव की शिक्षा पद्धति, जिसमें करोड़ों बच्चों को एक नया विश्वास, एक नया उत्साह मिल सके। आज के दिन इस बाल-दिवस के अवसर पर हम और आप मिल करके एक संकल्प करें—कोई बच्चा उपेक्षित, विवश और मजबूर नहीं रहेगा।

आज इन लड़के और लड़कियों ने जो अपनी क्षमता दिखाई है, यह क्षमता हमारी धरोहर है, हमारी आज की शक्ति है, कल की आशा है और इसी आशा के सहारे हम नया हिंदुस्तान बनाएँगे। आइए, संकल्प करें कि बच्चे एक नए भारत को बना सकेंगे। मैं आपको विश्वास दिलाता हूँ, पंडित जी के इस जन्मदिन पर उनकी जो कल्पना का भारत था, बच्चों के लिए जो भविष्य उन्होंने देखा था, उस भविष्य को साकार करने के लिए हम निरंतर प्रयास करेंगे। बच्चो, मैं तुमको अपना बहुत-बहुत आशीर्वाद, स्नेह और बहुत-बहुत शुभकामनाएँ देता हूँ।

बच्चों के लिए राष्ट्रीय संग्रहालय का उद्घाटन करते हुए दिया गया वक्तव्य;
नई दिल्ली, 14 नवम्बर, 1990

विकास की राह पर

मेरे देशवासियो, मैं यहाँ आज आपसे एक निवेदन करने आया हूँ। आप आज की शक्ति और कल की आशा हैं। आप ही के कंधों पर देश का सुनहरा कल टिका है। इससे इनकार नहीं किया जा सकता कि हम कठिन दौर से गुजर रहे हैं। आज देश के सामने जो सब से बड़ी समस्या है, वह यह है कि भारत के तमाम वर्गों के लोगों के जेहन में तमाम तरह की आशंकाएँ घर कर चुकी हैं। हमारा अल्पसंख्यक वर्ग इस बात को लेकर आशंकाग्रस्त है कि उसका जीवन असुरक्षित हो गया है। अनुसूचित जातियों और अनुसूचित जनजातियों को आशंका है कि वे प्रतिष्ठा का जीवन नहीं जी पा रही हैं। हमारे पिछड़े वर्गों को यह एहसास सता रहा है कि उन्हें समाज से वह नहीं मिल पा रहा, जिसके वे वास्तविक हकदार हैं। हमारे युवक-युवतियाँ महसूस करते हैं कि राष्ट्र के उत्पादन में योगदान का, साथ ही प्रतिष्ठित और सम्मानित जीवन व्यतीत करने का, उन्हें समुचित अवसर नहीं मिल पा रहा। विकास की राह में ये चंद प्रमुख समस्याएँ हैं, जो समाधान के लिए हमारा मुँह देख रही हैं। पिछले चार दशकों के दौरान हमारी भरसक कोशिशों के बावजूद सच्चाई यह है कि हम अपनी धरती से भूख, गरीबी और दरिद्रता का उन्मूलन आज तक नहीं कर सके हैं। यह दुर्भाग्यपूर्ण ही नहीं, शर्मनाक भी है।

प्रकृति ने हमें हरसंभव साधन उपलब्ध कराने में कतई कोताही नहीं बरती है। हमारे पास अति उर्वरा धरती, कृषि योग्य बढ़िया जलवायु और देश की समृद्धि और विकास के लिए आवश्यक सभी प्राकृतिक संसाधन उपलब्ध हैं। इन सबसे बढ़ कर हमारी सबसे बड़ी ताकत हमारे पारा मौजूद विशाल श्रमशक्ति है। हमारा कड़ी मेहनत करने वाला तबका—किसान और मजदूर—कड़ी मेहनत करने के बावजूद अपने और अपनी आने वाली पीढ़ी के भविष्य के लिए कुछ नहीं कर पा रहा है। हमारी जरूरत है कि अपने समाज के सबसे बड़े तबके—इस श्रम-शक्ति की हम चिंता करें, उसके हितों के बारे में विचार करें। नए भारत के निर्माण को लेकर अगर हम वाकई गंभीर हैं, तो हमें मानव-शक्ति में निवेश करना ही होगा। जब हम मनुष्य पर निवेश की बात करते हैं, तो हमारी सबसे पहली प्राथमिकता बच्चे होने चाहिए। हमारे देश में, देश ही क्यों, सारी धरती पर कहीं भी जन्म लेने वाले हरेक बच्चे को शुद्ध पेय जल, उसके समुचित विकास के लिए आवश्यक पोषाहार, प्राथमिक शिक्षा और प्राथमिक स्वास्थ्य सुविधाएँ उपलब्ध होनी चाहिए। यदि किसी भी बच्चे को ये सुविधाएँ उपलब्ध कराई जाएँ, तो इसकी कोई वजह नहीं कि वह बड़ा होकर एक आदर्श नागरिक के दायित्वों को पूरा नहीं कर सके।

जाति-व्यवस्था का वैधानिक तौर पर उन्मूलन किया जा चुका है, किन्तु दुर्भाग्यजनक

है कि व्यवहार में यह अभी भी लागू नहीं हो सका है। धार्मिक व जातिगत आधार पर आदमी-आदमी में भेद किया जाता है। हमारे जनमानस के इस वैचारिक स्तर को बदलने की जरूरत है। सिर्फ इसी तरीके से हम युवक-युवतियों को देश के विकास में उनके योगदान के लिए समान अवसर उपलब्ध करा सकेंगे। लेकिन इन कारणों पर ध्यान देने के पहले हमें इस सच्चाई को भी ध्यान में रखना होगा कि हमारे पास उपलब्ध संसाधन बहुत सीमित हैं। इसीलिए यह निहायत जरूरी है कि हमारा नजरिया इस मामले में पूरी तरह साफ हो कि मौजूदा संसाधनों का प्रयोग हमें किस तरह करना है—अपने लोगों की बुनियादी जरूरतों को पूरा करने में इन संसाधनों का उपयोग किया जाना है या फिर गिनती के चंद लोगों को ऐशो-आराम की जिंदगी मुहैया कराने में इन्हें गँवा देना है।

इन दो विकल्पों पर विचार कर इनमें से एक को चुनने और दूसरे को छोड़ देने के अलावा हमारे पास दूसरा कोई रास्ता नहीं है। महात्मा गांधी ने हमें संयम का पाठ पढ़ाया था। संयम से जीना नारा मात्र नहीं, यह आर्थिक रणनीति है। क्योंकि अपने लोगों के सहयोग के बिना हम उत्पादन में बढ़ोत्तरी नहीं कर सकते और बिना उत्पादन-वृद्धि के हम देश की संपत्ति को नहीं बढ़ा सकते। किसी भी लोकतांत्रिक समाज में लोगों का सक्रिय सहयोग तभी मिल सकता है, जब हम उन्हें यह भरोसा दिला सकें कि जो कुछ भी उनका उत्पादन होगा, उसका उपयोग उनके और उनकी आनेवाली पीढ़ी के बेहतर जीवन के लिए किया जाएगा, न कि चंद लोगों के ऐशो-आराम को पूरा करने के लिए।

मेरा उन सभी से, जिन्हें किसी भी रूप में विशेषाधिकार प्राप्त है, विनम्र निवेदन है कि देश को गरीबी से छुटकारा दिलाने में उनकी भागीदारी होनी चाहिए। मेरे कहने का यह अर्थ नहीं कि किसी को भी उसे प्राप्त सुविधाओं से वंचित किया जाए, बल्कि सिर्फ इतना ही है कि विशेषाधिकारप्राप्त लोग कड़ी मेहनत करने वाले लोगों को यह विश्वास दिलाएँ कि उनके तथा उनकी आने वाली पीढ़ियों के भविष्य को लेकर हम सभी चिंतित हैं और इसके लिए समूची आर्थिक रणनीति में बदलाव लाना होगा।

देश में इन दिनों उदारीकरण की बातें हो रही हैं। उदारीकरण आज की जरूरत है। मगर उदारीकरण लागू करने में सबसे बड़ी बाधा यह सवाल है कि उदारीकरण किसके लिए ? अगर उदारीकरण से आत्मोन्नति के प्रयासों को कोई धक्का नहीं पहुँचता है, अगर इसके सहारे लालफीताशाही और भ्रष्टाचार की जकड़न से समाज को मुक्त कराने में मदद मिलती है, तो इसका स्वागत है। लेकिन अगर इससे हमारे संसाधनों के दुरुपयोग की किसी तरह की आशंका है, तो ऐसे उदारीकरण को दूर से ही प्रणाम। हमें आज जरूरत इस बात को अच्छी तरह समझ लेने की है कि हम इस स्थिति में अभी नहीं पहुँच सके हैं, जहाँ हमें दूसरों की मदद की जरूरत नहीं हो। जहाँ तक तकनीकी मदद और विदेशी सहयोग का सवाल है, इसका स्वागत किया जाना चाहिए। मगर हमारी सोच इस दिशा में यह नहीं होनी चाहिए कि अधिकांश देश ऐसा कर रहे हैं, इसीलिए हम भी ऐसा ही करें। बल्कि हमारी सोच की दिशा यह हो कि इससे प्रगति और विकास के हमारे प्रयासों को नई ऊर्जा मिल सकेगी। लेकिन हमें अपने ही संसाधनों पर निर्भर करना होगा। आज हमारी अर्थव्यवस्था दलदल में फँस गई है, पर इस संभावना से इनकार नहीं किया जा सकता कि जनता के कठोर परिश्रम और उपलब्ध आर्थिक ढाँचे के बलबूते अपने देश को मौजूदा तंगहाली के

दौर और इससे उत्पन्न दुर्भाग्य की स्थिति से हम अभी भी उबार सकते हैं। मुझे विश्वास है कि इस बड़े कार्य में हमें अपनी जनता के सभी वर्गों का सक्रिय सहयोग मिलेगा। आज हमें सहयोग की जरूरत है—अपने उद्योगपतियों से, अपने व्यापारियों से और हर उस भारतीय से, जो देश के बाहर धनार्जन में लगा है। प्रत्येक भारतीय चाहे वह किसी भी देश की धरती पर रह रहा हो, देशभक्ति के मामले में एक समान है। संकट की इस घड़ी में हम उनकी सहायता और समर्थन चाहते हैं। साथ ही हम उन्हें आश्वस्त करना चाहते हैं कि देश की स्थिरता को लेकर अगर कोई आशंका की भावना उनके मन में है, तो उसे दफन कर देने की जरूरत है। देश आज भी बहुत ठोस धरातल पर खड़ा है और बहुत जल्द हम भी विश्व के दूसरे विकसित राष्ट्रों की बराबरी में अपने को खड़ा पाएँगे। लेकिन इसके लिए त्याग की जरूरत है और यह सब तभी संभव है जब हम आपसी टकराव से खुद को अलग रख सकें।

इनके अलावा भी देश के विकास की राह में कुछ बाधाएँ हैं। इनमें कश्मीर और पंजाब की समस्या वाकई चिंता की बात है। सुदूर दक्षिण में तमिलनाडु और पूर्वोत्तर में असम में कुछ समस्याएँ सिर उठा रही हैं। इन्हें सौहार्दपूर्ण तरीके से हल करना होगा, क्योंकि टकराव से नुकसान के सिवाय और कुछ हाथ नहीं आने वाला। दोहरा नुकसान है इसमें—देश का भी और टकराव के रास्ते पर चलने वालों का भी। युवाओं, खासकर हिंसा का रास्ता पकड़ चुके युवाओं से मेरी गुजारिश है कि वे महात्मा गांधी की इस धरती पर ऐसे अतिवादी तरीकों का सहारा छोड़ दें, क्योंकि अगर आप समस्याओं का समाधान चाहते हैं, तो आपको महात्मा गांधी के बताए शांति और अहिंसा के उन्हीं रास्तों पर चलना होगा, जिन पर चल कर उन्होंने इतने बड़े अंग्रेजी साम्राज्य को उखाड़ फेंका। लोगों की सामूहिक और संगठित इच्छाशक्ति के सहारे आप सब कुछ बदल सकते हैं। मैं समझता हूँ कि लोग यह महसूस करें, जैसा कि मैं स्वयं करता हूँ, कि मौत अपने आप में भयावह है—चाहे वह किसी आतंकवादी की गोली से हो, या फिर पुलिस की गोली से। हमारी सरकार पुलिस बल का प्रयोग नहीं करेगी, जब तक कि उसे ऐसा करने पर मजबूर नहीं किया जाए। आप सभी से मेरा निवेदन है कि आप हिंसा का रास्ता छोड़ दें और देश की मुख्यधारा में शामिल होकर अपना योगदान करें।

बाबरी मस्जिद-रामजन्मभूमि का विवाद है। मैं समझता हूँ कि हमें आपसी तालमेल और बातचीत से समाधान का रास्ता निकालना चाहिए। मेरा मानना है कि धर्म—चाहे कोई भी हो—टकराव की शिक्षा कभी नहीं देता, बल्कि भाईचारे से जीना सिखाता है। हिंदू धर्म ने तो सभी समस्याओं के हल के लिए मानवीय दृष्टिकोण और सबके प्रति दया और सहानुभूति की वकालत की है। धर्म के नाम पर हिंसा और मारकाट जघन्य अपराध है। मैं समझता हूँ कि लोग इस सच्चाई को समझेंगे कि जो कोई धार्मिक मामलों में आगे बढ़ना और जीवन के धार्मिक पक्ष का नेतृत्व करना चाहता है, राजनीति उसके लिए त्याज्य होनी चाहिए। आज हर कोई चाहता है कि राममंदिर का निर्माण अयोध्या में ही हो, लेकिन यह बाबरी मस्जिद की कीमत पर हो—ऐसा कोई नहीं चाहता। इस समस्या को हम सिर्फ अपने नजरिए को व्यापक बना कर हल कर सकते हैं। किसी भी किस्म का टकराव घातक होगा। न सिर्फ निकट भविष्य के लिए बल्कि आने वाले लंबे समय के लिए भी इससे लोगों के बीच

गलतफहमी पैदा हो जाएगी। मुझे भरोसा है कि इस समस्या का कोई न कोई हल हम जल्द ढूँढ़ निकालेंगे।

आरक्षण के मुद्दे को लेकर भी लोग इसी तरह जाति के नाम पर झगड़ रहे हैं। सदियों पुरानी हमारी जाति-व्यवस्था ने ऐसी स्थिति पैदा कर दी है कि कुछ पिछड़ी जातियाँ आर्थिक दृष्टि से भी पिछड़ गई हैं। उनके बारे में गंभीरता से सोचने की जरूरत है। लेकिन मेरा मानना है कि हमारी अर्थव्यवस्था के एकतरफा विकास के चलते बड़ी जातियों के भी तमाम लोग गरीबी झेल रहे हैं। उनकी इच्छा और आशाओं पर भी गौर किया जाना चाहिए। इन समस्याओं के हल के लिए हमें समन्वय का रास्ता तलाशना होगा।

असम और तमिलनाडु के लोगों से भी मेरी गुजारिश है कि विध्वंस और आतंकवाद की शरण नहीं लें। यह हमें किसी लक्ष्य तक नहीं पहुँचा सकेगा। मेरा विश्वास है कि लोग जल्द ही यह महसूस कर लेंगे कि सिर्फ एकता, सामंजस्य और सौहार्द के जरिए ही हम अपनी समस्याओं के हल तलाश सकते हैं। इन समस्याओं के खात्मे के लिए आपसी तालमेल अनिवार्य है।

गरीबी का जहाँ तक सवाल है, तो यह इस देश की ही नहीं, समूचे उपमहाद्वीप की सच्चाई है। अगर हम आपसी टकराव की स्थिति से छुटकारा नहीं पा सके, तो यह तय है कि हम गरीबी और दरिद्रता से नहीं निबट सकेंगे। मेरा मानना है कि भारत जब विश्व के सभी देशों के साथ सहयोग का रास्ता अपनाने को तैयार है, तो हम चाहेंगे कि पड़ोसियों के साथ हमारे दोस्ताना संबंध हों। मुझे भरोसा है कि क्षेत्र के राजनीतिक नेता इस महाद्वीप के देशों के बीच आपसी सहयोग, सौहार्द और सद्भावना की जरूरत को समझेंगे और उनके सहयोग और सहायता से हम प्रगति और समृद्धि के रास्ते पर एक साथ आगे बढ़ेंगे।

मैं आशा करता हूँ और मुझे भरोसा है कि इस महत्त्वपूर्ण कार्य में हमें अपनी जनता के सभी तबकों का भरपूर सहयोग मिलेगा। सभी राजनीतिक दलों, बुद्धिजीवियों, उद्योगपतियों और व्यवसायियों से मेरी गुजारिश है कि वे देश के लोगों के कष्ट दूर करने के लिए अपनी पूरी क्षमता के साथ सहयोग करें। मैं आशा करता हूँ कि वस्तुओं के मूल्यों को नीचे ले आने में हमें व्यापारियों का पूरा सहयोग मिलेगा। मुझे भरोसा है कि आपसी सद्भावना और सौहार्दपूर्ण संबंधों को मजबूत बनाने के लिए हमारे समाज के सभी तबकों के लोग सक्रिय होंगे। टकराव के दौर को आपसी समझदारी और प्रेम से सौहार्द के युग में बदला जाना चाहिए। इसी आशा के साथ मैं आपके सामने आपसे निवेदन करने आया हूँ और उम्मीद करता हूँ कि इस चुनौतीपूर्ण कार्य में मुझे आप सभी का पूरा-पूरा सहयोग प्राप्त होगा।

राष्ट्र को संबोधन; नई दिल्ली, 17 नवम्बर, 1990

घृणा से प्रेम की ओर

श्रीमती इंदिरा गांधी की स्मृति में आज यहाँ हम एकत्र हुए हैं। उन्होंने लंबे समय तक न केवल देश का शासन सँभाला, बल्कि इसके आदर्शों को एक नई दिशा देने का प्रयास भी किया। वह मातृत्व की प्रतिमूर्ति थीं। हमारे नीतिकारों ने सभी तरह के विकास का श्रेय जिस ममता को दिया है, इंदिरा गांधी उसका ही जीता-जागता उदाहरण थीं। उन्हें हर किसी से स्नेह था, विशेषकर बच्चों से, जो आज की शक्ति और कल की आशा हैं। मानवता को जब भी निराशा की बदली घेरती है, जब कभी उस पर संकट आता है, तो बच्चे के जन्म से हमें यह संदेश प्राप्त होता है कि यदि ईश्वर या ऐसी कोई भी सर्वोच्च शक्ति या सत्ता कहीं है, तो वह मानवता से अभी निराश नहीं हुई है। इसलिए मानवता प्रगति के रास्ते पर उज्ज्वल भविष्य की ओर निश्चित तौर पर बढ़ेगी। इंदिरा जी बच्चों से जुड़ी रहीं, साथ ही उनको खुशियाँ देने के लिए उन्होंने कठिन कार्य भी किए।

हमारा देश तमाम समस्याओं से ग्रस्त है। इनमें गरीबी और भूख सबसे विकट हैं। हम इन समस्याओं की तो उपेक्षा कर सकते हैं, मगर बच्चों की उपेक्षा करना देश के भविष्य की उपेक्षा करना होगा। इसलिए श्रीमती गांधी ने बच्चों के जीवन में नई शक्ति के संचार का प्रयास किया। अध्यक्ष जी, मुझे खुशी है कि यूनीसेफ और दूसरी तमाम विश्व संस्थाओं ने भारत में ही नहीं, बल्कि समूची दुनिया में बच्चों की बेहतरी के लिए बहुतेरे कार्य किए हैं, और यह सुधार जारी है। अभी चंद दिन हुए, विश्व नेताओं ने यूनेस्को की गतिविधियों, विशेषकर बच्चों के कल्याण में किए गए इसके कार्यों के लिए इसकी प्रशंसा की।

श्रीमती इंदिरा गांधी की स्मृति में आज यहाँ एकत्र होकर हम बच्चों के कल्याण के लिए किए गए यूनेस्को के कार्यों को मंजूर कर रहे हैं। कितनी निष्ठुर हो गई है आज की दुनिया। बच्चों के जीवन को खुशियों से भर देने के लिए और स्नेह एवं शांति का संदेश देने के लिए जिस व्यक्ति ने अथक परिश्रम किया, जो मानव और मानव के बीच तथा अन्य देशों के बीच की खाई को समाप्त करने के लिए प्रयासरत रहा, उसे स्वयं हिंसा का शिकार होना पड़ा। आइए, हम संकल्प लें कि घृणा, निष्ठुरता के विरुद्ध और उन सभी कारणों के खिलाफ, जो मानव को हिंसा और शत्रुता की ओर प्रेरित करते हैं, हम संघर्ष करेंगे। हम भले ही किसी भी समुदाय के हों, किसी भी धर्म के मानने वाले हों और विश्व के चाहे जिस किसी भाग में हम रहते हों, हम एक हैं। समूची मानव जाति एक समुदाय है। अनंतकाल से भारतीय सभ्यता और संस्कृति ने 'वसुधैव कुटुंबकम' का संदेश दिया है और समूचे विश्व को अपना परिवार माना है।

महात्मा गांधी ने विश्व भ्रातृत्व का संदेश दिया। जवाहरलाल नेहरू ने इसकी नींव रखी

और इंदिरा गांधी ने इस संदेश को व्यवहार में उतार लाने की कोशिश की। आज बच्चों के चेहरे पर से मुस्कान गायब होती जा रही है और यह श्रीमती इंदिरा गांधी को हमारी सच्ची श्रद्धांजलि होगी, अगर हम बच्चों को उनकी खुशियाँ लौटाने और आपसी घृणा को जड़ से खत्म करने के लिए समर्पित होकर इस दिशा में अनवरत प्रयास कर सकें।

इंदिरा गांधी पुरस्कार वितरण समारोह में दिया गया वक्तव्य;
नई दिल्ली, 19 नवम्बर, 1990

आर्थिक सहयोग का एक महत्त्वाकांक्षी पथ

मैं सम्मानित मेजबानों, विशेषकर मेरे दोस्त राष्ट्रपति गयूम का गर्मजोशी से स्वागत करने के लिए आभार व्यक्त करता हूँ। हम लोग यहाँ मालदीव, जो सुंदर और शांति का घर है, में मिल रहे हैं। मैं निश्चित तौर पर कहता हूँ कि यह सुंदर माहौल कोमल प्रभाव डालेगा और हम लोगों के सामूहिक प्रयासों का नतीजा रचनात्मक और उद्देश्यपूर्ण होगा।

मैं अध्यक्ष और सभी देशों के शासनाध्यक्षों, जो यहाँ आए हुए हैं, का शुक्रगुजार हूँ कि उन्होंने तत्परता से शिखर सम्मेलन को दो दिन के लिए रोकने की मेरी प्रार्थना मंजूर की। यह सकारात्मक रवैया इंगित करता है कि सहयोग का भाव हमारे संगठन में है।

हम लोग यहाँ मालदीव की स्वतंत्रता के रजत वर्ष में मिल रहे हैं। मालदीव ने वास्तव में गयूम के सक्षम नेतृत्व में अच्छी प्रगति की है। स्वाभाविक गौरव के भाव से मालदीव के लोग स्वतंत्रता की वर्षगाँठ मना रहे हैं। हमें खुशी है कि उनकी इस खुशी के अवसर पर हमें शामिल होने का मौका मिला। मैं मालदीव के लोगों के लिए सदा प्रगति और भलाई की कामना करता हूँ।

सार्क सदस्य देशों के बीच छोटी-बड़ी समस्याओं के बावजूद यह संगठन अस्तित्व में आया। ये समस्याएँ सार्क के हमारे एजेंडे पर नियंत्रण रखती हैं लेकिन सार्क का ढाँचागत सहयोग समस्याओं को सुलझाने के लिए एक नया वातावरण बनाने में मदद करता है।

दक्षिण एशियाई देशों के बीच आर्थिक सहयोग अपने आप में न्यायोचित और परिस्थितिवश है। सार्क की रूपरेखा तैयार करने वालों ने अपनी दूरदर्शिता और बुद्धिमानी का परिचय इस रूप में दिया कि द्विपक्षीय समस्या के समाधान से इसका कोई लेना-देना नहीं है।

मैं इस बात पर जोर दूँगा कि हम लोग गरीबी और दुख से भरे हुए युग में हैं। यदि हम आपस में एक-दूसरे से लड़ते हैं, राजनीतिक लड़ाई रखते हैं, तो हम लोग गरीबी के खिलाफ लड़ने में सक्षम नहीं होंगे। यहाँ मिलना केवल औपचारिकता और एक-दूसरे के बीच खुशी का आदान-प्रदान करना नहीं है। बल्कि हम लोग चिन्तित हैं इस क्षेत्र के अपने लोगों के भविष्य के बारे में, जिसकी जिम्मेदारी हम लोगों पर है।

अध्यक्ष महोदय, मैं आपसे अनुरोध करता हूँ कि आपके नेतृत्व में एक नए युग की शुरुआत की जाए। सार्क सम्मेलन एक-दूसरे के बीच औपचारिकता का आदान-प्रदान करने के लिए नहीं होना चाहिए बल्कि हम लोगों को समस्या के प्रति सजग रहना चाहिए क्योंकि केवल राजनीतिक औपचारिकता नई आशा, नया आत्मविश्वास और इस क्षेत्र के लोगों में नया विश्वास नहीं लाने जा रही है। यह आपकी जिम्मेदारी है और मैं भारत की जनता

और सरकार की ओर से यह आश्वस्त करना चाहता हूँ कि हम लोग इस महान उद्देश्य के लिए सभी तरह की सहायता प्रदान करेंगे।

सार्क सदस्य देश विश्व के गरीब देशों में हैं। दक्षिण एशिया में विश्व के 46 प्रतिशत गरीब लोग रहते हैं। विश्व के कुल निर्यात में दक्षिण एशिया की भागीदारी मात्र 0.8 प्रतिशत है। विश्व की तुलना में दक्षिण एशियाई देशों का विदेशी विनिमय अनुपात 0.7 प्रतिशत है। इस क्षेत्र के बहुत से देश व्यापार में घाटे की बढ़त से बाहरी कर्जे में दबे हैं। हम लोगों की मुख्य सामूहिक जरूरतें निरक्षरता को हटाना, बीमारियों को खत्म करना और बच्चों के स्वास्थ्य का बेहतर विकास और उनके जीवन को सुनिश्चित करना है।

सार्क देशों के पास अरबों की जनसंख्या, सबसे चतुर मानवशक्ति, अच्छी आधारभूत संरचना और अपार प्राकृतिक संपदा मौजूद है और दूसरा मुख्य आधार सार्क देशों के बीच आर्थिक सहयोग है।

अध्यक्ष महोदय, सबसे बड़ी शक्ति मानव-शक्ति है। हम लोगों के पास अपार मानव-शक्ति है। हम लोगों को प्रकृति ने सब कुछ दिया है, जिसका जीवित उदाहरण आपका देश है। प्रकृति ने हमें उपजाऊ जमीन, सुंदर वातावरण और अपार खनिज भंडार दिए हैं। हम लोग क्यों नहीं मनुष्य की सेवा के लिए इस प्राकृतिक सम्पदा से लाभ उठाने का प्रयास करें ! ऐसा करके हम विशाल जनसमूह और खेत-खलिहानों में काम करने वाले लोगों को नया नेतृत्व, नया विश्वास, नई आशा दे सकेंगे।

संसार में अद्भुत परिवर्तन हो रहे हैं। साधन बढ़ाने की प्रतियोगिता बढ़ रही है। विकसित देश अपने तकनीकी नेतृत्व को कायम रखने के लिए यूरोपियन सम्प्रदाय को एकजुट करने की ओर बढ़ रहे हैं। अमेरिका-कनाडा संयुक्त बाजार समझौता, पूर्व यूरोपियन देशों की पश्चिम यूरोपीय आर्थिक धारा में जुड़ने की इच्छा और एपेक का गठन—ये सभी इस बिंदु की ओर हमारा ध्यान खींचते हैं। ये दोनों कदम हम लोगों के लिए एक पाठ और चुनौती हैं, क्योंकि दूसरी तरफ क्षेत्रीय सहयोग बढ़ रहा है, जो हम लोगों को विकसित बाजारों में उनकी वस्तुओं से प्रतियोगिता करने में कठिनाई उत्पन्न करेगा। इसलिए वर्तमान विश्व परिदृश्य में दक्षिण एशियाई देशों को आर्थिक सहायता में तेजी लाने की जरूरत है।

मैं नहीं कहना चाहता कि हम लोग विद्वेष की भावना से प्रतियोगिता करें, लेकिन यह जीवन की कड़वी वास्तविकता है। यह क्षेत्रीय असमानता चाहे वह देश की सीमा पर हो या विश्व में—पूरे विश्व के लिए समस्या उत्पन्न करने जा रही है। यह क्षेत्रीय असमानता अगर जारी रही, तो शांति जारी नहीं रह सकती और विश्व के विभिन्न देशों की समझदारी आपस में संगतपूर्ण नहीं हो सकती है। आप और हम जिस क्षेत्र में रहते हैं, वहाँ हजारों साल पुरानी सभ्यता और संस्कृति है। हम लोगों ने विश्व को शांति, भाईचारे और अहिंसा के संदेश दिए हैं। हम लोग क्यों न भविष्य में भी विश्व को नया आदर्श दें कि शांति, सद्भाव में ही हम लोग उन्नति कर सकते हैं और मानवता के रास्ते ही एक बेहतर भविष्य मिल सकता है।

सार्क देशों के बीच सहयोग का स्वभाव सीमित और निहित है। मौजूदा क्रियाकलापों से हम लोगों को अनुभव-संपन्न होना है। सार्क के गठन से हम लोग एक-दूसरे की जरूरत और क्षमता के बारे में अवगत हुए हैं। लेकिन सार्क के क्रियाकलापों का असर हम लोगों

के देशों की जनता पर नहीं पड़ा है। निचले स्तर पर दिन-प्रतिदिन एक-दूसरे से मिलना-जुलना कम है। वास्तव में कुछ क्षेत्रों में हम लोग पीछे जा रहे हैं। 1980 से 87 के दौरान सार्क देशों के बीच आयात-निर्यात का प्रतिशत 4.94 प्रतिशत से 2.98 प्रतिशत रह गया है जबकि विश्व परिप्रेक्ष्य में यह व्यापार 2.29 प्रतिशत से 1.39 प्रतिशत गिरा है।

हमारी तकनीकी और आधारभूत संरचनाओं में कोई खास प्रगति नहीं हुई है। अभी भी हम माल भाड़ा-दर में अनियमितता की स्थिति का सामना कर रहे हैं। जहाँ कलकत्ता और खुलना तथा कराची और बम्बई का माल भाड़ा-दर अधिक है, वहीं कलकत्ता-सिंगापुर, कलकत्ता-कराची और हाँगकाँग में कम है। क्या मैं जान सकता हूँ कि इसे हम क्यों न सुधारें ? मैं बंगलादेश के राष्ट्रपति और पाकिस्तान के प्रधानमंत्री से इसके लिए प्रार्थना करता हूँ। यह वह क्षेत्र है, जहाँ हम लोग बेहतर समझदारी और तकनीकी सहयोग से क्षेत्र की स्थिति में परिवर्तन ला सकते हैं। यह जीवन की कड़वी वास्तविकता है। इसके लिए हम लोगों को किसी चीज की आवश्यकता नहीं है, बल्कि एक साथ बैठना होगा।

मैं कोई गुप्त बात नहीं खोल रहा हूँ। बंगलादेश के राष्ट्रपति महोदय ने अभी-अभी हमें कहा कि सार्क की बैठक केवल औपचारिकता हो गई है। हम लोगों को क्यों न कोशिश करनी चाहिए कि जनता की समस्याओं, जो हम लोगों के दिमाग में कौंध रही हैं, का समाधान करें। मैं अगले सार्क सम्मेलन के अध्यक्ष एवं नेता के रूप में आग्रह करता हूँ कि इस क्षेत्र की जनता की समस्याओं को हल करने का तरीका और शिखर को संगठित करने की नई विधि अपनाएँ।

वास्तविक प्रभाव तभी पड़ सकता है, जब हम क्षेत्र में उत्पादित वस्तु और उसके आदान-प्रदान और सेवाओं में सहयोग करें, जिसका वास्तविक अर्थ व्यापार, ऊर्जा, मुद्रा और अर्थपूर्ण सहायता से है। यह क्षेत्रीय आर्थिक सहयोग पूरे विश्व का मौलिक आधार रहा है।

यह समझने की बात है कि शुरुआत में हम लोगों ने अपने कार्यकलापों से एक-दूसरे में विश्वास बनाने का काम किया है। लेकिन अब समय आ गया है कि हम सार्क देश एक महत्त्वाकांक्षी आर्थिक सहयोग के रास्ते पर चलें। यह असरदार होगा। अगर हम इस पर अमल नहीं करते हैं, तो यह इस क्षेत्र के सामाजिक-आर्थिक संक्रमण में तेजी लाने में हमारी असफलता होगी।

सार्क देशों में सहयोग की व्यवस्था इस तरह से हो कि इसमें शामिल सभी देश एक-दूसरे के स्वार्थ को अच्छी तरह से समझें। यह हमारी संगठनात्मक शक्ति की परीक्षा होगी।

हम लोग तेजी से विकसित हो रहे तकनीकी युग में जी रहे हैं। इसलिए यह जरूरी है कि सार्क उच्च तकनीक के क्षेत्र में आपसी सहयोग के नए अवसर ढूँढ़े। जैव तकनीक में क्रांति आ जाने से जैविक संसाधन उच्च मुनाफा और महत्त्वपूर्ण विकास के स्रोत बन गए हैं। कृषि अनुसंधान तथा पौधजनन कार्यक्रमों के लिए आज जैविक संसाधन अति आवश्यक हो गए हैं। ये संसाधन दीर्घकालिक खाद्य सुरक्षा के लिए भी बेहद महत्त्वपूर्ण हैं। चिकित्सा के उद्देश्य से भी ये संसाधन बेहद जरूरी हैं। दुर्भाग्य से, दक्षिण एशियाई देशों सहित विकासशील देशों के जैव-संसाधन गायब या नष्ट किए जाने की समस्या से ग्रस्त हैं। अतः भविष्य में विकास के लिए इन जैव-संसाधनों का संरक्षण आवश्यक है।

हम इस महत्त्वपूर्ण क्षेत्र में आपसी सहयोग के लिए सार्क देशों से अनुरोध करते हैं।

विशेषकर, जैव-संरक्षण के विशेषज्ञों के अनुभव को हासिल करने तथा जीवाणु बैंक की देखभाल के लिए हमें मिल-जुल कर प्रयास करने होंगे। इस क्षेत्र में हम अपने प्रशिक्षण अनुभवों का योगदान करने के लिए तैयार हैं। विभिन्न सार्क देशों में उपलब्ध तथा सुरक्षित जैव-संसाधनों को क्रमबद्ध करने में भी हमें आपका सहयोग चाहिए। 15 विकासशील देशों के समूह ने विकासशील देशों के लिए जीन बैंक की स्थापना का प्रस्ताव रखा है। मैं सभी सार्क देशों को इस योजना में भाग लेने के लिए आमंत्रित करता हूँ।

क्षेत्रीय परियोजनाओं के लिए कोष की स्थापना भावी सहयोग के लिए बेहतर अवसर प्राप्त करने का दूसरा साधन हो सकता है। लघु उद्योग क्षेत्र में परियोजनाओं की शुरुआत करने के लिए निवेश और उसके विकास के लिए यह कोष आसान दरों पर ऋण उपलब्ध करेगा। हमारे राष्ट्रीय विकास बैंकों के अनुभवी प्रतिनिधियों को एकजुट होने तथा इस उद्देश्य के लिए संस्थाओं को धन उपलब्ध करवाने पर विचार-विमर्श करने की जरूरत होगी। कोष के स्रोत का प्रारूप तथा संयुक्त परियोजनाओं में इसका इस्तेमाल उच्च-स्तर पर निर्धारित करना होगा।

मैं इन मुद्दों पर बल इसलिए दे रहा हूँ क्योंकि इन समस्याओं से हमें खुद छुटकारा पाना होगा। अगर आप इस क्षेत्र को समृद्ध तथा विकसित बनाना चाहते हैं, तो हमें अपने पैरों पर खुद खड़ा होना होगा तथा हमारे पास जो भी सीमित संसाधन हैं, उनका अधिकतम और विवेकपूर्ण इस्तेमाल करना होगा। यह एक नए विश्वास और सहयोग की शुरुआत होगी। अपनी वर्तमान समस्याओं को हल करने के साथ-साथ आने वाली पीढ़ी के बेहतर भविष्य के लिए, आइए हम अपने मतभेद भुलाकर एक नई शुरुआत करें। यह समय की माँग है। यदि हम इस माँग को पूरा नहीं कर पाते हैं, तो हम न सिर्फ अपने कर्त्तव्यों के पालन में पीछे रह जाएँगे बल्कि आने वाली पीढ़ी के लिए बेहतर भविष्य-निर्माण की अपनी जिम्मेदारियों को निभाने में भी असफल होंगे।

सार्क ने क्षेत्रीय खाद्य सुरक्षा भंडार की स्थापना की है। इसका उपयोग अब तक किसी भी सदस्य देश द्वारा नहीं किया गया है। हमें खाद्य-भंडार की गुणवत्ता के स्तर तथा इसमें ऐसे सुधारों की जरूरत है, जिससे यह सदस्य देशों की जरूरतों को पूरा कर सके।

उद्योग तथा व्यवसाय के क्षेत्र में सहयोग तथा पर्यावरण प्रदूषण के बचाव के लिए हुए कश्मीर सम्मेलन में हमने जिन नियमों तथा अध्ययनों का प्रस्ताव रखा था, उनकी शुरुआत में हम एक साल पीछे रह गए हैं। पर्यावरण प्रदूषण से संबंधित समस्याओं को सुलझाने के लिए सुधार के उपायों को तत्क्षण लागू करना आवश्यक है। सार्क देशों के मंत्रिमंडल की अर्द्धवार्षिक बैठक होने के पहले क्षेत्रीय सहयोग की योजना तथा इस पर किए गए सारे अनुसंधान कार्य बिना किसी विलम्ब के तैयार हो जाने चाहिए, ताकि अगले सार्क सम्मेलन में इस योजना को पूरी तरह लागू कर दिया जाए।

हमारे बीच नेपाल के प्रधानमंत्री उपस्थित हैं। नेपाल में पर्यावरण की जो समस्या है, उससे हमारा देश भी प्रभावित होता है। अतः मैं आप सभी की ओर से नेपाल के प्रधानमंत्री से अनुरोध करूँगा कि वे पर्यावरण को प्रदूषण से बचाने के लिए ज्यादा ध्यान दें। यह सलाह नहीं, बल्कि वह मदद है, जिसकी अपेक्षा मैं उनसे करता हूँ, क्योंकि नेपाल का वातावरण बहुत हद तक भारत के पर्यावरण से प्रभावित होता है।

हम लोगों ने बहुत पहले यह तय किया था कि अंतर्राष्ट्रीय आर्थिक तथा पर्यावरण के मुद्दों को हल करने और सामूहिक सोच विकसित करने के लिए मंत्रिमंडल के स्तर पर सार्क देशों के बीच विचार-विमर्श हो। तेजी से बदलती आर्थिक स्थितियों के मद्देनजर ऐसी बैठकों और विचार-विमर्श की बहुत जरूरत है। मुझे आशा है कि ऐसी बैठकों की शृंखला की अगली कड़ी इस सम्मेलन के तुरंत बाद होगी।

जिस यात्रा की शुरुआत हमने पाँच साल पहले की थी, उससे आज हमारी ढेर सारी आशाएँ बँध गई हैं। आज क्षेत्रीय सहयोग की जरूरत बढ़ गई है। अतः इस सार्क सम्मेलन ने हमें आपसी मैत्री और सहयोग बढ़ाने के जो अवसर दिए हैं, हमें उनका लाभ उठाना चाहिए।

हमारे पास अगर ढेर सारी समस्याएँ हैं, तो उन्हें हल करने के साधन भी हैं। हमारे पास हजारों साल पुरानी सांस्कृतिक विरासत है, जो हमें बाँधे रखती है। धार्मिक विश्वासों और भाषा में भिन्नता के बावजूद यह एकता भंग नहीं हुई है, न ही भाषा की बाध्यता से हमें परेशानी हुई है। सदियों पहले से लेकर आज तक हमारी यश और कीर्ति दूर-दूर तक फैलती रही है। मुझे आशा है कि हमारा वर्तमान भले ही कष्टप्रद हो, परन्तु हमारा भविष्य बेहद खुशहाल होगा।

आइए, हम आशा, विश्वास और लोगों में छुपी ताकत को लेकर आगे बढ़ें, क्योंकि लोगों की यही ताकत इस क्षेत्र का और सारे विश्व का भविष्य निर्धारण करेगी।

सार्क सम्मेलन में भाषण; (माले) मालदीव, 21 नवंबर, 1990

मातृभूमि की रक्षा

यहाँ आने पर मुझे अपनी शक्ति का सही अन्दाजा लगा है। सीमा सुरक्षा बल की उच्च स्तरीय परेड हमें यह विश्वास दिलाती है कि भारत का भविष्य सुरक्षित है। आज की उपलब्धि हमारे आत्मविश्वास को प्रेरणा देती है और हमारे जवानों को और भी ज्यादा मजबूत बनाती है। आपका संगठन भारत की एकता को प्रदर्शित करता है। देश के विभिन्न क्षेत्रों से आए जवान भारत की रक्षा के लिए एक साथ मिल कर नए भारत के निर्माण के लिए काम कर रहे हैं। मैं आज उन जवानों को सम्मानपूर्वक याद कर रहा हूँ, जिन्होंने देश की रक्षा के लिए अपनी जान कुर्बान कर दी। आज वे हमारे बीच नहीं हैं, लेकिन मातृभूमि की रक्षा के लिए वे हमारे देशवासियों को प्रेरणा देते रहेंगे। मैं उन जवानों एवं अधिकारियों को बधाई देता हूँ, जिन्होंने अपने साहस और सांगठनिक क्षमता के लिए मेडल जीते हैं। आप किन विपरीत परिस्थितियों में काम कर रहे हैं, यह मैं बखूबी जानता हूँ। बड़ी संख्या में आपके अधिकारियों और जवानों की हत्या कर दी गई है। लेकिन यह आपको विचलित नहीं कर रहा। देश की सामरिक सुरक्षा और शांति की स्थापना के लिए आप पूरे आत्मविश्वास के साथ बहुत अच्छा काम कर रहे हैं।

सीमा सुरक्षा बल के जवान सर्वत्र (यथा, पंजाब, कश्मीर एवं असम) न केवल अपने साहस का प्रदर्शन कर रहे हैं, बल्कि अच्छाई, प्यार और भाईचारे का संदेश भी दे रहे हैं। हम सर्वत्र शांति चाहते हैं। हम यह नहीं चाहते कि हमारे जवान गोली खाएँ। इस परिप्रेक्ष्य में कोई भी इस तथ्य से असहमत नहीं होगा कि वे गोली के बल पर देश की प्रतिष्ठा बढ़ा रहे हैं।

सरहदों की रक्षा और देश की एकता की सुरक्षा के साथ-साथ सीमा सुरक्षा बल के अधिकारी एवं जवान खेलों में भी भाग ले रहे हैं, जिसे इस देश को प्रोत्साहित करना चाहिए। चाहे पर्वतारोहण हो या कोई और खेल, वे बहुत अच्छा प्रदर्शन कर रहे हैं। जनता की रक्षा के लिए आप देश के दुरूह इलाकों में भी जाते हैं और उनकी सुरक्षा करते हैं। चाहे वह प्राकृतिक विपदा हो या मनुष्यजनित विपदा अथवा दंगे हों।

मेरी शुभकामनाएँ आपके साथ हैं। मैं आपको विश्वास दिलाता हूँ कि आपके प्रयास विफल नहीं होंगे। भारत की एकता की रक्षा की जाएगी। हम लोग बिपरीत परिस्थितियों से गुजर रहे हैं, लेकिन हमारा भविष्य उज्ज्वल है। आपकी सहायता से हम एक नया भारत बनाएँगे। आप लोग आज की शक्ति और कल की आशा हैं।

सीमा सुरक्षा बल के स्थापना दिवस के अवसर पर दिया गया वक्तव्य;
नई दिल्ली, 1 दिसम्बर, 1990

निचले तबके के लिए न्याय

बाबा साहब अम्बेडकर को आज आपके साथ श्रद्धांजलि अर्पित कर मैं स्वयं को सम्मानित महसूस कर रहा हूँ। लगभग दो हजार साल पहले महात्मा बुद्ध ने हमें 'बहुजन हिताय, बहुजन सुखाय' का संदेश दिया था। इसका मतलब है कि बहुमत के कल्याण में ही बहुतों का सुख है। स्वतंत्रता प्राप्ति के बाद बाबा साहब ने संविधान दिया ताकि इस संदेश को अमल में लाया जा सके। उन्होंने एक ऐसे नए समाज का विचार दिया, जिसमें पिछड़े तबके, अविकसित और उपेक्षित लोगों के लिए समान व्यवस्था हो। यह बड़े दुःख की बात है कि समाज के वैसे सदस्य, जो कठिन परिश्रम करके हमें भोजन उपलब्ध कराते हैं, समाज उन्हें तिरस्कृत कर देता है।

इससे ज्यादा शर्मनाक बात और क्या हो सकती है कि समाज के इस उपयोगी वर्ग के साथ इस तरह का बर्ताव किया जा रहा है। उनको न्याय दिलाने के लिए महात्मा गांधी ने कहा था कि हमें श्रम और श्रमिकों का सम्मान करना चाहिए। समाज को उन लोगों का निश्चित रूप से सम्मान करना चाहिए, जो आधारभूत कामों में लगे हैं। लेकिन दुर्भाग्य यह कि हम उन्हें उनका अधिकार नहीं दे पाते और आदर से दूर रखते हैं। हमें इस तरह के कामों में लगे लोगों को निश्चित रूप से समाज में उच्च स्थान पर रखना चाहिए, क्योंकि वे देश की संपत्ति हैं। कारखाने और जमा-पूँजी हमारी संपत्ति नहीं है, हमारी संपत्ति कड़ी मेहनत करने वाले श्रमिक हैं। आज वे नाखुश हैं। उन्हें इस बात का विश्वास ही नहीं है कि वे जिस संपत्ति का अर्जन कर रहे हैं, उसका लाभ उनके बच्चों को मिल पाएगा या नहीं ? हमारे समाज और सरकार को यह सुनिश्चित करना चाहिए कि ऐसे लोगों के द्वारा कड़ी मेहनत कर अर्जित की गई संपत्ति को कुछ लोगों की खुशी के लिए लुटा नहीं दिया जाए, बल्कि उसका उपयोग गरीब बच्चों की खुशी के लिए होना चाहिए। बाबा साहब अम्बेडकर, जिनकी अगले साल जन्मशताब्दी मनाई जाएगी, को मेरी नजर में सच्ची श्रद्धांजलि यह होगी कि हम उनके सपनों को पूरा करने की दिशा में काम करें।

मैं इस बात को जानकर खुश हूँ कि बाबा साहब की जन्मशताब्दी मनाने के लिए एक समिति का गठन किया गया है। मैं समिति के सभी सदस्यों को विश्वास दिलाता हूँ कि उनके द्वारा जमा की गई रिपोर्ट के आधार पर जन्मशताब्दी समारोह को बाबा साहब के अनुरूप मना पाएँगे।

बाबा साहब मानवीय मूल्यों के प्रति हमारी चेतना के प्रतीक हैं। एक दलित और पिछड़े समाज में जन्म लेने के बावजूद उन्होंने हमें यह सिखाया कि वहाँ कोई बड़ी या छोटी जाति नहीं है। दरअसल बौद्धिक रूप से सक्षम समाज ही देश चला सकता है—हमें इस

सोच को अमल में लाना होगा। मैं आपको विश्वास दिलाता हूँ कि जन्मशताब्दी आयोजन समिति के द्वारा सौंपे प्रस्तावों को सरकार अमल में लाने की कोशिश करेगी। लेकिन सर्वाधिक महत्त्वपूर्ण और विचारणीय बात यह है कि हम जनता के विश्वास को जीतें। जब तक लोगों का विश्वास हममें नहीं होगा, एक नए समाज का निर्माण नहीं हो सकता। हमारा पिछड़ा समाज हमसे निराश है और हमारे बुद्धिजीवी हमारा विश्वास नहीं कर रहे। इसलिए हमारा दायित्व यह है कि हम एक ऐसे समाज का निर्माण करें, जहाँ कोई पिछड़ा, दलित या गरीब नहीं हो और बुद्धिजीवी हमसे भयभीत न हों। हम उनकी असहमतियों को दूर करने का प्रयास करेंगे। हमें पिछड़े तबके के लोगों की मदद करनी चाहिए ताकि वे नाखुश नहीं हों। मैं आपका ध्यान गांधी जी की एक उक्ति की ओर ले जाना चाहूँगा। उन्होंने कहा था कि 'भय को भगा दो, तब दुनिया की कोई शक्ति तुम पर शासन नहीं कर सकेगी।'

मेरे दोस्त सुमनजी ने आपसे कहा कि अपनी समस्याओं के समाधान के लिए मुझे समय दें। लेकिन मैं कोई समय नहीं चाहता। मुझे उन लोगों से कोई ईर्ष्या नहीं है, जो मुझसे नाराज हैं। हर आदमी को विरोध करने और अपनी नाराजगी दिखाने का अधिकार है। हर तरीके से आपको नाराज होने का अधिकार है, लेकिन व्यक्ति विशेष से नाराज होना ठीक नहीं। उस समाज से नाराज होइए, जिसने आपको अपने स्वार्थ की सिद्धि के लिए प्रयोग किया। जिसने दूसरे को आपसे घृणा करना सिखाया, आपको दूसरों की बराबरी से रोका।

मुझे युवाओं में, विशेषकर श्रमिक युवाओं में पूरा विश्वास है कि वे समाज की भलाई के लिए काम करेंगे। बाबा साहब अम्बेडकर की स्मृति में मैं केवल एक बात कहना चाहूँगा। मेरी सरकार आपकी लड़ाई में आपका सहयोग करने के लिए संकल्पित है ताकि मानवीय समानता वाले समाज का निर्माण हो और देश को एक नए युग में ले जाया जा सके।

चलिए हम विश्वास और आत्मविश्वास के साथ आगे बढ़ें। अगले वर्ष आयोजित होने वाले बाबा साहब जन्मशताब्दी समारोहों के दौरान लोगों में विश्वास का वातावरण होना चाहिए। महात्मा बुद्ध की उस बात को याद कीजिए—"बहुतों के लाभ के लिए बहुतों की खुशी के लिए।" उन्होंने कभी ऐसा नहीं कहा कि सबों के लाभ के लिए, सबों की खुशी के लिए। हमारी नीतियों से कुछ लोग असहमत होंगे, कुछ लोग हमसे नाराज भी हो सकते हैं, लेकिन मेरी सरकार की यह जवाबदेही नहीं है कि हम प्रत्येक व्यक्ति को खुश रखें। हमारी जवाबदेही यह है कि हम समाज के बड़े वर्ग को खुश रखें। यह हमारे देश को सुखमय संपत्ति से लबरेज करेगा और उन्हें समाज में गौरव से देखा जाएगा।

यदि हम झोंपड़ियों में एक मोमबत्ती जलाना चाहते हैं, तो हमें महलों की चमकती रोशनी को मद्धिम करना होगा। यहाँ ऐसे लोग भी हैं, जो सोच सकते हैं कि उनके हाथ से सब कुछ निकल गया। लेकिन आप चिंतित मत होइए, यदि आप दूसरों की शक्ति को छीनना नहीं चाहते हैं, तो कोई आपकी संपत्ति को छूएगा भी नहीं। लेकिन यदि आपकी संपत्ति असहाय लोगों पर खर्च होती है, तो हम निश्चित तौर पर संपत्ति और असहाय स्थिति के

बीच का अन्तर पाट सकेंगे। यही संदेश महात्मा गांधी ने दिया था और यही संदेश बाबा साहब ने संविधान में दिया। आपकी शक्ति में विश्वास करते हुए मैं बाबा साहब की स्मृति में शपथ लेता हूँ।

बाबा साहब अम्बेडकर की 35वीं पुण्यतिथि के अवसर पर दिया गया भाषण;
नई दिल्ली, 6 दिसम्बर, 1990

श्रम ही हमारी असली पूँजी है

आज आपके बीच आकर मुझे बहुत प्रसन्नता हो रही है। मैं आप लोगों के साथ और ज्यादा समय तक रहना चाहता था, लेकिन कई अन्य कार्यों की व्यस्तता के कारण मैं यहाँ ज्यादा देर तक नहीं रह सकता। मैं यह नहीं जानता था कि आज ही तीन-चार सत्र होंगे और मुझे हर जगह कुछ न कुछ औपचारिकताएँ निभानी होंगी। मैं सिर्फ औपचारिकता में ही हिस्सा लेने नहीं आया हूँ, बल्कि राष्ट्र और समाज के प्रति आपकी जिम्मेदारी का आपको अहसास भी कराना चाहता हूँ। हम सब सीधे-सादे लोग हैं और अपने समाज के सबसे महत्त्वपूर्ण क्षेत्र से हमारा वास्ता पड़ता है।

हमारे देश की सबसे बड़ी सम्पत्ति है—श्रम-शक्ति न कि खजाना, उद्योग तथा सम्पत्ति। भारत जैसे देश में श्रम-शक्ति का बहुत अधिक महत्त्व है। यदि हम इस देश के 85 करोड़ लोगों को प्रेरित करें, तो वे आश्चर्यजनक कार्य कर दिखाएँ। परन्तु उनमें इस प्रकार की इच्छा-शक्ति तब तक नहीं आ सकती जब तक हम उनके भविष्य के बारे में आशा और विश्वास न जगाएँ। मेहनतकश लोगों को इस बात का विश्वास होना चाहिए कि वे जिस किसी रूप में धन पैदा करेंगे, उसका इस्तेमाल केवल कुछ ही लोगों के आमोद-प्रमोद के लिए नहीं, बल्कि उनके बच्चों के भविष्य के निर्माण के लिए भी किया जाएगा। हमारे देश में जो भी धन है वह वैज्ञानिकों के चमत्कार या उद्योगपतियों की प्रबन्ध-क्षमता के कारण नहीं, बल्कि खेतों और कारखानों में आम मेहनतकश लोगों के कड़े श्रम की वजह से पैदा हुआ है। धन पैदा करने का यही एकमात्र तरीका है। प्रकृति ने हमें जो कुछ भी दिया है और जब भी मानव उसका उपयोग करता है, तो उससे मानव जाति के कल्याण के लिए धन प्राप्त होता है। परन्तु यह दुर्भाग्य की बात है कि सारी दुनिया में और उससे भी ज्यादा हमारे समाज में जो धन पैदा करते हैं, उन्हें इसका लाभ उठाने नहीं दिया जाता।

सापेक्ष गरीबी

मेहनतकश लोगों, समाज के अपेक्षाकृत अधिक गरीब लोगों का शोषण जारी है और इस समय भी वे दमन के शिकार हैं। अनेक इलाकों में सामाजिक तनावों का यही कारण रहा है। गरीबी एक अभिशाप है। लेकिन यह भी अधिक कटुतापूर्ण हो जाती है क्योंकि लोग अत्यन्त गरीबी को बर्दाश्त कर सकते हैं लेकिन सापेक्ष गरीबी को नहीं। जो लोग कड़ी मेहनत करते हैं, उन्हें अपने जीवन की बुनियादी न्यूनतम सुविधाएँ भी नहीं मिल पाती हैं और जो काम ही नहीं करते उन्हें समाज के सारे लाभ प्राप्त हैं। इसीलिए समाज में तनाव बढ़ता

जा रहा है। यदि हम त्रिपुरा से तमिलनाडु तक भारत के जनजातीय क्षेत्रों की ओर देखें तो हर जगह उपद्रव ही पाते हैं।

हमें यह निश्चय करना है कि क्या हम इन समस्याओं का समाधान करते समय अपने दृष्टिकोण में परिवर्तन लाकर उन्हें सद्भाव, करुणा और सहानुभूति से हल करना चाहते हैं और इन मेहनतकश लोगों की आशाओं और आकांक्षाओं के अनुरूप अपनी नीति में परिवर्तन करने की कोशिश करना चाहते हैं। क्या हम राष्ट्र की दमनकारी ताकत का इस्तेमाल करके उन्हें चुप करा देना चाहते हैं। अभी तक प्रवृत्ति यह रही है कि राज्य की दमन शक्ति का इस्तेमाल करके मेहनतकश लोगों की माँगों को क्रूरता से दबा दिया जाता है। लोकतान्त्रिक समाज में इन उपायों की वजह से और भी अनेक समस्याएँ पैदा होती हैं और मेरी राय में, यह आत्मघाती प्रवृत्ति है और कभी-कभी यह खुद को ही नष्ट कर डालती है।

जो समाज मेहनतकश लोगों की आशाओं और आकांक्षाओं के अनुरूप अपने अंदर परिवर्तन नहीं लाते, अन्ततः वे नष्ट हो जाते हैं। केवल संविधान में परिवर्तन कर लेने से ही समाज नहीं बदल जाते। संसद के कानूनों से ही समाज नहीं बदलते। कभी-कभी समाज उस समय बदल जाते हैं, जब अपेक्षाकृत अधिक गरीब वर्गों के भाग्य का एकतरफा निर्माण करनेवाले लोग उनकी आकांक्षाओं के अनुरूप कार्य नहीं करते। इसलिए मैंने शुरू में ही कहा कि आपको इस देश के बहुत महत्त्वपूर्ण क्षेत्र से निबटना पड़ रहा है। महत्त्वपूर्ण इसलिए क्योंकि श्रमिक आज की ताकत और कल की आशा हैं। इतना ही नहीं, दिनों-दिन वह अपेक्षाकृत अधिक जागरूक होते जा रहे हैं। हम चाहें या न चाहें, उनमें जागरूकता आती जा रही है। यह केवल मजदूर यूनियनों के कारण ही नहीं, सरकार ने जो ऊँचे नारे दिए हैं, वायदे किए हैं, भाषण दिए हैं, उनसे भी वे ज्यादा जागरूक हुए हैं। चुनावों के दौरान हर बार मन्त्रीगण तथा राजनीतिक दलों के नेता जाते हैं और उनसे कहते हैं कि वे इस देश के भविष्य का निर्धारण करने जा रहे हैं। इसलिए वे सजग हो जाते हैं और अपनी आन्तरिक शक्ति के प्रति सचेष्ट हो जाते हैं और फिर हावी होने लगते हैं।

सामाजिक गतिशीलता

श्रमिक समस्याओं का समाधान करनेवाले सभी मन्त्रियों तथा अधिकारियो ! मैं आप सभी से आग्रह करना चाहता हूँ कि आपको उस सामाजिक गतिशीलता को समझना होगा जो इस देश में आ रही है। इसलिए हमें श्रमिक समस्याओं का समाधान करते समय बहुत सावधान रहना चाहिए। मैं उन समस्याओं के विस्तार में नहीं जाऊँगा जिनका आप समाधान करने जा रहे हैं। फिर भी मैं ऐसी समस्याओं की ओर आपका ध्यान आकृष्ट करना चाहूँगा जिनका अपने देश में हम सामना कर रहे हैं। मेरे मित्र श्री रामजीलाल सुमन ने बाल श्रमिकों का जिक्र किया। उन्होंने स्वयंसेवी एजेंसियों की चर्चा की। मैं हर जगह भाषणों में सुनता हूँ कि बाल श्रमिकों की प्रथा इस देश के लिए अभिशाप है। विश्व-भर के श्रमिक संगठनों तथा संयुक्त राष्ट्र संगठनों ने भी यह स्पष्ट किया है कि बाल श्रमिक प्रथा का न केवल इस देश में, बल्कि समूचे विश्व में उन्मूलन कर दिया जाना चाहिए। लेकिन हमारे देश में वास्तविकता क्या है ? वास्तविकता यह है कि अनेक परिवारों में दूर-दराज के गाँवों, जंगलों और अन्य स्थानों में रहनेवाले परिवारों में सात या आठ साल के बच्चों को भी किसी न

किसी तरह का श्रम करने के लिए बाध्य किया जाता है। परिवार के अंदर भी बच्चे को किसी न किसी काम में जुटा दिया जाता है जिससे उसकी शिक्षा और मनोरंजन पर असर पड़ता है। यह उतना ही बुरा है जैसा कि किसी बाहरी व्यक्ति द्वारा बालकों को रोजगार पर लगाना। यदि हम ऐसे हालात न पैदा कर सकें, जिनमें हर बच्चे को स्कूल भेजा जा सके, जहाँ बच्चों को प्राथमिक स्कूली शिक्षा दी जा सके तब तक बाल श्रमिक प्रथा को गैर-कानूनी बनाने के प्रावधान वाले कानून से कोई फायदा नहीं होनेवाला है। कोई भी व्यक्ति श्रमिक अदालत में जाकर यह नहीं कहेगा कि उसका बच्चा जंगल में पशुओं को चराने जाता है या चराने के काम पर नियुक्त है। इसलिए श्रमिक कानूनों को समाज के समग्र विकास की स्थिति को ध्यान में रखना होगा। यदि बाल श्रमिकों की ओर ध्यान देना है तो प्रारम्भिक शिक्षा और प्राथमिक स्वास्थ्य, स्वास्थ्य सेवाओं के लिए आवश्यक कैलोरी उपलब्ध कराने के लिए समाज की जिम्मेदारी वहन करनी चाहिए। यदि ये न्यूनतम चीजें सुनिश्चित नहीं की जातीं, तो बाल श्रमिकों के बारे में कोई भी कानून व्यर्थ सिद्ध होगा।

कृषि मजदूर

खेतिहर बाल श्रमिकों की बात को लीजिए, हम खेतिहर मजदूरों की बात करते रहे हैं और समय-समय पर इस बात पर जोर देते रहे हैं कि उन्हें न्यूनतम वेतन दिया जाना चाहिए। मैं यह भी जानता हूँ कि कई राज्यों में न्यूनतम वेतन अधिनियम जैसे अनेक श्रमिक कानून लागू हैं। लेकिन वहाँ असली हालत क्या है ? इन खेतिहर मजदूरों को जो लोग काम पर रखते हैं, उनकी भुगतान करने की क्षमता नहीं है। किसानों को जब तक ऐसी स्थिति में लाने के लिए सहायता नहीं दी जाती कि श्रमिक को वेतन देने की उनकी क्षमता हो जाए, मेरी राय में, कोई भी कानून बना देने से संसद में बैठे हुए लोगों या उच्च पदों पर प्रतिष्ठित लोगों, जैसे राज्यों में श्रम मन्त्रियों या भारत सरकार में श्रम मन्त्री जैसे पद पर आसीन लोगों के लिए महज सन्तोष ही होगा। कुल मिलाकर, समूची अर्थव्यवस्था में सुधार लाना होगा और इसके लिए, जैसा कि मैंने शुरू में कहा है कि यदि समाज के पास सीमित संसाधन हैं, तो इन सीमित संसाधनों का ऐसे क्षेत्रों में निवेश किया जाना चाहिए जहाँ बुनियादी जरूरतों के कार्यक्रमों पर कम ध्यान दिया जाता हो।

दुर्भाग्यवश हमारी प्राथमिकताएँ कई तरह से गलत रही हैं। भारत गरीब नहीं है। हमारे पास खनिज सम्पदा है, हमारे पास उपजाऊ जमीन है, हमारे पास श्रम-शक्ति है तो कोई ऐसा कारण नहीं कि हम गरीब बने रहें। 200-250 वर्ष पहले भारत दुनिया के सबसे धनी देशों में से था। लेकिन अब वह दुनिया के सबसे गरीब देशों की श्रेणी में आ गया है क्योंकि औपनिवेशिक शक्तियों ने श्रम-शक्ति तथा प्राकृतिक संसाधनों के बीच सन्तुलन को बिगाड़ दिया। उन्हें लोगों की आशाओं और आकांक्षाओं से कुछ वास्ता नहीं था। उन्होंने इच्छा-शक्ति पैदा करने की कोशिश नहीं की। यह जिम्मेदारी अब आप पर है। हमें ऐसी ही आवश्यक परिस्थितियाँ बनानी होंगी जिनसे इच्छा-शक्ति पैदा हो।

संगठित श्रमिक

क्या हुआ है ? संगठित श्रमिकों को वह सब कुछ मिल जाता है जिसे वे चाहते हैं। सभी

कानूनों का लाभ, मुख्यतः संगठित श्रमिकों को ही होता है। लेकिन क्षमायाचना सहित मैं कहना चाहूँगा कि श्रमिक बिलकुल गैर-जिम्मेदार हो गए हैं। वे समाज के अपेक्षाकृत अधिक गरीबों और उपेक्षित वर्गों के बारे में कोई ध्यान दिए बगैर और अधिक धन प्राप्त करने के लिए समाज पर जोर डालने के माध्यम मात्र हैं। मैं पुनः इस बात पर जोर डालना चाहूँगा कि समाज के धनी और सुविधाप्राप्त वर्गों के लोगों को कुछ त्याग अवश्य करने चाहिए। यदि समाज के उपेक्षित वर्गों की ओर ध्यान दिया जाना है, तो हर व्यक्ति को बलिदान करना होगा। परन्तु यह बात ऊपर से शुरू होनी चाहिए। यह समाज के अधिक सुविधासम्पन्न वर्ग द्वारा शुरू की जानी चाहिए। यह बहुत कड़ा फैसला है। कड़े फैसले सिर्फ श्रम मन्त्री, भारत सरकार या विभिन्न राज्य सरकारों के श्रम विभागों द्वारा ही नहीं किए जाने हैं। इस प्रकार के कड़े फैसले, कड़े विकल्प भारत सरकार और समूचे समाज द्वारा किए जाने चाहिए। हम किस प्रकार की नीतियाँ बनाना चाहते हैं, हमारी क्या प्राथमिकताएँ हैं, क्या हमारी प्राथमिकताएँ समाज के सबसे मुखर वर्गों के लिए हैं, क्या हमें उन लाखों मौन लोगों की ओर ध्यान देना चाहिए जो अपने दावों के बारे में आवाज नहीं उठा सकते ? श्रम विभाग और श्रम मन्त्रालय के समक्ष यही चुनौती है और मुझे आशा तथा विश्वास है कि यहाँ उपस्थित आप सभी लोग अपनी जिम्मेदारियों के प्रति सचेष्ट हैं।

मूल प्रवृत्तियाँ

अनेक रुकावटें और कठिनाइयाँ हैं, मुझे आशा और विश्वास है कि यह सम्मेलन बछावत और रामानुजम समितियों की सिफारिशों तथा संसद द्वारा जारी अन्य अधिनियमों को लागू करने से पहले इन बुनियादी बातों पर विचार करेगा। श्रमिक समस्याओं के प्रति हमारा क्या रवैया होना चाहिए ? हमारे पास जो श्रम-शक्ति है उसको हम कैसे उपयोग में लाएँ ? कुछ समय पूर्व हमने काम के अधिकार का नारा लगाया परन्तु यह महज नारा ही नहीं है।

'काम का अधिकार' एक विशेषाधिकार है और यदि हम इस अधिकार को देना चाहते हैं, तो हमें महात्मा गांधी द्वारा दिए गए उस पुराने नारे को अपनाना होगा कि हमें आत्मनिर्भर बनना है। हमें इसे गम्भीरता से अपनाना होगा। यदि देश गरीब है, तो अपने देश में अपने प्राकृतिक संसाधन आदि अपनी श्रम-शक्ति का इस्तेमाल करके हम जो कुछ पैदा कर सकते हैं, उसमें ही सन्तुष्ट रहना चाहिए। परन्तु दुर्भाग्य की बात यह है कि हम महात्मा गांधी की विरासत की बात तो करते हैं लेकिन अपने विकास-कार्यक्रमों में उनके विचारों से हमने कुछ भी नहीं लिया है। इस अन्य पहलू पर भी हमें जोर देने का प्रयास करना चाहिए। यदि हमें अपने ही संसाधनों पर निर्भर रहना है, तो मितव्ययिता, सिर्फ नारा ही नहीं रहना चाहिए। मितव्ययिता सभी ओर से बरती जानी चाहिए। कभी-कभी हमें बाध्य होकर किफायत के उपायों को लागू करना पड़ता है। भारत ऐसी स्थिति में है जहाँ मितव्ययिता जरूरी है। आप चाहें या न चाहें सरकार के सभी विभागों के पास किफायत बरतने के अलावा कोई और विकल्प नहीं है और यह मितव्ययिता केवल अनिवार्य बनाकर ही नहीं लागू की जानी चाहिए। यह उन लोगों का स्वैच्छिक व्यवहार होना चाहिए जो इस देश के भाग्य के निर्माता हैं। परन्तु दुर्भाग्यवश अभी तक ऐसा नहीं हो पाया है।

नई शुरुआत

क्या आप नई शुरुआत कर सकते हैं ? यह आपके उन मित्रों की ओर से होनी चाहिए जो-जो श्रम के प्रभारी हैं, क्योंकि आपके चिन्तन, आपके दृष्टिकोण पर इस राष्ट्र का भविष्य निर्भर है। दुनिया का कोई भी देश या दुनिया के सभी देश भी मिलकर हमें वर्तमान संकट से उबार नहीं सकते। मात्र विकल्प यह है कि हम अपने देश को, अपने लोगों की इच्छा-शक्ति को जाग्रत करने की कोशिश करें। हमारी श्रम-शक्ति का स्वैच्छिक सहयोग ही, चाहे वह कारखानों में कार्यरत हों या खेतों में, इस देश के भविष्य को बचा सकता है। मुझे आशा एवं विश्वास है कि अपने क्षेत्र-विशेष में आप सभी जिम्मेदार लोगों तथा इस महत्त्वपूर्ण क्षेत्र की समस्याओं का समाधान करनेवाले सभी अधिकारियों, सभी श्रमिक नेताओं तथा समाज के नेताओं को समय की पुकार की ओर ध्यान देना चाहिए। मैं आपको यह बता देना चाहता हूँ कि आप कभी भी यह न सोचें कि आप यहाँ सिर्फ इस श्रम सम्मेलन में औपचारिक रूप से भाग लेने के लिए आए हैं। आप यहाँ समस्याओं को समझने के लिए आए हैं। यदि आप इस देश की बुनियादी समस्याएँ नहीं समझते, तो आप न केवल राष्ट्र के प्रति अपनी जिम्मेदारी निभाने में विफल हैं, बल्कि आप और हम इस देश को बर्बाद करने के लिए जिम्मेदार माने जाएँगे। अतीत को कोसने से कोई लाभ नहीं। बीते हुए दिनों के लिए आँसू बहाने से कोई फायदा नहीं है। वर्तमान स्थिति को समझने से ही भविष्य का निर्माण हो सकेगा। यदि हम वर्तमान स्थिति का आकलन करने के लिए तैयार नहीं हैं, तो भविष्य के लिए हम कोई पहल नहीं कर पाएँगे। इसलिए मैं आप सभी से अनुरोध करूँगा कि सम्मेलन के सभी कागज-पत्रों पर विचार करते समय आप इस बुनियादी समस्या को ध्यान में रखें। बुनियादी समस्याओं की ओर कुछ ध्यान दें और हमें लोगों को और ज्यादा धोखे में नहीं रखना चाहिए। काम के अधिकार, बाल श्रमिक प्रथा के उन्मूलन और किसानों को न्यूनतम वेतन देने के बारे में लम्बी-चौड़ी बातों के बीच हमें थोड़ा समय देना चाहिए और लोगों को यह स्पष्ट रूप से बताना चाहिए कि हमारा दृष्टिकोण क्या है।

झूठी आशाएँ न जगाएँ

लोगों के मन में झूठी आशाएँ जगाने से कोई फायदा नहीं होता। हम वास्तविक समस्याओं का समाधान करके उनके मन में आशा की ज्योति जगा सकते हैं, न कि ऐसे वायदे करते रहें जिन्हें आप और हम पूरा ही न कर सकें। लोगों का, विशेषकर श्रमिक वर्ग का विश्वास प्राप्त करने की कोशिश कीजिए। मुझे पक्का विश्वास है कि यदि इस सम्मेलन में इस तरह ही प्रवृत्ति आती है तो इसका सरकार और नीति-नियामक सभी संगठनों के समूचे चिन्तन पर प्रभाव पड़ेगा। मित्रो, मैं आपको आश्वासन देता हूँ कि आपके सहयोग और समर्थन से हम इस देश के इतिहास में नए अध्याय की शुरुआत कर सकेंगे। यह अध्याय समाज के इस महत्त्वपूर्ण क्षेत्र से शुरू होगा और जैसा कि मैंने आपसे पहले कहा है, आप राष्ट्र की सर्वाधिक प्रमुख निधि की गतिविधियों का समाधान करने में जुटे हुए हैं।

मैं आप सभी को नमन करता हूँ और आशा करता हूँ कि आप अपने कर्त्तव्य का पालन करेंगे और इस देश की जनता की आकांक्षाओं के अनुरूप कार्य करेंगे। मुझे आपसे यह उम्मीद है कि आप लोगों के जीवन को और सुखद, मंगलमय और कल्याणमय बनाने के

लिए श्रम-शक्ति का उपयोग करेंगे। मैं आप सभी का धन्यवाद करता हूँ और इस सम्मेलन में आपका स्वागत करता हूँ। मुझे इस बात का खेद है कि कई जरूरी कामों के कारण मैं आप लोगों के पास ज्यादा समय तक नहीं रह पाऊँगा। मैं मसलों पर और विस्तार से विचार करना चाहूँगा। सुमन जी, यह बैठक इतनी जल्दी बुलाने के लिए मैं आपको धन्यवाद देता हूँ। यह अच्छी बात है कि इस सरकार की पहली बैठक श्रम मन्त्रियों के सम्मेलन से शुरू हो रही है। इससे संकेत मिलता है कि आपके क्षेत्र के महत्त्व को समाज और भारत सरकार द्वारा मान्यता दी जा रही है।

श्रम मन्त्रियों के 39वें सम्मेलन के उद्घाटन के अवसर पर दिया गया भाषण;
नई दिल्ली, 20 दिसंबर, 1990

परंपरा को कायम रखते हुए

केन्द्रीय रिजर्व पुलिस बल (सीआरपीएफ) के 51वें वार्षिक परेड समारोह में भाग लेते हुए आज मुझे अपने आप पर गर्व हो रहा है। पिछले 51 वर्षों के दौरान राष्ट्र के सम्मान और प्रतिष्ठा को बनाए रखने के लिए सीआरपीएफ के जवानों ने बहुत बलिदान किए हैं। मैं नहीं जानता कि इन 51 वर्षों के दौरान देश इस संगठन के कितने शौर्य कार्यों और बलिदानों का गवाह रहा है। देश उन अधिकारियों और जवानों का हमेशा ऋणी रहेगा, जिन्होंने देश की खातिर अपने प्राणों की आहुति कर्त्तव्यपालन करते हुए दी है। मगर अफसोस कि उनके परिवारों को देने के लिए हमारे पास सहानुभूति के कुछ शब्दों के अलावा और कुछ भी नहीं। उन्हें मरणोपरांत दिए गए मेडलों एवं प्रशस्ति-पत्रों में यही झलक मिलती है कि कृतज्ञ राष्ट्र हमेशा आदर एवं गर्व के साथ उन्हें याद रखेगा। उनके बलिदान से देश को प्रेरणा मिली है। उन्होंने भावी भारत के निर्माण के लिए हमें नई शक्ति और ऊर्जा दी है और हम उन्हीं के दिखाए त्याग और बलिदान के रास्ते पर आगे बढ़ेंगे।

इतिहास हमेशा उन्हीं को याद रखेगा, जिन्होंने हमारी स्वतंत्रता, प्रतिष्ठा, संप्रभुता और अखंडता को अक्षुण्ण रखने में अपने जीवन की आहुति दी है। मैं उन शहीदों के सम्मान में शीश नवाता हूँ। साथ ही सीआरपीएफ के अधिकारियों को इस सम्माननीय परंपरा को जीवित रखने के लिए बधाई देता हूँ। अपनी शक्ति, साहस और आत्म-नियंत्रण के बल पर पिछले 51 वर्षों के दौरान आपने स्वयं को इस स्थिति में पहुँचा दिया है कि आप द्वारा स्थापित परंपराओं का अनुकरण किया जाए। यह साबित करने के अपने प्रयास में आप सफल रहे हैं कि नारी को श्रद्धा की दृष्टि से देखने, उसका आदर करने की इस देश की प्राचीन परंपरा अभी कायम है। मैं उन युवा महिलाओं को बधाई देना चाहूँगा, जिन्होंने अपनी क्षमता, साहस, दिलेरी और कठिन परिश्रम के चलते नई परंपराओं की नींव डाली है।

जीवन के प्रत्येक क्षेत्र में हमारी महिलाएँ हजारों वर्षों से अगली कतार में रही हैं। लेकिन हमारा दुर्भाग्य है कि कालांतर में हमारे समाज में कुछ गलत परंपराओं के कारण महिलाएँ लगातार अपमानित हुईं। नारी की उस गरिमामयी स्थिति को बनाए रखने का श्रेय सीआरपीएफ की युवा महिलाओं को जाता है। उन्होंने साबित कर दिखाया है कि नारी में दूसरों के प्रति स्नेह और लगाव ही नहीं बल्कि साहस, शक्ति और धैर्य भी है। जहाँ कहीं अन्याय, शोषण, संत्रास और किसी असहाय को पीड़ा पहुँचाने का मामला सामने आया, नारी-शक्ति की प्रतीक देवी दुर्गा दोषी को दंड देने के लिए प्रकट हुईं।

मुझे यह जानकर खुशी है कि वीरता, त्याग और खतरों से खेलने के मामले में आपका कोई सानी नहीं। साथ ही आपने नए समाज के निर्माण की आवश्यकता का भी अनुभव

कर लिया है। यहाँ एक केंद्रीय विद्यालय ही नहीं, आपका अपना स्कूल भी है। इन बालक-बालिकाओं के हँसते-मुस्कराते चेहरों से हमें आशा बँधती है कि कल का भारत निश्चित ही खुशहाल होगा। इन बच्चों की दशा सुधारने के अपने प्रयासों के लिए आप प्रशंसा के पात्र और भारत की एकता के प्रतीक हैं।

सीआरपीएफ की बालक-बालिकाएँ देश के प्रायः सभी हिस्सों से आती हैं। उन्होंने देश की सेवा में अपने जीवन को समर्पित कर दिया है। हमें उनके जीवन को उदाहरण के तौर पर अपने साथ रखना है। आज समाज में नफरत का जहर फैला है। चारों ओर कटुता एवं तनाव है, लेकिन आपके आपसी सहयोग और मिल-जुलकर कार्य करने की शैली, चाहे खेल का मैदान हो अथवा युद्ध-क्षेत्र, हमें यह भरोसा दिलाए रखती है कि आपके हाथों में देश सुरक्षित है। आपके उदाहरण से लोगों को कठिन परिश्रम की प्रेरणा मिलेगी और महिलाओं तथा बच्चों में नया विश्वास जगेगा।

उन युवाओं को मेरी ओर से बधाई, जिन्हें वीरता के पुरस्कार से सम्मानित किया गया। सारा देश आपकी ओर बड़ी आशा और आदर की दृष्टि से देख रहा है और मुझे पूरा भरोसा है कि आप नई सफलताएँ जरूर हासिल करेंगे।

केन्द्रीय रिजर्व पुलिस बल के 51वें परेड समारोह में दिया गया भाषण; नई दिल्ली, 6 दिसंबर, 1990

वैज्ञानिकों की उपलब्धियाँ

मुझे खुशी है कि आज मुझे उद्योगपतियों के साथ-साथ वैज्ञानिकों, विचारकों तथा बुद्धिजीवियों से भी मिलने का अवसर मिला। हमारा सौभाग्य है कि हमारे देशवासी, जो विदेशों में रहते हैं, आज हमारे बीच हैं। पिछले एक-डेढ़ महीने में हमारे वित्तमंत्री द्वारा जो विनम्रता और उदारता दिखाई गई है, वह तारीफ के काबिल है। आपके कार्यों के विषय में मुझे जो जानकारी मिली, वह उत्साहवर्द्धक है। आपके कामों ने देश के भविष्य के प्रति आशा की नई ज्योति प्रज्ज्वलित की है।

आपने उन क्षेत्रों में अनुसंधान किए हैं, जो अब तक अछूते थे। यह सर्वविदित है कि विज्ञान हमारे जीवन तथा ज्ञान, दोनों का स्रोत है। यह भी सच है कि विज्ञान हमें विकास के रास्तों के साथ-साथ विनाश की राह पर भी ले जाता है। आपके इस क्षेत्र में विकास की संभावनाएँ तो असीम हैं किन्तु विनाश के रास्ते छोटे हैं। जैसे कि हमारे मित्र श्री मेनन ने कुछ देर पहले कहा कि जैव तकनीक, जो विज्ञान का क्षेत्र है, में विकास की अनन्त क्षमता है लेकिन इसमें विनाश की आशंकाएँ अपेक्षाकृत कम हैं। मैंने ऐसा इसलिए कहा क्योंकि विज्ञान प्राकृतिक संतुलन को एक दिन जरूर बिगाड़ेगा। पता नहीं, तब आप समाज को कहाँ ले जाएँगे।

आपकी उपलब्धियों ने देश के प्रत्येक बच्चे में नवजीवन की आशा जगाई है। हमारा देश जनसंख्या विस्फोट के भयावह दौर से गुजर रहा है। जब तक आप हमें यह भरोसा नहीं दिला देते कि आपके अनुसंधान कार्य से प्रत्येक बच्चे की कुपोषण तथा बीमारी से रक्षा हो सकेगी, तब तक हमारी बढ़ती जनसंख्या देश पर बोझ बनी रहेगी।

यह शर्म और चिंता का विषय है कि प्रगति के बावजूद हम अपने बच्चों की भूख और नेत्रहीनता से रक्षा नहीं कर पा रहे हैं। कुपोषण हमारे बच्चों की सबसे गंभीर समस्या है। कृषि-क्षेत्र को आपके योगदान से बेशक उत्पादन बढ़ाने में मदद मिल रही है। इससे हमें यह आशा बँधी है कि आने वाले दिनों में देश का कोई बच्चा, कोई नागरिक भूख से पीड़ित नहीं रह पाएगा। दवा के अभाव में किसी की जान नहीं जाएगी।

मुझे भरोसा है कि शिक्षा के क्षेत्र में वैज्ञानिकों की उपलब्धियाँ हमें उस लक्ष्य तक ले जाएँगी, जिसका सपना हम लंबे समय से देखते रहे हैं; लेकिन अपने भरसक प्रयासों के बावजूद शिखर तक पहुँचने में हम फिलहाल नाकामयाब रहे हैं। भारत को अपने वैज्ञानिकों की उपलब्धियों पर गर्व है और ऐसा होना स्वाभाविक है। यह सच है कि हमारे वैज्ञानिकों ने व्यक्तिगत तौर पर तमाम उपलब्धियाँ हासिल की हैं। इनके सहारे समूचे विश्व में न केवल उन्होंने शोहरत बटोरी है, बल्कि देश का नाम भी इससे ऊँचा हुआ है। पर अब इस संकाय

के माध्यम से देश के लिए कुछ करने का उनका इरादा है—यह खुशी की बात है। इस पर हमें गर्व होना चाहिए और हमें गर्व है भी।

मैं आशा करता हूँ कि हमारे वे मित्र जो विदेशों में भले ही बस गए हैं, लेकिन जिन्हें देश से अभी भी प्रेम है और जो सहायता करने की स्थिति में हैं, हमारी सहायता के लिए आगे आएँगे। मुझे भरोसा है कि वे हमारा संदेश उन देशवासियों तक भी पहुँचाएँगे, जो भारत से बाहर हैं, ताकि उनका भी विश्वास हम हासिल कर सकें।

मैं जानता हूँ कि विदेशों में भारत की छवि बहुत खराब करके पेश की जा रही है और इसके लिए हम खुद जिम्मेदार हैं। हममें से कुछ का मानना है कि हमारी अर्थव्यवस्था चौपट हो गई है, देश टूट रहा है और समाज में तनाव है। लेकिन यह तस्वीर का सिर्फ एक पहलू है और इसे तैयार करने वाले वे लोग हैं, जिनका आत्मविश्वास समाप्त हो चुका है।

भारत केवल विशाल भूखंड वाला देश ही नहीं, अपितु इसकी श्रमशक्ति भी 85 करोड़ है और यही हमारी सबसे बड़ी शक्ति है। अगर इस विशाल शक्ति को हम खनन कार्यों में, अपने खेतों में लगा सकें, तो हमारा देश महत्त्वपूर्ण उपलब्धियाँ हासिल कर सकता है। इसके अलावा अगर हमें विकास से जुड़ी नई वैज्ञानिक उपलब्धियाँ प्राप्त हो जाएँ, तो यह हमारे लिए अतिरिक्त सहायता साबित होगी। इससे लोगों में विश्वास पैदा होगा, हमारी इच्छाशक्ति मजबूत होगी और हम नए उत्साह और शक्ति के साथ आगे बढ़ सकेंगे।

इस संस्था को दिए गए योगदान के लिए मैं अपनी वित्तीय संस्थाओं को बधाई देता हूँ। मुझे आशा है कि इस देश के उद्योगपति हमारे वित्तमंत्री से ज्यादा उदारता का परिचय देंगे और इस संकाय को पहले से कहीं ज्यादा योगदान करेंगे। मुझे दिए गए पत्रों की मार्फत पता चला है कि उनका सहयोग पर्याप्त नहीं। भले ही हमारे सामने अनेक समस्याएँ हैं और हमारी अपनी सीमाएँ भी हैं, लेकिन मैं अनुरोध करूँगा कि योजना आयोग के उपाध्यक्ष इस बात का ध्यान रखें कि हमारी सरकार विज्ञान को बढ़ावा देने और वैज्ञानिकों की सहायता करने में तत्परता दिखाए। हमें विज्ञान की तरक्की को पहली प्राथमिकता पर रखना है, भले ही ऐसा करने में दूसरे क्षेत्रों में निवेश पर कटौती करनी पड़े।

लगभग 250 साल पहले हमारा देश समृद्ध देशों में से एक था। जिस संकट की स्थिति में आज हम हैं, वहाँ तक पहुँचने के दो कारण हैं, पहला यह है कि जिन व्यक्तियों की समाज की उन्नति में सक्रिय भूमिका हो सकती थी, हमने उनके साथ दुर्व्यवहार किया, और दूसरा, हम लोगों के बीच शिक्षा और ज्ञान का उचित प्रचार-प्रसार नहीं कर पाए। शिक्षा और ज्ञान चंद विद्यालयों तक सिमट कर रह गया और गाँव इनकी पहुँच से बाहर रहे। मैं विज्ञानसम्मत जानकारियों को विद्यालयों से बाहर निकाल कर गाँवों की गलियों, सड़कों तक ले जाने के लिए संस्थाओं और इनसे जुड़े वैज्ञानिकों को बधाई देता हूँ और उनकी सफलता की कामना करता हूँ। मेरा विश्वास है कि आपके सहयोग से हम अपने इतिहास का नया अध्याय लिखने में आखिरकार सफल होंगे। प्रत्येक वैज्ञानिक हमसे आदर और हमारा सहयोग पाने का अधिकारी है और सरकार इस दिशा में भरसक प्रयास करेगी। हमारी कोशिश होगी कि वैज्ञानिकों को उनका उचित स्थान दिलाया जा सके, जिसके वे वास्तव में अधिकारी हैं।

बायोटेक कंसोर्टियम इंडिया लिमिटेड के उद्घाटन समारोह के अवसर पर दिया गया वक्तव्य;
नई दिल्ली, 20 दिसंबर, 1990

धर्म : मानवता की सेवा का यंत्र

आज गुरु गोविंदसिंह जी का जन्मदिन है। वे उन महापुरुषों में से एक हैं, जिन्होंने हमें ऐसे समय में साहस और संबल दिया, जब हम प्रतिकूल समय से गुजर रहे थे। मुझसे पहले यहाँ वक्ताओं ने बताया कि गुरु गोविंदसिंह ने हमारे देशवासियों की प्रतिष्ठा बढ़ाने और उनके मूल्यों को बनाए रखने के लिए महान त्याग किया। वे हमारे इतिहास के सबसे सुनहरे दिन थे, जब अपने अनुयायियों की रक्षा के लिए लोग अपना जीवन भी बलिदान कर दिया करते थे। गुरु जी ने स्वयं भी अपने पिता जी से कहा था कि दूसरों को त्याग और बलिदान की सीख देने से पहले खुद इसका नमूना पेश करना चाहिए। इसी दिल्ली में कश्मीरी ब्राह्मणों की धार्मिक भावनाओं की रक्षा के लिए उनके पिता ने अपना जीवन कुर्बान कर दिया था। ऐसा था वह समय और ऐसी गौरवमयी परंपरा और इतिहास है हमारा। हम तब एक-दूसरे की दुख-तकलीफें बाँट लिया करते थे। लेकिन दुर्भाग्य से आज परिस्थितियाँ पूरी तरह बदल गई हैं। आज भाई भाई के खून का प्यासा हो रहा है। हमें ऐसे घृणित और लज्जाजनक माहौल को बदलना होगा और इस बदलाव के लिए गुरु गोविन्दसिंह का उदाहरण हमें शक्ति और प्रेरणा देगा। गुरु जी ने जिस तरह अपने धर्म के लिए, हिंदुत्व की रक्षा के लिए अपने पुत्रों का बलिदान किया, उसी तरह हमारे सिख भाई हमसे आशा करते हैं कि हम उन्हें भरपूर समर्थन देंगे और उनको आश्वस्त करेंगे कि भारत का प्रत्येक नागरिक उनके साथ है।

गुरु गोविन्दसिंह जी ने धार्मिक सामंजस्य और मित्रता का उपदेश दिया। उन्होंने मानवता की सेवा के एक मंत्र के रूप में धर्म की परिभाषा बताई। धर्म नर हत्या का मंत्र नहीं है। लोग समय के साथ प्रधानमंत्रियों और उनकी सरकारों को भूल जाएँगे, लेकिन गुरु गोविंदसिंह जैसे महान पुरुषों के त्याग-बलिदानों का इतिहास किसी को भूलने की इजाजत नहीं देगा।

आइए, आज इस पवित्र दिवस पर यह संकल्प लें कि हम किसी का मान-मर्दन नहीं करेंगे, नीचा नहीं दिखाएँगे, दूसरों की कमजोरियों का लाभ नहीं उठाएँगे, बल्कि हमारी कोशिश होगी कि दूसरों की भावनाओं, उनकी इच्छाओं का सम्मान करें और देश की समस्याओं का हल प्रेमपूर्वक तलाशें।

मैं भारत—विशेषकर पंजाब—के सभी निवासियों तक अपनी हार्दिक शुभकामनाएँ पहुँचाना चाहूँगा कि देश त्याग-बलिदानों के लिए उन सिख भाइयों का सदा ऋणी रहेगा। मैं पंजाब के लोगों का आह्वान करता हूँ कि हमारे साथ आकर एकजुट हों और इस दिवस पर यह संकल्प लें कि आत्म-नियंत्रण, साहस और गुरु जी के धैर्य को अपने में समाहित

करने के लिए हम हरसंभव कोशिश करेंगे ताकि भारत को हम एक बार फिर बुलंदियों पर पहुँचा सकें। भले ही हमारी शिकायतें कुछ भी हों, हमें इनको मित्रवत तरीके से दूर करने की जरूरत है। एक-दूसरे के प्रति घृणा की भावना हमें बर्बाद कर डालेगी। तबाह कर देगी उस देश को, जिसे खालसा गुरुओं ने अपने बलिदानों से महान बनाया है। इसलिए आइए, हम आज यह प्रण करें कि इस देश को एक बार फिर महान बनाने के लिए हम एकजुट होकर कार्य करेंगे। गुरुगोविंद सिंह जी को यही हमारी सच्ची श्रद्धांजलि होगी।

सिख यूथ फोरम को संबोधन; नई दिल्ली, 24 दिसंबर, 1990

वैज्ञानिक प्रगति

आज आपके बीच आकर मुझे गौरव का अनुभव हो रहा है। मैं आपसे नववर्ष के प्रारंभ में मिल रहा हूँ और आप सबको इस अवसर पर हार्दिक शुभकामनाएँ अर्पित करता हूँ। मैं इस देश और देश के बाहर वैज्ञानिक समुदाय का अभिनंदन करता हूँ। मुझे आपसे बहुत अपेक्षाएँ हैं। आप ही कल की आशा हैं। मानवता को वैज्ञानिकों से बहुत बड़ी आशाएँ हैं—लेकिन अध्यक्ष महोदय, मैं कहना चाहूँगा कि इसी के साथ अनेक आशंकाएँ भी हैं। आपमें समृद्धि लाने की क्षमता है, लेकिन आपका ज्ञान और खोज कभी-कभी विपत्ति भी लाते हैं। मैं इसके लिए आपको दोष नहीं दूँगा। दोष हम राजनीतिज्ञों का है, जो आपकी उपलब्धियों का उपयोग मानवता की आपदा के लिए करते हैं। शायद मेरे मित्र, पटवाजी के मन में यही विचार रहा होगा, जब उन्होंने सुझाव दिया था कि राजनीति की आपदा पर एक विचार-गोष्ठी होनी चाहिए।

मैं इस बात पर विशेष बल देना चाहूँगा कि यदि वैज्ञानिकों ने मानवता की प्रगति में योगदान नहीं किया होता, तो हम अंधे युग से कभी बाहर नहीं आ पाते। यही कारण है कि मैं वैज्ञानिक समुदाय का अभिनंदन करता हूँ और मुझे इस बात पर गर्व है कि पिछले तीन दशकों में हमारे देश में वैज्ञानिक संस्थानों का ढाँचा काफी विशाल बना है। मैं इस बात से सहमत हूँ कि अभी करने को बहुत कुछ शेष है। जो कुछ हमने अभी तक पाया है, उसी से हम संतुष्ट नहीं हो सकते। हमें अपने देश के विभिन्न भागों में स्थित वैज्ञानिक संस्थानों पर गर्व है, जो देश के विभिन्न भागों में चलाए जा रहे हैं। हमें उन संस्थानों पर गर्व है, जो केन्द्र सरकार, राज्य सरकारों, और निजी क्षेत्र द्वारा भी चलाए जा रहे हैं। मुझे इस बात पर गर्व है कि इस देश के हमारे वैज्ञानिकों ने अपने देश के लिए गौरवशाली सफलता प्राप्त की है और एक कृतज्ञ राष्ट्र, कर्त्तव्य के प्रति उनकी निष्ठा और ज्ञान-प्राप्ति के लिए उनके प्रयासों की हमेशा सराहना करेगा। मुझे इस बात की प्रसन्नता है कि इस सम्मेलन में युवा वैज्ञानिकों की अलग से बैठक होगी। भविष्य के बारे में उनकी अपनी कल्पना है और आने वाले कल की चुनौतियों का सामना करने की उनकी जिम्मेदारियाँ कहीं अधिक नहीं हैं। इसलिए राष्ट्र उनकी तरफ इस आशा से देखता है कि वे संसार की और इस देश की समस्याओं को एक नए परिप्रेक्ष्य में देखेंगे।

अध्यक्ष महोदय, जब तक हमारा दृष्टिकोण वैज्ञानिक नहीं होगा, हम इस संसार में प्रगति नहीं कर सकते। यह दुःख की बात है कि अंधविश्वास और पुराने विश्वासों के कारण बहुत-सी चीजें नहीं हो पाती हैं। हमारी सामाजिक प्रथा में कुछ कमियों के कारण हमारे वैज्ञानिक दृष्टिकोण का विस्तार नहीं हो पाता। जब मैं सामाजिक प्रणाली की बात करता

हूँ, तो मेरा आशय जाति और धर्म पर आधारित सामाजिक प्रथा से नहीं है, बल्कि मेरा आशय उस त्रुटिपूर्ण आर्थिक विकास और सामाजिक दृष्टिकोण से है, जिस पर हम आजादी के चार दशकों के बाद भी चलते आ रहे हैं।

मुझे यह कहते हुए दुःख होता है कि आजादी के संघर्ष के दौरान हमारे अंदर बहुत बड़ी-बड़ी आशाएँ और आकांक्षाएँ थीं। लेकिन आजादी मिलने के चार दशकों के बाद आज हम निराश बैठे हैं। मुझे यह कहते हुए खुशी है कि इस विज्ञान कांग्रेस का इससे संबंध रहा है और इसने इस देश के राष्ट्रीय आन्दोलन से प्रेरणा ली है। इस देश के वैज्ञानिकों ने हमेशा ही लोगों की समस्याओं की तरफ, चाहे वे सामाजिक हों, आर्थिक या मानवीय, हमेशा ध्यान दिया है। विज्ञान कांग्रेस के लिए यह एक लाभ की स्थिति है और समाज के लिए भी यह एक अनुकूल परिस्थिति है कि वैज्ञानिकों के दृष्टिकोण और इस देश के लोगों की समस्याओं में एक तरह का समन्वय-सा है।

इस सम्मेलन के लिए आपने प्राकृतिक विपदाओं का जो विषय निर्धारित किया है, उसके लिए मैं आपको बधाई देना चाहता हूँ। प्रकृति मानव जाति के प्रति हमेशा दयालु रही है, लेकिन कभी-कभी प्राकृतिक विपदाओं के कारण बड़े पैमाने पर तबाही भी होती है।

आपने हमारे वैज्ञानिक संस्थानों में अनेक अनुसंधान किए हैं और अनेक महत्त्वपूर्ण सफलताएँ भी प्राप्त की हैं। लेकिन इन सबका लाभ ग्रामीण लोगों को नहीं मिला है, जिनके बारे में श्री पटवा बार-बार चर्चा कर रहे थे। हमारे देश के दो लाख से अधिक गाँवों में पीने के पानी की सुविधा नहीं है। यह दुर्भाग्य की बात है कि एक ऐसे देश में, जिसने दो हजार वर्षों से भी अधिक समय पहले विश्व को एक नया दर्शन दिया था, आज 65 प्रतिशत से अधिक लोग निरक्षर हैं। मेरे विचार में 21वीं शताब्दी के प्रारंभ में 50 करोड़ से अधिक लोग, जो कि विश्व के कुल निरक्षरों का लगभग 52 प्रतिशत होगा, भारत में होंगे। यह हमारे लिए बड़ी ही शर्म की बात है। अब यह फैसला वैज्ञानिकों को करना है कि लोगों को लिखना-पढ़ना सिखाए बगैर, उन्हें साक्षर बनाने की सुविधाएँ उपलब्ध कराए बगैर, वैज्ञानिक दृष्टिकोण का विकास किस प्रकार किया जा सकता है और किस प्रकार आप उन्हें वैज्ञानिक अनुसंधान का लाभ उपलब्ध करा सकते हैं।

यह दुःख की बात है कि हमारे पास सभी प्राकृतिक संसाधन होने के बावजूद हम अपने लोगों की बुनियादी न्यूनतम जरूरतें पूरी नहीं कर पाते। गरीबी के कारण हमें तकलीफों और बीमारियों का सामना करना पड़ता है। मेरे मित्र श्री पटवा ने मध्यप्रदेश के प्राकृतिक संसाधनों की चर्चा की थी। यह मध्यप्रदेश की नहीं, बल्कि सारे देश की समस्या है। हमारे पास उपजाऊ भूमि, सुंदर जलवायु, प्राकृतिक संसाधन और ऐसे लगभग सभी खनिज मौजूद हैं, जो विकास के लिए जरूरी हो सकते हैं। पर सरकारी आँकड़ों के अनुसार 35 प्रतिशत से ज्यादा हमारे लोग गरीबी की रेखा से नीचे हैं। गरीबी की रेखा का आधार क्या है ? यह हमें अभी भी तय करना है, क्योंकि यदि आप विश्व के अन्य देशों का मानदंड लेते हैं, तो हमारे 50 प्रतिशत से ज्यादा लोग गरीबी की रेखा से नीचे हैं। यह दुर्भाग्यपूर्ण स्थिति बदली जानी चाहिए, जो सिर्फ अधिक उत्पादन से ही बदली जा सकती है।

उत्पादन के लिए दो बातें हैं—एक तो वैज्ञानिक ज्ञान और दूसरा हमारे लोगों का सहयोग। अगर वे स्वेच्छा से अपना सहयोग नहीं देते हैं, तो समृद्धि की कोई आशा नहीं है। वह

सहयोग हमें उन्हें यह आश्वासन देने से मिल सकता है कि जो वे पैदा कर रहे हैं, वह उनके बच्चों के हित में होगा, कुछ चुने हुए लोगों की सुविधा के लिए नहीं। यह काम राजनीतिज्ञों का है। पर आपको अपने योगदान के रूप में कुछ प्रौद्योगिकी उपलब्ध करानी है। आधुनिक प्रौद्योगिकी नहीं, बल्कि उपयुक्त प्रौद्योगिकी, जिसके जरिए लोग अधिक उत्पादन कर सकें। मुझे पता है कि हमने कई क्षेत्रों में प्रगति की है, फिर भी हमें बहुत कुछ करना है। कृषि के क्षेत्र में, जैव प्रौद्योगिकी के क्षेत्र में और दूसरे अन्य क्षेत्रों में हमारे वैज्ञानिकों ने अभूतपूर्व काम किया है, पर यह दुःख की बात है कि ये अनुसंधान गाँवों तक नहीं पहुँच पाए हैं। हमें अभी यह पता करना है कि कैसे आप विस्तार कार्य को, विकास और प्रबंध की समस्याओं को सुलझा सकते हैं। यहाँ दो समस्याएँ हैं। वैज्ञानिकों ने अनुसंधान और अन्वेषण के क्षेत्र में काफी कुछ किया है, पर विस्तार के क्षेत्र में, प्रबंध के क्षेत्र में हमें बहुत से काम करने हैं जिससे कि आपके अनुसंधान का फल आबादी के गरीब वर्गों, विशेषकर ग्रामीण इलाकों को मिल सके।

रोजगार पैदा करना एक और क्षेत्र है, जहाँ लोग आपसे आशा लगाए हुए हैं, क्योंकि हमारी जन-शक्ति सबसे बड़ी है। अगर आप जन-शक्ति का इस्तेमाल नहीं कर सकते, तो हम देश को विकसित करने की आशा नहीं कर सकते। अधिक विकसित देशों की नकल करके हम इस जन-शक्ति का उपयोग नहीं कर सकते। यह दुर्भाग्यपूर्ण है कि हमारे देश में समस्याओं को वस्तुपरक ढंग से लेने की प्रवृत्ति नहीं है। हम ऐसी प्रौद्योगिकी के आयात की कोशिश कर रहे हैं, जो हमारी वर्तमान स्थिति के लिए बहुत उपयुक्त नहीं है।

अध्यक्ष महोदय, मेरे विचार में वैज्ञानिक एक वृक्ष की तरह हैं। वृक्ष अपना भोजन गहराई और अँधेरे में दबी मिट्टी से ही नहीं, बल्कि सूर्य और वायु से भी प्राप्त करता है। हमारे वैज्ञानिकों में ज्ञान के उच्च क्षेत्रों में खोज करने में विश्व से मुकाबला करने की परिकल्पना होनी चाहिए और साथ ही साथ उनकी जड़ें गाँवों में भी गहरे तक रहनी चाहिए, जहाँ गरीबी, गंदगी और मजबूरी है। जब तक आप इन गरीब भाई-बहनों को याद नहीं रखेंगे, जो खराब से खराब तरह की गंदगी और मजबूरी में रह रहे हैं, विज्ञान एक सार्थक योगदान नहीं कर सकता। क्योंकि चाहे हमारी कुछ भी उपलब्धियाँ हों, यदि समाज यह नहीं समझ पाता कि यह प्रयत्न एक अच्छे भविष्य, आशा और आत्मविश्वास से पूर्ण भविष्य, उनके बच्चों के बेहतर भविष्य के लिए है, मैं नहीं समझता कि हमारे लिए व्यवस्था को बनाए रखना संभव होगा और जो अनुसंधान आप प्रयोगशालाओं में करते हैं, वे भी किसी काम के नहीं होंगे। मैं नहीं जानता कि इस समस्या पर इस सम्मेलन में विचार होगा या नहीं, पर एक राजनीतिक कार्यकर्ता की हैसियत से मैं माननीय अध्यक्ष और आपके साथियों से यह अपील करना चाहूँगा कि आप इस समस्या पर विचार करें क्योंकि यदि ये असमानताएँ समाज में रह गईं, तो वे अवश्य ही सामाजिक तनाव पैदा करेंगी और सामाजिक तनाव सामाजिक ढाँचे पर दबाव डालेंगे।

पटवाजी ने कहा कि यह आदिवासियों का क्षेत्र है। अगर आप तमिलनाडु से त्रिपुरा तक का जनजातियों का इलाका देखें, तो हर तरफ असंतोष पाएँगे। क्या हम उनकी आवश्यकताओं और आकांक्षाओं को पूरा करने के लिए कुछ करेंगे या हम राज्य की ताकत का इस्तेमाल उनकी इच्छाओं का दमन करने में करेंगे ? पटवाजी राजनीति की बात करते

हैं। राजनीति लोगों के समुचित प्रबंध की कला के सिवाय कुछ नहीं है। राज्य की यह अवधारणा मनुष्य की इस अनुभूति से हुई कि जो काम वह स्वयं नहीं कर सकता, वह काम वह सामूहिक विवेक से कर सकता है और राज्य मानव अभिवृत्ति के दो पहलुओं को दर्शाता है—एक तो असहायपन की यह भावना कि हम अकेले नहीं कर सकते। इसलिए वह अपने कुछ अधिकारों को राज्य को सौंप देता है। और दूसरा पहलू है मानवजाति की यह अनुभूति कि सामूहिक विवेक से ही मानव-जाति की मुक्ति संभव है। हम क्या लोगों की ज्ञानानुभूति पर निर्भर करेंगे या उनके असहायपन पर ? जब कोई राज्य लोगों की मजबूरी का फायदा उठाने की कोशिश करता है, तो ऐसा राज्य तानाशाह या निरंकुश राज्य बन जाता है। एक कल्याणकारी राज्य हमेशा अपने लोगों की जागरूकता और जानकारी का सदुपयोग करने की कोशिश करता है और यदि लोगों में यह समझ है कि उनकी तकलीफें कम होनी चाहिए, तो यह एक स्वागत योग्य लक्षण है और वैज्ञानिकों और राजनीतिज्ञों, दोनों को मिल कर विकास की अपनी क्षमता का इस प्रकार इस्तेमाल करना चाहिए, जिससे हमारे लोगों की न्यूनतम आवश्यकताएँ पूरी हो सकें।

इस संबंध में बहुत से काम करने हैं। मैं अभी प्राकृतिक विपदाओं की चर्चा कर रहा था। केवल बाढ़ से हमें हर वर्ष 880 करोड़ रुपए का नुकसान होता है। पिछले वर्ष मई में आए समुद्री तूफान में राष्ट्र की 2000 करोड़ रुपए से अधिक की सम्पत्ति का नुकसान हुआ। आप देखेंगे कि हर वर्ष बाढ़ और अकाल से पशु-धन की बड़े पैमाने पर क्षति होती है। मैं इस संबंध में आँकड़ों की चर्चा नहीं करूँगा। मुझे इस बारे में मालूम नहीं है। श्री पटवा को शायद इस बारे में बेहतर जानकारी होगी। ऐसा लगता है कि यह एक संयोग है कि जहाँ लोग गरीब होते हैं, जहाँ लोग निरक्षर होते हैं और जहाँ के लोगों में वैज्ञानिक दृष्टिकोण का विकास नहीं हुआ होता, वहीं ईश्वर बार-बार ये विपदाएँ भी भेजता है। ऐसा लगता है कि ईश्वर भी ऐसे इलाकों के साथ कुछ ज्यादा पक्षपात करता है, जहाँ विकास नहीं हुआ है। ऐसे क्षेत्रों में प्राकृतिक विपदाएँ मानव द्वारा किए गए प्रयासों की बड़े पैमाने पर क्षति करती हैं।

मैं आशा करता हूँ और मेरा यह विश्वास है कि हम आने वाली प्राकृतिक विपदाओं का अनुमान करके उनके बारे में पहले से चेतावनी देने में, और संकट से बचने के लिए विशेष उपायों या विधियों का विकास करने में सफल होंगे। यदि हम संकट को टाल नहीं सकते, तो कम से कम लोगों को उसके बारे में पहले से चेतावनी दे सकेंगे ताकि उनका कम से कम नुकसान हो।

एक अन्य समस्या यह है कि जो कुछ भी विकास हो रहा है, यदि वह विकास जनसंख्या के अनुरूप नहीं हो रहा है, तो मैं नहीं जानता कि इस देश का क्या होगा। जनसंख्या के क्षेत्र में, जब श्री पटवा मध्यप्रदेश की गरीबी और समस्याओं का उल्लेख कर रहे थे, तो उन्होंने जनसंख्या वृद्धि का उल्लेख नहीं किया जो कि मध्यप्रदेश और उसके जैसे गरीब राज्यों में सबसे ज्यादा है। गरीबी और जन्म-दर के बीच सीधा संबंध है। मैं आशा करता हूँ कि वैज्ञानिक अपने अन्तर को खोजेंगे और कोई तरीका ढूँढ़ निकालेंगे। मैं जानता हूँ कि कुछ अनुसंधान कार्य हुआ है लेकिन हम अपने लोगों को इसका विश्वास नहीं दिला पाए हैं। विशेषकर ग्रामीण महिलाओं को कि इस देश की समृद्धि के लिए जनसंख्या नियंत्रण आवश्यक

है। इसीलिए स्वास्थ्यगत समस्याएँ हैं। पिछले चार दशकों के दौरान हमारे सभी प्रयासों के बावजूद इस देश में बाल मृत्यु-दर अधिकतम रही है। रोग-प्रतिरक्षण कार्यक्रम और अनुसंधान में काफी प्रगति हुई है, लेकिन हमें इस दिशा में काफी काम करना है। इसलिए मैं इस क्षेत्र के वैज्ञानिकों से अनुरोध करता हूँ कि वे जनसंख्या-नियंत्रण की बेहतर विधियों और रोग-प्रतिरक्षण कार्यक्रम के लिए भी कार्य करें ताकि लोगों को विश्वास हो सके कि यदि बच्चा जन्म लेगा, तो वह जीवित भी रहेगा। तब हमें इस देश के बच्चों को प्राथमिक स्वास्थ्य सेवाएँ और प्राथमिक शिक्षा भी उपलब्ध करानी होगी। मैं आशा करता हूँ और मेरा यह विश्वास है कि वैज्ञानिक इस दिशा में काम करेंगे और सारे विश्व को संदेश देंगे। हमारी ये सभी समस्याएँ केवल हमारे अपने समाज की पुरानी अप्रचलित परंपराओं, पुराने मूल्यों के कारण हैं। श्री पटवा अपनी सरकार के लिए कुछ माँग रहे थे। मुझे कोई शिकायत नहीं है। उन्हें अपनी माँगें बतानी चाहिए, क्योंकि इस देश में यह प्रथा रही है कि प्रत्येक मुख्यमंत्री प्रधानमंत्री से कुछ न कुछ माँग करता है। परन्तु, मैं अपने मित्र पटवाजी को यह आश्वासन देता हूँ कि मुख्यमंत्रियों और प्रधानमंत्री के बीच कोई विभाजन नहीं है। सारी सम्पत्ति और संसाधन सारे देश के हैं। इन संसाधनों का बँटवारा और उपयोग, निवेश किस तरह किया जाए, इस बारे में प्राथमिकताओं का निर्धारण इस देश के लोगों को करना है और वैज्ञानिक हमें उन क्षेत्रों के बारे में निर्देश देंगे, जिनमें निवेश किए जाने की जरूरत है। यदि आप इस झंझट में पड़ेंगे कि मेरा क्या है और आपका क्या है, तो कई बार हम उन प्राथमिकताओं को भूल जाते हैं, जो देश को दी जानी चाहिए और यही कारण है कि हम अपनी प्राथमिकताओं का चयन नहीं कर पाए हैं।

अध्यक्ष महोदय, मैं आपको आश्वासन देता हूँ कि यदि कोई देश प्रगति करना चाहता है, विकास के क्षेत्र में तेजी से आगे जाना चाहता है, तो उसे अपने वैज्ञानिकों की जानकारी बढ़ाने, उनके अनुसंधान और उनकी सुविधाओं के लिए उन्हें हर संभव सुविधा उपलब्ध करानी चाहिए। मैं आपको यह आश्वासन देना चाहूँगा कि सरकार के पास मौजूद सीमित साधनों के बावजूद सरकार ऐसा हर संभव प्रयास करेगी, जिससे हमारे संस्थानों को कोई कठिनाई न हो। अध्यक्ष महोदय, आपने अपनी कुछ टिप्पणियों के साथ-साथ कुछ सुझाव भी दिए हैं। हमारे विज्ञान और प्रौद्योगिकी सचिव, जो स्वयं भी एक वैज्ञानिक हैं, एक समर्पित व्यक्ति हैं, इस सम्मेलन के दौरान सारे समय वे आपके साथ रहेंगे और आपकी सभी आवश्यकताओं का ब्यौरा रखेंगे। मैं यह नहीं कह सकता कि आपकी सभी आवश्यकताएँ पूरी हो जाएँगी, लेकिन हम इसके लिए अधिक से अधिक प्रयास करेंगे कि इस देश में विज्ञान एवं प्रौद्योगिकी को कोई क्षति न हो। ऐसा कहकर मैं आपके साथ कोई उपकार नहीं कर रहा हूँ। यदि आप इस देश के उन्नत भविष्य के लिए आशा करते हैं, तो मैं इस बात पर जोर देना चाहता हूँ कि आप ही देश की एकमात्र आशा हैं। आप लोग ही एक ऐसी उम्मीद हैं, जिस पर सारे राष्ट्र के समुदाय का भविष्य निर्भर करता है।

मैं यह भी जानता हूँ कि कुछ ऐसी कठिनाइयाँ हैं, जिनका अभी समाधान नहीं किया जा सकता; लेकिन हमें निराश नहीं होना चाहिए। हमें हतोत्साहित नहीं होना चाहिए। निराश होने से कुछ लाभ नहीं होगा। अपने देश को लेकर आत्मविश्वास व भरोसा ही हमें भविष्य के प्रति उत्साहित कर सकता है और हमें अपने समय की चुनौतियों का सामना करने की

हिम्मत दे सकता है।

अध्यक्ष महोदय, मुझे विश्वास है कि हमारे देश में दिखाई दे रही विघटनकारी प्रवृत्तियाँ अवैज्ञानिक दृष्टिकोण के कारण भी हैं, जिसे इस देश में बनाए रखने का प्रयास किया जा रहा है। हम कुछ वर्ष नहीं, बल्कि सदियों पीछे हो गए हैं। हमारे ऋषि-मनीषियों ने कहा है—

> *'यह मेरा है, यह दूसरों का है : ये विचार साम्प्रदायिक मनोवृत्ति वाले लोगों के हैं। जो लोग उदार हैं, उनके लिए यह सारा संसार ही एक समाज है, एक परिवार है।'*

हम चाहते हैं कि सारा संसार एक परिवार बन जाए। वैज्ञानिकों को परिवार के सदस्यों की तरह इस दिशा में बड़े से बड़ा योगदान करना होगा।

हमें ऐसे क्षेत्रों का पता लगाने का प्रयास करना चाहिए, जहाँ हम सहयोग और सद्‌भावना के साथ काम कर सकें। आपने सार्क की बैठक का उल्लेख किया। हमने कहा कि हमें घर और पड़ोस से शुरुआत करनी चाहिए। हमने सार्क देशों से अनुरोध किया और भारत ने इस दिशा में पहल की कि वैज्ञानिक विचारों के आदान-प्रदान के कार्य में राजनीतिक बाधाएँ नहीं आनी चाहिए। हमने यह निर्णय किया कि राष्ट्रीय महत्त्व के सभी वैज्ञानिक और सभी शैक्षिक संस्थानों के प्रमुखों को 'सार्क' देशों में जाने के लिए वीजा की आवश्यकता नहीं होगी। सार्क देशों ने पहली बार ऐसा राजनीतिक कदम उठाया है। भारत ने यह सुझाव रखा कि सर्वोच्च न्यायालय के न्यायाधीशों और संसद-सदस्यों को वीजा की अनिवार्यता से छूट होनी चाहिए। इसी प्रकार राष्ट्रीय शैक्षिक संस्थानों के प्रमुखों को 'सार्क' देशों में जाने के लिए वीजा की आवश्यकता नहीं होगी। हम चाहते हैं कि हम अपने ज्ञान का अपने पड़ोसी देशों और विश्व के वैज्ञानिकों के साथ आदान-प्रदान कर सकें। यह काम आपके संस्थान, आपके संगठन को करना होगा। मैं तो केवल यह आश्वासन दे सकता हूँ कि हम आपको इस दिशा में पूर्ण समर्थन और सहायता देंगे। यदि कोई सुझाव हो या कोई समस्या हो, तो आप अपने लिए सरकार के दरवाजे हमेशा खुले पाएँगे। वैज्ञानिकों को यह महसूस नहीं करना चाहिए कि सरकार उन पर कोई एहसान कर रही है। यह तो हमारा कर्त्तव्य है। यह हमारी जिम्मेदारी है कि हम देश में विज्ञान के विकास की व्यवस्था करें। प्राथमिकताओं की मेरी सूची में विज्ञान सबसे पहले स्थान पर आता है। क्योंकि इसी पर हमारे देश का भविष्य निर्भर करता है। जब मैं विज्ञान की बात कर रहा हूँ, तो मुझे इस बात की खुशी है कि न सिर्फ विज्ञान और प्रौद्योगिकी सचिव बल्कि हमारे विश्वविद्यालय अनुदान आयोग के अध्यक्ष भी यहाँ मौजूद हैं। मैं नहीं जानता कि वे विज्ञान के क्षेत्र से सम्बद्ध हैं या नहीं, लेकिन समाजशास्त्र और मानव-संसाधनों के क्षेत्र में वे देश के महानतम नागरिकों में से हैं। इन लोगों के साथ हम आत्मविश्वास से आगे बढ़ सकते हैं। मुझे आशा और विश्वास है कि यह विज्ञान सम्मेलन हमारी समस्याओं के सभी पहलुओं पर विचार करेगा। आज की राजनीतिक समस्याओं के कारण रुकना नहीं है। मैं श्री पटवाजी से भी निवेदन करूँगा कि वे इन राजनीतिक विपदाओं की चिन्ता न करें। शताब्दियों से आ रही राजनीतिक विपदाओं के बावजूद कोई भी इस देश को दबा नहीं सका। इस देश में कई बार राजनीतिक उथल-पुथल हुई है, यह देश कई बार सैकड़ों रियासतों में बँटा, राजा और नवाब आए, पर कोई भी

इस देश की एकता को नष्ट नहीं कर सका। कन्याकुमारी से कश्मीर तक देश कई रजवाड़ों में बँटा था, लेकिन इसके बावजूद यदि कोई व्यक्ति तीर्थयात्रा पर जाता था, तो कोई उससे वीजा नहीं माँगता था। हमारे देश में और भी बहुत कुछ स्थायी है। ये राजनीतिक समस्याएँ अस्थायी हैं। पर यदि हमारे वैज्ञानिक असफल रहते हैं, तो हम सदियों पीछे हो जाते हैं। राजनीतिक समस्याएँ यदि एक चुनाव से नहीं सुलझती हैं, तो दो या तीन चुनावों से सुलझ जाएँगी। लोगों को कुछ पैसा खर्च करना पड़ेगा। पर यदि वैज्ञानिक असफल रहते हैं, तो हम विश्व के अन्य देशों की तुलना में पीछे रह जाएँगे। अध्यक्ष महोदय, हम आशा करते हैं कि आपके मार्ग-दर्शन में विज्ञान कांग्रेस सभी वैज्ञानिक कार्यकर्ताओं की गतिविधियों को समन्वित कर सकेगी और विशेषकर आपको युवा वैज्ञानिकों तथा महिलाओं को प्रोत्साहित करना चाहिए क्योंकि यह एक ऐसा पहलू है, जिसमें हम बहुत पीछे हैं। अगर आप एक बालक को पढ़ाते हैं, तो आप सिर्फ एक नागरिक को पढ़ाते हैं; लेकिन यदि आप एक बालिका को शिक्षित करते हैं, तो आप कम से कम एक परिवार को पढ़ाते हैं—यह बात हमेशा आपको ध्यान में रखनी चाहिए—यदि आप एक युवा महिला वैज्ञानिक को प्रोत्साहित करते हैं, इस देश के महिला वर्ग को यह दृष्टिकोण प्रदान करते हैं। आपके हाथ में सबसे अच्छा भविष्य है, क्योंकि बिना परिवार नियोजन के इस देश में कुछ भी संभव नहीं और परिवार-नियोजन सिर्फ वैज्ञानिकों और डॉक्टरों के प्रयत्नों से ही नहीं, बल्कि महिलाओं को परिवार-नियोजन की समस्याओं से अवगत कराने से संभव है। मुझे आशा और विश्वास है कि आप देश की समस्याओं को इस दृष्टि से देखेंगे।

एक बार फिर मैं आप सबको अपनी हार्दिक शुभकामनाएँ देता हूँ। मुझे खेद है कि मैं आपके साथ ज्यादा समय तक नहीं रह सकता। जबकि मैं चाहता हूँ कि आपके साथ ज्यादा समय तक रहूँ तथा आपके साथ विचारों का आदान-प्रदान करूँ। मुझे संसद के अधिवेशन के कारण दिल्ली तुरंत पहुँचना है ताकि वहाँ कोई राजनीतिक संकट न आ जाए। वहाँ कम से कम यह शोर तो हो ही जाएगा कि प्रधानमंत्री संसद में उपस्थित नहीं हैं। मैंने सभापति और अध्यक्ष को पत्र लिखे हैं कि मैं दिल्ली से इस दोपहर एक बजे तक अनुपस्थित रहूँगा, इसलिए अब मुझे आपकी आज्ञा चाहिए।

मैं एक बार फिर यह दोहराना चाहता हूँ कि मैं इस सम्मेलन से बहुत आशाओं और आशंकाओं के साथ विदा ले रहा हूँ और आशा करता हूँ कि आपके निर्णय देश की प्रगति और समृद्धि के लिए महत्त्वपूर्ण होंगे।

आप सबको धन्यवाद।

भारतीय विज्ञान कांग्रेस के 78वें अधिवेशन में उद्घाटन भाषण; इंदौर, 3 जनवरी, 1991

जमनालाल बजाज : सच्चे अर्थों में गांधीवादी

एक महान व्यक्ति को श्रद्धांजलि अर्पित करने का सुअवसर पाकर आज मैं स्वयं को सच्चे अर्थों में सम्मानित महसूस कर रहा हूँ। हम जब जमनालाल बजाज पर विचार करते हैं, तो उस युग की याद ताजा हो जाती है, जिसने एक नए विश्व के निर्माण के लिए हमें प्रेरित किया था और इस महान काम को अंजाम देने के लिए हमें शक्ति और ऊर्जा दी थी। विश्व की मौजूदा राजनीतिक अस्थिरता से यह भावना पैदा होती है कि हम अंधकार की तरफ बढ़ रहे हैं। ऐसे में हमें अपना पिछला गौरवपूर्ण अतीत याद आता है। भारतीय इतिहास की शुरुआत बहुत प्राचीन है और इसके शुरू के अध्याय पुरातात्विक साक्ष्यों के तौर पर धरती के गर्भ में छुपे हैं, जिन्हें लिखा जाना अभी शेष है। हमारा इतिहास तमाम ऊँच-नीच का गवाह रहा है और इसीलिए हम इस अंधकार में भी आशा की किरण देख पाते हैं। जब कभी हमें जमनालाल बजाज का स्मरण होता है, तो हम उन्हें शक्ति और ऊर्जा के केंद्र के रूप में याद करते हैं। एक ऐसे केंद्र के तौर पर, जो भारतीय मानस में गहरे बैठा हुआ है और जिसकी सहायता से हम अपनी मौजूदा समस्याओं से निबट सकेंगे। मेरा मानना है कि भारत प्रतीकों का देश है और ऐसा शायद प्रतीकों की सहायता से ही संभव हुआ है कि इसने अपनी सभ्यता और संस्कृति को अक्षुण्ण बनाए रखा। यह बहुत महत्त्वपूर्ण नहीं कि प्रतीकों से देवी-देवताओं का प्रतिनिधित्व किया जाता है अथवा व्यक्तियों का, लेकिन यह सच है कि प्रतीक हमारी शक्ति को संरक्षित रखने और विपरीत परिस्थितियों में भी उज्ज्वल भविष्य की रूपरेखा तैयार करने में सहायक हैं।

महात्मा गांधी के संपर्क में बहुत से लोग आए। मैं यहाँ उनके नाम नहीं गिनाना चाहता। इनमें बहुत से व्यवसायी तथा उद्योगपति थे, किन्तु जमनालाल बजाज एक ही थे। दूसरे व्यवसायियों और उद्योगपतियों का भले ही औद्योगिक क्षेत्र में बहुत अच्छा योगदान रहा हो और उन्होंने धनार्जन भी बहुत किया हो, लेकिन यह सिर्फ जमनालाल बजाज ही थे, जो महात्मा के विचारों के अनुरूप स्वयं को ढाल सके। अभी चंद दिनों पहले रामलाल पारीख ने मुझे बताया कि गांधी जी के ट्रस्टीशिप के सिद्धांत को अभी भी व्यवहार में लाया जा सकता है, लेकिन इसको लागू करने के लिए जमनालाल बजाज जी की भावना वाले व्यक्ति की जरूरत होगी। लेकिन अफसोस तो इसका है कि प्रत्येक व्यवसायी जमनालाल बजाज नहीं बन सकता। हम आज भी उन्हें अपनी स्मृतियों में सँजोए हैं, तो महज इसलिए कि उन्होंने महात्मा गांधी के उच्च विचारों को न केवल समझा था, बल्कि अपने आचरण में उन्हें उतार लिया था।

मुझे ट्राट्स्की का एक वक्तव्य याद आता है, ''साम्यवाद के आखिरी दौर में तभी पहुँचा

जा सकता है, जब प्रत्येक नागरिक प्लेटो और अरस्तू के स्तर तक पहुँच चुका होगा।'' पिछले 50 वर्षों के दौरान हमने मार्क्सवाद का हश्र देखा—प्लेटो और अरस्तू के स्तर को भूल जाइए, वे बहुत समय पहले ही दफन किए जा चुके हैं। यही हाल ट्रस्टीशिप के सिद्धान्त के साथ है। हमें यह भी याद रखना है कि ट्रस्टीशिप का सिद्धान्त लागू करते समय हम भटक न जाएँ।

जमनालाल बजाज ने वैसा ही आचरण किया, जैसे आचरण की सीख उन्होंने दूसरों को दी। उन्होंने अपने समूचे परिवार को स्वतंत्रता संग्राम में झोंक दिया था। उनका जीवन महात्मा की तरह ही बहुत सादा था। वर्धा आश्रम इसका गवाह है कि कठिन परिश्रम के बल पर कोई भी व्यक्ति बड़ा बन सकता है, ऊपर उठ सकता है। गांधी जी का विश्वास था कि एक झोंपड़ी भी प्रेरणा का स्रोत हो सकती है। जमनालाल बजाज में ही वह योग्यता और क्षमता थी कि वे गांधी जी के दृष्टिकोण को व्यवहार में उतार सकें। गांधी जी का मानना था कि अगर हम सचमुच समाज को बदलना चाहते हैं, तो हमें लोगों में बदलाव लाना होगा—उनकी सोच और अपने आप को बदलना होगा। सिर्फ उपदेशों के सहारे न तो व्यक्ति बदल सकता है और न समाज में ही परिवर्तन लाया जा सकता है। जब हम अपने में परिवर्तन ले आते हैं, तो यह समाज को बदलने की हमारी पहली कोशिश होती है। रचनात्मक कार्यों के बारे में गांधी जी के यही विचार थे। गांधी जी और जमनालाल बजाज, दोनों ने यह महसूस कर लिया था कि जीवन एक सुंदर सपना मात्र नहीं है, बल्कि यह दुःखों का पुलिंदा है। जो जीवन के दुःखों का अनुभव नहीं कर सका, वह न तो समाज के दुःखों को महसूस कर सकता है और न समाज को बदलने की उसमें क्षमता-योग्यता ही है। हमारी दरिद्रता दुःख और कष्ट का हल नहीं। यह गरीब व्यक्ति का विश्वास है और रचनात्मक कार्य इसी विश्वास का प्रतीक है। गांधी जी ने इसका अनुभव किया था और जमनालाल बजाज ने इसको आचरण में उतार कर व्यावहारिक बना दिया था।

रामकृष्ण ने एक बार बताया था कि उनका परिवार जमनालाल बजाज के पदचिन्हों पर चलने की कोशिश में लगा है। राहुल मेरे मित्र हैं, वे जमनालाल बजाज के पदचिन्हों पर चलने का प्रयास करते हैं लेकिन उनके आदर्शों की व्याख्या के दायरे में ही। उनमें उस सादगी का अभाव है, जो अपना मित्र समझने के लिए गरीबों को प्रेरित कर सके। कोई भी व्यक्ति अपने आचरण में उस सादगी और ईमानदारी को उतार सकता है, जिसके प्रतीक जमनालाल बजाज थे। भले ही यह कार्य यहाँ राजधानी दिल्ली में नहीं हो, बंबई, पुणे, कलकत्ता, मास्को या फिर पेरिस में भी नहीं हो, बल्कि दूर-दराज के गाँवों के गली-कूचों में हो। रामकृष्णजी निस्संदेह आपके परिवार के मुखिया थे, लेकिन वह हमारे इस बड़े परिवार के प्रतीक भी थे और उनके इस बड़े परिवार को, यानी हमारे इस देश को, हमेशा उन पर गर्व रहेगा। उन्होंने स्वयं को कभी चहारदीवारी के बीच कैद नहीं होने दिया। ऐसे व्यक्ति को एक परिवार के साथ जोड़ कर भी नहीं देखा जा सकता।

गांधी जी ने महसूस किया कि हम मजदूरों को सम्मान और प्रतिष्ठा देकर ही प्रगति कर सकते हैं। यह सिर्फ हमारे समाज में ही है कि बागवानी या कूड़ा बटोरने के कार्यों को उचित महत्त्व नहीं दिया जाता। वे लोग, जो अपने घरों की सफाई स्वयं नहीं कर सकते, सेठजी, बाबूजी, पंडितजी और मौलवी साहब वगैरह-वगैरह कहे जाते हैं और उन लोगों को,

जो इन सेठजी वगैरह के घरों को स्वच्छ बनाए रखने की जिम्मेदारी उठाते हैं, भंगी, नीची जाति के और अछूत कहा जाता है। मैं एक बार फिर कहूँगा कि हमारा समाज इस भेद को न सिर्फ मान्यता देता है, बल्कि इसको संस्था के तौर पर स्थायी रूप भी दे दिया गया है।

गांधी जी को श्रम के महत्त्व और उसकी प्रतिष्ठा में विश्वास था और जमनालाल बजाज ने इस आदर्श को व्यावहारिक रूप प्रदान किया। मेरा विश्वास है कि मजदूरों से काम लेने के लिए योग्यता की आवश्यकता होती है, लेकिन गरीब लोगों के बीच अपनी पहचान बनाना और उन्हें तसल्ली देना एक महत्त्वपूर्ण उपलब्धि है।

गरीबी और भूख हमारी दो विवशताएँ हैं। इन मजबूरियों के होते हुए भी स्वयं को जिलाए रखने के लिए हममें एक अंतर्निहित शक्ति मौजूद है। हमारे देश की धरती समय-समय पर और विशेषकर जरूरत के समय महान हस्तियों को जन्म देती आई है। महात्मा जी इसी शृंखला की एक कड़ी थे, तो जमनालाल बजाज जी दूसरी कड़ी। कृतज्ञ राष्ट्र उन्हें हमेशा स्मरण करेगा। इसी के साथ उनको मेरी हार्दिक श्रद्धांजलि।

जमनालाल बजाज की सौवीं पुण्यतिथि पर दिया गया भाषण; नई दिल्ली, 5 जनवरी, 1991

विकास की बाजार नीति

मैं जानता हूँ कि बाजार और विकास एक-दूसरे से जुड़े हैं, एक-दूसरे पर टिके हैं और दोनों साथ मिलकर एक बहुत महत्त्वपूर्ण विषय हैं, जिनसे समूचा विश्व आज जुड़ा हुआ है। लेकिन हम जिन समस्याओं से आज जूझ रहे हैं, वे इस क्षेत्र के बहुत बाहर हैं। दुर्भाग्य से हम ऐसे देश में रह रहे हैं, जिसकी अधिकांश आबादी बाजार-संरचना से प्रभावित नहीं है। यह स्थिति बहुत सुखद नहीं और अगर इस सच्चाई की अनदेखी की जाती है, तो हम किसी सही नतीजे पर नहीं पहुँच सकते। विकसित देशों ने बाजार के महत्त्व को समझा और उनके लिए अब यह एक महत्त्वपूर्ण मुद्दा बन चुका है। हमारे लिए भी यह एक महत्त्वपूर्ण क्षेत्र है, लेकिन ऐसे भी दूसरे क्षेत्र हैं, जिन पर ज्यादा ध्यान दिए जाने की आवश्यकता है।

हमारा राष्ट्र ऐसा है, जिसमें 30 प्रतिशत से अधिक आबादी गरीबी रेखा के नीचे जिंदगी जीने को मजबूर है और इस गरीबी रेखा का निर्धारण भी हमने अपने ही मानदंडों के आधार पर किया है। अगर आप विकसित देशों के मानदंडों को मानें, तो हमारी आधी से अधिक जनसंख्या आपको गरीबी रेखा के नीचे नजर आएगी। जब हम गरीबी रेखा की बात करते हैं, तो हमारा मतलब उन लोगों से होता है, जो लोग अपने लिए जिंदगी की न्यूनतम मूलभूत आवश्यकताएँ भी पूरी नहीं कर पा रहे हैं। हमारे देश के विशाल ग्रामीण अंचल के अधिकांश लोग यूरोप, अमेरिका या फिर दुनिया के अन्य क्षेत्रों में जो कुछ भी घटित हो रहा है, उससे तनिक भी प्रभावित नहीं हैं—मैं ऐसा दावे से कह सकता हूँ।

यह स्थिति बहुत दुर्भाग्यपूर्ण है। गरीबी अपने आप में एक अभिशाप है और आर्थिक विषमता समाज में तनाव पैदा करती है। लोग घोर दरिद्रता की स्थिति तो सहन कर सकते हैं, मगर गरीबी-अमीरी की खाई उन्हें सहन नहीं। यही कारण है कि त्रिपुरा से लेकर तमिलनाडु तक का हमारी जनजातीय आबादी वाला समूचा क्षेत्र अशांत है। मुझे यह कहते हुए गर्व है कि भारत उन चंद विकासशील देशों में एक है, जहाँ लोकतंत्र सफलतापूर्वक कार्य कर रहा है और अपनी जड़ें जमा चुका है। हमारे लोकतंत्र पर ग्रहण के दौर भी आए परंतु भारत के लोगों ने प्रत्येक मौके पर लोकतंत्र में अपनी आस्था सिद्ध कर दी। अपनी आबादी और आय की असमानता के बावजूद हम ऐसा करने में कामयाब रहे हैं, तो सिर्फ अपनी अति प्राचीन सभ्यता और संस्कृति के सहारे। आप भले ही उनकी भावनाओं एवं इच्छाओं का सम्मान करें या फिर विकसित पश्चिमी देशों के साथ होड़ करें (मेरा इरादा यहाँ यह कहने का नहीं कि हमारा नजरिया विश्व के सर्वाधिक विकसित देशों के साथ होड़ करने का नहीं होना चाहिए), मगर हमें अपनी जमीनी सच्चाई को भी नहीं भूलना चाहिए। हमारे मस्तिष्क में हमारे लोगों की समस्याएँ ताजा बनी रहती हैं। आप जब प्रबंधन और बाजार की बात

करते हैं, तो आपको हमेशा उन लोगों को याद रखना चाहिए, जो आखिरकार इस देश के भाग्य-विधाता बनेंगे। अगर उनकी मूलभूत जरूरतें पूरी नहीं की गईं, तो शोध, अनुसंधान, दर्शन अथवा दूसरी बातों पर सलाह-मशविरा उन्हें लंबे समय तक बेजुबान नहीं बनाए रख सकेगा।

मैं जानता हूँ कि कुछ देश ऐसे भी हैं जो पश्चिम के विकसित देशों से सफलता के साथ होड़ कर रहे हैं। मेरे मित्र ने अभी थोड़ी ही देर पहले हाँगकाँग, ताइवान और दक्षिण कोरिया का जिक्र किया। ऐसे देश पश्चिमी देशों की तर्ज पर अपने मामलों का प्रबंध कर सकते हैं। लेकिन भारत ऐसा नहीं कर सकता। अगर विश्व के सभी विकसित राष्ट्र एकजुट होकर भी हमें इस संकट से उबारने की कोशिश करें, तो भी सफल नहीं होंगे। हम 88 करोड़ भारतीय हैं। हमारे राष्ट्र की तमाम समस्याएँ हैं, इसलिए हम यह अच्छी तरह समझ लें कि हमें अपने तरीके से ही अपने पैरों पर खड़ा होना होगा। बैसाखी से काम नहीं चलने वाला। यही कारण है कि 'आत्म-निर्भरता', 'स्वदेशी' भारत के आर्थिक विकास की कुंजी है। जब तक हमारा प्रबुद्ध तबका—खासकर प्रोफेसर और प्रबंधन-विशेषज्ञ आम आदमी को इस बारे में सहमत नहीं करते, प्रबंधन की किसी भी नीति को असफल ही होना है। अभी हम यह महसूस नहीं कर पा रहे कि किसी भी तरह का विकास और बाजार-नीतियाँ उसी स्थिति में सफल होंगी, जब समाज में स्थायित्व, शांति और व्यवस्था बनी रहेगी। क्या आप यह समझते हैं कि देश की जो मौजूदा हालत है, उसके रहते हम लंबे समय तक एक राष्ट्र के तौर पर शांतिपूर्ण स्थिति में रह सकते हैं ? मैं जानता हूँ कि कोई हमें उबारने वाला नहीं, जब तक कि आप बाहरी दबाव झेलने की शक्ति, सामर्थ्य और आंतरिक क्षमता का परिचय नहीं देते।

विश्व के देश तेजी से एक-दूसरे के करीब आ रहे हैं। इतना होते हुए भी यह सच नहीं कि यदि आप उन विकसित देशों से मदद और सहायता की उम्मीद रखते हैं, तो आपको उनकी तमाम शर्तें मंजूर करनी होंगी। मेरे मित्र स्वामी अन्तर्राष्ट्रीय आर्थिक विशेषज्ञ से विचार-विमर्श के लिए ब्रसेल्स में थे। वहाँ विकासशील देशों की क्या स्थिति है ? एक के बाद एक विकासशील देशों की बात वहाँ खारिज कर दी गई। अगर स्वामी के अलावा देश का प्रतिनिधित्व किसी दूसरे व्यक्ति के हाथ में होता, तो भारत के साथ भी ऐसा ही हुआ होता। लेकिन समाज की भीतरी ताकत, आर्थिक शक्ति या फिर त्याग तथा अपने लोगों के सहयोग के बिना हम कब तक बाहरी दबावों का प्रतिरोध कर सकेंगे या उन्हें झेल सकेंगे? आप सभी को मैं सुझाव देना चाहूँगा कि देश में किन वस्तुओं का उत्पादन किया जाना है, विकास का ढर्रा क्या हो, हमारी प्राथमिकताएँ क्या होनी चाहिए और किस बाजार नीति को लागू करना जरूरी है—इन सब पर एक समग्र नीति जल्द तैयार कर लिए जाने की जरूरत है।

आप सभी प्रोफेसर हैं, बुद्धिजीवी लोग हैं, जो यह देख-समझ रहे हैं कि विश्व आने वाले समय में कैसी शक्ल अख्तियार करने जा रहा है। लेकिन आपको अभी यह समझने की जरूरत है कि विश्व वास्तव में आज कैसा है। अगर इसके मौजूदा स्वरूप की समझ स्पष्ट नहीं, तो इसके भावी स्वरूप का खाका भी बिगड़ जाना निश्चित है। और विश्व में आज क्या हो रहा है? हम भूमंडलीकरण के युग में पहुँच गए हैं। विश्व आर्थिक उदारीकरण

के दौर से गुजर रहा है। मैं जानता हूँ कि उदारीकरण का दायरा बहुत लंबा-चौड़ा है और उदारीकरण अनिवार्य है, मगर हमें यह भी याद रखना है कि उदारीकरण किसके लिए ? और उदारीकरण किसका? मैं समझता हूँ, उदारीकरण लालफीताशाही को समाप्त करने के लिए होना चाहिए, मेरा मानना है कि उदारीकरण उन लोगों का हस्तक्षेप समाप्त करने के लिए हो, जिन्हें हमने प्रबंधन के मामले में हस्तक्षेप का व्यापक अधिकार दे रखा है। उदारीकरण का यह मतलब कत्तई नहीं कि हम अपने बहुत सीमित संसाधनों को व्यर्थ में बरबाद कर दें। मैं समझता हूँ कि भारत जैसे तीसरी दुनिया के देश में, जहाँ संसाधन बहुत सीमित हैं, उदारीकरण से जुड़े सभी विभागों का एक ही लक्ष्य है कि उदारीकरण, उत्पादन की प्रक्रिया को सरल बनाया जाए, महत्त्वपूर्ण मुद्दों पर फैसले लेने में देरी नहीं हो, ताकि लोगों को यह अनुभव हो सके कि अनावश्यक हस्तक्षेप के कारण उन्हें असहाय महसूस करने की जरूरत नहीं। लेकिन अगर आप उन क्षेत्रों में उदारीकरण को मंजूरी देते हैं, जिन क्षेत्रों में हमारे सीमित साधन व्यर्थ चले जाते हैं, तो मुझे यह कहते हुए अफसोस है कि आप अपना भविष्य दाँव पर लगा रहे हैं, इसे गिरवी रख रहे हैं और सच पूछिए तो हो यही रहा है। उत्पादन, खासकर उपभोक्ता वस्तुओं को होड़ लगाकर बेचने की कुशलता, दक्षता का प्रयोग कर आज हम समाज में किस मनोविज्ञान को जन्म दे रहे हैं? हम समाज के एक बहुत छोटे वर्ग की इच्छाओं को पूरी करने में जुटे हैं। हमारी सभी नीतियों का लक्ष्य यही है। उदारीकरण के पक्ष में दलील पेश की जाती है कि इससे हमारा निर्यात बढ़ेगा, लेकिन सवाल है किन उत्पादों का? उदारीकरण से आयात को बढ़ावा मिलने की भी बात की जाती है, किन्तु आयात उन वस्तुओं का नहीं किया जाना है, जो इस देश के लिए अनिवार्य नहीं हैं, बल्कि उन्हीं वस्तुओं-उत्पादों का करना होगा, जिनसे हमें अपने लोगों की वर्तमान समस्याओं को खत्म करने में मदद मिलने वाली है।

न्यूनतम मूलभूत आवश्यकताओं से मेरा मतलब मानव कल्याण में निवेश से है। इस देश की धरती पर जन्म लेने वाले प्रत्येक बच्चे को जीवित रहने का अधिकार होना चाहिए। लेकिन वह भला जिंदा कैसे रह सकता है, जब देश के एक लाख से ज्यादा गाँवों को स्वच्छ पेयजल ही उपलब्ध नहीं? वह कैसे जीवित रहे, जब जीवित रहने के लिए आवश्यक ऊर्जा भी उसे पर्याप्त मात्रा में नहीं मिल पा रही है? वह कैसे जिंदा रहे या कैसे विश्व में प्रतियोगिता करे, जब उसे प्राथमिक शिक्षा और प्राथमिक स्वास्थ्य सुविधा ही उपलब्ध नहीं है? हम इस समस्या को लेकर चिंतित हैं कि इन सभी समस्याओं की गंभीरता उन लोगों को कैसे समझाई जाए, जो आज विशेषाधिकार की स्थिति में हैं। क्या हम कोई ऐसी नीति विकसित करने जा रहे हैं, जिसे लंबे समय के लिए लागू रखा जा सके ? यह सब चिंताएँ सिर्फ भारत की नहीं, बल्कि सभी विकासशील राष्ट्रों की हैं।

मैं इस सच्चाई को अच्छी तरह समझता हूँ कि होड़ लगाने के लिए आप भले ही कोई भी नीति तय कर लें, आप भाग्यशाली यानी विकसित राष्ट्रों से होड़ नहीं कर सकते, अगर हम यह नहीं महसूस करते कि असली लक्ष्य मनुष्य है, अर्थात् असली लक्ष्य मानव-जीवन को सुखी, संपूर्ण तथा संपन्न बनाना है।

दुर्भाग्य यह है कि आज के विश्व की कोई परंपरा नहीं रह गई है। हम सामाजिक गतिशीलता की बात करते हैं। हम विश्व में घटित हो रहे परिवर्तनों का जिक्र भी करते

हैं। केवल एक माह पहले तक हर ओर यही चर्चा थी कि सोवियत संघ में कितनी बड़ी क्रांति हो रही है ! श्रीमान गोर्बाचोव कितने बड़े व्यक्तित्व के मालिक हैं ! लेकिन आज उस सोवियत संघ में क्या हो रहा है? अब उदारीकरण के वे सभी मसीहा कहाँ हैं, जो सोवियत संघ की सहायता का दंभ भरा करते थे? विश्व की दो सबसे बड़ी और प्रभावशाली शक्तियों में एक सोवियत संघ विश्व के छोटे-छोटे देशों के आगे हाथ पसारने को मजबूर है। महज उदारीकरण के चलते वह ऐसी स्थिति में पहुँच गया है और उदारीकरण के रहनुमा अब उससे दूर हो गए हैं। इस स्थिति से वह उसी दशा में निकल सकते हैं, जब सोवियत जनता स्वयं ऐसा करना चाहे, स्वावलंबी बनना चाहे। बाजार के सिद्धांत, दर्शन और आर्थिक उदारीकरण का अर्थ अगर यही है कि गरीब अपनी जरूरतें स्वयं पूरी करें तो यह उचित नहीं।

आइए, इस समस्या का हम स्वयं हल तलाश करें और दूसरों के अनुभवों से सीख लें। जब कभी इस तरह की बातें मेरी जानकारी में आती हैं, तो मैं सोचता हूँ, और ऐसा कहने के लिए मैं माफी चाहूँगा, कि हम उन लोगों की परवाह या चिंता नहीं करते, जिन्हें यह जानकारी नहीं कि विश्व में क्या हो रहा है, क्योंकि वे जागरूक नहीं हैं। भाग्य अथवा दुर्भाग्य से, लोकतांत्रिक व्यवस्था के चलते इस देश में हम अपने लोगों को जागरूक बना रहे हैं। हर बार जब हम चुनावों के लिए अपनी जनता के सामने जाते हैं, तो सुब्रह्मण्यम स्वामी अपने चुनावी घोषणापत्र के जरिए लोगों की सभी आशाएँ-उम्मीदें पूरी करने का वायदा कर आते हैं, लेकिन जब बात वायदों को पूरा करने की आती है, तो उन्हें बगलें झाँकनी पड़ती हैं। यह सिलसिला अब आगे नहीं चलने वाला। संविधान संसद की अनुमति से नहीं बदला करते। न तो इनको विधि-विशेषज्ञ ही बदलते हैं और न न्यायपालिका। विधि और वाणिज्य मंत्री भी जनता को सलाह देने नहीं जा रहे कि वह संविधान पलट दें, बल्कि न्यायपालिका, संसद और राज्य-शक्ति के होते हुए भी संविधान उखाड़ फेंके जाते हैं। हमारी कोशिश होनी चाहिए कि हम ऐसी स्थिति नहीं आने दें।

अध्यक्षजी, आपसे और आपके सहयोगियों से मेरी गुजारिश है कि अगर आपने कोई बाजार-नीति निर्धारित की है, तो हम भी यह जानना-देखना चाहेंगे कि हमारी मौजूदा समस्याओं से निबटने के लिए इसमें क्या-क्या उपाय किए गए हैं? मेरा मानना है कि विश्व के दूसरे देशों के साथ संबंध बनाने के लिए आप जो भी नीति निर्धारित करेंगे, उसका स्वागत किया जाएगा। मैं समझ सकता हूँ कि इन समस्याओं से निबटने के लिए वाणिज्य मंत्रालय में विशेषज्ञों की संख्या पर्याप्त है लेकिन ये समस्याएँ बुनियादी हैं, जो देश के लोगों में चिंता पैदा कर रही हैं। मैं इस देश की आर्थिक स्थिति के विस्तार में नहीं जाना चाहता। हमारे चारों ओर, चाहे वह अफ्रीकी देश हों या फिर दक्षिण अमेरिका के देश, बाजार के मामले में अपने संपूर्ण ज्ञान और विशेषज्ञ सलाहकारों के होते हुए भी कई देशों की अर्थव्यवस्था एक-एक कर चरमरा गई। ऐसा नहीं कि लोग अकारण उदारीकरण की आलोचना कर रहे हैं। उनका विश्वास था कि आने वाले समय में उदारीकरण उन्हें कुबेरलोक में पहुँचा देगा, लेकिन ऐसा हुआ नहीं। लिहाजा उदारीकरण से उनका मोहभंग हो गया। किसी भी प्रकार का आर्थिक ढाँचा स्वयं किसी आर्थिक प्रगति का वाहक नहीं बन सकता, जब तक जनता स्वयं अपने आर्थिक विकास के प्रति जागरूक और प्रयत्नशील नहीं हो। अर्थ का यही दर्शन हर किसी को समझ लेना चाहिए।

मुझे विश्वास है कि बाजार और विकास के बारे में सबसे उपयोगी विचारों पर गौर करते समय आप हमें भी इस बारे में कुछ जानकारियाँ देंगे कि उन लोगों के विचारों को कैसे नियंत्रित किया जाए, जो केवल इस कारण कष्ट उठा रहे हैं कि वे जीवन की न्यूनतम आवश्यकताएँ भी पूरी नहीं कर पा रहे। यह भी कि किस तरह उन लोगों के विचारों को नियंत्रित किया जाए, जो विश्व की सारी आर्थिक शक्तियों को अपनी मुट्ठी में रखते हुए भी हमारे जैसे गरीब देशों की समस्या नहीं समझते। आपको गरीबों के विचारों के साथ अमीरों के विचारों को भी नियंत्रित करने के रास्ते तलाशने होंगे, क्योंकि दोनों ही एक-दूसरे की उलटी दिशा में बढ़ रहे हैं और इसी के चलते विश्व में टकराव की स्थिति पैदा हो रही है। आइए, हम मिलकर कोई ऐसा हल तलाशने की कोशिश करें, जहाँ दोनों विचारों के बीच संतुलन कायम किया जा सके और मानवता को शांति और समृद्धि के अंतिम लक्ष्य तक पहुँचाया जा सके।

बाजार और विकास पर आयोजित तीसरे अंतर्राष्ट्रीय सम्मेलन में दिया गया वक्तव्य; नई दिल्ली, 5 जनवरी, 1991

वैज्ञानिक : हमारे देश के गौरव

मेरा सौभाग्य है कि आज मैं आपके साथ हूँ। मैं उन सभी वैज्ञानिकों को बधाई देना चाहूँगा, जिन्हें प्रतिष्ठित सम्मान मिला है।

वैज्ञानिक हमारे भविष्य की आशा और विश्वास हैं। उनकी उपलब्धियाँ देश की ताकत हैं, लेकिन ये उपलब्धियाँ कभी-कभी मानवता के लिए समस्या बन जाती हैं। आज सुबह ही मैं खाड़ी देशों में चल रहे युद्ध से व्याप्त तनाव पर चर्चा कर रहा था। वैज्ञानिकों ने विश्व के निर्माण और विकास के सारे द्वार खोल लिये हैं, पर साथ ही साथ हमारे विनाश के हथियार भी बना डाले हैं। परन्तु मैं आपको दोष नहीं देना चाहता हूँ क्योंकि आप सृष्टि की रचना तथा विकास के प्रतीक हैं। विनाश की इन लीलाओं के लिए हम राजनीतिज्ञ जिम्मेदार हैं। हमने अपनी ईर्ष्या, दुर्भावना, महत्त्वाकांक्षा से प्रेरित होकर गलत निर्णय लिये हैं, और यही गलत निर्णय हमारे विनाश को आमंत्रित करते हैं।

मैं आपको आपकी उपलब्धियों पर बधाई देना चाहूँगा, जिसने देश के सम्मान और गौरव को बढ़ाया है। वर्तमान उथल-पुथल और ढेर सारी कमियों के बावजूद आप सबने विज्ञान के क्षेत्र में कई कीर्तिमान स्थापित किए हैं, जिन पर किसी भी राष्ट्र को गर्व होगा। सरकार अपने देश के वैज्ञानिकों को सभी सुविधाएँ मुहैया कराने की कोशिशें तो कर रही है, फिर भी कई दबावों और रुकावटों के बीच आपको अपना शोधकार्य करना पड़ता है। इन सारी सीमाओं के बावजूद इस देश के वैज्ञानिक हमेशा बहुत अच्छा काम करते आए हैं। इस बात के लिए देश हमेशा उनका आभारी रहेगा।

आज मैं आपसे अनुरोध करना चाहता हूँ कि अभी तक जो क्षेत्र उपेक्षित रह गए हैं, आप उन पर अपना ध्यान केन्द्रित करें। विज्ञान की उपलब्धियों ने कुछ मुट्ठी-भर लोगों को ज्यादा लाभान्वित किया है। यह दुर्भाग्य है कि मानवता का बड़ा हिस्सा विज्ञान की उपलब्धियों से अछूता ही है। इसके लिए आप नहीं, बल्कि सारा समाज दोषी है। समाज इस तरह से विकास कर रहा है कि उसका बड़ा हिस्सा विज्ञान की उपलब्धियों से लाभ नहीं उठा पाता है।

एक सौ वर्ष पहले जो देश दर्शन, ज्ञान और विज्ञान के क्षेत्र में पूरे विश्व का गुरु था, आज बुरी तरह पिछड़ गया है। क्योंकि 60 प्रतिशत से ज्यादा लोग आज अशिक्षित हैं। आने वाली सदी में 50 प्रतिशत से भी अधिक लोग अशिक्षित होंगे। विश्व की निरक्षर जनसंख्या का यह 52 प्रतिशत है। पूरे देश के लिए यह स्थिति चिंता और शर्म की बात है। वैज्ञानिकों को इस कलंक से छुटकारा पाने का साधन और उपाय ढूँढ़ना होगा। प्रयोगशालाओं में हमने जो सफलताएँ पाई हैं तथा अपने शोध से वैज्ञानिकों ने जो उपलब्धियाँ हासिल की हैं, उन

सबका इस्तेमाल केवल गिने-चुने लोगों को ही नहीं, बल्कि इस देश के करोड़ों लोगों की स्थिति को सर्वोत्तम बनाने में होना चाहिए।

हाल ही में मैं ऑल इंडिया इंस्टीट्यूट ऑफ मेडिकल साइंस के चिकित्सा वैज्ञानिकों के साथ इस समस्या पर विचार कर रहा था। वे सभी वहाँ हृदयरोगों व हाइपरटेंशन से संबंधित समस्याओं पर चिंता व्यक्त कर रहे थे। दुर्भाग्यवश हमारे अधिकांश जिला अस्पतालों के पास प्रारंभिक और छोटी बीमारियों का निदान करने के भी साधन नहीं हैं। उपग्रह प्रक्षेपण के पहले हमारे पास दूरसंचार का अच्छा माध्यम नहीं था। उपग्रह छोड़ना आसान है, यह सारे वायुमंडल में आराम से घूम सकता है, किन्तु दक्षिण दिल्ली से पूसा विश्वविद्यालय तक टेलीफोन का कनेक्शन मिलना बहुत मुश्किल है। अपनी इस हालत पर हमें शर्म आनी चाहिए। बड़े क्षेत्रों में तो हमने ऊँची-ऊँची छलाँगें लगा ली हैं, परन्तु सामान्य आदमी की दिन-प्रतिदिन की समस्याओं से निपटने के लिए हम कुछ खास नहीं कर पाए हैं। सामान्य नागरिक की सेवा के लिए विज्ञान को आगे आना होगा।

मैं आश्वस्त हूँ कि आप सभी इन छोटी-छोटी समस्याओं की तरफ ध्यान जरूर देंगे, क्योंकि ये समस्याएँ छोटी होकर भी बहुत महत्त्वपूर्ण हैं। हर वह देश, जो विश्व में अपना एक सम्मानजनक स्थान बनाना चाहता है, उसके पास उन देशों से प्रतियोगिता करने की भी क्षमता होनी चाहिए। परन्तु इस प्रतियोगिता के समय उन्हें अपनी वास्तविक स्थिति को भूलना नहीं चाहिए। सच तो यह है कि हमारा देश गरीबों का देश है। गरीबी का मतलब यह नहीं कि हम सचमुच गरीब हैं। प्रकृति ने हमें सब कुछ दिया है। हमारे पास प्राकृतिक संसाधन, उपजाऊ मिट्टी और वैज्ञानिक ज्ञान भी है। हम अपनी सारी जरूरतों के लिए मानव श्रम और प्राकृतिक संपदा का भरपूर और विवेकशील उपयोग नहीं कर पाए हैं। इस वजह से हमारे पास समुचित साधन उपलब्ध नहीं हैं, जिससे गरीबी दूर हो। हमें यह भी सोचना है कि हम मानव-शक्ति और संपदा को किस तरह इस्तेमाल करें, जिससे हम अधिक से अधिक उत्पादन कर सकें और बड़ी संख्या में लोगों की जरूरतें पूरी कर सकें। हमें यह नहीं भूलना है कि हमारा देश एक लोकतांत्रिक राष्ट्र है। यहाँ गरीब-अमीर, शिक्षित-अशिक्षित सभी इस देश के भविष्य के निर्माता हैं। अगर वे ही निराश, हताश और कमजोर हो जाएँ, तो इस देश में लोकतंत्र कायम रखना मुश्किल हो जाएगा। सामाजिक तनाव तेजी से बढ़ रहा है। यह तनाव तभी दूर होगा, जब समाज के नेता हमारी गरीबी, असंतोष और गंदगी के प्रति चिंतित होंगे। समाज के नेता से मेरा तात्पर्य राजनीतिक नेता से नहीं है, बल्कि शिक्षण संस्थानों के नेता, उद्योगों के नेता, विज्ञान और सामाजिक रीति-रिवाजों के नेता से है।

मैं आपकी इच्छाशक्ति और प्रयासों के ऊपर निर्भर करने के अलावा कुछ नहीं कर सकता। आपकी कोशिश ही हमारा दूर तक साथ दे सकती है। वैज्ञानिकों द्वारा किया गया थोड़ा-सा प्रयास इस तनाव को दूर कर सकता है। आप ग्रामीण जनजातीय क्षेत्रों के निर्धनतम हिस्सों में आत्मविश्वास पैदा कर सकते हैं। आज अगर आप जनजातीय क्षेत्रों में जाएँगे, तो पाएँगे कि वहाँ के लोग वर्तमान में जो हो रहा है, उसे सहने को तैयार नहीं हैं। उन्हें लगता है कि जो भी वैज्ञानिक उपलब्धियाँ हुई हैं, जहाँ भी विकास की योजनाएँ लागू हुई हैं, किसी का लाभ उन्हें नहीं मिला है। इसी वजह से त्रिपुरा से तमिलनाडु तक संदेह और

तनाव का वातावरण फैला हुआ है।

हमें उनका विश्वास हासिल करने के लिए कुछ न कुछ करना चाहिए। उनकी उम्मीद और आवश्यकता पूरी करने के लिए आप और आपके सहयोगियों को इन लोगों के बीच, जो आज भी अंधकार के युग में जी रहे हैं, सहभागिता की भावना भरनी होगी। तभी उनकी उम्मीदें और आवश्यकताएँ पूरी होंगी। ये लोग पुरानी परंपराओं तथा अंधविश्वासों से पीड़ित हैं। इन सबको दूर करने के लिए उनकी विचारधारा का वैज्ञानिक होना जरूरी है। इन लोगों का विचार वैज्ञानिक तभी बन पाएगा, जब आप अपनी निर्जीव वस्तुओं की प्रयोगशालाओं से उठकर उस विस्तृत मानव-प्रयोगशाला में जाएँगे, जहाँ आपको मनुष्य के मस्तिष्क पर प्रयोग कर उसे बदलने की जिम्मेदारी निभानी होगी।

वैज्ञानिक मुद्दों या वैज्ञानिक समस्याओं पर शोध करते समय आप मनुष्य के दिमाग को समझने का प्रयास करें। अगर मनुष्य का दिमाग रचनात्मक कार्यों में न लगे, तब वह विध्वंसक कार्यों में लग जाता है, जिससे समाज का नुकसान ही नुकसान है। मैं आप सबके मन में किसी तरह का डर नहीं बैठा रहा, किन्तु इन उपेक्षित वर्गों को मुख्यधारा में लाए बिना इन उपलब्धियों की कोई उपयोगिता नहीं है।

जिन वैज्ञानिकों ने विद्या व ज्ञान के क्षेत्र में अपना विशेष योगदान दिया है, आशा है वे समाज के गरीब और निचले तबके के लोगों में भी आत्मविश्वास और भरोसे की भावना जाग्रत करेंगे।

शांति स्वरूप भटनागर पुरस्कार समारोह में दिया गया वक्तव्य; नई दिल्ली, 10 जनवरी, 1991

हृदयरोग निवारक विज्ञान

आपके बीच होने का सौभाग्य पाकर मैं बहुत गर्व महसूस कर रहा हूँ। हृदयरोग विज्ञान और चिकित्साशास्त्र के बारे में मेरी जानकारी नहीं के बराबर है। लेकिन मैं जानता हूँ कि आपका समुदाय विश्व के सबसे सौम्य समुदायों में एक है। मानवता को कष्टों से छुटकारा दिलाने के लिए आप इस पुनीत कार्य में लगे हैं। सिर्फ यही एक ऐसा व्यवसाय है, जहाँ शत्रुता भी मानसिकता को प्रभावित नहीं कर पाती। लड़ाइयों के दौरान आप शत्रु की सेवा भी उसी भावना से करते हैं, जिस भावना से अपने देशवासियों की। दुश्मनी पुनीत कार्य पर कोई असर नहीं डाल पाती। इतना श्रेष्ठ है आपका काम।

मुझे बहुत खुशी है कि आप मानव शरीर के कष्ट व तकलीफों को कम करने में लगे हैं। मैं इससे भी बहुत खुश हूँ कि आप बीमारियों की रोकथाम के उपाय तलाशने में जुटे रहते हैं, ताकि लोगों को बीमारियों की मार नहीं झेलनी पड़े। जबकि दूसरी ओर हम हैं, जो बीमारियों को दावत देने के बहाने तलाशते रहते हैं। तम्बाकू का उत्पादन भी बीमारियों को निमंत्रण देने के कारणों में एक है। उनकी राय मुझे बहुत जँची। धूम्रपान के खिलाफ मैं स्वास्थ्य कारणों के चलते नहीं हूँ, बल्कि इसलिए हूँ कि तम्बाकू की गंध मुझसे सहन नहीं होती। मैं अपने सभी सहयोगियों से भी कहता रहा हूँ कि वे धूम्रपान से बाज आएँ। मेरा मानना है कि धूम्रपान की आदत उन लोगों में विकसित होती है जो स्वयं को निराश महसूस करते हैं, जिनकी इच्छाशक्ति कमजोर होती है। जिन लोगों के पास करने के लिए कोई कार्य नहीं होता, वे धूम्रपान में स्वयं को व्यस्त रखते हैं। मानव की इस कमजोरी को सिर्फ तम्बाकू की पैदावार पर रोक लगाकर समाप्त नहीं किया जा सकता। धूम्रपान करने वालों को दूसरे विकल्पों पर विचार करने और अपना आत्मविश्वास विकसित करने की जरूरत है। जीवन बहुत जटिल है। यह गुण और दोष, दोनों का मिला-जुला रूप है। अगर हम नेक कार्यों पर ध्यान देते हैं और पीड़ित मानवता की समस्याओं से जुड़े रहने की कोशिश करते हैं, तो हममें धूम्रपान या दूसरी कोई लत विकसित होने की आशंका कम हो सकेगी। ऐसा नहीं होने पर हम आसानी से तमाम लतों के शिकार हो सकते हैं। वास्तविक जीवन में होता यह है कि पीड़ित मानवता पर हम कुछ भी विचार नहीं करते और अपनी ही समस्याओं से जूझते रह जाते हैं, जिसका नतीजा हताशा व निराशा के रूप में सामने आता है और यह हमें नशे की तरफ खींचता है।

मेरा मानना है कि डॉक्टरों को सिर्फ औषधियों और निवारक उपायों को ही अपनी लक्ष्मण-रेखा नहीं मान लेना चाहिए, बल्कि लोगों के मनोविज्ञान को भी बदलने की कोशिश करनी चाहिए। मैं पक्के तौर पर यह नहीं कह सकता कि शारीरिक अथवा मानसिक स्वास्थ्य

में ज्यादा जरूरत किसकी है। मैं इस बात का जिक्र करने के लिए माफी चाहूँगा कि आज विश्व में चिकित्सा-मनोवैज्ञानिकों की भूमिका हृदयरोग विशेषज्ञों के मुकाबले कहीं ज्यादा बड़ी हो गई है और इसका कारण यही है कि आज विश्व का मनोविज्ञान गलत दिशा में बढ़ रहा है। आशा और निराशा हमेशा से जीवन के दो पहलू रहे हैं। लेकिन आज के जीवन में निराशा बहुत बढ़ गई है, जिसकी वजह से हम समाज में हर कहीं तनाव की स्थिति देखते हैं। यह तनाव व्यक्तिगत और सामूहिक दोनों स्तरों पर है और जब लोग तनाव के इस माहौल में जी रहे हैं, तो इससे पैदा होने वाली रक्तचाप और हृदयरोग जैसी समस्याएँ समाज में बढ़नी आवश्यक हैं। यह ऐसी स्थिति है कि जिसका सामना अकेले चिकित्सा समूह नहीं कर सकता। बल्कि इसको दूर करने के उपाय उन लोगों को करने होंगे, जिनकी मानवता का भविष्य निर्धारित करने में मुख्य भूमिका हुआ करती है। यह हमारे लिए दुर्भाग्यपूर्ण है कि मनुष्य से जुड़ी समस्याओं के प्रति उनका नजरिया बहुत व्यापक नहीं है। हम समस्याओं के तमाम पहलुओं पर अलग-अलग सोचते हैं। जब तक समस्याओं का हल इस तरह टुकड़ों में तलाशने का सिलसिला चलता रहेगा, हम समाज की इन तमाम बुराइयों को दूर नहीं कर सकेंगे, जिनसे अपनी एकजुट कोशिश के सहारे बचा जा सकता है।

आप लोगों को तनाव (हाइपरटेंशन) और हृदय से जुड़ी समस्याओं से छुटकारा दिलाने में मदद करते हैं। दूसरी ओर हमारे राजनीतिज्ञ हैं जो ऐसी स्थितियाँ पैदा करते हैं जिनसे व्यक्तिगत तथा सामाजिक स्तर पर तनाव बढ़ता है। इसका नतीजा आपकी बढ़ी हुई जिम्मेवारी के रूप में सामने आता है, क्योंकि मरीजों की गिनती बढ़ने के साथ समस्याएँ भी बढ़ जाती हैं। लेकिन आपकी इस बढ़ती परेशानी का एक दूसरा पहलू भी है जो आपके लिए फायदेमंद है और वह यह कि इससे अनुसंधान और गोष्ठियाँ आयोजित करने के आपके अवसर बढ़ जाते हैं। मैं ऐसे सेमिनारों और गोष्ठियों की संख्या में कमी बहुत पसंद करूँगा। लेकिन विश्व में चारों ओर, खासकर हमारे देश में जो स्थिति है इसके मद्देनजर, ऐसा नहीं जान पड़ता कि हम इस सोच को लागू कर सकेंगे। आप अगर हृदय की समस्या को दूर करने या उनकी संख्या में कमी लाने के उपाय करते हैं, तो आप समाज के कुछ खास वर्गों के लोगों के बारे में विचार कर रहे हैं, जो इस तरह की समस्याओं से पीड़ित हैं। लेकिन ऐसा होने पर समाज का सबसे ज्यादा पीड़ित तबका उपेक्षित रह जाता है। उसकी बुनियादी समस्याओं को दूर करने की बात तो दूर, हम उन पर विचार भी नहीं कर पाते।

हम ऐसे देश में रह रहे हैं, जहाँ विश्व मानक के अनुसार 50 प्रतिशत से ज्यादा आबादी गरीबी रेखा से नीचे जीवन बसर कर रही है। हमारे आँकड़ों के अनुसार इनकी संख्या 30 प्रतिशत के आसपास है, ऐसा हमारे ही देश में होता है, जहाँ बीमार पड़ने वालों में 70 या 80 प्रतिशत से कहीं ज्यादा लोग मृत्यु की भेंट चढ़ जाते हैं, क्योंकि दवा के नाम पर एक गोली भी उन्हें मयस्सर नहीं होती। समाज के इस उपेक्षित वर्ग पर भी हमें ध्यान देने की जरूरत है। लेकिन हमारा दुर्भाग्य है कि अभी तक हम इस पर ध्यान नहीं दे सके हैं।

हमारे देश में कई क्षेत्र ऐसे भी हैं, जहाँ 100 किलोमीटर के दायरे में भी बीमारों की

जाँच-पड़ताल करने का कोई केंद्र नहीं है। हम अभी तक यह मामूली सुविधा भी उन क्षेत्रों को नहीं दे पाए हैं। सुदूर गाँव में अगर किसी की मौत हृदयगति रुक जाने से हो जाए तो यही समझा जाता है कि वह किसी दुष्ट प्रेतात्मा का शिकार हो गया। ऐसा सिर्फ आदिवासी क्षेत्रों तक ही सीमित नहीं है, यह सच्चाई उन तमाम गाँवों की है, जहाँ मेरे जैसे व्यक्ति का जन्म हुआ है; और सबसे ज्यादा अफसोस तो इसका है कि हम अंधकार में जी रहे इन उपेक्षित लोगों को कोई चिकित्सा सुविधा अभी तक उपलब्ध नहीं करा पाए हैं। अगर आप वाकई लोगों को न्यूनतम स्वास्थ्य सुविधाएँ देना चाहते हैं. तो मैं आपको बता देना चाहूँगा कि यह बहुत लंबा रास्ता है।

प्राथमिक स्वास्थ्य सुविधा समाज की चिंता का विषय होनी चाहिए, लेकिन दुर्भाग्य से हम इस दिशा में भी कुछ खास नहीं कर सके। इस संसार में जन्म लेने वाले हर बच्चे के कुछ अधिकार होने चाहिए। कम से कम उसे पेयजल और जरूरी मात्रा में ऊर्जा जरूर मिलनी चाहिए, जिससे कि वह सात या आठ वर्ष की उम्र में ही अपनी आँखों की रोशनी गँवा नहीं बैठे। माँ बनने की तैयारी कर रही महिला को जरूरी पोषण की कमी नहीं हो। उन्हें प्राथमिक स्वास्थ्य सुविधाओं के साथ ही साथ अनिवार्य शिक्षा मिलने की भी व्यवस्था होनी चाहिए। अगर हम ऐसा करने की स्थिति में नहीं हैं, तो सिर्फ जबानी घोड़े दौड़ाने का कोई मतलब नहीं और इन कार्यों को तभी किया जा सकता है, जब हम कमर कसकर अखाड़े में उतर जाएँ।

लोगों की बुनियादी जरूरतों को पूरा करने के लिए हमें दूसरे क्षेत्रों में अपने उपभोग में कटौती करनी होगी। मेरा मानना है कि स्वास्थ्य सेवाओं को किसी भी सरकार या समाज के प्राथमिक लक्ष्यों में शामिल किया जाना चाहिए। लेकिन दुर्भाग्य से इस ओर हमारी कोशिशें नहीं के बराबर रही हैं। यह संस्थान, जहाँ हम आज खड़े हैं, पचास के दशक में खड़ा किया गया था। इसके बाद देश को हम इस जैसा दूसरा संस्थान नहीं दे सके। यह सच्चाई इस बात की गवाह है कि लोगों की चिकित्सा समस्याओं को दूर करने के लिए हमने कितनी गंभीर कोशिशें कीं। हमें इस दिशा में कड़े प्रयास करने होंगे।

आप सबको यहाँ पाकर मैं बहुत खुश हूँ। आप तनाव और हृदय संबंधी समस्याओं से हमें अवगत कराएँगे, पर मैं इस संगोष्ठी का ध्यान उन बुनियादी समस्याओं की ओर ले जाना पसंद करूँगा जिनसे विकासशील देश इन दिनों पीड़ित हैं। मैं जानता हूँ कि हमारा भारत बहुत लंबे समय तक विकासशील दुनिया का हिस्सा नहीं बना रहने वाला। लेकिन अक्सर ऐसा होता है कि हमारे समाज से बाहर हो रही घटनाओं का हम पर प्रभाव पड़ता है, और इस प्रभाव से ही हमारा रास्ता निश्चित होता है।

अभी मैं उस बैठक से आ रहा हूँ, जहाँ खाड़ी युद्ध की आशंका और युद्ध हार जाने की हालत में इसके नतीजों पर चर्चा हो रही थी। अगर खाड़ी में लड़ाई शुरू हो जाती है, तो हम अभी यह कह पाने की स्थिति में नहीं हैं कि उसका हम पर क्या प्रभाव पड़ेगा। इससे सिर्फ अर्थव्यवस्था पर ही बुरा असर नहीं पड़ेगा, बल्कि जीवन के दूसरे क्षेत्रों पर भी इसकी काली छाया पड़ेगी। अगर पेट्रोलियम गैस का उत्पादन करने वाली पट्टियों में आग लगी, तो खाड़ी से पर्याप्त दूरी पर स्थित भारत जैसे देश के लिए भी पर्यावरण से जुड़ी गंभीर समस्याएँ खड़ी हो जाएँगी और जैसा कि हर दिन दोनों पक्ष धमकियाँ दे रहे हैं, अगर

लड़ाई में परमाणु अस्त्रों का प्रयोग किया गया, तो इसके नतीजे क्या होंगे, मैं भी आपको सही-सही बयान नहीं कर सकता। इतना निश्चित तौर पर कह सकता हूँ कि उस स्थिति में इस समस्या से ही हम लंबे समय तक जूझते रह जाएँगे, जिस पर न हमारा कोई वश होगा और जिनको खड़ा करने में न हमारा कोई हाथ होगा, फिर भी जिसे झेलने को हम मजबूर होंगे।

मेरा मानना है कि प्रश्न विकासशील और विकसित राष्ट्रों का नहीं है। विकसित देश भी समूची मानवता के लिए संकट खड़ा कर सकते हैं। शीर्ष पर बैठे लोगों की गलती से कुछ होता है, तो इसका सीधा असर उन लोगों पर पड़ता है, जो नीचे के पायदानों पर होते हैं। मुझे यह जानकारी नहीं कि आपका समाज, जिसे मैं शुरुआत में ही बहुत सौम्य बता चुका हूँ, मानवता का कितना मददगार साबित हो सकेगा।

इसलिए समस्याओं को हल करने के लिए व्यापक दृष्टिकोण अपनाने की जरूरत है। हमें लोगों की दुःख-तकलीफों में उनका साथ देना होगा। समस्या यह है कि हम ज्यादा से ज्यादा धन और ज्यादा से ज्यादा ऐशो-आराम के साधन जुटाने के लिए एक-दूसरे से जमकर होड़ कर रहे हैं लेकिन जब तक आर्थिक दृष्टि से विकसित लोगों के साथ हमारी होड़ जारी रहेगी, हम समूची मानवता की पीड़ा की तनिक भी परवाह नहीं कर पाएँगे। पीड़ित मानवता की समस्या से तभी निबटा जा सकता है, जब हम गरीबों की समस्याओं को अपनी समस्या समझें। लेकिन दुर्भाग्य से ऐसा नहीं होता है।

मैं आशा करता हूँ कि आज आपकी इस संगोष्ठी में जो भी फैसले लिए जाएँगे, वे आपकी संस्था के भीतर ही कैद होकर नहीं रह जाएँगे, बल्कि देश की हर गली व नुक्कड़ तक उनसे होने वाले फायदों को पहुँचाया जाएगा। कुछ ऐसा किया जाए, जिसकी बदौलत लोगों को कम से कम चिकित्सा से जुड़ी जाँच-पड़ताल की मामूली सुविधाएँ तो मयस्सर हो ही जाएँ। मैं समझता हूँ कि आप कोई जुगत निकालें, जिसके जरिए लोगों को उनकी समस्याओं के बारे में पहले से चेतावनी दी जा सके। आप उन्हें कैसे पूर्व चेतावनी दे सकते हैं, अगर आप स्वयं नहीं जानते और मरीजों को भी जानकारी नहीं कि वे हृदय संबंधी जानलेवा बीमारी से पीड़ित हैं ? लेकिन सच्चाई तो यह है कि सुदूर स्थित गाँवों को तो छोड़िए, जिला अस्पतालों में भी ये सुविधाएँ मौजूद नहीं हैं।

मैं आपसे विनती करता हूँ कि ऐसी योजना तैयार करें, जिसके सहारे कम से कम जिला मुख्यालयों में हृदय संबंधी रोगों के इलाज की सुविधा उपलब्ध हो। मैं समझता हूँ कि यह संगोष्ठी हम लोगों को एक नया संदेश देगी, एक नया रास्ता तैयार करेगी कि हम अपनी जनता को सबसे बेहतर सेवाएँ किस तरह दे सकें।

इस पुनीत कार्य से जुड़े आप सभी को मेरा प्रणाम। मानव की आशा की अंतिम किरण आज आपको तलाश रही है। जहाँ बरबादी है, दुश्मनी है, ईर्ष्या है और घृणा है, आप वहाँ स्नेह और सहानुभूति की मानवीय शक्तियों के ध्वजवाहक के तौर पर अपनी जोरदार उपस्थिति दर्ज करवा देते हैं। चिकित्सा व्यवसाय ही उस सुनहरे संसार की आशा है, जिसे हम स्थापित करना चाहते हैं। हम उम्मीद करते हैं कि इस दिशा में आपका मार्गदर्शन मिलता रहेगा। हृदय की बीमारियों से निबटने के लिए नए तरीकों को ईजाद करते समय आप दिलों को छू लेने वाले इस कार्य को भी करेंगे, जिससे उन लोगों को तसल्ली मिल सके

जो लंबे समय से न सिर्फ हृदय संबंधी बीमारियों से, बल्कि बुनियादी जरूरतों को पूरा करने की समस्याओं से भी जूझते रहे हैं। अध्यक्ष जी, मैं आशा करता हूँ, कि आपके नेतृत्व में हम एक नई पहल की बुनियाद रख सकेंगे और गरीब जनता की समस्याओं को दूर करने के लिए एक नई प्रेरणा ग्रहण कर सकेंगे।

हृदयरोग पर सेमिनार में उद्घाटन भाषण; नई दिल्ली, 10 जनवरी, 1991

प्रेम संदेश

ये कैसेट, जिन्हें आज यहाँ जारी किया गया, देश का गौरव बढ़ाने का कार्य करेंगे। सैकड़ों वर्ष पहले गुरु नानकदेव जी के संदेश से देश को नई प्रेरणा, नई स्फूर्ति मिली थी। शायद वह भी अंधकार-युग था, जब मानवता प्रकाश की एक किरण की तलाश में भटक रही थी, अंधकार भरे दिनों से बाहर आने के लिए रास्ता तलाश रही थी। ठीक उसी मौके पर गुरु नानकदेव जी ने मानवता को एक नया संदेश दिया था—प्रेम, भाईचारे और एक-दूसरे की सहायता-सहयोग पर टिके नए समाज, नए विश्व की स्थापना का संदेश। उन्होंने हमें शिक्षा दी कि प्रत्येक मनुष्य ईश्वर की संतान है। अगर हम एक-दूसरे से नफरत करते रहेंगे, तो हम कुछ भी हासिल नहीं कर सकेंगे। जीवन के आखिरी लक्ष्य तक पहुँचने के लिए हमें अपने दिल की गहराइयों से पीड़ित मानवता से प्रेम करना होगा। नानकदेव का यह संदेश हमारी सभ्यता और संस्कृति की सबसे बड़ी देन है।

गुरु नानक जी का संदेश संकीर्ण मानसिकता से परे है और हमें मनुष्य को एक बड़े मानव परिवार के सदस्य के तौर पर देखने की क्षमता देता है। यह दुःखद है कि आज धर्म का प्रयोग अपने भाइयों का स्नेह पाने के लिए नहीं, बल्कि हमारे बीच नफरत फैलाने के लिए किया जा रहा है। नानक जी के जीवन का लम्बा हिस्सा पंजाब में गुजरा, जहाँ उनके अनुयायियों की संख्या सबसे ज्यादा है। गुरुओं की जिन्दगी से प्रेम और शांति की शिक्षा के अलावा हमें बहादुरी और दृढ़ता की सीख भी मिलती है। यह स्थिति बहुत दुःखद है कि आज उसी पंजाब की धरती रक्त से मानो लाल हो रही है। आज उसी पंजाब के लोग एक-दूसरे के खून से अपने हाथ रँग रहे हैं, जहाँ के हरे-भरे खेतों में कभी प्रेम और खुशी के गीत गूँजा करते थे। गुरु नानक ने सभी धर्मों के एक समान होने की हमें शिक्षा दी। लेकिन आज धर्म के नाम पर कुछ लोग एक-दूसरे की जान लेने पर उतारू हैं। वे नफरत का जवाब नफरत से और हिंसा का उत्तर प्रतिहिंसा से देने में विश्वास रखते हैं। धर्मों-संप्रदायों के मतभेदों को वे तलवार की धार से या बंदूक की नाल के दम पर हल करना चाहते हैं। पर ऐसा करते समय वे गुरु नानक और ईसा मसीह के दिए प्रेम, शांति और संयम के संदेश को भुला देते हैं। वे यह भी भूल जाते हैं कि एक बार उनकी मदद करने वाली तलवार उनकी बरबादी का साधन भी बन सकती है। इसलिए मेरा मानना है कि रक्तपात का जवाब राइफल की गोली नहीं, बल्कि प्रेम है। ऐसा था नानक देव का हमें दिया गया संदेश; और उनके सदियों बाद उसी संदेश को रजनीश ने फिर दोहराया, जो आज यहाँ जारी इन कैसेटों में सुरक्षित है। इन कैसेटों को पेश करने के लिए आर.वी. पंडित को मेरी बधाइयाँ। रजनीश ने गुरु नानक के 'जप जी' को विश्व के सामने

एक नई शक्ल में लाने की कोशिश की है। किसी भी समुदाय को इस तरह के कार्य पर गर्व हो सकता है। मैं नहीं जानता कि आपको रजनीश के कैसेटों की जानकारी है या नहीं। लेकिन आर.वी. पंडित ने जब इन कैसेटों का एक जोड़ा मुझे भेंट किया, तो मुझे ऐसा महसूस हुआ मानो रजनीश ने गुरु नानक के 'जप जी' में एक नई ऊर्जा भर दी हो। रजनीश एक बड़े विद्वान और महान चिंतक थे, जिन्हें समूची मानवता से प्रेम था। प्रेम के प्रकटीकरण के उनके तरीके अलग जरूर थे—और उन तरीकों को लोगों की मंजूरी नहीं मिल सकी, यह दीगर बात है—लेकिन इन कैसेटों से जाहिर हो जाता है कि मानवता के प्रति वे बहुत संवेदनशील थे। यही कारण है कि वह गुरु नानक के 'जप जी' को अपने भाषणों में इतने बेहतर तरीके से सँजो सके। उन लोगों को मेरा पूरा-पूरा सर्मथन है, जो गुरु नानक और रजनीश के संदेश को लोगों के सामने ला रहे हैं।

मैं सिर्फ यह कहना चाहता हूँ कि उस देश में नफरत के बीज नहीं बोए जाने चाहिए, जहाँ हमेशा से प्रेम-संदेश प्रसारित होता रहा हो। यह कहते हुए मुझे गर्व है कि गुरुग्रंथ साहिब वह धार्मिक ग्रंथ है, जिसमें सभी धर्मों की शिक्षाओं को समेटने की कोशिश की गई है। आइए, गुरु नानक देव जी की पावन स्मृति में हम शीश नवाएँ और एक नए समाज के निर्माण के लिए उनसे प्रेरणा और ऊर्जा ग्रहण करें। रजनीश के जीवन और कार्यों से भी हमें ऊर्जा प्राप्त होती है और इसके लिए उन्हें मेरी हार्दिक श्रद्धांजलि।

रजनीश के भाषणों के कैसेटों को जारी करते हुए; नई दिल्ली, 11 जनवरी, 1991

सार्वजनिक क्षेत्र के जरिए सामाजिक लक्ष्य की प्राप्ति

यह दुर्भाग्य की बात है कि जिन उद्देश्यों के लिए सार्वजनिक क्षेत्र की शुरुआत की गई थी, उन उद्देश्यों को पाने में यह क्षेत्र विफल रहा है। हमने सार्वजनिक क्षेत्र की शुरुआत इसलिए की कि कुछ महत्त्वपूर्ण क्षेत्रों में निजी क्षेत्र निवेश करने को तैयार नहीं थे, क्योंकि तमाम पूँजी-प्रधान उद्योगों में निवेश की दर बहुत ऊँची और उत्पादन की अवधि बहुत ज्यादा होती है, जिससे तुरंत लाभ की प्राप्ति संभव नहीं होती। निजी क्षेत्र के लोग बहुत जल्दी लाभ पा लेना चाहते हैं। इसलिए वे उपभोक्ता वस्तुओं से संबंधित उद्योगों में निवेश करना चाहते हैं। इस कारण पूँजी उद्योग की जिम्मेदारी सार्वजनिक क्षेत्र को उठानी पड़ी। हमारे औद्योगिक विकास के इतिहास के इस पहलू को लोगों ने बड़ी ही आसानी से भुला दिया है और जब देखिए तब इसकी आलोचना करने में लगे हुए हैं। पर इस आधार पर सार्वजनिक क्षेत्र की अकर्मण्यता को माफ नहीं किया जा सकता है। अकुशलता, आवश्यकता से अधिक कर्मचारी तथा कुल पूँजी विनिवेश की हद तक घाटे का सामना करना सार्वजनिक क्षेत्र की प्रमुख कमजोरियाँ हैं। इन सब खामियों के लिए अकेला प्रबंधन ही जिम्मेदार नहीं है, बल्कि वर्तमान में सार्वजनिक क्षेत्र के उद्यमों में जो कुछ हो रहा है, उन सबके लिए काफी हद तक हमारी सरकार भी जिम्मेदार है।

इस सरकार के अस्तित्व में आने के तुरंत बाद मैंने उद्योग मंत्रालय से सार्वजनिक क्षेत्र की इकाइयों की कार्य-प्रणाली का ब्यौरा माँगा। यह जानकर मैं बहुत विस्मित और दुखित हुआ कि कई महीनों ही नहीं, बल्कि सालों से सार्वजनिक क्षेत्र की 80 से भी ज्यादा इकाइयाँ किसी भी प्रबंध निदेशक से वंचित रहीं। ये इकाइयाँ इतने सालों तक उपेक्षित रहीं, उद्योग मंत्रालय के पास इसका कोई जवाब नहीं कि ऐसा क्यों हुआ ? मैं ऐसा नहीं मानता कि इन औद्योगिक संगठनों को सँभालने के लिए योग्य व्यक्तियों की कमी है। हमारे पास ऐसे जिम्मेदार लोगों का अभाव नहीं है, बल्कि सार्वजनिक क्षेत्र उदासीनता के शिकार हैं। अगर यहाँ निजी क्षेत्र का सवाल होता, तो लोग इस तरह उपेक्षा नहीं करते। संसद में सार्वजनिक क्षेत्र की इकाइयों का एक आयोग पहले से ही है। अतः यह जिम्मेदारी सांसदों तथा सरकार दोनों की ही है। यह समिति क्या कर रही है, मुझे इसकी जानकारी नहीं है। लेकिन इस आयोग के रहते ऐसी परिस्थितियाँ कैसे संभव हुईं और उन्होंने इन परिस्थितियों को किस तरह बर्दाश्त कर लिया ? सरकार की ऐसी उदासीनता मेरी समझ के बाहर है।

अब सरकार इन परिस्थितियों की जाँच करवा रही है। मैंने अतिरिक्त सचिव या संयुक्त सचिव स्तर के एक अधिकारी को सार्वजनिक क्षेत्र की प्रत्येक इकाई का विस्तृत ब्यौरा देने को कहा है। मुझे बताया गया कि इनमें से कई इकाइयों को पुनर्जीवित नहीं किया जा सकता

है। मुझे उनकी वास्तविक स्थिति पता नहीं है, मगर हमें इसकी जानकारी पाने की कोशिश करनी होगी, तभी हम इन इकाइयों को इनकी दयनीय स्थिति से उबारने में सफल होंगे। मेरा लक्ष्य यह है कि संसद का बजट सत्र शुरू होने के पहले हम इनकी वास्तविक स्थिति से पूर्णतः परिचित हो जाएँ ताकि इसकी चर्चा सत्र के दौरान की जा सके।

हम हर जगह स्थितियों को सुधारने पर चर्चा कर रहे हैं, लेकिन दुर्भाग्य कि आकलन के लिए बुनियादी बातों पर भी गौर नहीं किया गया है। हमें इस कार्य को पूरा करना है।

इस देश में सार्वजनिक क्षेत्र के महत्त्व को खारिज नहीं किया जा सकता है। ऐसा करना उन देशों के लिए भी संभव नहीं है, जहाँ व्यापार की मुक्त नीति (लेसेज फेयर) अपनाई गई है। यह बात विचारणीय है कि उन्हें कितनी जिम्मेदारियाँ सौंपी जाएँ। इस क्षेत्र के महत्त्व को स्वीकारने के पीछे कोई अव्यावहारिक दृष्टिकोण नहीं है, बल्कि यह हमारी अर्थव्यवस्था की सफलता के लिए बेहद जरूरी है। मैं नहीं जानता कि निजी क्षेत्र इस देश के लिए कितना महत्त्वपूर्ण है, न ही मैं इस बहस में पड़ना चाहता हूँ। वित्तीय विनियोग और वित्तीय सहायता देने वाली प्रायः सभी इकाइयाँ सार्वजनिक क्षेत्र की ही हैं। यानी किसी उद्योग में पैसा तो सार्वजनिक क्षेत्र लगा रहा है और इसका प्रबंध निजी क्षेत्र के हाथ में सौंप दिया जा रहा है। अगर आप निजी क्षेत्र की असफलता के कारणों पर गौर करेंगे, तो पाएँगे कि इनकी दशा सार्वजनिक क्षेत्र की तरह ही सोचनीय है।

सार्वजनिक क्षेत्र का परीक्षण संसद, सरकार तथा लेखा परीक्षक द्वारा किया जाता है। निजी क्षेत्र का परीक्षण भी किया जाता है, किन्तु यह नाममात्र का परीक्षण होता है, जिसका उद्देश्य महज खानापूर्ति होती है और यह सच्चाई किसी से छुपी नहीं है कि निजी क्षेत्र के लिए ऑडिट रिपोर्ट कैसे तैयार करवाई जाती है। इस तरह की धाँधली सार्वजनिक क्षेत्र में संभव नहीं है। लेकिन निजी क्षेत्र की कमियाँ निकालने से हमें कोई फायदा नहीं होने वाला। हमें इस बात पर विचार करना होगा कि सार्वजनिक क्षेत्र को सक्षम कैसे बनाया जाए।

सार्वजनिक क्षेत्र में कर्मचारियों की अतिरिक्त भीड़ एक अभिशाप बन कर रह गई है। अफसोस है कि श्रम कानूनों की वजह से हम इनकी छँटनी भी नहीं कर सकते। इसके लिए कोई रास्ता निकालना जरूरी है।

दूसरी तरफ बीमार इकाइयों पर नई दृष्टि से विचार करने से ही समस्या खत्म नहीं होगी, बल्कि उनके बेहतर विकल्प के नए तरीके ढूँढ़े जाने चाहिए। तभी वे अपने उन उद्देश्यों को पाने में सफल हो सकेंगे, जिनके लिए उनकी स्थापना की गई है।

मैं मानता हूँ कि प्रबंधन में विशेषज्ञताप्राप्त लोग ही सार्वजनिक क्षेत्र का प्रबंध देख रहे हैं। ऐसे लोग सिर्फ निजी क्षेत्र के लिए ही उपलब्ध हैं, ऐसा मैं कतई मानने को तैयार नहीं हूँ। विश्व के दूसरे हिस्सों में भी निजीकरण के मुद्दे पर बहस हो रही है। अब यूनाइटेड किंगडम को ही ले लीजिए, वे लोग किसी निजी और सार्वजनिक क्षेत्र के पचड़े में न पड़ कर अपनी औद्योगिक इकाइयों को पेशेवर प्रबन्धन के हाथों सौंप रहे हैं। हम इस बात पर विचार क्यों नहीं करते कि हम भी सार्वजनिक क्षेत्र की चुनिंदा इकाइयों को पेशेवर प्रबंधकों को सौंप कर इस समस्या से लंबे समय के लिए छुटकारा पा लें? सरकार को ऐसे प्रबंधन का निर्णय लेने की पूरी छूट देकर इनकी मदद करनी चाहिए। दुर्भाग्य से हुआ यह है कि सार्वजनिक क्षेत्र की इकाइयों पर सरकारी तंत्र हावी रहा है। इस विभाग के पदाधिकारियों

तथा सरकार में इनसे संबंधित मंत्रियों का रवैया यह रहा है कि वे उद्योग भवन में बैठे-बैठे ही सारी नीतियों का संचालन करते हैं। इस तरह की प्रवृत्ति पर अंकुश लगाया जाना चाहिए। मौके पर तैनात अधिकारियों को निर्णय लेने की पूरी स्वतंत्रता होनी चाहिए। गलतियाँ तो किसी से भी हो सकती हैं। चाहे वह राजनीतिज्ञ हो, किसी व्यवसाय से जुड़ा व्यक्ति हो अथवा सरकारी अमले का कोई बड़ा अधिकारी।

इस क्षेत्र में व्याप्त समस्या का दूसरा पहलू यह है कि राजनीतिक हस्तक्षेप के दौरान अफसरशाही इन इकाइयों के काम-काज में सबसे बड़ी बाधा बन गई। अखिल भारतीय प्रशासनिक सेवा में अधिकारियों को उनकी क्षमताओं पर बिना विचार किए सार्वजनिक क्षेत्र की इकाइयों का प्रशासन चलाने के लिए तैनात कर दिया जाता है। आईएएस अधिकारियों द्वारा इन इकाइयों का प्रबंधन करने के खिलाफ मैं नहीं हूँ किन्तु ऐसा करते समय उनकी पसंद, क्षमता और प्रतिभा का भी ख्याल रखना चाहिए। ज्यादातर मैंने यही देखा है कि जो अधिकारी प्रशासनिक क्षेत्र में कुशल नहीं होता और अपने वरिष्ठ अधिकारियों द्वारा पसंद नहीं किया जाता, उसे सार्वजनिक क्षेत्र में भेज दिया जाता है। सार्वजनिक क्षेत्र को चलाने का यह तरीका गलत है।

इस क्षेत्र के लिए अभी कितना कुछ किया जाना बाकी है। सार्वजनिक क्षेत्र को अच्छे से चलाने के लिए सोची-समझी रणनीति बनाना आवश्यक है। मैं आज इस स्थिति में नहीं हूँ कि आपको बता सकूँ कि सरकार इस दिशा में क्या कदम उठाएगी, लेकिन इतना जरूर कहूँगा कि इसकी निंदा हमारी अर्थव्यवस्था और देश दोनों के हित में नहीं होगा।

अर्थव्यवस्था की जो दुनिया है, वह बड़ी निष्ठुर है, जहाँ कोई किसी की परेशानी से सरोकार नहीं रखता। कुछ लोग समझते हैं कि यदि उनकी राजनीतिक नीतियाँ अच्छी होंगी, तो उन्हें विश्व के धनी और विकसित देशों से आर्थिक सहायता मिलने में कोई कठिनाई नहीं होगी। पर ऐसा सोचना असंगत है। ये धनी देश अचानक धनी नहीं हो गए हैं, अपितु दूसरे देश की जनता तथा प्राकृतिक संपदा का शोषण करके ही वे इस मुकाम तक पहुँचे हैं। उनसे उदारता की अपेक्षा करना मूर्खता होगी। इस संदर्भ में मैं एक उदाहरण पेश करता हूँ, ताकि आप जान सकें कि दरअसल आर्थिक जगत में क्या होता है ? आप जानते हैं कि आज हमारे सामने खाड़ी संकट है। कुछ हफ्ते पहले उन्होंने इस बात का संकेत दिया कि वे विमान सेवा का बीमा शुल्क बढ़ाने जा रहे हैं। लंदन की कंपनियों ने बीमा शुल्क की दरें बढ़ा दीं और भारत से कहा गया कि वह अपनी विमान सेवाओं का बीमा करवा ले। इस बीमा की कुछ अलग ही विशेषता है और वह यह है कि युद्ध छिड़ जाने की स्थिति में यदि आपका विमान किसी दुश्मन के युद्धक विमान के हमले का शिकार हो जाए, तो विमान के नष्ट होने या इसकी मशीनरी में खराबी आ जाने पर इस नुकसान की भरपाई बीमा द्वारा हो सकती है। भारत को बीमा की इस सुविधा की प्राप्ति के लिए प्रति सप्ताह पाँच करोड़ पचास लाख रुपए का भुगतान करने को कहा गया ताकि वह बिना किसी भय के अरब भू-भाग में अपने विमान उड़ा सके। दरअसल हुआ यह था कि ज्यादातर विकसित देशों ने खाड़ी क्षेत्र की अपनी हवाई उड़ानों पर रोक लगा दी थी, क्योंकि अरब देशों में उनका कुछ भी दाँव पर नहीं लगा था, जिसकी उन्हें चिंता होती। लेकिन भारत के 12 लाख लोग खाड़ी प्रदेश में थे। लिहाजा हम उनकी तरह अपना पल्ला नहीं झाड़ सकते थे। इस

बीमा योजना को लागू करने का दूसरा कारण आर्थिक था। खाड़ी देशों की उड़ानों पर रोक लगा दी गई थी। आय में हुई इस कमी की भरपाई उन देशों की विमान सेवा की कीमत पर करने का निश्चय किया, जो देश किन्हीं वजहों से अपनी खाड़ी विमान सेवा को जारी रखने पर मजबूर थे। इस तरह विश्व बीमा योजना शुरू हो गई। बीमा शुल्क के इस साप्ताहिक भुगतान का मामला मेरे सामने आया। मैंने कहा कि युद्ध शुरू होने दो, जिस दिन खाड़ी में जंग शुरू हो जाएगी हम अपने विमान की खाड़ी सेवा पर रोक लगा देंगे। इस प्रकार आप देख सकते हैं कि विकसित और समृद्ध देश अपने हितों की सुरक्षा, लड़ाई का खर्च विकासशील देशों से किस तरह वसूलते हैं। अब आप समझ गए होंगे कि अर्थ-जगत में शोषण इस तरह किया जाता है कि कोई एक-दूसरे को नहीं बख्शता। चाहे वह लड़ाई हो, गरीबी की समस्या हो या प्राकृतिक आपदा, उन्हें अपने आर्थिक हित की चिंता सबसे ज्यादा होती है।

मुझे मार्क्स की कही हुई एक बात याद आ रही है। उन्होंने लिखा था कि राजनीतिक अर्थशास्त्र मानव कल्याण से संबंधित है। अगर आप लंदन के पोप या बिशप के पास जाएँ और उन्हें यह बताएँ कि ईसाइयों के धर्मग्रंथ में 38 तथ्य गलत हैं और आप इनसे सहमत नहीं हैं, तब पोप आपसे अनुरोध करेंगे कि हम सभी परमपिता की संतानें हैं और इस नाते आपस में भाई-भाई हैं। वे आपको स्नेह, दया, क्षमा, सहनशीलता आदि मानवीय गुणों की शिक्षा देंगे। इसके बजाय अगर आप यह कहें कि उनके चर्च की भूमि का एक हिस्सा आपका है, तब चंद लम्हों पहले मानवीय गुणों की नसीहत देने वाला व्यक्ति अपनी सारी सीमाएँ तोड़कर अपने क्रास से आप पर वार कर देगा। इस तरह जब आर्थिक हितों पर आँच आती है, तब लोग अपना मानसिक संतुलन खो बैठते हैं और इसी तरह ये देश धनी हुए हैं। मेरे यह सब कहने का मकसद किसी बड़े धनी देश को नाराज करना नहीं बल्कि इसका उद्देश्य आर्थिक जगत की असली तस्वीर दिखाना है।

अतः जरूरी है कि हर भारतीय अपने पैरों पर खड़ा हो। इसकी जरूरत किसी सैद्धांतिक प्रतिबद्धता, आत्मनिर्भरता या 'स्वदेशी' नारे की वजह से नहीं बल्कि इसके पीछे इस देश का आकार, इतिहास और इसकी क्षमताएँ हैं। संसार में शायद ही ऐसा कोई देश हो, जो भारत को एक बड़ी ताकत के रूप में देखना पसंद करेगा। कोई नहीं चाहता कि भारत आत्मनिर्भर हो पाए, क्योंकि इसका आकार, प्राकृतिक संसाधन तथा बड़ी आबादी की श्रमशक्ति विश्व के उन विकसित देशों के लिए चुनौती बनी हुई है, जिनका इरादा विश्व में अपनी प्रभुता स्थापित करना है। इसीलिए मैं कहता हूँ कि अपने पैरों पर खड़े होने, अपने संसाधनों पर निर्भर करने से ही हम अपनी ताकत हासिल कर सकेंगे और इस महत्त्वपूर्ण कार्य को पूरा करने में सार्वजनिक क्षेत्र अपनी सजीव भूमिका निभा सकता है।

मुझे खुशी है कि इस सम्मेलन का आयोजन किया गया है। मैं सार्वजनिक क्षेत्र की समस्या और इनके सामने खड़ी चुनौतियों के तमाम पहलुओं पर आपसे विचार-विमर्श करना चाहता था। मैं चाहूँगा कि इस बात पर बहस हो कि इसके सुधार के लिए क्या कदम उठाए जाएँ। हमें सार्वजनिक क्षेत्र की प्रणाली पर नए दृष्टिकोण से विचार करना होगा। इससे जुड़ी नई नीति तैयार करने में मुझे आपके सहयोग और समर्थन की जरूरत है। इस नीति से इस क्षेत्र को अपनी ऐतिहासिक भूमिका अदा करने में मदद मिलेगी। हमें यह समझना होगा

कि हमारे आर्थिक विकास के लिए सार्वजनिक क्षेत्र नितांत आवश्यक है। मुझे आशा है कि इस ओर ज्यादा ध्यान देकर हम लोगों को आश्वस्त कर सकेंगे कि इसमें इतनी कमजोरियाँ नहीं हैं, जितनी लाभ पाने के लिए लोग इसे कमजोर बता रहे हैं।

मुझे भरोसा है कि आप इस समस्या पर गौर करेंगे और मौजूदा संकट से निकलने के लिए हमारी मदद करेंगे।

सार्वजनिक क्षेत्र के लिए गठित संसदीय समिति की सभा को संबोधित करते हुए; नई दिल्ली, 11 जनवरी, 1991

दार्शनिक-राजनेता हो ची मिन्ह

महान वियतनामी नेता हो ची मिन्ह के जन्मशती समारोह के अवसर पर वियतनाम की एक विशिष्ट बेटी जनरल गियप को पाकर मुझे बहुत हर्ष हो रहा है। इस अवसर पर आयोजन स्थल के लिए हमारे शानदार शहर कलकत्ता से बेहतर दूसरा कोई स्थान नहीं हो सकता था। क्योंकि यह शहर हम भारतीय लोगों के क्रांतिकारी रुझान का भी प्रतीक है। मादाम गियप, आपकी यहाँ मौजूदगी हमारी खुशी के इस मौके को दोगुना कर देती है।

भारत और वियतनाम औपनिवेशिक बेड़ियाँ तोड़ने वाले पहले एशियाई देश थे। महात्मा गांधी ने हम भारतीयों को जागृत और प्रेरित करके एक इतनी बड़ी राजनीतिक शक्ति बना दिया कि हम उनके बताए असहयोग के शांतिपथ पर चल कर अंग्रेजी साम्राज्य की बेड़ियाँ तोड़ सके। दूसरी ओर वियतनाम में हो ची मिन्ह ने अपने लोगों को प्रेरित कर उनका नेतृत्व किया लेकिन उनका रास्ता महात्मा के दिखाए शांति-पथ से अलग था। अपनी स्वतंत्रता और दो टुकड़े कर दिए गए देश को एक करने के लिए हो ची मिन्ह ने बहादुर वियतनामी लोगों को लड़ाई का कठिन रास्ता दिखाया। उनके कुशल नेतृत्व में वियतनामी लोग सभी परेशानियों को फतह करने में कामयाब रहे। वियतनाम के संघर्ष का दौर इतिहास बदलने वाला अध्याय है। एक लक्ष्य को पाने के लिए तत्पर आप लोगों के साहस का यह ऐसा नमूना है, जिसे इतिहास हमेशा याद रखेगा। हो ची मिन्ह की उस दृढ़ निश्चय वाली आत्मा को हम यहाँ भारत में प्रणाम करते हैं।

महात्मा गांधी की तरह हो ची मिन्ह भी आम आदमी के नेता थे। महात्मा की तरह ही सादगी उनके भी जीवन की विशेषता थी। एक नेता के तौर पर आखिरी दिनों तक वे अपने लोगों से बराबर जुड़े रहे। अपने लोगों की दुख-तकलीफों को अपना समझकर उनमें बराबर के भागीदार बने रहे। इस तरह उन्हें वियतनामी लोगों का भरपूर स्नेह व सम्मान मिला और उनके लिए वे 'चाचा हो' बन गए। उनमें एक कर्मठ कार्यकर्ता का साहस और हिम्मत एवं एक साहित्यिक व्यक्ति की संवेदनशीलता का अद्‌भुत संगम था। वे सही मायनों में दार्शनिक-राजनेता थे। यहाँ भारत में हम 1948 और 1958 में की गई उनकी दो यात्राओं की यादों को सँजोए हुए हैं और भारत के प्रति उनके और उनके लोगों के स्नेह व सम्मान को आज भी याद रखे हैं।

सबसे बढ़कर हो ची मिन्ह मनुष्य की अदम्य इच्छाशक्ति के प्रतीक थे। उनके जीवन का एक हिस्सा जेल की सलाखों के पीछे बीत गया, मगर इससे उनके संघर्ष-चरित्र यानी अपने लोगों के लिए संघर्ष करने की उनकी लगन में न तो कोई कमी आई और न ही वे अपने लक्ष्य से डिगे। जेल के दिनों में लिखी उनकी एक कविता की कुछ पंक्तियाँ मुझे

आज भी याद हैं—

शरीर सलाखों के पीछे हो सकता है,
आत्मा कभी कैद नहीं होने वाली।
उस बड़े काम के पूरा होने तक,
यह लगन कभी हलकी नहीं पड़ने वाली।

हो ची मिन्ह की स्मृतियाँ विश्व के किसी भी छोर पर स्वतंत्रता-प्रेमियों के लिए प्रेरणास्रोत हैं, जिन्हें आज जब हम यहाँ ताजा कर रहे हैं। इस मौके पर जनरल गियप का हमारे बीच होना सौभाग्य की बात है। कानून का छात्र होने के नाते नेता हो एक सफल विधि-विशेषज्ञ के तौर पर ऐशो-आराम की जिंदगी जी सकते थे, लेकिन अपनी जनता के कष्टों को दूर करने के लिए उन्होंने फूलों के बजाय काँटों की सेज चुनना पसंद किया और आजादी की लड़ाई में कूद पड़े। एक सशस्त्र कामरेड के रूप में उन्होंने अद्‌भुत कुशलता, साहस और कल्पनाशक्ति का परिचय दिया। उनके सशस्त्र अभियान पवित्र साहित्य की शक्ल अख्तियार कर चुके हैं, जिनका अध्ययन सैनिकों के अलावा विज्ञान के छात्र भी करते और उनसे प्रेरणा लेते हैं। दिअन बिअन फु में बड़ी शक्तियों पर उनकी फतह उपनिवेशवाद के खिलाफ लड़ाई का निर्णायक मोड़ साबित हुई है। वीरता और कुशल नेतृत्व के गीत जब तक गाए जाते रहेंगे, दिअन बिअन फु और जनरल गियप दोनों ही इन गीतों में बसे रहेंगे।

भारत और वियतनाम दोनों ही आज विश्व के स्वतंत्र राष्ट्रों की जमात में शामिल हो चुके हैं। दोनों ही देश आज राष्ट्र-निर्माण के जटिल कार्य में जुटे हुए हैं, क्योंकि भूख, बीमारी और अशिक्षा से जनता को हम मुक्त नहीं करा पाए तो, पराधीनता से मुक्त होना, राजनीतिक तौर पर स्वतंत्र होना बेमानी होकर रह जाएगा।

हमारी उपलब्धियाँ महत्त्वपूर्ण हैं, लेकिन अभी हमें लंबा—दुष्कर सफर तय करना बाकी है। मुझे भरोसा है कि भारत और वियतनाम दोनों के पास आर्थिक रूप से समृद्ध और टिकाऊ राष्ट्र बनने की क्षमता और लोच दोनों ही मौजूद हैं, जिनके सहारे हम अपने लोगों को विकास के समुचित अवसर उपलब्ध करा सकेंगे।

भारत-वियतनाम के घनिष्ठ संबंध शांति, स्वतंत्रता और न्याय-केंद्रित हमारी एकसमान प्रतिबद्धता पर टिके हैं। हम एशिया ही नहीं, समूचे विश्व में शांति और स्थायित्व की स्थापना के लिए वियतनाम के साथ मिल कर कार्य करेंगे।

वियतनाम और हिंद-चीन से हमारे आपसी रिश्तों का सिलसिला सदियों पुराना है। दोनों की संस्कृतियों ने एक-दूसरे पर पर्याप्त असर डाला है। सदियों पुराने हमारे सहयोग की सीमा आज सांस्कृतिक क्षेत्र के साथ-साथ आर्थिक, वैज्ञानिक और तकनीकी जगत तक फैल चुकी है।

कंबोडिया के लोगों ने बड़े कष्ट उठाए हैं। वहाँ टकराव की दुखद स्थिति समाप्त करने और ध्वस्त अर्थव्यवस्था के पुनर्निर्माण और शांतिपूर्ण जीवन जीने के लिए कंबोडियाई लोगों के शांतिपूर्ण प्रयासों का हम पूरी तरह समर्थन करते हैं। इस तरह का ही कोई सिद्धांत कंबोडियाई लोगों की स्वतंत्रता, संप्रभुता, क्षेत्रीय अखंडता और उनकी गुटनिरपेक्ष स्थिति की गारंटी कर सकता है।

नेता हो ची मिन्ह के जन्मशती समारोह में आज उनके विचारों को अगर हम उन्हीं के शब्दों में याद करें, तो बेहतर होगा–

आओ, हम कठिनाई से पाई अपनी आजादी की चौकसी करें।
आओ, हम अपनी जनता की रचनात्मक ऊर्जा का सदुपयोग करें।
आओ, हम अपनी आत्मनिर्भरता को सशक्त बनाएँ।
आओ, हम भुखमरी की लाज को समृद्धि के संसार में बदल डालें।
आओ, हम अन्याय और अत्याचार से मुक्त संसार बनाने का प्रयत्न करें।

सही मायने में हो ची मिन्ह और भारत-वियतनाम मित्रता की यही सबसे सच्ची स्मृति होगी।

भारत आने और इस समारोह में शिरकत करने के हमारे आमंत्रण को आपकी मंज़ूरी के लिए हम एहसानमंद हैं। जनरल गियप महोदया, आपको आश्वस्त करना चाहते हैं कि हम हो ची मिन्ह की विरासत को एशिया ही नहीं, बल्कि समूची मानवता की धरोहर के तौर पर हमेशा बनाए रखेंगे, सँजोए रखेंगे।

भारत की जनता की ओर से मैं आपको आश्वस्त करना चाहता हूँ कि अपने क्षेत्र में और समूचे विश्व में शांति और समृद्धि लाने के वियतनामी लोगों के प्रयासों को हमारा पूरा-पूरा समर्थन मिलता रहेगा। हमारे संसार को शांति की पहले से कहीं ज्यादा जरूरत इन दिनों है। स्वतंत्रता और आत्मनिर्भरता के रास्ते हो ची मिन्ह का शांति-संदेश मानवता के लिए सदैव प्रकाशमान रहेगा।

जनरल मादाम गियप के सार्वजनिक सम्मान में आयोजित समारोह के अवसर पर दिया गया वक्तव्य;
कलकत्ता, 14 जनवरी, 1991

बाल कल्याण : पहली प्राथमिकता

आज सुबह आपके बीच स्वयं को पाकर मैं गर्व महसूस कर रहा हूँ। अपने बच्चों के विकास और उनके बेहतर भविष्य के लिए हमें विश्व में हर जगह शांति और भाईचारे की जरूरत है, लेकिन दुर्भाग्य से ऐसा जान पड़ता है कि मानवता न सिर्फ घोर संकट के दौर से गुजर रही है, बल्कि बरबादी के कगार पर भी खड़ी है। मेरी इच्छा है कि यह स्थिति फौरन खत्म की जाए। खाड़ी क्षेत्र में स्थिति आज इतनी बिगड़ चुकी है कि समूची मानवता का भविष्य अधर में लटक गया है और हमें अपने बच्चों के भविष्य को लेकर आशंका होने लगी है।

अरसा पहले दार्शनिक कवि रवींद्र नाथ टैगोर ने कहा था कि प्रत्येक बच्चे का जन्म इस ईश्वरीय संदेश के साथ होता है कि मानवता से अभी ईश्वर निराश-हताश नहीं हुआ है और मानव-भविष्य की अभी भी उसे चिंता है। मानवता के भविष्य पर भले ही संकट के बादल मँडरा रहे हों, लेकिन बच्चे हमारी इस उम्मीद को जिलाए हुए हैं कि संकट के बादल छँटेंगे और मानवता अपने शुद्ध रूप में सामने आएगी। यह बाल-आशा ही हमें समूची मानवता के सुनहरे भविष्य के लिए कार्य करने की प्रेरणा और ऊर्जा देती रहती है।

मुझे इस बात की खुशी है कि बच्चों और माँ बनने के दिनों की प्रतीक्षा कर रही महिलाओं की प्रगति, उनके विकास के कार्य में आप पूरी तन्मयता से जुटे हैं। मैं इस मामले पर आपसे पूरी तरह सहमत हूँ कि जब तक हम अपनी महिलाओं की चिंता नहीं करते, हम अपने बच्चों की उचित देख-रेख की व्यवस्था नहीं कर सकते। समूचा विश्व इस बात को मान चुका है कि हर एक बच्चे के सीखने की प्रक्रिया का श्रीगणेश माँ की गोद से होता है। दुर्भाग्य से सभी विकासशील देशों में और खासकर हमारे देश में महिलाओं के विकास की अनदेखी की गई। इसका नतीजा यह हुआ कि हम अपने बच्चों की भी अच्छी देख-रेख नहीं कर सके।

हमारे यहाँ इस मामले से जुड़ी पहली समस्या अगर अशिक्षा है, तो दूसरी गरीबी। दोनों एक-दूसरे से घनिष्ठ तौर पर जुड़ी हुई हैं। यह दुर्भाग्य की बात है कि पिछले चार दशकों के दौरान हमारे तमाम वायदों और आश्वासनों के बावजूद इस देश में महिला-शिक्षा व बाल-हित में बहुत कम काम हुआ है। मुझे खुशी है कि कुछ अंतर्राष्ट्रीय संगठन और विशेषकर यूनीसेफ बच्चों के विकास की दिशा में अच्छा कार्य कर रहे हैं।

किसी बाहरी एजेंसी की इस दिशा में हमारी मदद कारगर नहीं होने वाली, जब तक हम अपनी प्राथमिकताएँ नहीं बदलते और बच्चों के विकास के प्रति अपनी मानसिकता और अपना रवैया नहीं बदलते। यह दुःखद है कि अपनी सारी शिक्षा और बच्चों के उज्ज्वल भविष्य के लिए ढेर सारी उम्मीदों के बावजूद हम अपनी योजनाओं में और अपने विकास कार्यों

में इनको ऊँची प्राथमिकता पर नहीं रख सके। हमें अपने बहुत सीमित संसाधनों को निवेश के दूसरे स्थानों से बचाकर बच्चों के विकास कार्यों में लगाना चाहिए ताकि बड़े होकर वे समूचे समाज के लिए बेहतर भविष्य की नींव डाल सकें। जब हम मनुष्य में या बच्चों में संसाधनों के निवेश की बात करते हैं, तो हमारा मतलब होता है कि उन्हें आवश्यक पोषण मिल सके, ताकि कुपोषण के चलते कोई बच्चा अपनी आँखों की रोशनी नहीं खोने पावे। इस निवेश का यह भी मतलब है कि माँ बनने के दिनों की बाट जोह रही माताओं को जरूरी मात्रा में ऊर्जा मिल सके ताकि जन्म लेने वाली संतान विकलांग नहीं हो और समाज पर बोझ बनने के बजाय समूचे समाज की जिम्मेवारी अपने कंधों पर ढो सके। इस जिम्मेवारी को पूरा करने के लिए हमें त्याग करना होगा, दूसरे तमाम क्षेत्रों में हो रहे निवेश में कटौती करने का सख्त फैसला लेना होगा। हम ऐसे सख्त फैसले लेने को तैयार हैं या नहीं, यह देश का अस्तित्व बनाए रखने की हमारी इच्छाशक्ति पर निर्भर करेगा।

मैं आपको आश्वासन देता हूँ कि हमारी सरकार यह फैसला कर चुकी है कि बच्चों और हमारी भावी माताओं के हित हमारी पहली प्राथमिकता होंगे। हम उनकी सबसे पहले चिंता करेंगे और बाकी सभी जिम्मेवारियाँ उसके बाद पूरी की जाएँगी। आजादी मिलने पर राष्ट्र से हमारा वायदा था कि 10 वर्षों के भीतर हम उस स्थिति में पहुँच जाएँगे कि इस देश में कोई भी व्यक्ति निरक्षर नहीं बचा रह जाएगा। लेकिन हमारी गाल फुलाने वाली बातों के बावजूद देश की शिक्षा से जुड़ी सच्चाई आज यह है कि हमारी आबादी के 65 प्रतिशत से ज्यादा लोग निरक्षर हैं और अगर महिला शिक्षा पर नजर डालें, तो यह आँकड़ा 75 प्रतिशत से भी ऊपर मिलेगा। मुझे ये आँकड़े ठीक-ठीक इस समय याद नहीं आ रहे, लेकिन इतना तो सच है कि अगर आप एक बच्चे को शिक्षा देते हैं, तो आप कल के एक नागरिक को शिक्षित बना रहे हैं, मगर एक बालिका को शिक्षा देने का मतलब यह है कि आप भविष्य के एक पूरे परिवार की शिक्षा की नींव डाल रहे हैं। लिहाजा शिक्षा-जगत की इस सच्चाई पर गौर किए जाने की तुरंत जरूरत है।

मुझे खुशी है कि कुछ महत्त्वपूर्ण फैसले किए जा चुके हैं और तमाम स्वयंसेवी संस्थाओं ने इस ओर कार्य करना शुरू कर दिया है। मैं आपको आश्वस्त करना चाहता हूँ कि भले ही हमारे पास संसाधनों की उपलब्धता बहुत सीमित है, लेकिन संसाधनों का या धन का हमारे पास ऐसा अभाव भी नहीं कि हम अपने बच्चों के भविष्य की चिंता ही नहीं कर सकें। बल्कि मैं तो यही कहूँगा कि हम इस ओर कुछ विशेष महत्त्वपूर्ण नहीं कर पा रहे हैं, तो महज इसलिए कि ऐसा करने की हमारी इच्छा ही नहीं है। इसको अंजाम देने के लिए जिस दृढ़ इच्छाशक्ति की जरूरत थी, योजनाएँ बनाते समय, अपनी प्राथमिकताएँ तय करते समय हम उस दृढ़ता का परिचय नहीं दे सके।

मैं उम्मीद करता हूँ कि आप जैसे संगठनों की प्रेरणा, अंतर्राष्ट्रीय एजेंसियों के समर्थन, सहायता और अपनी आवश्यक इच्छाशक्ति के सहारे हम इस मामले में कुछ बेहतर करके दिखा सकेंगे।

मैं आपको आश्वस्त करना चाहता हूँ कि सरकार की यह भरसक कोशिश होगी कि धनाभाव के चलते आपको अपना कोई कार्यक्रम अथवा परियोजना बीच में छोड़नी न पड़े। कहने का मतलब यह हरगिज नहीं कि इस कार्य के लिए हमारे पास बहुत ज्यादा संसाधन

हैं, क्योंकि आप यह बखूबी जानते हैं कि संसाधनों के मामले में हमारी सीमाएँ क्या हैं। दूसरे, अभी तो यह भी जानकारी नहीं कि खाड़ी में छिड़ी इस लड़ाई का हम पर कितना असर पड़ेगा, लेकिन इन सब जरूरतों के होते हुए भी, मैं आपको आश्वस्त करता हूँ कि सरकार अपनी क्षमताओं की आखिरी सीमा तक यह कोशिश करेगी कि आपका कोई कार्यक्रम या योजना अधूरी न रह जाए। इस मामले के हमारे मंत्री इस क्षेत्र में अब तक हुई धीमी प्रगति से दुःखी हैं। मुझे उम्मीद है कि वे आपके सभी कार्यक्रमों को चालू रखने में न सिर्फ आपकी मदद करेंगे, बल्कि यह भी सुनिश्चित करेंगे कि सरकार और योजना आयोग की योजनाओं की सूची में आपकी कार्य-योजनाओं को प्राथमिकता दी जाए। मैंने योजना आयोग से यह अनुरोध भी किया है कि बाल-कल्याण और महिला-शिक्षा हमारी पहली प्राथमिकता के विषय रखे जाएँ और मुझे उम्मीद है कि योजना काल के दौरान हम इस दिशा में उल्लेखनीय प्रगति कर सकेंगे। मैं आपको अपनी सरकार की ओर से एक बार फिर आश्वस्त करता हूँ। मैं आशा करता हूँ कि आप कुछ ऐसा विशेष कर सकेंगे ताकि सारा विश्व यह देख-समझ ले कि विकासशील देश होते हुए भी भारत ने बच्चों के विकास पर पूरा-पूरा ध्यान दिया। हम एक राष्ट्र के तौर पर हमेशा ही विकास की सीढ़ियाँ नहीं चढ़ते रहेंगे। अपनी सारी संभावनाओं-क्षमताओं के साथ अपने सारे संसाधनों का अपनी नई तय की गई प्राथमिकताओं में निवेश कर, हमें जल्द ही विकसित देशों की छोटी-सी जमात में पहुँच जाना है।

समन्वित बाल विकास सेवा के राष्ट्रीय सम्मेलन के अवसर पर दिया गया भाषण;
नई दिल्ली, 17 जनवरी, 1991

सूती वस्त्र उद्योग का विकास

आज सुबह आपके बीच होने का अवसर पाकर मैं गर्व महसूस कर रहा हूँ। आप ऐसे कार्य में लगे हैं, जो मानवीय आवश्यकताओं की पूर्ति के लिए निहायत जरूरी है। भोजन के बाद मनुष्य की दूसरी सबसे बड़ी जरूरत, जो पूरी नहीं होने की स्थिति में समस्या बन जाती है, वस्त्र ही है। मुझे यह कहते हुए खुशी है कि हमारा एशिया महाद्वीप सदियों से सूती वस्त्र उद्योग में विश्व का अगुआ रहा है। यह उद्योग भले ही वक्त के साथ कुछ ऊँचे-नीचे दौर से गुजरता रहा हो, लेकिन जान पड़ता है कि भारत, चीन, दक्षिण कोरिया, ताइवान, हाँगकाँग जैसे परम्परागत सूती वस्त्र-निर्माता देश, इन वस्त्रों के उत्पादन और व्यापार के मामले में एक बार फिर विश्व की अगुआई करेंगे। मैं मानता हूँ कि इन वस्त्रों के उत्पादन के क्षेत्र में विश्व में तमाम तकनीकों का विकास कर लिया गया है। लेकिन इस उद्योग का भविष्य इस कार्य में लगे पसीना बहाने वाले लोगों व दूसरे कुशल कारीगरों के सहारे तय होगा, न कि तकनीकी विकास के आधार पर। इसलिए विकासशील देशों की भूमिका आने वाले समय में बहुत महत्त्वपूर्ण होगी, क्योंकि उन्हीं के पास कुशल कारीगरों और पसीना बहाने वाले लोगों की जमात है।

इस गोष्ठी के आयोजन और इस संगठन की बुनियाद रखने के लिए आप सभी को मेरी बधाइयाँ। मेरा मानना है कि आने वाले वर्षों में सूती वस्त्र उद्योग के विकास में इस संगठन की बड़ी भूमिका होगी। मुझे विश्वास है कि एशियाई देशों के बीच, जिनके प्रतिनिधि यहाँ इस गोष्ठी में मौजूद हैं, आपसी सहयोग सूती वस्त्र उद्योग के विकास में मील का पत्थर साबित होगा। मुझे इस बात की जानकारी है कि इस क्षेत्र को बड़ी चुनौतियों का सामना करना है, लेकिन इसकी समस्याओं का हल आप सभी के मिले-जुले प्रयासों से ही निकाला जा सकेगा।

यह उद्योग कृषि, किसानों और खेतिहरों पर आधारित है। हमारे देश का और इस महाद्वीप के दूसरे तमाम देशों का भविष्य इसी पर टिका है। कृषि उत्पादों पर इस देश के विकास की संभावनाएँ टिकी हैं, इसलिए जब तक आप खेती के विकास और किसानों व दूसरे खेतिहरों का जीवन-स्तर सुधारने के लिए काम नहीं करते, देश के भविष्य को लेकर आपकी सब उम्मीदें बेमानी हैं। यह खेत में पसीना बहाने वाला समुदाय ही है, जिसकी बेहतरी पर देश के ही नहीं, समूचे विश्व के विकास की संभावनाएँ टिकी हैं। मेरा मानना है कि किसानों और सूती वस्त्र उद्योग के बीच घनिष्ठ और मधुर संबंध जरूरी हैं, ताकि वे एक-दूसरे का सहयोग कर सकें। समाज के खेती करने वाले तबके की संपन्नता पर ही सूती वस्त्र उद्योग की समृद्धि आधारित है। मुझे उम्मीद है कि सूती वस्त्र उद्योग देश के कपास उत्पादन

पर समुचित ध्यान देगा और उद्योग और किसानों के बीच के संबंधों को मजबूत बनाने की कोशिश की जाएगी।

खेती के कार्य से जुड़े लोगों की चिंता करना और श्रम करके जिंदगी बसर करने वाले तबके की जरूरतों का ध्यान रखना भी जरूरी है। यह ऐसा उद्योग है, जहाँ सबसे ज्यादा संख्या में लोगों को रोजगार मिलता है। अगर आप खेती को छोड़ दें, तो अकेले सूती वस्त्र उद्योग में ही, रोजगार पाने वालों की संख्या दिनोंदिन बढ़ती चली जा रही है। कम से कम हमारे देश में तो सचमुच ऐसा ही है। लेकिन दुर्भाग्य से इन उद्योगों के विकास पर उतना ध्यान नहीं दिया गया, जितना जरूरी था। इसका नतीजा तमाम मिलों में तालाबंदी और बहुत बड़ी संख्या में कपड़ा मिलों के भारी घाटे के तौर पर सामने आया है। सरकारी कोशिशों के भी बहुत अच्छे नतीजे नहीं निकल सके हैं। यह बताते हुए मुझे अफसोस है कि इस क्षेत्र में तमाम मिलें या तो बीमार चल रही हैं या फिर विशेष लाभ कमाने की स्थिति में नहीं हैं। यह उद्योग अपने पैरों पर खड़ा हो सके, इसके लिए जरूरी है कि हम या तो नई नीति तैयार करें या फिर तत्काल दूसरे प्रभावी कदम उठाएँ।

इस उद्योग से जुड़े आप सभी से मेरी गुजारिश है कि विशेषज्ञों के एक दल का गठन किया जाए, जो सरकार को यह सुझाव और सलाह दे सके कि इस उद्योग में नई जान डालने के लिए क्या आवश्यक कदम उठाने, किन क्षेत्रों में किस तरह का बदलाव लाने की जरूरत है। मैं आपको आश्वस्त करना चाहता हूँ कि उद्योग को आत्मनिर्भर बनाने, इसे लाभ कमाने की स्थिति में पहुँचाने और इस उद्योग से जुड़े समुदाय की जरूरतों को पूरा करने के लिए सरकार हरसंभव कोशिश करेगी। क्योंकि वस्त्र उद्योग ही ऐसा क्षेत्र है, जिसकी हमें खास चिंता करने की जरूरत है। मैं आपको आश्वस्त करना चाहता हूँ कि अपने संसाधनों के बहुत सीमित होते हुए भी सरकार की यह पूरी कोशिश होगी कि उद्योग को ठोस आधार देने के लिए हर तरह का जरूरी सहयोग, मदद और आपात सहायता की व्यवस्था की जा सके।

मैं उम्मीद करता हूँ कि यह गोष्ठी सूती वस्त्र उद्योग के सभी क्षेत्रों, खेतिहरों और उद्योग के आपसी संबंधों पर गौर करेगी, ताकि हर किसी की जरूरतें पूरी की जा सकें और उन्हें काम से संतुष्टि दी जा सके। हम अपनी जिम्मेवारियों को इस तरीके से पूरा करेंगे कि हमारे लोगों की कपड़े की बुनियादी जरूरतें पूरी की जा सकें और हमारा वह क्षेत्र, जहाँ सूती वस्त्र उद्योग लंबे समय से परंपरागत उद्योग की भूमिका में रहा है, अपनी जिम्मेदारी का दायरा बढ़ाए और क्षेत्रीय सीमाओं से आगे निकल कर विश्व-अर्थव्यवस्था में निर्णायक भूमिका में नजर आए।

प्रथम एशियाई सूती वस्त्र उद्योग सम्मेलन के अवसर पर दिया गया वक्तव्य;
नई दिल्ली, 17 जनवरी, 1991

खाड़ी में शांति प्रयास

मैं इस बात से बहुत दुखी और निराश हूँ कि रोकथाम की सभी अंतर्राष्ट्रीय कोशिशों के बावजूद खाड़ी में जंग छिड़ गई है। लड़ाई जितनी लंबी चलेगी, मरनेवालों की संख्या उतनी ज्यादा होगी और उतनी ही ज्यादा पीड़ित होगी मानवता।

राष्ट्रपति सद्दाम हुसैन से मेरी गुजारिश है कि वे राष्ट्रसंघ सुरक्षा परिषद के निर्णय के अनुरूप अपनी फौजों की तत्काल वापसी की घोषणा करें। इसके साथ ही दुश्मनी खत्म हो और टकराव के शांतिपूर्ण समाधान के प्रयास शुरू किए जाएँ। मध्यस्थता का कार्य राष्ट्रसंघ सुरक्षा परिषद कर सकती है। जहाँ तक मुझे जानकारी है, उसका सत्र अभी चल रहा है।

इस मामले में सोवियत संघ की पहल से संबंधित राष्ट्रपति गोर्बाच्येव का संदेश हमें मिला है। उनके शांति प्रयासों में हम उनके साथ हैं। गुट-निरपेक्ष आंदोलन के दायरे में समान विचारधारा वाले सभी देशों के साथ हम संयुक्त शांति प्रयासों में सक्रिय सहयोग करेंगे।

खाड़ी संकट पर प्रतिक्रिया; नई दिल्ली, 17 जनवरी, 1991

खाड़ी संकट का मुकाबला

यह दुःख की बात है कि खाड़ी क्षेत्र में युद्ध रोकने की तमाम कोशिशें विफल हो गईं। हमने एक निर्धारित रुख अख्तियार किया कि लड़ाई नहीं हो। परन्तु दुर्भाग्यवश उस क्षेत्र में लड़ाई शुरू हो गई, जिसने पूरी दुनिया के लोगों, विशेषकर विकासशील देशों के नागरिकों का ध्यान आकृष्ट कर लिया है। युद्ध का असर उन सभी देशों पर पड़ने जा रहा है, जो तेल की आपूर्ति के लिए इस क्षेत्र पर निर्भर हैं। इस संकट के कारण भारतीय अर्थव्यवस्था बुरी तरह प्रभावित होगी।

हमने हर संभव प्रयत्न किया कि लोग इस बात को महसूस करें कि इस प्रलयंकारी कदम के परिणाम क्या होंगे, परन्तु दुर्भाग्यवश हमारी बात को औरों ने नहीं सुना। हमने लड़ाई रोकने का अंतिम क्षणों तक प्रयास किया और यूएसएसआर राष्ट्रपति और अमेरिका के राष्ट्रपति को चिट्ठियाँ भेजीं। हमने एनएएम अध्यक्ष और युगोस्लाव राष्ट्रपति की हैसियत का भी उपयोग करना चाहा, लेकिन उस दिशा में कुछ भी नहीं हो सका। हमें दुःख है कि तमाम प्रयासों के बावजूद लड़ाई शुरू हो गई।

भारतीय जनता को थोड़ा प्रभावित होना पड़ सकता है, क्योंकि इससे पेट्रोलियम उत्पादों की आपूर्ति में कुछ बाधा आ सकती है और मूल्यों में भी थोड़ी वृद्धि संभव है। लेकिन मैं अपनी जनता को आश्वस्त करना चाहता हूँ कि हमारे पास इस समय पर्याप्त मात्रा में सामग्री जमा है, जिससे लंबे समय तक देश की आवश्यकताओं की पूर्ति की जा सकेगी। यदि लड़ाई लम्बे समय तक चलती है, तो हम उस मोर्चे पर प्रभावित होंगे, क्योंकि हम विलासिता संबंधी आवश्यकताओं की पूर्ति नहीं कर सकेंगे। हम पेट्रोलियम उत्पादों को बर्बाद नहीं होने देंगे क्योंकि हमें प्रत्येक पेट्रोलियम उत्पाद की अपनी क्षमता के अनुसार बचत करनी होगी।

आजादी के बाद के पिछले चालीस सालों में भारतीय जनता ने ऐसे अवसरों पर एकजुटता का प्रदर्शन किया है। जब कभी देश संकट में पड़ा है, भारतीय लोगों ने इस बात का विशेष ध्यान रखा है कि कैसे देश की इज्जत, आत्मगौरव और सम्मान की रक्षा की जाए। संकट की इस घड़ी में मैं फिर से सभी भारतीयों की एकजुटता और सहयोग की अपेक्षा रखता हूँ ताकि आनेवाली किसी भी चुनौती का सामना किया जा सके।

यह दुःख की बात है कि विश्व के कुछ देश और कुछ लोग इस बात को महसूस नहीं करते कि लड़ाई किसी समस्या का समाधान नहीं है। आज विजयी कौन है और कौन हारने जा रहा है, यह बहुत छोटी बात है। अंततः केवल मानवता का ही नुकसान होगा। मानव जीवन का नुकसान, संपत्ति की क्षति और पर्यावरण एवं पारिस्थितिकी पर इसका गहरा प्रभाव

आदि कई समस्याएँ जन्म लेंगी। ऐसा कहा जा रहा है कि इसे उन लोगों के द्वारा समझने का प्रयास नहीं किया जा रहा है, जो एक-दूसरे को नीचा दिखाने में लगे हैं। न केवल यही बल्कि वे नष्ट होने की नीति पर अमल कर रहे हैं। लेकिन एक बार फिर से उन लोगों ने मानवता को युद्ध के कगार पर ला खड़ा किया है।

इसके बाद क्या होता है—यह देखने के बाद हमारा एकमात्र प्रयास होना चाहिए कि हम वहाँ शांति, शांति और केवल शांति लाने की दिशा में काम करें। लेकिन दुर्भाग्य, लड़ाई को आगे बढ़ाने की प्रवृत्ति काम कर रही है। यह प्रवृत्ति रुकनी चाहिए। मैं सभी सम्बद्ध लोगों से अपील करता हूँ कि वे लड़ाई को आगे नहीं बढ़ाएँ। मुद्दों पर आने की कोशिश करें, ताकि इस क्षेत्र में जल्द से जल्द शांति बहाल हो सके। और तब हम लोग समस्याओं पर ज्यादा शांति और स्वच्छ वातावरण में विचार कर सकेंगे।

मैं महसूस करता हूँ कि अभी भी समय नहीं बीता है। इस समय भी हमें शांति की स्थापना के लिए एक सार्थक प्रयास करना चाहिए। अरब देशों से हमारे विशेष व दोस्ताना रिश्ते हैं। हमारा दिल उनके पास चला जाता है, जब हम उस क्षेत्र में विध्वंस और बरबादी देखते हैं। इसी कारण हम विश्व के सभी नेताओं के संपर्क में हैं ताकि इस क्षेत्र में भलाई और सद्भाव की दिशा में कुछ काम किया जा सके। हमारा तात्कालिक प्रयास यह होगा कि हम उस क्षेत्र में शांति की स्थापना करें। अन्य सभी मुद्दे बाद में बारी-बारी से ध्यान में लाए जाएँगे।

जनता की भावना समझने वाले नेताओं से मेरी लम्बी बातचीत हुई है और भारतीय लोग यह सोच रहे हैं कि हमारी पहली जवाबदेही इस क्षेत्र में शांति स्थापना की है। मेरी सभी मुख्यमंत्रियों से बहुत लम्बी बातचीत हुई है। मुझे खुशी है कि स्थिति से निपटने के लिए सभी ने अपने पूर्ण समर्थन का वायदा किया है। उन लोगों ने आश्वस्त किया है कि देश में सामान्य स्थिति बनाए रखने के लिए वे सब कुछ करेंगे। दुर्भाग्यवश कुछ ऐसे लोग भी हैं, जो आम आदमी की संवेदना को बेचना चाहते हैं। इस रवैये को बदल देना चाहिए। सभी तस्करों, मुनाफाखोरों और व्यापारियों को इस बात का आभास होना चाहिए कि यह आसान तरीके से पैसा बनाने का समय नहीं है। मेरी वैसे लोगों से अपील है कि वे इस तरह की गतिविधियों से स्वयं को अलग कर लें। यदि ऐसा नहीं होता है, तो उन पर सख्ती करने के सिवाय हमारे पास दूसरा कोई रास्ता नहीं बचेगा। हम किसी भी कीमत पर यह बर्दाश्त नहीं कर सकते कि मौजूदा परिस्थितियों में कोई मुनाफाखोरी या जमाखोरी करे।

मैं जनता एवं सभी राज्य सरकारों से अपील करता हूँ कि यदि इस तरह की प्रवृत्ति कहीं पाई जाए, तो उस पर शुरू में ही सख्ती करनी चाहिए। मुझे पूरी आशा है कि आम जनता भी इस तरह के प्रयासों को गंभीरता से लेते हुए हमारा सहयोग करेगी।

मेरा दिल उन भारतीयों के पास है, जो खाड़ी क्षेत्र में रह रहे हैं। उनकी सुरक्षा और उनका कल्याण हमारी प्राथमिकता है। हम लगातार उस क्षेत्र की सरकारों के संपर्क में हैं और युद्ध-प्रभावित इलाकों में बढ़ रही घटनाओं पर पूरी नजर रखे हुए हैं। सब प्रयासों के बावजूद कुछ लोगों को कष्ट हो रहा है, लेकिन सरकार उनकी सुरक्षा के लिए हर संभव प्रयत्न कर रही है। उनकी खुशहाली को बरकरार रखना सरकार की प्राथमिकता में है। उस क्षेत्र में निवास कर रहे लोगों के साथ हम बराबर संपर्क में हैं और संबंधित सरकारों को

उस क्षेत्र में रह रहे भारतीय लोगों के साथ घट रही घटनाओं की जानकारी भी दे रहे हैं।

मेरी भरपूर कोशिश है कि संकट की इस घड़ी में जनता इससे भयभीत न हो। वह अफवाहों पर ध्यान न दे। यदि अफवाहें उड़ती हैं, तो आप इस बात की जाँच कर लें कि उसका कुछ प्रमाण भी है या नहीं या फिर अफवाहों को केवल डराने के लिए उड़ाया गया है।

मुझे विश्वास है कि भारतीय जनता अपनी पारंपरिक शक्ति का उपयोग कर इस संकट से लड़ने के लिए एक उपयुक्त मार्ग की तलाश करेगी। हमारे पास खाद्य-सामग्रियों एवं अन्य आवश्यक वस्तुओं का पर्याप्त भंडार है। इसलिए कोई कारण नहीं कि मूल्यों में वृद्धि हो। मैं आपको आश्वस्त करता हूँ कि जनता को किसी तरह के संकट में नहीं पड़ने दिया जाएगा। सरकार के पास इस बात की पूरी क्षमता है कि वह विपरीत परिस्थितियों में भी स्थिति को सँभाल सके।

मैं एक बार फिर से जनता का, विशेषकर युवाओं का ध्यान आकृष्ट कराते हुए कहना चाहता हूँ कि आपको शांति व्यवस्था बनाए रखने में सहयोग करना चाहिए। छोटे-मोटे झगड़े रुकने चाहिए। किसी भी तरह का विवाद इस समय देश को संकट में डाल सकता है। मुझे आशा और विश्वास है कि भारत की जनता विवादों को हाशिए पर छोड़ अपनी एकता, सोच और शक्ति का प्रदर्शन करेगी ताकि इस चुनौती का मुकाबला किया जा सके।

मैं आपको फिर से विश्वास दिलाता हूँ कि अर्थव्यवस्था की मजबूती, जनता की शक्ति, वैचारिक सहयोग, विशेषकर खेतों, कारखानों में काम कर रहे लोगों के सहयोग से हम सफलतापूर्वक आज की चुनौती का मुकाबला कर सकेंगे।

खाड़ी संकट पर राष्ट्र के नाम संदेश; नई दिल्ली, 19 जनवरी, 1991

पंजाब में शांति प्रयास

मैं एक बार फिर चंडीगढ़ आकर खुश हुआ। मैं पिछले कुछ सालों के दौरान अक्सर चंडीगढ़ आता रहा हूँ। लेकिन आज की यात्रा बदली परिस्थितियों में हुई है। मेरे कई मित्रों ने देश की अनेक परेशानियों, संकटों और समस्याओं का जिक्र किया है। अब हमारे सामने सवाल यह है कि इनको हल कैसे किया जाए। गरीबी, भूख-प्यास और बेरोजगारी जैसी देश की समस्याओं को हल करना हमारी जिम्मेदारी है। अपने मर्ज का इलाज स्वयं हमें ही ढूँढ़ना है। लोकतांत्रिक ढाँचे के तहत इस देश का संचालन आप और हम मिल कर कर रहे हैं। देश को चलाने की शक्ति चंडीगढ़ या दिल्ली में नहीं है। यह (देश की संचालन-शक्ति) हमारी लाखों-करोड़ों जनता से—गाँवों में रहने वाले करोड़ों किसानों और झुग्गी-झोपड़ियों में रहने वाले करोड़ों मजदूरों से—उत्पन्न होती और उन्हीं में निहित होती है। उन्हीं के हाथों में असली सत्ता का अस्तित्व है। इस देश का विकास किसानों, युवाओं और मेहनतकशों के साहस और कल्पनाशक्ति से होगा। किसानों-मजदूरों को आश्वस्त करना सरकार का दायित्व है कि उनका उत्पादित धन चंद मुट्ठी-भर लोगों के लाभ के लिए व्यय नहीं किया जाएगा, बल्कि इस संपदा को गरीब के बच्चों पर खर्च किया जाएगा ताकि उनके चेहरों पर एक बार फिर मुस्कान खिल सके।

यह हमारा फर्ज है कि हम जनता को आश्वस्त करें कि राष्ट्रीय संपदा को आम आदमी की जरूरतों को पूरा करने के लिए व्यय किया जाएगा। हमने आजादी तो 43 वर्षों पहले हासिल कर ली, लेकिन देश के अनेक लोगों के पेट में आज भी अनाज का दाना नहीं है। हमारी आबादी का 65 प्रतिशत हिस्सा निरक्षर है। हमारे करोड़ों युवा काम की तलाश में ठोकरें खा रहे हैं, लेकिन उन्हें रोजगार नहीं मिल रहा। देश की जनसंख्या का आधा हिस्सा महिलाएँ हैं। इस देश में महिलाओं को उचित दर्जा आज तक नहीं मिल सका, जो उन्हें मिलना चाहिए था। उनकी जिंदगी में सम्मान नहीं है। देश को आगे ले जाने में, उसके विकास में और समाज के उत्थान में योगदान करने के लिए उनके पास अवसर नहीं हैं। ऐसी ही स्थिति अनुसूचित जातियों और जनजातियों के साथ भी है। पिछड़े तबके के लोग अपने अधिकारों का उपयोग नहीं कर पा रहे। अल्पसंख्यकों के मस्तिष्क में तमाम आशंकाएँ हैं और अपनी सुरक्षा की ओर से वे निश्चिंत नहीं हैं।

अगर हमें इन समस्याओं के हल तलाशने हैं, तो इसका एकमात्र रास्ता हमारे सीमित संसाधनों और संपदा का न्यायसंगत वितरण ही है। पेयजल आपूर्ति की योजना पर कार्य चल रहा है। हम इसका विस्तार करने जा रहे हैं। हमारे देश में करोड़ों लोग बीमारियों से पीड़ित हैं, लेकिन उन्हें कोई चिकित्सा सहायता नहीं मिल पा रही है। हमारी इच्छा है कि

प्रत्येक गाँव में, यहाँ तक कि देश के सुदूर स्थित गाँवों में भी चिकित्सा सुविधा के अभाव में किसी की मृत्यु नहीं हो। बीमार लोगों की आवश्यक देख-रेख होनी चाहिए। चंडीगढ़ में पहले से एक अस्पताल है। हम इस शहर में एक और अस्पताल खोलने की योजना बना रहे हैं। हम महसूस करते हैं कि चंडीगढ़ को और ज्यादा डॉक्टरों को प्रशिक्षित करने की सुविधाएँ मिलनी चाहिए ताकि भविष्य में लंबे समय तक डॉक्टरों की सेवाएँ प्राप्त करने में यह शहर ज्यादा मददगार साबित हो। इसीलिए हमने यहाँ एक मेडिकल कॉलेज की स्थापना का निश्चय किया, जिसकी नींव आज पहले ही रखी जा चुकी है।

राष्ट्र जब स्वतंत्र हुआ, उस समय देश में कुल 25 मेडिकल कॉलेज थे। अब इनकी संख्या 132 है। लेकिन 80 से 85 करोड़ की विशाल जनसंख्या और बड़े क्षेत्रफल वाले देश के लिए इतना ही पर्याप्त नहीं। हमारा लक्ष्य अपनी जनता को स्वास्थ्य और चिकित्सा सुविधाओं के अलावा योजना और पेयजल मुहैया कराना है। हम अपने देश में किसी को असहाय महसूस नहीं होने देंगे। हम धर्म और जाति के नाम पर लोगों के बीच नफरत नहीं पैदा होने देंगे। किसी को समाज में फूट नहीं डालने देंगे। अगर हमें इन समस्याओं को हल करना है, तो आपस में सहयोग करना होगा। कंधे से कंधा मिलाकर अपनी जिम्मेदारियाँ निभानी होंगी। हमें अपनी एकता और अखंडता बनाए रखनी होगी।

पंजाब-हरियाणा देश के लिए सर्वाधिक खाद्यान्न पैदा करने वाले राज्य हैं। अगर पंजाब और हरियाणा के किसानों का उत्साह ठंडा पड़ा, अगर उन्हें अपने श्रम का उचित प्रतिफल नहीं मिला, अगर वे अपने कार्य के प्रति ईमानदार नहीं रहे, तो देश के करोड़ों लोगों को अनाज नहीं मिल सकेगा। इसलिए हमने अपने किसानों को सभी सुविधाएँ देने का मन बनाया है, ताकि उन्हें उनके श्रम का समुचित प्रतिफल मिल सके। सबसे ज्यादा ध्यान कृषि पर दिया जाएगा। सरकार सिंचाई, परिष्कृत बीजों की आपूर्ति, खाद्य आदि को प्राथमिकता देगी। गाँवों को बिजली आपूर्ति में वरीयता दी जाएगी। हम चाहते हैं कि हमारे किसान योजनाबद्ध तरीके से कार्य करें और प्रगति करें। अधिक अन्न उपजाएँ। कृषि उत्पाद हमारे देश के लोगों की जरूरतों के लिए ही पर्याप्त नहीं होने चाहिए, बल्कि भारत को खाद्यान्नों का निर्यात करने में भी सक्षम होना चाहिए।

शारीरिक श्रम करने वाले लोगों को उचित मजदूरी मिलनी चाहिए। हमारे देश में करोड़ों की संख्या में लोगों को रोजगार की जरूरत है। अगर उन्हें रोजगार दिया जाता है, तो हमें अपने अल्प-संसाधनों को बहुत किफायत से खर्च करते हुए उनका भरपूर लाभ उठाना होगा। वक्त की पुकार है कि हम महात्मा गांधी के आदर्शों का अनुकरण करें, उनके आर्थिक उपाय अपनाएँ और सादा जीवन के उनके दर्शन को अपने जीवन में उतारें। अगर हमारा देश गरीब है, तो हमें गरीबी में भागीदारी करनी है। ऐसा नहीं कि गरीबी का बोझ सिर्फ रिक्शा चालकों, श्रमिकों और झुग्गी-झोपड़ियों में जिंदगी बसर करने वाले दूसरे लोगों को ही ढोना पड़े। इसलिए जरूरी है कि समाज के प्रभावशाली तबके आगे आएँ और इस बोझ में हिस्सेदारी बँटाएँ।

भूखे लोगों के लिए भोजन की व्यवस्था हो सके, इसके लिए जरूरी है कि हम एक-एक पैसे की बचत करें और एक दाना अनाज को भी बर्बाद होने से बचाएँ। गाँवों में किसानों तक बिजली-पानी पहुँचाने के लिए संसाधन तलाशने के उद्देश्य से हमें कठोर आर्थिक उपाय

करने होंगे। एक नया माहौल पैदा करना होगा। गरीबी और भूख के खिलाफ जंग में कामयाबी के लिए हमें जाति-धर्म के नाम पर आपसी झगड़े बंद कर अपनी ऊर्जा देश के विकास में लगानी होगी। हमारी सभ्यता-संस्कृति हजारों वर्ष पुरानी है। तमाम महापुरुषों ने इस पावन धरती पर जन्म लिया। महान गुरुओं ने सामूहिक हित के लिए त्याग करने की शिक्षा और प्रेरणा दी। हमारे प्राचीन ऋषि-मनीषियों ने हमें नया दर्शन दिया। हमारा इतिहास प्रेम, भाईचारे और सद्भावना के संदेश से भरपूर है। सभी मनुष्य समान हैं। लोगों में आपसी नफरत और वैमनस्य नहीं होना चाहिए। हम घृणा के माहौल को खत्म करके रहेंगे। क्या हमें एक मंदिर या मस्जिद के लिए लड़ना चाहिए? क्या हमें थोड़ी-सी जमीन के लिए धरती को खून से लाल करना चाहिए? यह विश्वास किया जाता है कि ईश्वर न तो मंदिर में रहता है और न मस्जिद में, लेकिन भूख-प्यास से पीड़ित लोगों के हृदय में उसकी तलाश आसानी से की जा सकती है। भूख को खत्म करने और जरूरतमंदों के लिए पानी की व्यवस्था करने की खातिर हमें बहुत कार्य करने होंगे। यही हमारी ईश्वर की सच्ची पूजा होगी। भूख और गरीबी को खत्म करने के लिए हमें समाज से नफरत के माहौल को खत्म करना होगा। हमारे पंजाब की धरती—जहाँ कभी हीर-राँझे के प्रेम-गीत गूँजते थे और जहाँ के लोग भाँगड़ा की धुन पर थिरकते थे—आज हिंसा और खून-खराबे की चपेट में आ गई है। इन परिस्थितियों में हमें गुरुनानक देव की याद आती है, जिन्होंने विश्व शांति का संदेश दिया। उनका संदेश प्रेम और भाईचारे का संदेश है। मैं आप लोगों से इन संदेशों पर फिर से मनन करने का अनुरोध करता हूँ। पंजाब व हरियाणा के युवाओं और गुरुनानक की धरती से जुड़े किसानों से मेरा अनुरोध है कि वे उस पर एक बार फिर गौर करें, जो गुरुनानक ने कहा है। धरती के इस हिस्से पर कभी प्रेम की नदियाँ बहा करती थीं। आज वहाँ पर हिंसा तांडव करती है। इससे ज्यादा शर्मनाक हमारे लिए और कुछ भी नहीं हो सकता। यही कारण है कि प्रधानमंत्री पद सँभालने के बाद से हम, लोगों से मौत का यह तांडव समाप्त करने और हिंसा के माहौल को रोकने का अनुरोध करते रहे हैं। यह खून-खराबा बंद हो। समस्याएँ गोली से नहीं, प्रेम की भाषा से हल हुआ करती हैं। हमें यही सीखने की और इस खतरनाक माहौल को बदल डालने की जरूरत है। याद रहे गोली चाहे पुलिस की बंदूक से निकली हो या किसी आतंकवादी की बंदूक से—निशाने पर हमेशा मनुष्य ही होता है। इससे मानवता ही घायल होती है। मौत आखिरकार मौत है। अगर कोई व्यक्ति मरता है, तो एक माँ अपना बेटा खोती है और कोई लड़की अपना भाई—इसको रोका जाना चाहिए। इसे रोकने की मैंने भी कोशिश की, कर रहा हूँ। मैं आप सबसे अपने साथ, मेरे साथ, आने के लिए कहता हूँ। कुछ लोगों को इस पर मुझसे विरोध हो सकता है, लेकिन मैं चाहूँगा कि हरियाणा और पंजाब का प्रत्येक युवा आगे बढ़े और इस स्थिति को खत्म करने के लिए हमारे साथ आए। मैं निष्कपट हूँ और इस निष्कपटता के साथ मैं आपसे बेलाग बातचीत करना पसंद करूँगा। कोई व्यक्ति पीड़ित हो सकता है और किसी वजह से गलत रास्ते पर जा सकता है, लेकिन अगर हमारा कोई भाई गलत रास्ता पकड़ ले, तो क्या इसी के चलते उसे घर से निकाल दिया जाना चाहिए? नहीं, हरगिज नहीं! हम ऐसा नहीं करेंगे, बल्कि हम उससे बातचीत करेंगे। हम उससे उन वजहों पर गौर करने को कहेंगे, जिनके चलते ऐसा हुआ। हम उसके रिश्तेदारों के जरिए उससे बातचीत करेंगे। हमें इस देश का संचालन उसी तरह करना है,

जैसे कि एक परिवार चलाया जाता है। किसी भी व्यक्ति की राष्ट्रभक्ति पर संदेह करने का हमें कोई अधिकार नहीं। हमारी इच्छा है कि मौजूदा माहौल बदले। आप लोग आगे बढ़ें। मेरे साथ आएँ और इस माहौल को बदलने में मेरी सहायता करें।

संभव है, नफरत को प्रेम में बदलने का कार्य इतना सहज न हो। इसमें तमाम परेशानियाँ खड़ी हो सकती हैं, लेकिन दिक्कतों से घबरानेवाले इतिहास नहीं रच सकते। अगर हमें बेहतर भविष्य का निर्माण करना है, तो हमें अतीत को भुलाना होगा। हमें नफरत की भावना को दूर कर प्रेम का दरिया बहाना होगा। बस इसी स्थिति में हमारा देश आगे बढ़ सकेगा। मैं आप सभी को इस बड़े काम में शामिल होने के लिए आमंत्रित करता हूँ। बेगुनाहों को मौत से बचाना है। निर्दोष लोगों की हत्याओं की बुनियाद पर कोई क्रांति नहीं हो सकती। ऐसे हिंसक कार्यों से किसी धर्म का उद्देश्य पूरा होने वाला नहीं। बहुत विनम्रता के साथ मैं यह कहना चाहता हूँ कि हिंसक गतिविधियों में संलिप्त लोग राष्ट्र के शत्रु हैं। मैंने इस संदर्भ में तमाम लोगों से बात की। सबका एक ही मत था कि ऐसे हत्याकांडों से अपने हाथ रँगने वाले लोग सही मायनों में हमारे दुश्मन हैं। उन्हें न तो इस देश से प्यार है और न ही हमारे देशवासियों से। ऐसे लोगों के लिए हमारे दिल-दिमाग में कोई जगह नहीं होनी चाहिए। मैं साफ-साफ शब्दों में यह बता देना चाहता हूँ कि अगर किसी बेगुनाह का खून बहता है, तो सरकार दोषियों के साथ सख्ती से पेश आएगी। इन हत्याओं पर काबू पाने के लिए हम कुछ भी बचा नहीं रखेंगे।

अपने देश की सुरक्षा, इसकी एकता और अखंडता की रक्षा के लिए हमें कठोर कदम उठाने होंगे। तमाम लोग लूट-पाट, डकैतियों और स्मगलिंग के अनैतिक और गैरकानूनी कार्यों में लिप्त हैं। इन स्वयंभू क्रांतिकारियों ने देश का माहौल बिगाड़ दिया है। सच्चाई यह है कि इन लोगों का किसी आंदोलन से लेना-देना नहीं है। किसी भी तरह का आंदोलन चला रहे लोगों से मेरा अनुरोध है कि वे असामाजिक गतिविधियों में लिप्त लोगों पर अंकुश लगाने के लिए आगे आएँ।

आज हमें एकता, आत्म-नियंत्रण और धैर्य की जरूरत है। साथ ही हमें हिंसक गतिविधियों में लगे लोगों के खिलाफ अभियान चलाने की भी जरूरत है। हमने अपने पुलिस अधिकारियों और सुरक्षा बलों को यह सुनिश्चित करने का निर्देश दिया है कि किसी बेगुनाह का खून नहीं बहना चाहिए। मैं जानता हूँ कि पुलिस और सुरक्षा बलों को अपने कर्त्तव्यपालन में तमाम परेशानियों का सामना करना पड़ रहा है, लेकिन उनका कर्त्तव्यपालन राष्ट्र के प्रति होना चाहिए। उन्हें आत्म-नियंत्रण से काम लेने की जरूरत है। साथ ही मैं आप लोगों से कहना चाहता हूँ कि याद रहे कि पुलिस की वर्दी में देश-सेवा कर रहा नवयुवक कोई और नहीं, आपका बेटा है। आपका अपना भाई है। उनके साथ सहयोग करें। उनके कर्त्तव्यपालन में बाधा नहीं बनें। वे यहाँ आपकी सहायता, आपकी सुरक्षा के लिए हैं। पुलिस की वर्दी आपका दमन करने के लिए नहीं।

हम जब शांति और सुरक्षा की बहाली चाहते हैं, तो दूसरी ओर क्षितिज पर युद्ध के बादल मँडराते नजर आते हैं। एक क्षेत्र में लड़ाई हो चुकी है। अरब देशों के साथ हमारे वर्षों पुराने और घनिष्ठ मित्रवत् संबंध हैं। किसी व्यक्ति को दूसरे का खून बहाते देख कर हम भारतीयों को हार्दिक ठेस पहुँचती है। उस क्षेत्र में शांति बहाली की हमारी भरसक कोशिशें

जारी हैं कि वहाँ रक्तपात रोका जा सके और कोई बाहरी शक्ति उन पर हमला करके उनका जीना दूभर न कर सके। विश्व के सभी राष्ट्रों और नेताओं से मेरी गुजारिश है कि उस क्षेत्र में जल्द शांति बहाल की जाए।

हमारी आर्थिक प्रगति भी खाड़ी की घटनाओं पर निर्भर और उनसे जुड़ी है। अगर वहाँ लड़ाई लंबी खिंचती है, तो इससे हमारा देश और हमारी अर्थव्यवस्था दोनों प्रभावित होंगे। हमारे लिए यह लड़ाई तात्कालिक समस्या नहीं। हमने तेल का भंडारण कर रखा है। हमारे गोदाम अनाजों से भरे हैं। इसीलिए लोगों को घबराने, चिंतित होने या अफवाहों पर कान देने की जरूरत नहीं। मैं उद्योगपतियों व व्यापारियों को चेतावनी देना चाहता हूँ कि अगर विश्व में कहीं संकट है और उस संकट का दुष्प्रभाव हमारी अर्थव्यवस्था पर पड़ता है, तो इसको भुनाने की कोशिश न करें। हमें बचत-किफायत पर विशेष ध्यान देना होगा ताकि किसी भी रूप में संपदा व्यर्थ न होने पाए। इसी स्थिति में हम अपने लोगों को आश्वस्त कर सकेंगे कि कीमतें चढ़ने नहीं दी जाएँगी। मैं लोगों को भरोसा दिलाना चाहता हूँ कि अगर कीमतें अनावश्यक रूप से चढ़ती हैं और अगर कुछ लोग जमाखोरी के जरिए लाभ कमाना चाहते हैं, तो सरकार कड़े कदम उठाने पर मजबूर होगी। मुझे भरोसा है कि इस देश के पूँजीपति, उद्योगपति और व्यापारी सरकार को ऐसी कार्रवाई करने पर मजबूर नहीं करेंगे।

मुझे यह भी भरोसा है कि इस देश में प्रत्येक युवा, प्रत्येक किसान, प्रत्येक शिक्षित व्यक्ति संकट की इस घड़ी में हमारे साथ सहयोग करेगा। मुझे खुशी है कि राजनीतिक हलके की तरफ से मुझे इस तरह का सहयोग सबसे पहले मिला। अभी कोई पाँच दिन हुए, अनेक राजनीतिक दलों और राज्यों के मुख्यमंत्रियों से इस संकट के सिलसिले में मेरी बातचीत हुई। वे सब हमारे साथ सहयोग करने और साथ चलने को तैयार हैं। लिहाजा आप अपने सभी उपद्रव बंद कर दें। न तो धर्म और जाति के नाम पर अभियान चलाया जाना चाहिए और न ही अधिक मजदूरी के लिए। ऐसे जो भी अभियान चल रहे हैं, उन्हें तत्काल रोका जाए और शांति और एकता का माहौल पैदा किया जाए। आइए, समस्याओं के समाधान के लिए बातचीत का रास्ता अख्तियार करें। देश को प्रगति के पथ पर आगे ले जाने के लिए इसके अलावा दूसरा और कोई रास्ता नहीं।

मुझे भरोसा है कि चंडीगढ़ के बड़े और उच्च शिक्षित लोग इस नेक कार्य की अगुवाई करेंगे। आपके सहयोग के सहारे ही हम इस बियाबान से निकल कर अपने देश के भविष्य को नया रूप दे सकेंगे और नई ऊर्जा का संचार कर सकेंगे। आइए, हम एक सुनहरे कल की ओर बढ़ें—यही हमारी इच्छा है। मुझे भरोसा है कि देश इस मौजूदा संकट से निश्चित तौर पर और जल्द ही नई शक्ति के साथ उभर कर आएगा और नई ऊँचाइयाँ तय करेगा।

चंडीगढ़, 20 जनवरी, 1991

बेहतर जीवन के लिए वैज्ञानिक अनुसंधान

आपका इस देश में हार्दिक स्वागत है। मुझे यह कहते हुए अफसोस है कि मैं आपके बीच लम्बा समय नहीं गुजार सकूँगा।

आप सब ऐसे अनुसंधान कार्य में जुटे हैं, जिसका लक्ष्य समूची मानवता को फायदा पहुँचाना है। मैं आपकी सफलता की कामना करता हूँ।

विश्व में आज स्थिति बहुत खराब है और दिन-ब-दिन बदतर होती जा रही है। मानवता को एक बार फिर बरबादी के कगार पर ला खड़ा किया गया है। हम यह भी.नहीं जानते कि कल क्या होगा? हम सिर्फ यह उम्मीद कर सकते हैं कि एक बार फिर शांति बहाल होगी और हम कहीं ज्यादा शांति और सद्भावना के माहौल में कार्य कर सकेंगे। विश्व में शांति और सद्भाव का माहौल बनाने की हमारी सारी कोशिशों के होते हुए भी नतीजे पूरी तरह उलटे रहे हैं।

इस स्थिति में मैं उम्मीद करता हूँ कि आप वैज्ञानिक ऐसा माहौल तैयार कर सकते हैं, जिसमें मानवता और तबाही लाने वाले नजरिए का फर्क समझा जा सके। क्योंकि आप जैसे वैज्ञानिक ही हमें विकास के लिए जरूरी ऊर्जा और शक्ति देते हैं। साथ ही हमारी बरबादी के साधनों का ईजाद भी वैज्ञानिकों के द्वारा ही होता है। मानवता का विनाश तो राजनीतिज्ञों के खाते में गया है, लेकिन उनकी यह क्षमता आपकी ही देन है। इसलिए मैं समझता हूँ कि आप अपनी जिम्मेवारी तय करेंगे और सद्भाव का माहौल बनाने की कोशिश करेंगे। कारण यह है कि हम अपनी उपलब्धियों के नतीजों और उन वैज्ञानिक अनुसंधानों के दुरुपयोग की आशंकाओं को समझ सकते हैं, जो आज मनुष्य के हाथ लग गए हैं।

मुझे विश्वास है कि आप शांति और सद्भावना का माहौल तैयार करने के मकसद में कहीं ज्यादा कामयाब रहेंगे। मानव-प्रगति के लिए बढ़िया अवसर तैयार करेंगे और समूचे विश्व के राजनीतिक माहौल को प्रभावित कर उसमें बदलाव भी ला सकेंगे। भले ही आपको जान पड़ता हो कि मैं आपसे कुछ ज्यादा उम्मीदें कर रहा हूँ, तो मैं कहना चाहूँगा कि हताशा और कुंठा की हालत में मनुष्य तिनके का सहारा भी खोजता है और वही उसके लिए बड़ा संबल बन जाता है। यही कारण है कि मैं इस गोष्ठी में मौजूद वैज्ञानिकों से, जिनके सामने मानवता के विकास के लिए अनुसंधान की अपार संभावनाएँ हैं, यह आशा करता हूँ कि वे इस सवाल पर गौर करें कि किस तरह हम ऐसा माहौल तैयार कर सकते हैं, जिसमें मानवता पहले से बेहतर, खुशगवार और समृद्ध जीवन के लिए वैज्ञानिक अनुसंधानों का सदुपयोग कर सके।

फ्रंटियर्स ऑफ पोलिमर रिसर्च की अंतर्राष्ट्रीय बैठक को संबोधित करते हुए; नई दिल्ली, 21 जनवरी, 1991

पत्रकार उत्तम उद्देश्यों को बढ़ावा दें

सत्य की खोज करना पावन कर्त्तव्य है। लेकिन कभी-कभी अर्धसत्य देश के लिए महँगा साबित होता है। मुझे यह लगता है कि पत्रकारिता की प्रवृत्ति बदल रही है। निंदा प्रयास में डूबे रहना बहुत आसान और सुखद है। इस प्रवृत्ति से छुटकारा पाना एक तरह से कठिन भी है। फिर भी, यह सोच ठीक नहीं कि जो लोग पत्रकारिता के क्षेत्र में हैं, वे राजनीति में भी प्रभावशाली हैं।

हम भूल जाते हैं कि एक राष्ट्र की जिंदगी और एक व्यक्ति में अंतर है। कोई व्यक्ति चरित्रहीन हो सकता है, जिसका दुष्प्रभाव समाज पर पड़ सकता है। लेकिन कोई व्यक्ति समाज का अंत नहीं कर सकता। महान पुरुष भी ऐसा नहीं कर सके। उन्होंने समाज पर अपने जीवनकाल के दौरान ही प्रभाव डाला और फिर इस दुनिया से रुखसत हुए। लेकिन इससे समाज के अस्तित्व पर कोई असर नहीं पड़ा। दुनिया को नई शक्ल देने वालों ने अपने को कभी चंद व्यक्तियों तक सीमित नहीं रखा। मैं पत्रकारों से भी ऐसी ही आशा करता हूँ। मैं उन्हें समाज-निर्माता के तौर पर देखना पसंद करूँगा। यह आपको तय करना है कि आप दूसरों की आलोचना करके, उनकी कमजोरियों को उछाल कर और उनको तुच्छ व हीन समझने का सुख लेकर आत्मसंतुष्टि पसंद करेंगे या फिर देश को नई दिशा देकर समाज-निर्माता के रूप में अपने को पेश करना पसन्द करेंगे।

प्रेस की स्वतंत्रता पर आपके जोर देने के सबंध में मैं आपको यह याद दिला दूँ कि स्वतंत्रता निरपेक्ष और अविभाज्य होती है। अगर आप सच बोलने के लिए स्वतंत्र हैं, तो आप झूठ बोलने के लिए भी उतने ही स्वतंत्र हैं। आपके दिए हुए परचे में गांधी जी का एक वाक्य उद्धृत है, जो इस तरह है, ''अगर गलतियाँ करने की स्वतंत्रता नहीं है, तो स्वतंत्रता बेमानी है।'' प्रेस की स्वतंत्रता वहाँ बेमानी हो जाती है, जब सत्ता में बैठा कोई व्यक्ति यह निर्धारित करना शुरू कर देता है कि क्या उचित है और क्या अनुचित, क्या सत्य है और क्या असत्य। मेरा अनुरोध है कि पत्रकार जो कुछ भी लिखें, उस पर पहले अच्छी तरह विचार कर लें। आपको सनसनीखेज खबरों की जानकारी हो सकती है, इसकी रिपोर्टें आपको चंद दिनों के लिए शोहरत दे सकती हैं, लेकिन वही खबरें आगे चल कर देश और समाज के लिए घातक साबित हो सकती हैं। यह आपको तय करना है कि इस तरह के समाचारों को सार्वजनिक करना उचित है या नहीं। हमारा दायित्व आजकल अपने कर्त्तव्यों के निर्वाह की चिंता करना नहीं रह गया है, हम दूसरों की गलतियों में अपनी अक्षमता छिपा लेना चाहते हैं। इसी तरह वे लोग जो सक्रिय राजनीति में हैं, अतीत में हुई गलतियों की बुनियाद पर अपने भविष्य का महल खड़ा करना चाहते हैं। लेकिन उन्हें यह समझ लेना चाहिए कि

अतीत की अपनी गलतियों के दम पर स्वयं को जीवित रखने की इच्छा रखने वाला इतिहास नहीं रच सकता। हमें अतीत की अपनी गलतियों से सबक तो लेना है, लेकिन इन गलतियों पर अपने भविष्य का निर्माण नहीं करना है। आपको यह सच बोलने का अधिकार है कि राजनीति में सक्रिय प्रत्येक व्यक्ति भ्रष्ट और बेईमान है और राष्ट्र के प्रति उसका कोई लगाव नहीं है, लेकिन ऐसा सोचकर आप किसी व्यक्ति की खामियों को राष्ट्र पर क्यों मढ़ते-थोपते हैं? यदि कोई भ्रष्ट है, तो आप उसके खिलाफ अपनी कलम बेहिचक चलावें, लेकिन अगर आप किसी व्यक्ति की सिर्फ इसलिए आलोचना करते हैं कि आपको उसकी सूरत पसंद नहीं या फिर उसके खिलाफ आपके मन में कोई दुर्भावना है, तो यह उचित नहीं। अगर यही आपका मानक है, तो मैं नहीं कह सकता कि कितने लम्बे समय तक आपको लोगों से सम्मान मिलता रहेगा? राजनीति में अक्सर ऐसा पाया जाता है कि लोग सत्ता से जल्द ही बाहर हो जाते हैं। पत्रकारों के साथ भी यही लागू होता है। हमको यह जानना चाहिए कि जब कभी स्वतंत्रता का लाइसेंस हमें मिल जाता है, तो उसमें एक तरह की नैतिकता भी निहित होती है।

इतिहास जो न्याय करता है, वह बहुत कठोर होता है और उससे कोई नहीं बच सकता। भले ही वह पत्रकार हो या राजनीतिज्ञ या समाज को नई दिशा देने वाला कोई व्यक्ति। इतिहास इस सच्चाई का गवाह है कि जब किसी ने अपने को सर्वशक्तिमान समझा, सत्ता उसके हाथों से फिसल गई। कोई आदर्श, कोई वाद, कोई राजनीतिक विचारधारा आपके बचाव में आगे नहीं आने वाली। आप चाहे समाजवाद की बात करें या पूँजीवाद की, अथवा स्वतंत्रता या पराधीनता की—नतीजे पर कोई असर नहीं पड़ने वाला। इतिहास एक अनवरत चलने वाली प्रक्रिया है। अगर हम इसकी लहरों के साथ अपने में बदलाव नहीं ला सकते, तो हम इसके साथ बह जाएँगे। इस हश्र से अपने को बचाने के लिए हमें तंग दायरे से बाहर आना होगा और समूचे समाज के बारे में अपनी सोच विकसित करनी होगी। हमें समस्याओं के साथ अपनी पहचान बनानी होगी। यह विचार, कि हम किसी व्यक्ति को बना या बिगाड़ सकते हैं, महज झूठा दंभ है। मैं कोई धार्मिक या आध्यात्मिक व्यक्ति नहीं लेकिन मेरा मानना है कि यह सत्ता, जो किसी व्यक्ति को बना या बिगाड़ सकती है, मनुष्य की पहुँच के बाहर है। मैं नहीं जानता कि आप उस सत्ता को क्या कह कर पुकारना पसंद करेंगे या उसका वर्णन किस तरह करेंगे। लेकिन कोई सत्ता है जरूर, जो एक अदने से व्यक्ति में बड़े-से-बड़े तानाशाह को चुनौती देने का साहस भर देती है। उनके भी मकबरों पर गधे चरा करते हैं, जो कभी तानाशाह हुआ करते थे। उस व्यक्ति को समाज भले ही माफ कर दे, या फिर शायद सम्मान भी दे, जो यह विश्वास करता है कि वही इस समाज का निर्माता है; लेकिन इतिहास ऐसे व्यक्ति को कभी माफ नहीं करेगा। मैं नहीं जानता कि ईश्वर का अस्तित्व है या नहीं, लेकिन यह निश्चित है कि जिस किसी व्यक्ति ने ईश्वर बनने की कोशिश की, इतिहास ने उसे मिटा डाला। न तो मुझे, न आपको ही अपने को ईश्वर समझने की भूल करनी चाहिए।

आइए, हम एक-दूसरे से सहयोग करें। प्रत्येक व्यक्ति में खामियाँ-कमजोरियाँ मौजूद हैं, तो प्रत्येक व्यक्ति में कुछ विशेषताएँ भी हैं। हम दूसरों की कमजोरियों को उछाल कर, उन्हें रौंद कर, उन्हें धराशायी करने की कीमत पर आगे नहीं बढ़ सकते, ऊपर नहीं उठ

सकते। हमें जरूरत है एक-दूसरे की शक्तियों को समझने की और एक-दूसरे की कमजोरियों को दूर करने में सहायक बनने की। अगर हम अपना रवैया बदल सकें, तो समाज के लिए ज्यादा उपयोगी हो सकेंगे।

मुझे भरोसा है कि आपसी सहयोग में हम नए मानक खड़ा कर सकेंगे। समाज में अलख जगाने की जिम्मेवारी आप पर है। हमारे सामने अनगिनत समस्याएँ व कठिनाइयाँ हैं। मुझे उम्मीद है कि आपके सहयोग से हम अपने समाज की इन समस्याओं को हल कर सकेंगे और कठिनाइयों से उबर सकेंगे। मुझे भरोसा है कि इन उत्तम उद्देश्यों को प्राप्त करने और दूसरों के दोषों को दूर करने में आपकी भूमिका सहायक की होगी।

अखिल भारतीय समाचार-पत्र संपादक सम्मेलन में दिया गया वक्तव्य; नई दिल्ली, 26 जनवरी, 1991

कुष्ठ रोगियों से प्रेम

मुझे खुशी है कि आप पीड़ित मानवता की इतनी महत्त्वपूर्ण सेवा में लगे हैं। यह दुर्भाग्य की बात है कि हमारे देश में आज् भी कुष्ठ रोगियों की संख्या बहुत बड़ी है। सबसे ज्यादा पीड़ादायक बात यह है कि कुष्ठ रोगी को शारीरिक-मानसिक यातना ही नहीं बल्कि समाज से तिरस्कार-बहिष्कार की पीड़ा भी झेलनी पड़ती है। ऐसे लोगों के रोग निवारण के लिए कार्य करना अपने आप में मानवता की एक महत्त्वपूर्ण सेवा है। महात्मा गांधी पहले व्यक्ति थे, जिन्होंने कुष्ठ रोगियों की सेवा के प्रति हमारा ध्यान आकर्षित किया था। यह लज्जा की बात है कि आजादी के 44 वर्षों बाद भी हम इस समस्या से छुटकारा नहीं पा सके हैं। इन लोगों के प्रति आपके समर्पण, प्रेम और सहानुभूति की मैं सराहना करता हूँ। राष्ट्र इस कार्य के लिए आपका एहसानमंद रहेगा।

यह जानकर मुझे खुशी है कि आप लोगों में से कुछ लोगों के इस समर्पित कार्य को अंतर्राष्ट्रीय संगठन ने मान्यता दे दी है। पुरस्कृत किए गए मित्रों को मेरी ओर से बधाई। मुझे उम्मीद है कि आपकी अनुकरणीय सेवा, कुष्ठ रोग उन्मूलन एवं समाज से इस समस्या को खत्म करने के लिए दूसरे लोगों को आगे आने की प्रेरणा देंगे। कुष्ठ रोगी मौत की घड़ियाँ गिनता रहता है और वह भी उसे नहीं पूछती। कुष्ठ रोगियों के प्रति स्नेह एवं सहानुभूति मानवता की सबसे बड़ी सेवा है। मैं आपको आश्वस्त करता हूँ कि सरकार इस नेक कार्य में आपकी हर संभव मदद करेगी। मुझे उम्मीद है कि आप अपनी गतिविधियों का दायरा बढ़ाएँगे और इस भयावह बीमारी से देश को मुक्ति दिलाने में सहायक होंगे।

हिन्द कुष्ठ निवारण संघ के शिष्ट मंडल को संबोधित करते हुए; नई दिल्ली, 29 जनवरी, 1991

बच्चों के लिए बेहतर शिक्षा का प्रयास

इसे सुयोग कहूँ या मेरा भाग्य कि यह बड़ा काम करने का मुझे अवसर मिला। निदेशक महोदय ने कहा, "सौभाग्य इस संस्था का और मेरा कि देश का प्रधानमंत्री पहली बार इस संस्था में आया है।" मैं ऐसा मानता हूँ कि यह सौभाग्य प्रधानमंत्री का है कि इस संस्था में आने का उसको अवसर मिला। शायद यह सौभाग्य इसलिए भी मिला होगा कि पहले के प्रधानमंत्री बड़े कामों में लगे रहे होंगे। मेरे जैसा आदमी इन छोटे कामों में अधिक समय बिता पाता है, यह मैं अपने लिए अधिक सौभाग्य की बात मानता हूँ।

आज से बहुत दिनों पहले गुरुदेव रवीन्द्र ने कहा था, "हर बच्चा जब दुनिया में आता है, तो एक संदेश लेकर आता है कि भगवान मानवता से अभी निराश नहीं हुआ है।" मानवता उज्ज्वल भविष्य की ओर जाएगी, हर बच्चे की मुस्कराहट और किलकारी हमें यह संदेश देती है। यह भी सही है कि जो कौम, जो राष्ट्र अपनी तरक्की करना चाहता है, विकास करना चाहता है—उसको सबसे पहले बच्चों के जीवन में एक नई आशा की किरण, एक नई उम्मीद का चिराग जलाना होता है, लेकिन हमारा दुर्भाग्य है कि हमारी इतनी पुरानी सभ्यता-संस्कृति के बावजूद (जिस पर हमें बड़ा गौरव है—एक दिन हजारों वर्ष पहले जब सारी दुनिया अँधेरे में थी हम दुनिया को दर्शन का पाठ पढ़ाते थे) आज लज्जा के साथ यह बात स्वीकार करनी पड़ती है कि हम दुनिया के सबसे अशिक्षित देशों में हैं। 21वीं सदी आएगी, भारत में 50 करोड़ लोग बिना पढ़े-लिखे होंगे। सारी दुनिया में जितने निरक्षर होंगे यदि आज की हालत 2001 तक बनी रही, तो हमारे देश में सारी दुनिया के निरक्षर लोगों की 52 प्रतिशत आबादी होगी। हम कहाँ से कहाँ पहुँच गए। इस बात को हमें और आपको सोचना होगा कि हजारों वर्ष पहले दुनिया में सबसे आगे और 21वीं सदी में सारी दुनिया में सबसे पीछे—यह हमारी उपलब्धि है। निदेशक महोदय, मैं आपसे और आपके सहयोगियों से निवेदन करूँगा कि हमने देखा कि आपने बड़ा काम किया है, इस संस्थान की बड़ी उपलब्धियाँ हैं। मैं मानता हूँ कि विज्ञान को उपयोग में लाकर शिक्षा को बच्चों तक पहुँचाने का आपने अभिनव प्रयास किया है लेकिन हमारे जीवन की वास्तविकता यह है कि हमारे सब प्रयासों के बावजूद आज हमारे देश के 65 फीसदी लोग निरक्षर हैं। जब मैं इन बच्चों को देखता हूँ, जिनमें भविष्य की आशा छिपी हुई है, जो आज की हमारी शक्ति हैं और कल की आशा हैं—तो बरबस ही हमारा ध्यान उन बच्चों की ओर जाता है, जो आज इस समय किसी भेड़-बकरी या गाय के पीछे जंगलों में भटक रहे होंगे। वे भी किसी माँ के दुलारे हैं, उनके माँ-बाप उनको स्कूल नहीं भेज सकते। आपके टेलीविजन और वीडियो-कैसेट उन तक नहीं पहुँच पाते। हम आपको चाहे कितना भी समय दूरदर्शन पर

दे दें, कभी आपने सोचा है कि इस देश में लाखों गाँव ऐसे हैं, जिनके बच्चों को दूरदर्शन का दर्शन करने को नहीं मिला। इन परिस्थितियों में मैं आपके पास बड़ी आशा से आया हूँ। वीराने में, बीहड़ में भटका हुआ, कोई राही, जिसको चारों तरफ से कोई रास्ता दिखाई नहीं पड़ता, किसी भी सम्बल को पकड़ता है—इस आशा से कि शायद उससे कोई सहारा मिल सके, कोई शक्ति मिल सके।

जब भी मैं शिक्षा के बारे में सोचता हूँ, शिक्षा-नीतियों की चर्चा सुनता हूँ, बड़े-बड़े ग्रंथों को देखता हूँ, तो लगता है कि विचारों की हमारे देश में कोई कमी नहीं है। सवाल आचरण का है, सवाल उनको क्रियान्वित करने का है। सारी संस्थाओं के होते हुए, सारी शिक्षा-नीति के निरूपण के बाद ही यह वास्तविकता है, जो हमारे सामने एक भयंकर चुनौती बनकर आई हुई है और इस ओर विशेष ध्यान देने की आवश्यकता है। मैं चाहूँगा कि कोई ऐसी शिक्षा नीति बने, जिसमें ये बच्चे, जो आज शिक्षा की प्रारम्भिक सुविधाओं से वंचित हैं, उनको हम शिक्षा देने का काम कर सकें। मैं आज से नहीं, पिछले 10-15 वर्षों से यह दुहरा रहा हूँ, मगर कोई सुनने वाला नजर नहीं आता, लोग बड़े कामों में लगे हुए हैं। उनके सामने बड़ी-बड़ी मंजिलें हैं, बड़ी-बड़ी उपलब्धियाँ हैं, यह काम उनकी नजर में छोटा है। निदेशक महोदय, मैं आपसे विनती करता हूँ कि कोई ऐसी शिक्षा नीति, शिक्षा के लिए कोई ऐसा काम करने का कार्यक्रम बनाइए ताकि इन बच्चों की जिंदगी में हम एक नई उम्मीद का चिराग जला सकें। क्योंकि दस वर्षों के बाद आपके कैसेट पहुँचेंगे। हमारे गोवर्धन जी के निर्देश पर यदि मैं दूरदर्शन के सभी केन्द्रों को कह दूँ कि आपके ही यह कार्यक्रम दिखाए जाएँ, तब भी ये कार्यक्रम उन बच्चों के लिए कोई हितकर नहीं होंगे, उनके जीवन में कोई नई रोशनी नहीं ला सकेंगे। इस ओर मैं आपका ध्यान इसलिए दिला रहा हूँ क्योंकि आप सब पढ़े-लिखे लोग हैं। समाज ने अपनी गाढ़ी कमाई का एक बड़ा हिस्सा आपके ऊपर खर्च किया है। समाज ने जो कुछ पैदा किया, हम और आप बड़े सौभाग्यशाली हैं—जो आदमी, या जो लड़का या लड़की इस देश में यूनिवर्सिटी की शिक्षा पाता है वो सबसे बड़ा सौभाग्यशाली व्यक्ति है—जिसको गरीब समाज ने इतनी बड़ी उपलब्धि दिलाई है। क्या हमारा कर्त्तव्य इस समाज के लिए कुछ नहीं होता, क्या हमारा कर्त्तव्य उन लोगों के लिए नहीं होता है जो अपने बच्चों को बेबस और बेसहारा छोड़कर हमारे लिए दौलत पैदा करते हैं और उस दौलत के सहारे हमारे जीवन में एक खुशहाली लाते हैं ? आज इस दृष्टिकोण को बदलने की जरूरत है। अगर समाज बदलना है, अगर देश बदलना है, अगर शिक्षा-नीति को बदलना है, तो लोगों के मानस को बदलना होगा और अगर मानस को बदलना है, तो हमको और आपको उन अँधेरी गलियों में जाने की जरूरत है, उनकी समस्याओं के साथ अपने को जोड़ना है जिनकी समस्याओं की ओर हमारा ध्यान आज तक नहीं गया। मैं बार-बार इस बात को जहाँ भी विश्वविद्यालयों में, शिक्षा संस्थानों में जा रहा हूँ—रोज दोहराता हूँ। मुझे इस बात की प्रसन्नता हुई कि यूनिवर्सिटी ग्रांट्स कमीशन के जो अध्यक्ष हैं, उन्होंने इस दिशा में कुछ लोगों से चर्चा की है। ये बालक और बालिकाएँ, जो यूनिवर्सिटी-कॉलेजों में शिक्षा पाते हैं, ये अध्यापक जो बड़ी नीतियों का निर्धारण करते हैं—क्या इनके लिए सम्भव नहीं है कि गर्मी की छुट्टियों में, जब कॉलेज और स्कूल बंद होते हैं, तो तीन महीनों के लिए तय करें कि ये गाँव की गलियों में जाएँगे और वहाँ जाकर धूल और मिट्टी से रिश्ता जोड़ेंगे।

वहाँ के गरीब बच्चों की जिंदगी में भी एक नई रोशनी लाएँगे। कुछ इस तरह का कार्यक्रम बनाइए। ये सरकारी नियम, ये सरकारी कायदे, ये सरकारी संस्थाएँ, ये ऊँचे हमारे आदर्श जीवन में कोई परिवर्तन नहीं ला पा रहे हैं; और यह भी याद रखिए कि जिनके जीवन में यह परिवर्तन आ रहा है, वह भी बालू की भीत के समान है। कितने दिनों तक इसका उपभोग हम कर सकेंगे—हम नहीं जानते! जब चारों ओर बेबसी हो, पीड़ा हो, दर्द हो, भूख हो, निराशा हो, अँधेरा हो, तो जीवन कितना अस्थिर बन जाता है—इसका थोड़ा दर्शन हमें हो रहा है। मैं उस बात को बच्चों के सामने नहीं कहना चाहता, लेकिन भारत के भविष्य के बारे में एक भयंकर चित्र हमारे सामने आता है और केवल भारत के भविष्य के बारे में नहीं बल्कि दुनिया के भविष्य के बारे में। यह सवाल सिद्धान्तों का नहीं है, यह सवाल वादों का नहीं है। कोई समाजवादी है, कोई पूँजीवादी है—इससे कोई फर्क नहीं पड़ता। मनुष्य के मन में अगर निराशा घर कर जाती है, तो परिणाम एक ही होता है, चाहे वो रोमारिया के चेशेस्कू हों, चाहे फिलिपीन्स के मार्कोज हों, एक ही जगह पर पहुँच जाते हैं, क्योंकि मन में जो दर्द होता है, जो पीड़ा होती है, वह आदमी को कहाँ से कहाँ ले जाती है, इस बात को हमें और आपको सोचना पड़ेगा।

मुझे खुशी है कि इतने बड़े साधन आपने जुटाए हैं। गोवर्धन जी, आपके कहे बिना मैंने दूरदर्शन के लोगों से कहा है कि शिक्षा-संस्थाओं के लिए, आप जैसी संस्थाओं के लिए वे अधिक समय दें, लेकिन यह एक औपचारिकता है। जिस औपचारिकता का निर्वाह आप कर रहे हैं, मैं भी कर रहा हूँ। वह वास्तविकता से निपटने का साधन नहीं है। मैं आज से कुछ दिन पहले जब दूरदर्शन के लोगों से बात कर रहा था, तो मैंने स्वयं कहा कि थोड़े दिन लॅक्मे-पाउडर और ये एडवरटाइजमेंट बंद करो, शिक्षा की बातें जरा ज्यादा करो, तो ज्यादा अच्छा होगा। हमने यह कहा सही है, लेकिन ये न समझिए कि मैं समझता हूँ कि मैंने उससे कोई बड़ा भारी काम कर दिया। क्योंकि जितना हो सके, उतना ही करना है, तो जीवन की एक यह भी धारणा है; और उसी धारणा से हम लोग जिंदगी को, संस्थाओं को और सरकारों को चला रहे हैं। लेकिन अब कुछ उथल-पुथल की जरूरत है, कुछ मौलिक परिवर्तन की जरूरत है और वह परिवर्तन तभी होगा, जब हम अपने मन में परिवर्तन करेंगे। हम अपने सोचने के तरीके में परिवर्तन करेंगे। इसलिए मैं एक-एक पढ़े-लिखे व्यक्ति से, खासतौर से आप लोग—हम तो उनमें से नहीं आते, न हम शिक्षाशास्त्री हैं, न हम विचारक हैं, हम तो एक राजनीतिक कार्यकर्ता हैं; लेकिन हमारे सामने जो अँधेरा दिखाई पड़ता है, इससे उबरने के लिए किसके पास जाएँ ? अगर आपसे न कहें कि कोई रास्ता ढूँढ़िए, तो किससे कहें? अँधेरा और गहरा हो जाए और इस अँधेरे में कहीं आप खुद न भटक जाएँ, इससे पहले दूसरों के लिए भी रास्ता बनाइए, क्योंकि याद रखिए आपके महल की जगमगाहट अँधेरे में कहीं छिप न जाए, कहीं घुटन में दब न जाए। ये खतरा हमारे सामने आज स्पष्ट दिखाई पड़ रहा है। इसलिए आज एक-एक बच्चे को, एक-एक विद्यार्थी को, एक-एक अध्यापक को, एक-एक शिक्षाशास्त्री के मन में यह बात बैठानी होगी। मैं जानता हूँ कि कभी-कभी बातें कड़वी लगती हैं, कठोर लगती हैं, लेकिन अगर बीमारी गहरी है, तो घूँट जहर भरी हो, फिर भी कड़वी दवा पिलानी ही पड़ेगी और आज मुल्क में ऐसी स्थिति आ गई है कि हर व्यक्ति को उसके अपने कर्त्तव्यबोध को याद कराना पड़ेगा। चाहे वह देश

का प्रधानमंत्री हो, या किसी बड़ी संस्था का निदेशक। दोनों एक ही राह के भटके हुए राही हैं, जिनके सामने मंजिल दिखाई नहीं पड़ती, सिर्फ चौड़ी सड़कों पर चलनेवाले लोग ही दिखाई पड़ते हैं। उनके अलावा बियाबान जंगलों में भटके हुए लोग दिखाई नहीं पड़ते। उनकी ओर भी नजर ले जाइए, तभी देश को, समाज को हम कुछ आगे बढ़ा सकेंगे।

मुझे खुशी होती है, जब छोटे-छोटे बच्चों को देखता हूँ कि कितनी असीम शक्ति उनमें है। अनन्त शक्ति के स्रोत हैं ये बच्चे और इनके ही जरिए हम देश को बना सकते हैं। इनके मन में एक नया आत्मविश्वास पैदा करने की जरूरत है। लेकिन मुझे कभी-कभी अचानक यह एहसास होता है कि जिन बच्चों को हम सुविधाएँ दे रहे हैं, क्या उनके लिए भी हम कोई नया भविष्य बना रहे हैं। कल ये सड़कों पर जाएँगे, इनको उनके आक्रोश का सामना करना पड़ेगा, जो लोग आज इन सारी सुविधाओं से अलग-थलग पड़े हुए हैं। उस आक्रोश के बीच में इनकी शक्ति भी निरर्थक बन जाएगी। उस आक्रोश को दबाने के लिए इन बच्चों की जिंदगी में जो शक्ति है, उसको भी समाज के हित में उपयोग करने के लिए जरूरत है कि हम दूसरे पहलू पर भी जरा विशेष ध्यान दें और विशेष रूप से सोचें।

मैं अभी आपके स्टूडियो में गया था। बच्चों को बोलते हुए, गाना गाते हुए देखकर ऐसा लगता है कि उनमें कितनी क्षमता है! इसी क्षमता को विकसित करना शिक्षा का कर्त्तव्य है। अनन्त शक्ति का भंडार हर बालक और बालिका है। उसी अनन्त शक्ति को, जो प्रच्छन्न है, जो छिपी हुई है, उसको उजागर करना, उसको समाज के हित में लाना—यह शिक्षा संस्थाओं का काम है। यही शिक्षक लोगों का कर्त्तव्य है। लेकिन इस अनन्त शक्ति को अगर आप उजागर कर सकें—पता नहीं कितना कर पाएँगे—अगर कर भी पाए, तो शक्ति का उपयोग तो आखिर समाज के लिए होने वाला है। उस शक्ति का उपयोग इन संस्थाओं के अंदर नहीं होगा, उस शक्ति का उपयोग कल-कारखानों में होगा, उस शक्ति का उपयोग हमारे गाँव के खेत-खलिहानों में होगा, उस शक्ति का उपयोग बाहर जो कला के क्षेत्र हैं, उनमें होगा। अगर उस सारी तरफ एक निराशा और एक अंधकार का वातावरण हो, तो यह शक्ति भी निरर्थक बन जाएगी लेकिन मुझे विश्वास है कि इन बच्चों के मन में आप एक नई भावना पैदा करें कि सारे समाज को लेकर आगे चलना है। सब बराबर नहीं हो सकते, सबको समान सुविधाएँ नहीं मिल सकतीं, लेकिन ऐसा न हो कि इनकी जिंदगी में चारों ओर अँधेरा हो और दूसरे लोग उज्ज्वल भविष्य की कामना में उनको पीछे छोड़ते आगे बढ़ते जाएँ। तो इनका जो बोझ है, वह उनको आगे बढ़ने से रोक देगा। रोक ही नहीं देगा, उनको घसीट कर और पीछे कर देगा। यह खतरा है, इसकी ओर हमें और आपको आगे बढ़के सोचना होगा।

मुझे विश्वास है कि ये बच्चे, जो आज शिक्षा पा रहे हैं, जिनको ये सुविधाएँ हैं, जिनमें अनन्त शक्ति है, क्षमता है और सही मायने में जो कल की आशा हैं—वो आज से अपने को इसके लिए तैयार करेंगे। क्योंकि अगर उनसे आशा है, तो उस आशा के योग्य अपने को बनाना इनका कर्त्तव्य है। निदेशक महोदय, आप अपने शिक्षकों को, अपने सहयोगियों को, अपने साथियों को इस बात के लिए तैयार रखें क्योंकि इस देश में एक और अनुपम शक्ति है। थोड़े में संतोष करने वाले लोग हैं। अगर आप उनकी पीड़ा पर ध्यान देंगे, तो संतोष के साथ वो आपके साथ पूरा सहयोग करेंगे। लेकिन उपेक्षा की भावना उनके मन

में कटुता पैदा कर देगी। उस कटुता के वातावरण से इस समाज को बचाना है। आज कटुता का माहौल है। इस माहौल को दूर करने के लिए जब कोशिश की जाती है, तो अनेक व्यवधान खड़े किए जाते हैं, अनेक उलाहने दिए जाते हैं, अनेक प्रकार से उपहास किया जाता है—लेकिन इससे घबराइए मत। अगर कोई ऐसा प्रयास आप करेंगे, तो पहले उपहास होगा, फिर लोग स्वीकार करने को विवश होंगे। मुझे विश्वास है कि आपने जो क्षमता यहाँ पैदा की है, इसे आप अपने सहयोगियों के जरिए, अपने विद्यार्थियों के जरिए उन अँधेरे कोनों में भेजने की कोशिश करेंगे। मुझे इस बात की प्रसन्नता है कि आपने इस भवन का निर्माण पंडित नेहरू के नाम पर किया है। पंडित जवाहरलाल नेहरू के मन में एक कल्पना थी—नए भारत की। बच्चों की मुस्कराहट के साथ उनके मन में उल्लास जगता था। वह उल्लास हम भारत के गाँव की गलियों तक पहुँचा सकें, बच्चों की जिंदगी में उतार सकें—यही मेरी शुभकामनाएँ हैं। इसी विश्वास और इसी आशा के साथ हम इस भवन को राष्ट्र के नाम समर्पित करते हैं। विश्वास है कि ऐसा राष्ट्र, जो समभाव से, सौहार्द से, ममता से, ममत्व से आगे बढ़ने का प्रयास करेगा। बच्चों की जिंदगी के लिए मेरी हार्दिक शुभकामनाएँ।

राष्ट्रीय शैक्षिक अनुसंधान और प्रशिक्षण परिषद् द्वारा निर्मित चाचा नेहरू भवन बच्चों को अर्पित करते हुए दिया गया वक्तव्य; नई दिल्ली, 6 फरवरी, 1991

साक्षरता का प्रयास

हमारा भारत समृद्धि और जीवन-शक्ति से ओत-प्रोत देश है। इसकी कीर्ति दूर तक फैली हुई है। भारतीयों के पास इतनी ताकत, क्षमता और बौद्धिकता है कि वे संसार के किसी भी देश के साथ मुकाबला कर सकते हैं। हमारे देश में कई ऐसे लोग हैं जिनकी उपलब्धियों पर देश को गर्व है। लेकिन दुर्भाग्यवश जिन लोगों ने उद्देश्यपूर्ण और ठोस कार्य किए हैं, वे सभी आज गुमनामी के अँधेरे में विलीन हो गए हैं। न सिर्फ यही लोग बल्कि वे सभी, जिनकी अपनी स्वतंत्र विचारधारा है और जो नए विचार रखते हैं, समान रूप से उपेक्षित हैं। कुछ इसलिए उपेक्षित हैं कि उनके पास आवाज नहीं है, तो दूसरे इसलिए कि उनके पास आवाज है। कारण कई हो सकते हैं किन्तु परिणाम एक ही है। उस समाज का क्या भविष्य है, जो नए विचार, नई दृष्टि देने वाले बुद्धिजीवियों और कठोर परिश्रम करने वाले मानव-श्रम की अवहेलना करता हो! हमें अपनी मानव-शक्ति और ज्ञान दोनों में एकरूपता लानी होगी। आपकी योजना इस दिशा में एक कारगर कदम है। बुद्धिजीवियों और साहित्यकारों को गाँव में जाकर उन लोगों से मिलना चाहिए, जिनके पास सब कुछ है, पर नए विचार, नई योजना नहीं है। उनमें परस्पर सामंजस्य नहीं है। वे नहीं जानते हैं कि अपने जीवन को खुशहाल बनाने और राष्ट्र के विकास में अपना योगदान करने के लिए वे क्या करें। वे तो असहाय हैं ही, मगर आप भी असमर्थ क्यों हैं? अगर आप सरकार का ही मुँह जोहते रहेंगे, तो कुछ नहीं कर सकते हैं।

मेरे दोस्त मोहन धारिया ने किसी सिलसिले में कहा था कि देश बिना सरकार के भी चल सकता है। सरकार के आसरे रहने पर कई समस्याएँ उठ खड़ी होती हैं। आप अपने सारे अच्छे उद्देश्यों के बावजूद कुछ नहीं कर पाएँगे। क्रांति तो सरकार के बगैर भी हो सकती है, लेकिन रचनात्मक कार्य बिना सरकार के सहयोग के नहीं हो सकता है। ये दोनों दो स्थितियाँ हैं। लेकिन अब आप लोगों के प्रस्ताव पर सरकार न तो कान बंद कर सकती है और न ही आँखें मूँद सकती है। यही मैं आपको बताने आया हूँ कि यह एक नया पल है। इस पल में मैं आशा की किरण देख रहा हूँ। हमें लोगों को न सिर्फ शिक्षित करना है, बल्कि उन्हें यह भी एहसास दिलाना है कि वही राष्ट्र के भाग्य का निर्माण कर सकते हैं।

चाहे वह प्रधानमंत्री हों, मंत्री हों, सांसद हों या विधायक हों—यह देश इन थोड़े से राजनेताओं के अधिकार में नहीं है। यह देश उन करोड़ों लोगों का है, जो देश के निर्माता तो हैं लेकिन बेजुबान हैं। हमारा भविष्य इन्हीं लोगों पर निर्भर करता है। जब तक हम उनकी इच्छाशक्ति व सहयोग को नहीं जगाएँगे, तब तक इस देश का भविष्य उज्ज्वल नहीं हो

सकता। यही कारण है कि मैं जब-तब इस बात पर दबाव देता रहता हूँ कि लोगों की इच्छाशक्ति को जगाओ। देश विदेशी आक्रमण से नष्ट नहीं होता, न यह आर्थिक कारणों से नष्ट होता है और न ही प्राकृतिक आपदाओं की वजह से नष्ट होता है। देश तो नष्ट तब होता है, जब जनता की इच्छाशक्ति समाप्त हो जाती है। राष्ट्र का निर्माण न तो युद्ध से हो सकता है और न ही बंदूक की गोली से। गोली से सरकार तो बनाई जा सकती है, पर सिर्फ सरकार से राष्ट्र का निर्माण नहीं हो सकता। यह निर्माण केवल लोगों की इच्छाशक्ति और साहस से ही होगा। यह इच्छाशक्ति तभी जाग्रत होगी, जब वे समाज में अपनी स्थिति पर विचार करेंगे और समझेंगे कि एक सम्मानित जीवन जीने के लिए उन्हें विश्व में दूसरे देशों के साथ प्रतियोगिता करनी है। इस बात का एहसास उनको शिक्षित बनाकर ही कराया जा सकता है। बिना शिक्षा के हम राष्ट्र के निर्माण में उनकी भूमिका के बारे में उनको जाग्रत नहीं कर पाएँगे।

हर विश्वविद्यालय और कॉलेज इस योजना पर काम करें। इसे एक मिशन बताइए। अगर इस काम के लिए हर विश्वविद्यालय में पाँच लड़के भी तैयार हो जाएँ, तो वे इस क्षेत्र में नए कीर्तिमान बना पाएँगे। अतः मैं आप सबों से अनुरोध करूँगा कि आप विभिन्न कॉलेजों के प्रिंसिपल से बात करें। अगर सारे शिक्षक और छात्र इसमें लग जाएँ, तब बहुत अच्छा परिणाम सामने आएगा। यदि कुछ लोग इस कार्य से सहमत नहीं होते, तो भी आपको हतोत्साहित होने की जरूरत नहीं है। कुछ समर्पित पुरुष और महिलाओं को खोजें और उन्हें निदेर्शित करने के लिए कुछ प्रोफेसरों को भी तैयार करें। यह एक अच्छी शुरुआत होगी। मुझे आशा है कि यदि एक बार आप ठान लेते हैं, तो चाहे सरकार का कोई व्यक्ति हो, उसको आपका सहयोग करना ही होगा। मैं इसके लिए आपको आश्वस्त करता हूँ। मैं नहीं जानता कि इस पद पर मैं कितने दिनों तक रहूँगा, पर जहाँ कहीं भी रहूँ—इस देश का नागरिक तो रहूँगा ही। देश का नागरिक होने के नाते मैं आपको अपनी सेवा और सहयोग समर्पित करता हूँ। मुझे आशा है कि आप सभी मिल कर ऐसी योजना बनाएँगे, जो देश के भविष्य की आशा और विश्वास को पूरा करने की मिसाल कायम करेगी।

जहाँ हर कोई असफल हो रहा है, वहाँ अगर आपने भी साहस खो दिया, तो कोई आशा नहीं बचेगी। क्योंकि शिक्षण संस्था ही मानवता की अंतिम आशा है। मानव-सभ्यता के इतिहास में जब कभी अंधकार छाया है, हमारी शिक्षण संस्थाओं ने इस अंधकार को तहस-नहस कर दिया है।

हमारा देश सभ्यता और संस्कृति का देश है। यहाँ शिक्षण संस्थाओं ने हमें हमेशा नई आशा का संदेश दिया है। मुझे विश्वास है कि हमारा भारत, इतिहास के एक महत्त्वपूर्ण मोड़ पर आ रहा है। आपका आशीर्वाद, सहयोग और नया संदेश हमारी जनता के पास जरूर पहुँचेगा और हम सब मिलकर एक नया और शक्तिशाली भारत बनाएँगे।

उपकुलाधिपतियों के सम्मेलन में भाषण; नई दिल्ली, 7 मार्च, 1991

लोकतंत्र की परंपरा

आज हमारा देश कई समस्याओं से जूझ रहा है। हमें इन समस्याओं का हल आपस में मिल-जुल कर ही निकालना होगा। हाल की घटनाओं को देखें, तो पाएँगे कि घृणा और अविश्वास सारे वातावरण में फैला हुआ था। लोग आपस में ही झगड़ रहे थे। हमारी गलियाँ दिन-प्रतिदिन हिंसा का तमाशा देखती थीं। पंजाब में हिंसा भड़की हुई थी। कश्मीर भयंकर पीड़ा से तड़प रहा था। सारा देश मानो जल रहा था। उस समय मैंने महसूस किया कि देश इन परिस्थितियों में मध्यावधि चुनाव नहीं झेल सकता है। इस दहकती आग को ठंडा करने की जिम्मेवारी मैंने अपने ऊपर ले ली।

मुझे अपनी क्षमताओं का कोई अंदाजा नहीं था, पर मैं आपकी सहायता, आशीर्वाद और सहयोग के प्रति पूर्णतः आश्वस्त था। मैं सोचता था कि यदि मेरा दृष्टिकोण सही है, तो आप मेरा साथ जरूर देंगे। मुझे यह बताते हुए खुशी हो रही है कि मुझे सबों का भरपूर सहयोग मिला। मैं यह नहीं कहता कि समस्या का समाधान हो चुका है। मैं यह भी दावा नहीं करता कि हमारे सामाजिक जीवन से हिंसा दूर हो गई है। लेकिन कुछ हद तक तनाव जरूर कम हो गया है। उस समय लोग एक-दूसरे से झगड़ रहे थे। आज वे परस्पर वार्तालाप का महत्त्व समझते हुए बातचीत के लिए आगे आ रहे हैं। यह अपने आप में एक बड़ा परिवर्तन है, जिसे आप सब भी महसूस कर रहे होंगे।

दुर्भाग्यवश आधारभूत समस्याएँ ज्यों की त्यों हैं। गरीबी, बढ़ती वैमनस्यता, अशिक्षा, असाध्य रोग, क्षेत्रीय असमानता की समस्याएँ लोगों के दिमाग पर चोट कर रही हैं। हमारी पिछड़ी जातियाँ और जनजातियाँ महसूस करती हैं कि सम्मानित जीवन जीने के लिए उन्हें आवश्यक अवसर नहीं दिए गए हैं। हमारे पिछड़े वर्ग की शिकायत है कि उन्हें समाज में उनकी वाजिब जगह नहीं मिली है। हमारा अल्पसंख्यक वर्ग भी संदेहग्रस्त है। यह स्थिति सिर्फ भारत में नहीं बल्कि पूरे विश्व में व्याप्त है।

यही कारण है कि हमारे संविधान में अल्पसंख्यकों और पिछड़ी जातियों के उत्थान के लिए कई सुविधाओं का प्रावधान किया गया है। हमारे सारे आश्वासनों के बावजूद वे आश्वस्त नहीं हैं कि उनकी जिन्दगी शांति और सम्मान के साथ गुजर पाएगी। यह हमारा कर्त्तव्य है कि हम इन उपेक्षित, शोषित और दबे-कुचले लोगों को विश्वास दिलाएँ कि हम उनकी अभिलाषाओं और इच्छाओं को पूरा करेंगे। अगर हम यह नहीं कर पाए, तो उनके विद्रोह को शांत करने के लिए हमें बल का प्रयोग करना पड़ेगा। किन्तु संसदीय प्रजातंत्र में यह तरीका उपयुक्त नहीं है। बुद्ध और महात्मा गांधी जैसी पुण्यात्माओं के देश में तो बिल्कुल ही नहीं, जिन्होंने हमें शांति और अहिंसा का संदेश दिया था। हमारे समाज का

यह वर्ग बेहद निराश हो चुका है। इन विकट परिस्थितियों में हमने कई सुधारवादी कदम उठाने के प्रयास किए हैं। हमारे पास साधन सीमित हैं। हमें यह तय करना है कि इन सीमित साधनों का प्रयोग कुछ सीमित लोगों के लाभ के लिए हो या सामान्य जनता की अनिवार्य आवश्यकताओं को पूरा करने के लिए हो। यहाँ 60 प्रतिशत से भी ज्यादा जनता अशिक्षित है, 30 प्रतिशत से ज्यादा लोग गरीबी रेखा के नीचे हैं और करोड़ों युवक-युवतियाँ बेरोजगार हैं। ये सभी समाज के लिए कुछ न कुछ करना चाहते हैं, ये सभी सम्मानित जीवन जीना चाहते हैं; परन्तु वे उचित अवसर से वंचित रह जाते हैं। आत्मसंयम सिर्फ एक नारा नहीं है बल्कि यह लोगों की इच्छाशक्ति को बढ़ाने का माध्यम है।

बंदूक की गोली से हम जनता को अधीन नहीं कर सकते और न ही बैलेट बॉक्स का दुरुपयोग कर सत्ता स्थापित करने से समाज बन सकता है। समाज बनाने के लिए दृढ़ इच्छाशक्ति होनी चाहिए। बार-बार मैंने इस देश की जनता को, खासकर उन्हें जिनको विशेष अधिकार मिले हैं, यह कहा है कि अपनी अनिवार्य व आधारभूत आवश्यकताओं को पूरा करने के लिए एक-एक पैसा जमा करने की जरूरत है। लेकिन यह आसान काम नहीं है। इसके बारे में बात करना तो आसान है, परन्तु इसे प्रयोग में लाना कठिन है। जब कुछ विशेष नियम बनाए जाते हैं, तो लोग उसे समझ नहीं पाते बल्कि घबरा जाते हैं और कभी-कभी तो आक्रामक भी हो जाते हैं।

पिछले साल जब हमारी सरकार ने इस देश की शासन-व्यवस्था सँभाली, तब हमारा देश आर्थिक रूप से बरबादी के कगार पर था। इस विनाश को रोकने के लिए हमें कुछ कदम उठाने पड़े। कुछ कर लगाए गए। यह कर सिर्फ उन्हीं लोगों पर लगाए गए, जो इसको अदा कर सकते थे। गरीब वर्गों पर कर नहीं लगाया गया था। किन्तु लोगों ने इसे गलत अर्थों में ले लिया। राजनीतिक क्षेत्र के कार्यकर्ता और हम लोगों में से कई लोग, जो देश का भाग्यविधाता होने का दावा करते हैं, इन नीतियों को नहीं समझ सके। हम लोग ही इस देश को विपदा के घेरे में लाने के दोषी हैं। मैं आपको किसी निराशा का संदेश नहीं देना चाहता। मैं भारतीय जनता की जिजीविषा को जानता हूँ। मैं अपनी अर्थव्यवस्था की शक्ति को जानता हूँ। आपस की कुछ गलतफहमियों और राजनेताओं द्वारा अतीत में उठाए गए कुछ गलत कदमों के कारण हमारा देश बर्बाद नहीं हो सकता। हम इन सारी स्थितियों में सुधार ला सकते हैं लेकिन इसके लिए समर्पित प्रयास और दृढ़ निश्चय की जरूरत है। तभी हम गरीबों की समस्याओं का हल निकाल पाएँगे। इसी में देश का स्वर्णिम भविष्य छुपा है।

हम विश्व के किसी भी देश के साथ समानता के आधार पर ही संबंध बनाते हैं। हमने यह निश्चित किया है कि न तो हम अपने से छोटे और कमजोर राष्ट्र को दबाएँगे और न ही अपने से बड़े और शक्तिशाली राष्ट्र के सामने झुकेंगे। मेरी सरकार ने विश्व की विकट परिस्थितियों का सामना करने के लिए अपना यही रुख रखा है। किन्तु कुछ लोग बेवजह हल्ला मचाते हैं। इस सरकार ने उन्हीं नियमों का पालन किया है, जो पिछले कई वर्षों से यह देश अपनाता चला आ रहा है। हमारे आधारभूत नियमों में समझौते की कोई जगह नहीं रही है। हमेशा पहले राष्ट्रीय हित का ख्याल रखा जाता है। हम सिर्फ ऊँचे-ऊँचे नारे लगाने के लिए राष्ट्र के लाभ की अवहेलना नहीं कर सकते। इन मुद्दों पर बहस होनी चाहिए।

हमारे विचारों में भिन्नता तो हो ही सकती है। लेकिन हमें कुछ सिद्धान्तों का अनुसरण करना ही होगा। लोकतांत्रिक व्यवस्था में हमें अपने ऊपर नियंत्रण रखना होगा। पिछले दो-तीन दिनों में संसद में जो हुआ, वह शर्मनाक है और मैं खुद को इसके लिए जिम्मेदार मानता हूँ। देश का प्रधानमंत्री होने के नाते मैं उत्तरदायित्व से भाग नहीं सकता। हमारे कुछ साथियों ने कुछ इस तरह के कदम उठाए हैं, जो किसी भी तरह लोकतंत्र में सभ्य नहीं कहे जाएँगे।

कल एक तमाशा खड़ा कर दिया गया। मैं इस समस्या के विस्तार में नहीं जाऊँगा, लेकिन उस पार्टी ने सदन से बाहर रहने का फैसला लिया है, जो सरकार को समर्थन दे रही थी। राष्ट्रपति संविधान का संरक्षक होता है। संसद के संयुक्त अधिवेशन में वह राष्ट्र को संबोधित करते हैं। यह सरकार का दायित्व है कि वह देखे कि धन्यवाद प्रस्ताव शांति से पारित हो जाए। लेकिन वहाँ पर परिस्थितियों को जान-बूझ कर बिगाड़ा गया और अंततः मैं धन्यवाद प्रस्ताव पेश नहीं कर सका। इन परिस्थितियों में मेरे पास कोई अन्य उपाय नहीं था, सिवाय इसके कि मैं अध्यक्ष को अपना इस्तीफा सौंप दूँ। कुछ लोगों की गैरजिम्मेदाराना हरकतों की वजह से एक संवैधानिक संकट खड़ा हो गया। पिछले एक सप्ताह से मैं इस पर अपने सहयोगियों के साथ विचार कर रहा था। मेरे सारे मित्र मेरे इस निर्णय से असहमत थे। लेकिन यह सिर्फ एक व्यक्ति के सम्मान का सवाल नहीं है। बल्कि यह पूरे राष्ट्र के सम्मान का सवाल है। यह राष्ट्रपति के सम्मान का सवाल है, संविधान के नियमों का सवाल है। अतः हमारे पास आत्मनियंत्रण के अलावा और कोई चारा नहीं है। लेकिन परिस्थितियाँ विषम हो गई हैं क्योंकि संसदीय प्रजातंत्र सिर्फ अंकों का जुआ है। इन्हीं परिस्थितियों में मैंने अपने पद से इस्तीफा दे दिया।

राजनीतिक समूहों की गैरजिम्मेदाराना हरकतों से आए संवैधानिक संकट से निपटने के लिए राष्ट्रपति उपाय सोच रहे हैं।

पर हमें हतोत्साहित नहीं होना चाहिए। परिस्थितियाँ खराब तो हैं, किन्तु इन्हें बदला जा सकता है। अंतिम निर्णय देश की जनता का होगा। यही शिक्षा हमें महात्मा गांधी ने दी थी। लोकनायक जयप्रकाश नारायण ने भी नवयुवकों को यही संदेश दिया था कि जनता की शक्ति ही वास्तविक शक्ति है। अब इस देश का इतिहास जनता ही बनाएगी। अगर आप नया इतिहास रचना चाहते हैं, तो आपको दृढ़ निश्चय करना होगा। नौजवानों को आगे आकर अपने को संगठित करना होगा क्योंकि यह देश सिर्फ उन चंद लोगों का नहीं है, जो ऊँचे पदों पर हैं। न ही यह देश प्रधानमंत्री का है। यह देश यहाँ के 85 करोड़ लोगों का है।

यही कहने आज मैं आपके पास आया हूँ। पिछले चार महीनों में मैंने महसूस किया है कि हमारे पास जैसी व्यवस्था है, वह सारे संकटों का सामना कर सकती है। हम अपने कर्मचारीतंत्र पर निर्भर कर सकते हैं। कुछ लोग, विशेषकर राजनीतिज्ञों में अपना काम कर्मचारियों पर टालने की प्रवृत्ति पाई जाती है। पिछले चार महीनों के अपने अनुभव से मैं कह सकता हूँ कि हमारा कर्मचारीतंत्र जनसंख्या का एक बड़ा और देशभक्त हिस्सा है। हमारी अर्थव्यवस्था बहुत लचीली है। प्रकृति ने हमारे देश को प्रचुर मात्रा में प्राकृतिक संपदा का वरदान दिया है। हमारे पास जनशक्ति भी बहुत है। हमारे पास सर्वश्रेष्ठ प्रबंधक, कर्मचारी और मजदूर हैं। अगर हम इन उपलब्ध साधनों का इस्तेमाल निजी लाभ के लिए न करके

देश-हित के लिए करें, तो हम इस संकट की घड़ी को टाल सकते हैं।

मुझे आशा है कि आप निराश नहीं होंगे। दोस्तो, मैं आपको आश्वासन देता हूँ कि जो भी समस्याएँ हमारे सामने हैं, उनका समाधान जरूर होगा। इन समस्याओं को हम आपसी बातचीत से हल कर सकते हैं। मैं आप सबों से निवेदन करता हूँ कि आप हिंसा का रास्ता छोड़ दें। एक-दूसरे को कत्ल करने से कुछ हासिल नहीं होगा। पिछले तीन-चार महीनों में परिस्थितियाँ काफी बदल गई हैं। लोग बात करने के लिए आगे आ रहे हैं। समस्याओं को सुलझाने में वे हमारा सहयोग कर रहे हैं।

लेकिन यह माहौल गैरजिम्मेदार लोगों की उल्टी-सीधी हरकतों से नष्ट हो रहा है। संदेह के इन बादलों को हटाने में हम आपके पास आपका सहयोग माँगने आए हैं। आशा है, आप लोग अपना उत्तरदायित्व समझेंगे और इन समस्याओं को हल करने के लिए अपना अधिकतम योगदान करेंगे।

मैं आपसे एक बहुत अच्छे भविष्य का वादा करना चाहता हूँ। मैं आशावादी हूँ। हमारे देश के लोग आज की ताकत और कल की आशा हैं। उन्हीं के कंधों पर भारत का भविष्य निर्भर करता है। मुझे आशा है कि राष्ट्रपति, जो संविधान के संरक्षक हैं, इन संवैधानिक समस्याओं का हल जरूर निकाल लेंगे।

मैं जहाँ भी गया, मुझे आपका स्नेह, प्यार और आत्मीयता मिली। मैं इन भावनाओं के लिए आपका शुक्रगुजार हूँ।

मैं आपके लिए अच्छे भविष्य की कामना करता हूँ, धन्यवाद।

देश को संबोधित करते हुए; नई दिल्ली, 7 मार्च, 1991

एशिया शांति सहयोग

सारे विश्व का परिदृश्य तेजी से बदल रहा है। 1990 का साल बेहद उतार-चढ़ाव का साल रहा। आपने देखा होगा कि कुछ दिनों पहले ही लोग आपसी शत्रुता मिटाने और एक-दूसरे का सहयोग करने के लिए आगे आ रहे थे। हम सभी धीरे-धीरे आगे की ओर बढ़ रहे थे। हमने आने वाले दिनों में खुशहाल जिंदगी का सपना देखा था। लेकिन अचानक 1990 के अंत और 1991 के शुरू में अरब क्षेत्र में बहुत ही भयंकर युद्ध शुरू हो गया और चारों ओर गंभीर तनाव की स्थिति उत्पन्न हो गई।

पूर्वी यूरोप में परिस्थितियाँ बदली हैं। यूरोपीय समुदाय के भीतर भी आपसी रिश्ते बदले हैं। सोवियत संघ में परिवर्तन ने न सिर्फ विश्व की राजनीति पर दूरगामी प्रभाव डाला है, बल्कि विश्व के बहुत से देशों के बीच के आर्थिक संबंधों को भी प्रभावित किया है।

हमें इसका ध्यान रखना होगा कि भारत जैसा विशाल देश हमेशा बाहरी सहायता पर निर्भर नहीं रह सकता। भारत को अपनी समस्या का हल खुद ही ढूँढ़ना होगा। इसका आधार मेरी कल्पना नहीं बल्कि व्यावहारिक दृष्टिकोण है। हमें अपने सीमित साधनों के सहारे ही जीना सीखना होगा। आज जब हमारे पास साधन काफी सीमित हैं, तब ऐसी स्थिति में हम विकसित देशों की नकल कैसे कर सकते हैं। भाग्य कहिए या दुर्भाग्य, हमारे देश में प्रजातांत्रिक व्यवस्था है। प्रजातंत्र में आप साधारण व सामान्य जनता की अभिलाषा और इच्छा की अवहेलना नहीं कर सकते हैं। यह ऐसा देश है, जहाँ सरकारी आँकड़ों के अनुसार 35 प्रतिशत से ज्यादा लोग गरीबी रेखा से नीचे रहते हैं। 65 प्रतिशत से ज्यादा जनता अशिक्षित है। लोगों को प्राथमिक स्वास्थ्य सुविधाएँ नहीं मिलतीं और करोड़ों की संख्या में युवक तथा युवतियाँ बेरोजगार हैं, क्योंकि हम उन्हें रोजगार के अवसर देने में असमर्थ हैं। हम जनता की माँगों को ज्यादा समय तक दबा कर नहीं रख सकते। पिछड़ी जातियों, जिनकी आज तक समाज में अवहेलना हुई है, के लोग इतिहास में अपना स्थान माँगते हैं ताकि समाज में उन्हें भी सम्मान मिले। वे भी अपने कठोर परिश्रम से समाज में योगदान करना चाहते हैं। लेकिन अगर उन्हें महसूस हो जाए कि उनका काम उनकी अगली पीढ़ी के लिए समृद्धि और उन्नति नहीं ला सकता, तो मुझे नहीं लगता कि वे अधिक दिनों तक इंतजार करेंगे। गरीबी अपने आप में एक अभिशाप है। यह इतनी असहनीय होती है कि इसकी वजह से क्रांतियाँ हो जाती हैं, समाज कई तरह की हिंसा, विवाद और रोगों से ग्रस्त हो जाता है।

ये सारी समस्याएँ हमारे सामने हैं। अतः सबसे पहले भारत को तथा सभी दूसरे विकासशील या गरीब देशों को अपने सीमित साधनों से ही अपना विकास करना सीखना

होगा। यह सच है कि आज हम देश को मिलने वाली बाहरी सहायता और मदद की अवहेलना नहीं कर सकते। हमें अपने पड़ोसियों से मदद लेनी ही पड़ती है। इन्हीं वजहों से हमारा आज का सम्मेलन भी बहुत महत्त्वपूर्ण है। पश्चिमी देश अपनी ही समस्याओं में उलझे हुए हैं। यूरोप में एक नई तरह की प्रवृत्ति का विकास हो रहा है। ऐसा इसलिए हो रहा है कि अरब देशों की नई आकृति उभर कर सामने आ रही है। मैं नहीं जानता कि वे कौन-सा रुख अख्तियार करेंगे लेकिन पश्चिमी देशों के लोग अरब देशों में ज्यादा विनियोग करना पसंद करेंगे। दूसरी ओर यूरोपीय देश सोवियत संघ की समस्याओं और 'COMECON' देशों पर ज्यादा ध्यान दे रहे हैं।

इस स्थिति में यह और भी ज्यादा जरूरी हो गया है कि एशिया के सारे देशों के बीच आपसी मैत्री व सहयोग बढ़े। आर्थिक सहयोग के क्षेत्र में एशिया पीछे क्यों रहे। हम लोग अपनी समस्याओं को समझने और उनका हल निकालने में एक-दूसरे की मदद क्यों नहीं कर सकते हैं? हम लोग असहाय नहीं हैं। अगर हम सभी एक-दूसरे के साथ समन्वय स्थापित करते हुए एकता तथा सहयोग के लिए कदम बढ़ाएँ, तो न सिर्फ हम एक-दूसरे की कठिनाइयों को हल कर सकते हैं, बल्कि हम विश्व की अर्थव्यवस्था तथा राजनीति में भी एक मजबूत और महत्त्वपूर्ण भूमिका निभा सकते हैं।

इन्हीं वजहों से मुझे लगता है कि आज सुबह का हमारा विचार-विमर्श दूरगामी प्रभाव डालेगा। जब हम (सार्क देश) पहले माले में मिले थे, तो हम सबने इस विषय पर चर्चा की थी और सहमत हुए थे कि आपसी सहयोग और मजबूत करना होगा। मैं जानता हूँ कि पिछले दो-तीन महीनों में हमें कुछ खास सफलता नहीं मिली है लेकिन हमारे बीच सहयोग की इच्छा व प्रवृत्ति मौजूद है। तीसरी दुनिया के देश जो गरीब हैं, मैं जापान जैसे विकसित राष्ट्र की बात नहीं करता, वे हमेशा आपस में विरोध और मुठभेड़ की मुद्रा में नहीं रह सकते।

यही वजह है कि मैं चाहता हूँ कि हमें एक-दूसरे के साथ शांति से आत्मीय संबंध बनाकर रहना चाहिए। हर मुद्दे पर हम झगड़ा नहीं कर सकते। हमें आपसी सहमति का क्षेत्र विकसित करना पड़ेगा। हमारे देश में कई लोग हैं, जिन्हें अपना भविष्य अंधकारमय दिखता है। वे जाति, धर्म तथा संप्रदाय के नाम पर भेदभाव का शिकार होते रहे हैं। वे आत्मसम्मान का जीवन नहीं जी पा रहे हैं। हमें उन्हें विश्वास दिलाना होगा कि देश को विकसित करने में वे हमारे बराबर के भागीदार हैं और इस विकास से भविष्य में उन्हें भी लाभ मिलेगा। साथ ही हमारे पड़ोसी देश, जहाँ प्रौद्योगिकी का विकास और देशों की तरह नहीं हुआ है, अपने भविष्य का फैसला खुद करेंगे। उन पर हम अपनी राय या निर्णय नहीं थोपेंगे। हम उन देशों से भी सहयोग लेना पसंद करेंगे, जो ज्यादा विकसित और समृद्ध हैं। सहयोग इसलिए जरूरी है कि हम बिना किसी तनाव के शांति से अपनी उन्नति कर सकें। जहाँ कहीं भी असंतुलन और भेदभाव हो, चाहे वह हमारे देश में हो या बाहर, वहाँ तनाव जरूर उत्पन्न होगा।

विकसित देश अकसर यह सोचते हैं कि वह छोटे और विकासशील देशों पर अपना दबाव बना सकते हैं। थोड़े समय के लिए यह संभव तो हो सकता है क्योंकि धनी देशों द्वारा गरीब देशों पर अपनी इच्छा थोपना संभव हो जाता है, मगर उनका यह दबाव ज्यादा दिनों तक स्थिर नहीं रहेगा चूँकि इससे शांति प्राप्ति और आत्मीयता का वातावरण दूषित

होता है। इसीलिए मैं हमेशा जोर देता हूँ कि हमें आपसी शांति, सद्भावना तथा परस्पर सहयोग का वातावरण बनाए रखना चाहिए।

आप सभी कुशल व सक्षम नेता हैं। मेरा मतलब राजनीतिक नेता से नहीं, बल्कि उन नेताओं से है, जो आर्थिक तथा औद्योगिक क्षेत्रों में अग्रणी होते हैं। आप मानवता के नाते इन समस्याओं पर विचार करें। सदियों से हमें यही सिखाया जाता है कि विश्व की समस्याओं का समाधान आपसी भाईचारे और बंधुत्व से ही संभव है।

मुझे विश्वास है कि हमारी यह संगोष्ठी एक-दूसरे की समस्याओं को जानने और समझने की एक शुरुआत है और जहाँ तक संभव हो सके, सहयोग का हाथ बढ़ाने की भी यह एक शुरुआत है। मैं आपको आश्वस्त करता हूँ कि हमारा देश एशियाई देशों को निकट लाने का हर संभव प्रयास करेगा। हम न सिर्फ आर्थिक रूप से बल्कि राजनीतिक रूप से भी एक-दूसरे की सहायता करेंगे। यह देश भगवान बुद्ध तथा महात्मा गांधी जैसी पुण्यात्माओं की भूमि है, जिन्होंने दुनिया को शांति, आपसी भाईचारे और सहयोग का संदेश दिया है। हम सारी मानवता को पारस्परिक सहयोग, सद्भावना, शांति और धैर्य का संदेश देंगे और इन अंधकारों के बीच भी अपनी राह प्रशस्त करेंगे।

मैं आप सभी को धन्यवाद देता हूँ कि आपने मुझे यहाँ बुलाया और मुझको यह अवसर दिया कि मैं आपसे अनुरोध कर सकूँ। मैं यहाँ कोई व्याख्यान देने नहीं आया हूँ। राजनीतिक कार्यकर्ता के रूप में मैं आपकी तरफ आशा और अपेक्षा से देख रहा हूँ कि हमारे प्रयास और आपके साथ विचार-विमर्श से हम पारस्परिक सहयोग तथा आपसी समझदारी की मंजिल तक जरूर पहुँचेंगे।

मुझे यह देखकर बेहद खुशी हो रही है कि आप सब इस क्षेत्र की समस्याओं पर विचार करने व हल ढूँढ़ने के लिए यहाँ इकट्ठा हुए। हम आपसी सहयोग से ही अपनी समस्याएँ हल कर सकते हैं और अपनी आर्थिक प्रगति को तीव्र कर सकते हैं।

एशिया पेसिफिक इकोनॉमिक्स के चौथे अंतर्राष्ट्रीय सम्मेलन का उद्घाटन करते हुए;
नई दिल्ली, 11 मार्च, 1991

लेखक : राष्ट्र की शक्ति

मैं धन्यवाद देता हूँ सूचना विभाग के अधिकारियों को, जिन्होंने यह परम्परा डाली है और मुझे पहली बार यह गौरव महसूस हुआ जब अक्षय कुमार जी ने कहा कि भारत सरकार का भी ऐसा विभाग है, जो लेखकों और कवियों को प्रोत्साहन देने में अन्य लोगों से सर्वोपरि है।

यह उपलब्धि एक बड़ी उपलब्धि है। मैं मानता हूँ कि कोई भी पत्रकार, कोई भी साहित्यकार, कलाकार, किसी भी राष्ट्र के लिए एक शक्ति है। वह शक्ति, जो युग के प्रवाह के साथ धूमिल नहीं होती। वह शक्ति, जो उत्थान-पतन की कहानियों के बावजूद भी अक्षुण्ण रहती है। आप की लेखनी में वह शक्ति है, जिससे हम अतीत की उपलब्धियों को सँजो पाते हैं और भविष्य की कल्पना करने की क्षमता पैदा करते हैं। भारतेन्दु हरिश्चन्द्र जी, जिनके नाम पर हम यह पुरस्कार आज लोगों को दे रहे हैं, उन महान व्यक्तित्वों में थे, जिन्होंने आज से एक शताब्दी पहले युग की धारा को पहचाना था। उन्होंने भारत की पीड़ा को, व्यथा को, माँ-भारती की मर्यादा का जो उल्लंघन हो रहा था, उसको अपने जीवन में अंगीकार किया था। अन्यथा आज से सौ वर्ष पहले या उससे अधिक पहले ब्रिटिश दरबार के बारे में जो उनकी व्यंग्यपूर्ण गाथा थी या बेकारों के बारे में जो उनकी उपहास-भरी लेकिन दर्द-भरी अभिव्यक्ति थी, वह मुझे लगता है कि जैसे सौ वर्ष पहले भारतेन्दु जी आज के भारत को देख रहे थे। मुझे यह दुःख है कि हम अपने उन मनीषियों को भूल रहे हैं। उनकी रचनाओं को, उनकी कृतियों को हम अपनी आज की पीड़ा के सामने रखने में असमर्थ हो रहे हैं। असमर्थ इसलिए नहीं कि हमारे पास साधन नहीं हैं, हमारी इच्छाशक्ति नहीं है। वर्तमान युग में हम इस कदर प्रगतिशीलता के चक्र में हैं कि अतीत की स्मृतियों को भूलना हम अपना सबसे बड़ा कर्त्तव्य समझ बैठे हैं या समझते हैं कि जो कुछ भी हमारे अतीत में था, वह रूढ़िवादी था, परम्परागत था, जो आज के लिए हेय है। उसके आदर्शों से, उसकी याद से, उसकी स्मृति से हम अपने को आगे नहीं बढ़ा सकते। यह इस कारण नहीं कि हम अपने में सोच-समझ कर निर्णय ले रहे हैं, लेकिन दूसरों की वैभववाणी की गाथा से हम आक्रांत हैं कि अपने समाज में, अपनी सभ्यता में, अपनी संस्कृति में जो शुभ है, जो कल्याणकारी है, जो शाश्वत है, उसको पहचानने में हम असमर्थ हैं। कोई भी राष्ट्र, कोई भी कौम, जो अपने अतीत की शाश्वत, कल्याणकारी उपलब्धियों को अक्षय नहीं रख सकती, वह कभी आगे नहीं बढ़ सकती। मुझे विश्वास है कि उसे अक्षय रखने का काम, उसे सँजोने का काम किसी सरकार का नहीं, सत्ता में बैठे हुए लोगों का नहीं, उस तपस्वी का है, जो किसी अँधेरे कोने में या किसी वाटिका में बैठा हुआ उनको अपनी लेखनी के द्वारा आनेवाली

पीढ़ियों के लिए शाश्वत बना जाता है। और यही कारण है कि भारत की संस्कृति कभी महलों में नहीं लिखी गई, कभी राजपुरुषों के द्वारा नहीं लिखी गई, भारतीय संस्कृति का उन्नयन हुआ अरण्य में, वीराने में। चाहे कोई संत रहा हो, चाहे वेद की ऋचाएँ लिखी गई हों, चाहे तुलसी की रामायण हो, चाहे बाल्मीकि का वह दर्द, पीड़ा की अभिव्यक्ति, जिससे कविता फूटी थी, वह सब किसी व्यथा की, पीड़ा की अभिव्यक्ति है। और यही हम नहीं समझ पाते। सफलता नहीं, असफलताओं का इतिहास मानव-विकास का इतिहास है। जो असफलताओं को अपने जीवन में उतार करके मनुष्य को सफलता की ओर जाने की प्रेरणा देता है, वही सही मायने में समाज का नियामक है, वही सही मायने में समाज का उन्नयन करने वाला है और उसी श्रेणी में हमारे कवि, हमारे साहित्यकार, हमारे कलाकार आते हैं।

मैं ऐसा मानता हूँ कि जब हम किसी साहित्यकार का अभिनन्दन करते हैं, उसका आदर करते हैं, तो हम मानवता की उन उपलब्धियों का आदर करते हैं, जिन पर आने वाला दिन, आने वाली पीढ़ियाँ गर्व कर सकें। आप पुरस्कार पानेवालों में अगली कतार में खड़े प्रभाकर जी ने, जो हमारे वयोवृद्ध व्यक्ति हैं, अनेक अवसरों पर इतिहास में एक नया कदम बढ़ाने के लिए हमारे युवकों को, हमारे लोगों को प्रेरणा दी है, हमें शक्ति दी है। मेरा दुर्भाग्य है कि जिन अन्य लोगों को पुरस्कार दिया गया है, उनकी कृतियों के बारे में मुझे बहुत ज्ञान नहीं है। मैं सचिव जी से इतनी तो आशा जरूर करूँ कि कम से कम जिसके लिए पुरस्कार दिया गया है और मेरे जरिए दिलाया गया है, तो उन कृतियों को अवलोकन के लिए मुझ तक पहुँचाया जाए। यद्यपि हम उस लायक नहीं हैं, लेकिन प्रोत्साहन के लिए ही सही, हमें आप उनसे वंचित न रखें। यह मेरा आग्रह होगा आपसे। मैं पुनः धन्यवाद देता हूँ, अभिवादन करता हूँ उन लोगों का, जिन्होंने पुरस्कार प्राप्त किया है।

कभी जीवन में अजीब अनुभूतियाँ होती हैं। 1975 में मैं जेल में था। आपातकाल में तो पुस्तकें नहीं मिलती थीं, क्योंकि अकेला रहता था। उस जमाने में कहीं से कोई फटी-पुरानी किताब भारतेन्दु की पटियाला जेल में मुझे दी गई और मुझे जानकर आश्चर्य हुआ कि भारतेन्दु जी कभी बलिया गए थे और बलिया में उन्होंने भाषण दिया था कि युवको, अगर देश की अस्मिता नहीं बचेगी, तो तुम्हारे लिए कोई नया भविष्य नहीं है। मैं ऐसा मानता हूँ कि जो आज के साहित्यकार हैं, कलाकार हैं, युवक हैं, वो देश की अस्मिता बचाने के लिए सर्वस्व न्यौछावर करने के लिए तैयार रहेंगे। हमें निराश होने की कोई जरूरत नहीं। जिस देश में भारतेन्दु पैदा हो सकते हैं, वह देश कभी मरेगा नहीं। अभी कुछ दिन पहले मैं पूना गया था एक इंजीनियरिंग कॉलेज में। वहाँ के प्रिंसिपल ने कहा कि हमारा भी इंजीनियरिंग कॉलेज कभी नोबल लॉरिएट्स पैदा करेगा। हमने कहा—घबराओ मत, नोबल लॉरिएट्स पैदा करने की शक्ति आपमें आए, मुझे प्रसन्नता होगी, लेकिन इस बात का भी आत्माभिमान रखें कि तुकाराम और ज्ञानेश्वर महाराष्ट्र में ही पैदा हो सकते हैं—नोबल लॉरिएट्स तो दूसरी जगह भी पैदा हो सकते हैं। इसलिए भारतेन्दु जैसी शक्तियाँ, भारतेन्दु जैसा व्यक्तित्व पैदा होता है, भारत की धरती में। उसी परम्परा की एक कड़ी हैं आप जैन जी, कड़ी हैं प्रभाकर जी। मैं यह नहीं मानता कि कौन किस श्रेणी में है—लेकिन उस बड़ी शृंखला की हर कड़ी का अभिनन्दन करना राष्ट्र का कर्त्तव्य है और राष्ट्र के एक प्रधानमंत्री के नाते मैं उन साहित्यकारों, कलाकारों का अभिनन्दन करता हूँ, जिन्होंने पुरस्कार पाया है

और जिन्होंने पुरस्कार नहीं भी पाया है–जो आज भी अभ्यास कर रहे हैं, अध्यवसाय कर रहे हैं–उनके लिए एक उज्ज्वल भविष्य हम दे सकें, उनको समाज में सम्मान दे सकें, यही हमारी सबसे बड़ी उपलब्धि होगी।

मैं पुनः आपको धन्यवाद देता हूँ। सचिव जी, विशेष रूप से आपको कि कम से कम इन महापुरुषों के दर्शन करने का अवसर दिया...एक घड़ी आधी घड़ी आधी में पुनः आध, तुलसी संगत साधु की हरे कोटि अपराध।

भारतेन्दु हरिश्चन्द्र पुरस्कार समारोह को संबोधित करते हुए, नई दिल्ली, 14 मार्च, 1991

विकलांगों की सेवा में

हम सभी यहाँ उन लोगों का अभिनन्दन करने के लिए इकट्ठे हुए हैं, जो असहाय और विकलांग हैं। इन लोगों की मदद करना व्यक्ति के लिए मानवता की सबसे बड़ी सेवा है। यह सच है कि आधुनिक समय में भी एक विकलांग को अपने प्रतिदिन के कार्यों को करने के लिए बहुत कठिनाइयों का सामना करना पड़ता है। एक व्यक्ति में कई प्रतिभाएँ छुपी हुई होती हैं। कोई नहीं जानता कि उसमें से कौन-सी प्रतिभा उभरेगी और कौन-सी दब जाएगी। अतः वह आदमी जो हाथों, पैरों, वाणी या दृष्टि से अपंग है, उसे खुद को असहाय महसूस नहीं करना चाहिए। दुनिया के सारे वैज्ञानिक इस बात पर सहमत हो चुके हैं कि किसी का भी जीवन निरर्थक नहीं है। आशाएँ उसकी अंतिम साँसों तक जीवित रहती हैं। हमें आशा है कि किसी दिन वह समाज को कुछ ऐसा दे जाएगा, जो सारे समाज का नक्शा ही बदल देगा। कोई अपने आप में पूर्ण नहीं है। हम सभी में कुछ न कुछ कमियाँ हैं। हमारे संविधान ने यह प्रावधान किया है कि सरकार विकलांगों पर विशेष ध्यान दे।

राष्ट्रपति जी, आप संविधान के संरक्षक हैं। मुझे आशा है कि हमारे संविधान में इनकी सहायता के लिए जितने भी प्रावधान किए गए हैं, उन सभी को आप बढ़ावा देंगे। आपकी उपस्थिति उन लोगों को प्रेरित करेगी, जो समाज के लिए बेहद उपयोगी हैं। यह सच है कि पिछले कुछ सालों में हमने इस दिशा में कुछ प्रगति कर ली है। हमारी सरकार और समाज में विकलांगों की समस्या के प्रति जागृति आ गई है। लेकिन मुझे यह कहते हुए बेहद दुःख होता है कि विकलांगों की मदद का जो प्रावधान है, हम उसका सिर्फ 10 प्रतिशत ही उन तक पहुँचा पाए हैं। सरकार के सभी साधनों और हमारी सारी कोशिशों के बावजूद विकलांगों का 90 प्रतिशत हिस्सा उपेक्षित रह गया है। उनकी सहायता करना हमारा प्रथम कर्त्तव्य है। जिन्हें आज पुरस्कार मिल रहा है, उनके प्रति मैं बेहद गौरवान्वित महसूस कर रहा हूँ। मुझे आशा है कि यह पुरस्कार और लोगों को भी अपनी राहें खुद चुनने और कुछ कर गुजरने की प्रेरणा देगा।

यह सच है कि विज्ञान की प्रगति ने कई नए उपकरण इजाद किए हैं, जिनसे विकलांगों की भरपूर मदद की जा सकती है। इससे उनकी संख्या में भी कमी आई है। दुर्भाग्य यह है कि भारत में विकलांग असहाय समझे जाते हैं। भूख और चिकित्सीय सुविधा के अभाव में कई बच्चे रोज अपाहिज हो जाते हैं। लाखों माताएँ पोषाहार के अभाव में अपाहिज बच्चों को जन्म देती हैं। नई आर्थिक और राजनीतिक नीतियों की सहायता से हमें ऐसा समाज बनाना होगा, जहाँ पोषाहार और आधारभूत चीजों का अभाव न हो। कई टीकाकरण कार्यक्रम चलाए गए, फिर भी कुष्ठ रोग देश में विस्तृत रूप से फैला है। यह सोचकर मन काँप उठता

है कि कुष्ठ रोग की वजह से बड़ी संख्या में लोग अपंग हो जाते हैं। स्वास्थ्य सुविधाओं के बढ़ने से मानव के जीवन की अवधि भी बढ़ी है। वृद्धों की असहाय स्थिति हमारे लिए एक दूसरी चुनौती है। हम अपने वृद्धों की शांत और खुशहाल जिंदगी के लिए कुछ भी नहीं कर पाए हैं। उनके लिए भी कुछ करना होगा।

जो व्यक्ति या संगठन बच्चों की अपंगता दूर करने की योजना बनाने में लगे हुए हैं और इनकी प्रतिभाओं को सभी के सामने लाने में उनकी मदद कर रहे हैं, वे इस समाज के लिए बड़े उपयोगी हैं।

मैं उन सबों को बधाई देता हूँ, जिन्हें आज राष्ट्रपति से पुरस्कार मिलने वाला है। मुझे आशा है कि दूसरे अन्य लोग, जो यहाँ उपस्थित हैं, वे इन सबसे प्रेरित होंगे और शारीरिक रूप से अपंग लोगों की सहायता करने के लिए आगे आएँगे।

विकलांगों की मदद के लिए पुरस्कार वितरण समारोह में दिया गया वक्तव्य; नई दिल्ली, 17 मार्च, 1991

मानवता की सेवा

आज मैं अपने को गौरवान्वित मानता हूँ कि इस संस्थान में मुझे देश के राष्ट्रपति का स्वागत करने का अवसर मिला है। वह आज आशीर्वाद दे रहे हैं—देश के युवक और युवतियों को देश और समाज की सेवा के लिए। मैं बधाई देता हूँ उन युवक और युवतियों को, जिन्होंने ज्ञान की उपलब्धि की है, जिन्होंने सेवा का व्रत लिया है, और अपनी निष्ठा, कर्मठता और कर्त्तव्यपरायणता से देश में एक नई आशा का प्रचार किया है।

आज के नवयुवक और नवयुवतियाँ हमारी शक्ति के केन्द्र हैं, हमारे भविष्य की आशा हैं। उन्हीं के भरोसे कल का भारत बनने वाला है। अनेक पीड़ाओं और दर्दों के बावजूद मानव-जीवन में सुख की अनेक सम्भावनाएँ हैं। पीड़ा को मिटा कर सुख का एक समाज बनाने का सपना हमने देखा था। अभी निदेशक महोदय ने कहा कि हमने बहुत दिनों पहले आजादी की प्रभात बेला में यह कहा था कि हमारे देश में कोई रोग से पीड़ित हो, तो हमें उसे सांत्वना दे सकने की स्थिति में होना चाहिए। उस लक्ष्य से हम आज भी बहुत दूर हैं। हमारा निर्धन देश, यह बेबस समाज आज भी अपने करोड़ों पीड़ितों को दवा की टिकिया नहीं दे पाता। यह हमारे लिए दुःख और लज्जा की बात है कि हमारे देश के लाखों भाई-बहन बिना दवा के, बिना उपचार के मरने के लिए मजबूर होते हैं। यह हमारे लिए पीड़ा की बात है कि आज भी विवशताएँ, बेबसी हमारे जीवन में है। जिन युवक-युवतियों ने आज ज्ञान का उपार्जन करके उपाधि ग्रहण की है, उनके ऊपर एक बड़ी भारी जिम्मेदारी है। यह निर्धन समाज अपने साधनों का एक बड़ा भाग व्यय करके आपको इस स्थिति में पहुँचाता है। क्षमा करेंगे, अगर आपको मैं याद दिलाऊँ कि आप समाज के उस अभिजात वर्ग से हैं, जिसको समाज ने अपनी पीड़ा में से काट कर भी सुविधाएँ उपलब्ध कराई हैं, ताकि आप ज्ञान अर्जन कर सकें।

मुझे यह बात कहते हुए प्रसन्नता होती है कि हमारे इस संस्थान के विद्यार्थी यहाँ से निकल कर न केवल देश, बल्कि दुनिया में नाम कमाते हैं। इस देश की ख्याति बढ़ाते हैं। मैं उनको बधाई देता हूँ, लेकिन साथ ही उनको याद दिलाना चाहूँगा कि दुनिया की चकाचौंध से दूर अँधेरे और पीड़ा में पड़े हुए जो हमारे भाई-बहन हैं, वो भी आप की ओर आशा-भरी निगाहों से देख रहे हैं। जिनको पदक मिले हैं, उपाधियाँ मिली हैं, उनको मैं मुबारकबाद देता हूँ, लेकिन उनसे बड़े विनम्र शब्दों में यह निवेदन करना चाहता हूँ कि इन करोड़ों की आशा के आप ही एकमात्र स्तम्भ, एकमात्र सहारा हैं। मुझे विश्वास है कि आज इस विश्वविद्यालय से, इस संस्थान से निकलने के बाद आप अपने कर्त्तव्य को पहचानेंगे। जैसी कि आपने अभी शपथ ली कि केवल अपने विकास, सुख अथवा धन-उपार्जन के लिए नहीं,

बल्कि पर-सेवा के लिए आप अपनी उपाधि का, अपने इस ज्ञान का उपयोग करेंगे।

मुझे विश्वास है कि निदेशक महोदय के सामने ली गई यह प्रतिज्ञा केवल एक औपचारिकता नहीं रहेगी। इसे आप अपने जीवन में उतारेंगे, अपने जीवन को उस रास्ते पर चलाएँगे।

राष्ट्रपति जी, मुझे विश्वास है कि आपने जो देश की आजादी की लड़ाई के दिनों में, अँधेरे दिनों में जो एक विश्वास दिलाया था, उस विश्वास को मंजिल तक पहुँचाने के लिए, दूसरे की पीड़ा को कम करने के लिए, समाज को सुख, सम्पन्नता, और समभाव की ओर ले जाने के लिए आप हमारा मार्गदर्शन करेंगे। आपकी प्रेरणा और उपदेश से हमारे ये नौजवान एक नई आशा का प्रचार करेंगे। हजारों वर्षों की सभ्यता और संस्कृति का यह हमारा देश फिर उज्ज्वल भविष्य की ओर आगे बढ़े, यही हमारी कामना है। हमारी शुभकामना है कि आप नवयुवक और नवयुवतियों के लिए एक नया भविष्य बनाएँगे और मुझे आशा है कि इस देश के भविष्य में वह आस्था इस बात पर आधारित है कि हमारी इन संस्थाओं से वैसे युवक और युवतियाँ आज भी निकल रहे हैं, जो दुनिया में कहीं भी गौरवपूर्ण स्थान प्राप्त कर सकते हैं।

आइए, आप और हम मिल कर इस देश को, इस देश के भविष्य को उज्ज्वल बनाएँ। यहाँ के गरीब के जीवन में एक नई आशा का संचार करें। यहाँ से पीड़ा और दुःख को निकाल सकें। मौत को कोई रोक नहीं सकता, लेकिन पीड़ा को रोक सकने की सामर्थ्य आप में है। जो लोग डॉक्टर हैं, जो लोग दूसरों का उपचार करते हैं—कोई अतिशयोक्ति नहीं कर रहा हूँ—दुनिया में कोई दूसरा पेशा ऐसा नहीं है जिसमें युद्ध के मैदान में भी, जहाँ केवल मृत्यु की विभीषिका होती है, यह नहीं देखा जाता कि यह दुश्मन का सैनिक है या दोस्त का। जहाँ भी पीड़ा हो, दर्द हो, मौत को हटाने के लिए, पीड़ा को कम करने के लिए आप काम करते हैं। आप ही ऐसे लोग हैं, आप का ही ऐसा पेशा है, जिसमें आदमी-आदमी में कोई अंतर नहीं किया जाता। मानवता फिर एक बार आगे बढ़े, एक बार फिर एक-दूसरे की पीड़ा को समझकर उसको कम करने का प्रयास करें, यह संदेश इस आयुर्विज्ञान संस्थान से जाना चाहिए और इस संदेश के संदेशवाहक आज उपाधि पाने वाले युवक और युचती बनें, यही मेरी कामना है। इन्हीं शब्दों के साथ पुनः राष्ट्रपति महोदय, मैं आपका स्वागत करता हूँ, आपका अभिनन्दन करता हूँ।

अखिल भारतीय आयुर्विज्ञान संस्थान के 23वें दीक्षांत समारोह
में दिया गया भाषण; नई दिल्ली, 18 मार्च, 1991

पत्रकारिता की बाधाएँ

आपने मुझे यहाँ आमंत्रित कर मेरा सम्मान बढ़ाया है। पत्रकारों की जिन समस्याओं पर चर्चा की गई है, उनसे मैं भी सहमत हूँ, इसलिए थोड़ा चिंतित भी हूँ। लेकिन मेरी अपनी सीमाएँ हैं। पिछले दिनों आपको किस आधार पर आश्वासन दिया गया है, मैं नहीं जानता। मैं नहीं जानता, किस आधार पर मैं उनको पूरा कर सकूँगा। अतः मैं यह भी नहीं कह सकता कि ये आश्वासन उचित हैं या नहीं? हाँ, इतना जरूर कहूँगा कि आपकी समस्याओं पर गौर किया जाएगा। इनमें कुछ समस्याएँ ऐसी हैं, जिनका समाधान हो सकता है और कुछ ऐसी हैं, जो आपके जीवन के खतरे से जुड़ी हैं।

आप देश में फैली हिंसा, अराजकता और अस्थायित्व से प्रभावित हुए बगैर नहीं रह सकते हैं। मैं कहूँगा कि आप प्रभावित होनेवाले प्रथम व्यक्ति होते हैं। जहाँ कहीं भी समस्याएँ उठती हैं, वहाँ सबसे पहले आप पहुँचते हैं। इसलिए खतरा भी आपके लिए सबसे ज्यादा है। यह एक व्यावसायिक संकट है। जब भी आपके व्यवसाय का कोई व्यक्ति घायल होता है, तो उसे पूरी सहायता मिलनी चाहिए। इसके लिए सरकार को कुछ व्यवस्था करनी चाहिए। मुझे लगता है कि यह सरकार इस संबंध में तभी कुछ कर पाएगी, जब आप कुछ ठोस सुझाव देंगे। अगर आप चाहते हैं कि मदद अखबार के मालिकों द्वारा दी जाए, तो हमें उन्हें कुछ नियम-कानून बनाने के लिए कहना होगा। उस पर विचार किया जा सकता है—कुछ रास्ता जरूर निकल आएगा। पत्रकारों को अभिव्यक्ति की स्वतंत्रता होती है, इसलिए प्रधानमंत्री की हैसियत से आपको कोई सलाह देना ठीक नहीं होगा। यह आपकी आजादी पर प्रहार करने जैसा होगा।

मैं खुद तो पत्रकार नहीं हूँ, किन्तु मेरे कई दोस्त पत्रकार हैं। यहाँ उपेन्द्र वाजपेयी जी हैं, जो मेरे पुराने मित्र हैं। जब मैं राजनीति में नौसिखुआ था, तब वे जाने-माने पत्रकार थे। उन्होंने अपनी सारी चतुराई का इस्तेमाल मुझ पर किया। वे उस समय मुझसे कुछ भी उगलवाने में सफल नहीं हुए। पत्रकार अपनी अभिव्यक्ति की स्वतंत्रता के प्रति चिंतित रहते हैं। कभी-कभी वे अपने कई दोषों से चिपके रहते हैं। वे क्या लिखते हैं, मैं इस पर उनका ध्यान दिलाना चाहूँगा। कभी-कभी तो अखबार में कुछ ऐसा लिखा होता है, जिस पर मुझे हँसी आ जाती है। उदाहरण के लिए एक रिपोर्ट कुछ इस तरह थी, ''प्रधानमंत्री एक विशेष व्यक्ति से मिले और उसके साथ उन्होंने दो घंटे बातचीत की।'' जबकि मैं उस आदमी से महीनों से नहीं मिला था। क्या यह पत्रकार का कर्त्तव्य नहीं है कि वह किसी भी खबर को छापने के पहले उसके बारे में मेरे ऑफिस से सच्चाई जान ले या मुझसे प्रमाणित करवा ले ?

मैं अपने साथ घटी एक घटना के बारे में आपको बताना चाहूँगा। हमारे एक ऑफिसर हैं, जिन्होंने कोर्ट में एक मुकदमा दायर किया था। चूंकि इस केस का निर्णय हो चुका है, इसलिए मैं उसके बारे में आपसे बात कर रहा हूँ। दो या तीन समाचार पत्रों ने मुखपृष्ठ पर बड़े-बड़े अक्षरों में हेडलाइन छापी "पी.एम. ने इस ऑफिसर की मदद करने के लिए सारी फाइलें मँगवायी हैं।" समाचार में जो छपा था, वह सौ प्रतिशत झूठ था। जिन फाइलों की अखबार में चर्चा हुई थी, मुझे उन फाइलों को देखने की कभी कोई जरूरत नहीं पड़ी। इन परिस्थितियों में यदि आप मुझे यह कहें कि पत्रकार निष्पक्ष होते हैं और उनके हाथों में हमारे देश का भविष्य सुरक्षित है, तो मैं किस तरह विश्वास करूँ? मैं बदनामी के डर से चुप तो हो जाऊँगा, लेकिन उनके प्रति मेरे मन में हमेशा यही दुर्भावना रहेगी कि इन्हीं पत्रकारों ने मुझे कलंकित करने का प्रयास किया था।

जब मैं आपसे देश की समस्याओं पर विचार करता हूँ, तो आपको वह महत्त्वपूर्ण नहीं लगता और जब मैं किसी की आलोचना करता हूँ, तो वह एक बड़ा समाचार बन जाता है। जब भी कोई वरिष्ठ अधिकारी या मंत्री विदेश जाता है, तो यह प्रथा है कि वहाँ की सरकार या देश के प्रमुख को पत्र लिखा जाता है। एक बार हमारे विदेश सचिव को कई देशों की यात्रा पर जाना था। अतः मैंने सभी देशों को पत्र लिखा और औपचारिकतावश कूटनीतिक लाभ के लिए मैंने एक-दो बातें पत्र में जोड़ दीं। हमारे पूर्व वित्तमंत्री ने कहा कि ऐसा पत्र लिखकर मैंने देश के गौरव को ठेस पहुँचाई है। मुझे कहते हुए दुख हो रहा है कि सभी अखबारों ने इस वक्तव्य को, प्रधानमंत्री कार्यालय से बिना संपर्क किए प्रमुखता से दो कॉलमों में छापा। मैं आपसे पूछना चाहूँगा कि आप इससे किसकी भलाई कर रहे हैं? किसकी इज्जत बढ़ाना चाहते हैं? किसकी प्रतिष्ठा बढ़ा रहे हैं? चाहे आप किसी व्यक्ति से कितने भी असंतुष्ट हों, उसके प्रति आपके मन में ढेरों शिकायतें हों, लेकिन देश के सम्मान से खेलने का हक न तो पत्रकारों को है और न ही प्रेस को है। मुझे समझ नहीं आता कि पत्रकार इस तरह क्यों पेश आते हैं। मुझसे कहा जाता रहा कि मैं ऐसे पत्रकारों को जवाब क्यों नहीं देता हूँ? कारण सिर्फ यह है कि मेरे उनके स्तर तक उतर जाने से देश को कोई फायदा नहीं होने वाला बल्कि समाचारपत्रों को एक और सनसनीखेज खबर मिल जाएगी।

आजकल की पत्रकारिता में आपस में ही होड़ मची हुई है कि कौन किसकी, कितनी आलोचना कर सकता है, कितना अपमान कर सकता है और उन्हें कितना बदनाम कर सकता है? 1953-54 में चलपति रॉव, जो अब नहीं हैं और उपेन्द्र वाजपेयी जी से मेरा परिचय हुआ। वे बड़े सीधे-सरल तथा नियमों का पालन करने वालों में से थे। मैंने देखा है कि ऐसे जाने-माने पत्रकार छोटी-छोटी बातों पर भी बहस करते थे। जैसे कि 'तुम ऐसा क्यों कर रहे हो? मुझे इसका कारण बताओ।' आजकल ये बातें देखने को नहीं मिलतीं। आजकल तो किसी व्यक्ति के बारे में सनसनीखेज कहानी लिखना ही पत्रकारिता हो गई है। कुछ लोग तो इस पर कोई प्रतिक्रिया नहीं करते, जबकि कई लोग अपने लगाए गए आक्षेप का जवाब भी माँगते हैं।

मैं आपसे निवेदन करूँगा कि जितना आप अपनी समस्या के प्रति चिंतित रहते हैं, उतना ही आप जो लिखते हैं, उसका दूसरों पर क्या मनोवैज्ञानिक असर पड़ता है, उसकी भी चिंता

कीजिए। हर व्यक्ति समस्याओं से जूझ नहीं सकता और न ही अपनी आलोचना का सामना आत्मसंयम और आत्मनियंत्रण से कर सकता है। ऐसा करने के लिए दृढ़ आत्मविश्वास चाहिए। वह आदमी जो समाचारपत्र में अपना नाम देखना चाहता है, उसे बदनाम ढंग से अपना नाम दिखे, तो वह क्रोध से फूट पड़ेगा। मैं अत्यंत दुख के साथ कहना चाहता हूँ कि आप लोग ही माफिया बनाने के लिए जिम्मेदार हैं। आप व्यक्ति को इतनी तकलीफ और अपमान देते हैं कि वह अपना संयम और आत्मनियंत्रण खो बैठता है। आपको अपने काम करने का तरीका बदलना होगा। राजनेताओं में यह प्रवृत्ति पाई जाती है कि वे परस्पर दुश्मनी और विवाद में लिप्त रहते हैं और दूसरों की हद से ज्यादा उपेक्षा करते हैं। कृपया आप ऐसी प्रवृत्तियों से दूर ही रहिए। दूसरों की कमियों को चिन्हित करते रहने से राष्ट्र आगे तरक्की नहीं कर सकता। राष्ट्र अपनी स्वाभाविक ताकत से ही जिंदा बचा रह सकता है। मैं पत्रकारों से विनती करता हूँ कि यदि वे किसी की कमियों को जाहिर करते हैं, तो उनका स्वागत है, किन्तु इसके साथ ही अगर उस व्यक्ति में कोई अच्छाई है, तो आप उसकी चर्चा भी जरूर कीजिए ताकि लोग यह न सोचें कि वे अंधकार से घिर गए हैं और इससे निकलने का उनके पास कोई रास्ता नहीं है।

आपके हाथ में कलम की ताकत है। आप इससे जनता को जाग्रत कर सकते हैं और उनकी सोच को एक सृजनात्मक दिशा दे सकते हैं। हम पहले से ही एक-दूसरे की आलोचना और देश की गलतियाँ निकालने में अपना बहुत समय बर्बाद कर चुके हैं। अब आप यह देखें कि इस देश में क्या अच्छाई है? यहाँ अच्छाइयों का अकाल नहीं है। विश्व के दूसरे देशों में भी अच्छाइयों की कमी नहीं है, जबकि वहाँ भी पत्रकार हैं।

सीएनएन के बारे में आजकल बहुत चर्चा हो रही है। क्या उन्होंने वह सब कुछ दिखाया, जो खाड़ी युद्ध में हुआ था? नहीं, उन्होंने सिर्फ वही बातें और दृश्य सुनाए और दिखाए, जो उनके देश की छवि खराब नहीं कर सकते थे। हमारे एक पत्रकार को यह खबर मिली कि हम अमेरिका के हवाई जहाज में ईंधन भर रहे हैं। उसने इसे तुरंत बड़ा हेडलाइनों में समाचारपत्र में छाप दिया। इस खबर ने ऐसा डर फैलाया कि विदेशी मामलों के सारे मंत्री मेरे पास आए और कहा—''इस रिपोर्ट को देखिए और बताइए कि जब पत्रकार इस मामले से संबंधित प्रश्न पूछने आएँ, तब हम क्या कहें?'' मैंने कहा, ''उन्हें बता दीजिए, हम अमरीकी हवाई जहाज को ईंधन दे रहे हैं।'' अगर मैंने कहा होता कि इस खबर का कोई आधार नहीं है, तब ये पत्रकार तुरंत अमरीकी वायुयान की तस्वीर और इंडियन ऑयल के रजिस्टर से इस दावे को पुष्ट करनेवाले सबूत इकट्ठे कर अखबार में छाप देते। इस तरह की क्रिया-प्रतिक्रिया पन्द्रह दिनों तक चलती ही रहती। हमने कोई गलत काम नहीं किया था। हमने जो कुछ किया, उसे यदि हम छुपाना चाहते, तो हम अमेरिकन वायुयान को एयरफोर्स के एयरोड्रम पर ईंधन देते। काफी सोच-विचार के बाद ही अमेरिकन वायुयान को ईंधन देने पर मैं राजी हुआ था। जो भी मैंने किया, अपने देश के हित के लिए किया। मैंने कोई गलती नहीं की।

आज स्थितियाँ बहुत जटिल हो गई हैं। सही निर्णय लेना मुश्किल हो गया है और इससे भी ज्यादा मुश्किल है सच बोलना। मेरे कार्यों का मूल्यांकन आप अपने विचार के आधार पर करते हैं। आप मेरी आलोचना कीजिए, लेकिन अगर मैं गलत नहीं कह रहा, तो मैंने

क्या किया है—इस पर विचार करना आपके दायरे में नहीं आता। यह सब करना पत्रकारिता नहीं है और न ही यह अभिव्यक्ति की स्वतंत्रता कहलाएगी। अगर हम अपनी संमस्याओं को कम करना चाहते हैं, तो हमें उनका समाधान ढूँढ़ना चाहिए। समाधान सिर्फ सहयोग के वातावरण में ही ढूँढ़ा जा सकता है। आलोचना, विवाद और एक-दूसरे की गलतियाँ निकालने से समस्या का हल नहीं निकल सकता है। अगर कोई हल नहीं निकलता, तो देश में हिंसा और अराजकता फैल जाएगी और इससे सबसे ज्यादा हानि साधारण जनता को पहुँचेगी। पत्रकारों को सिर्फ अपनी आत्मरक्षा के चलते इन चीजों को बढ़ावा नहीं देना चाहिए। मैं विनती करता हूँ कि समाज के लिए न सही, अपने बचाव के लिए ही सही—इन प्रवृत्तियों को आप बढ़ावा न दें। यही हमारे देश के लिए हितकर होगा।

'दिल्ली यूनियन ऑफ जर्नलिस्ट्स' की स्मारिका के विमोचन के अवसर पर दिया गया वक्तव्य;
नई दिल्ली, 6 अप्रैल, 1991

कृषि उत्पादन में वृद्धि

यह मेरा सौभाग्य है कि आप सब का, विशेषकर बाहर से आए अपने मित्रों का स्वागत करने का मुझे अवसर मिला है। आप सभी बहुत महत्त्वपूर्ण काम कर रहे हैं, जिसका महत्त्व सिर्फ भारत के लिए ही नहीं, बल्कि सारे विकासशील देशों के लिए है।

हरित क्रांति और किसानों को उपलब्ध कृषि की उच्च तकनीक के बावजूद हमारे कुल अनाज उत्पादन का 45 प्रतिशत भाग उन क्षेत्रों से आता है, जहाँ कृषि अभी भी वर्षा पर आधारित है। जल संरक्षण की अपनी सारी कोशिशों के बावजूद आज और आने वाले कई वर्षों और सदियों तक हमारी कृषि वर्षा पर ही निर्भर रहने को विवश है।

हमारे यहाँ जल-संसाधन की कमी नहीं है, लेकिन इसको व्यवस्थित करना कठिन है। इसका कारण तकनीकी पिछड़ापन तथा पानी का अभाव है। मुझे लगता है कि ये दिक्कतें आने वाले कई सालों तक रहेंगी। पिछले दिनों हमारे वैज्ञानिकों ने इस स्थिति से निपटने के लिए कई उपाय सुझाए। उनका दावा था कि यदि हम देश की सभी नदियों के जल के संरक्षण की व्यवस्था कर सकें, तो हम अपनी धरती पर पूर्ण हरियाली ला सकते हैं। यह कल्पना कब तक साकार रूप ले पाएगी, मैं नहीं जानता। हम लंबे समय तक इसकी प्रतीक्षा नहीं कर सकते, क्योंकि खाद्यान्न उत्पादन में लगातार वृद्धि के बावजूद हमारी जनसंख्या विस्फोट की स्थिति के कारण करोड़ों लोग भूखों मर जाते हैं। हमारे लिए यह स्थिति बेहद चिंताजनक है। लेकिन सच यही है कि न तो हम अपनी सारी आबादी को जरूरी शिक्षा दे पाए हैं और न ही उन्हें प्राथमिक सुविधाएँ ही उपलब्ध करवा पाए हैं। इन सबके पीछे आर्थिक पिछड़ापन भी एक कारण है। शिक्षा के अभाव में वे परिवार नियोजन के लिए प्रेरित नहीं हो पाते, जिससे जनसंख्या में तीव्र वृद्धि और खाद्यान्न संकट सामने आ जाता है। दूसरी ओर, लोगों को प्राथमिक चिकित्सा सुविधाएँ दिए बिना हम उनके मन में बैठे डर को दूर नहीं कर सकते कि उनका जो भी बच्चा जन्म लेगा, वह मृत्यु को प्राप्त होने से बच जाएगा और स्वस्थ जीवन जी सकेगा। यह एक दुश्चक्र है। इस दुश्चक्र में फँसे होने के कारण हम अपनी परिस्थितियों के अनुसार जीने को विवश हैं। इस चक्र को तोड़ने के लिए हम सब को मिलकर कठिन प्रयास करने होंगे।

पिछले दो-तीन दशकों में हमारे देश के कृषि विश्वविद्यालयों तथा कृषि वैज्ञानिकों ने काफी योगदान दिया है, लेकिन हमें इससे भी ज्यादा पाने की कोशिश करनी है, क्योंकि हमारी भू-संपत्ति का अधिकांश भाग बंजर है। हमें इस सारी भूमि को उपजाऊ बनाना है, लेकिन इसके लिए न सिर्फ तकनीक की आवश्यकता है बल्कि श्रम-शक्ति को गतिशील बनाने के लिए कठोर परिश्रम और दृढ़ इच्छाशक्ति की भी आवश्यकता है। इन सबके अलावा यह

भी जरूरी है कि जितनी तकनीक हम लोगों ने विकसित की है और हमारे कृषि संस्थानों ने जो भी वैज्ञानिक उपलब्धियाँ हासिल की हैं, उन सभी तक जनता की पहुँच होनी चाहिए।

राजस्थान में मैं पूरी सुबह रेगिस्तान के ऊपर उड़ान भरता रहा, पर यह देखना बड़ा दुखद लगा कि मीलों-मील तक न तो हरियाली थी और न ही कोई पेड़-पौधे। पता नहीं उस भूमि को मनुष्य तथा पशुओं के रहने लायक बनाने में कितना समय लग जाएगा किन्तु आप और वह समाज, जो वैज्ञानिकों के उत्साहवर्द्धन में लगा है, एक दिन जरूर अपने मकसद में सफल होगा। देश में संसाधनों के सीमित भंडार के बावजूद मैं आपको आश्वस्त करना चाहता हूँ कि यह हमारा कर्त्तव्य है कि हम अपनी अर्थव्यवस्था के इस क्षेत्र को प्राथमिकता दें क्योंकि यह न सिर्फ धन-उत्पादन के क्षेत्र में बल्कि लोगों की बुनियादी जरूरतों को पूरा करने के क्षेत्र में भी प्रभावी भूमिका निभाने जा रहा है। हमारे समाज के अधिकांश गरीब तबके, जो कल के भारत में निर्णायक भूमिका रखने वाले हैं, इन्हीं क्षेत्रों में निवास करते हैं।

अर्थव्यवस्था के नजरिए से चाहे इस क्षेत्र का महत्त्व न समझा जाए, किन्तु सामाजिक और मनोवैज्ञानिक दृष्टिकोण से यह क्षेत्र आर्थिक विकास का सबसे महत्त्वपूर्ण क्षेत्र है, जिससे समूचे देश का हित जुड़ा हुआ है। दुर्भाग्य से आजादी मिलने के इतने वर्ष बाद भी देश के विकास और संपत्ति में मनोवैज्ञानिक कारकों के योगदान के महत्त्व को स्वीकार नहीं किया गया है, क्योंकि यहाँ मानव-शक्ति के अलावा और कोई साधन नहीं है, जो उत्पादन में अपना योगदान कर सके। यदि इस संसाधन का उचित उपयोग नहीं किया गया, तो हम देश के अच्छे भविष्य की कल्पना नहीं कर सकते हैं। अगर आप उन्हें इसका आश्वासन देने में नाकाम रहे कि उनके कठिन परिश्रम का फल उनके कार्य के अनुपात में उन्हें मिलेगा, तो उन्हें किसी भी बड़े और चुनौतीपूर्ण कार्य के लिए आप प्रेरित नहीं कर पाएँगे। इसके विपरीत अगर आप उन्हें बुनियादी सुविधाएँ और यह आश्वासन दे सकें कि उनके कठोर परिश्रम का उचित फल मिलेगा, तो निश्चित ही इससे उनकी इच्छाशक्ति बढ़ेगी और उत्पादन में वृद्धि होगी।

विकास के फायदे जिन लोगों तक नहीं पहुँच पाए हैं, उन्हें रोजगार उपलब्ध करवाने के झूठे वायदों द्वारा भ्रमित करने की कोशिश की जा रही है। यह दोहरा आचरण समाज में तनाव पैदा करता है। झूठे वादे और टूटी आशा ही आज देश की समस्या है। लोग इससे हताश व निराश हो रहे हैं, जिससे सामाजिक तनाव दिनोंदिन तीव्र होता जा रहा है। मुझे उम्मीद है कि आप लोगों को अधिकांश संतुष्टि देने के लिए ही उत्पादन बढ़ाने की कोशिश नहीं करेंगे, बल्कि देश के लोकतांत्रिक ढाँचे को बनाए रखने की चुनौती भी मंजूर करेंगे। लोकतंत्र की बुनियाद जनता के सक्रिय सहयोग पर टिकी होती है और जनता का सक्रिय सहयोग तभी मिल सकता है, जब आप उन्हें इस बात का आश्वासन दे सकें कि उनका श्रम व्यर्थ नहीं जाएगा बल्कि इससे उनके बच्चों को खुशी और सुरक्षा मिल सकेगी।

इस बड़े काम में आपका योगदान सराहनीय है, इसलिए कृषि क्षेत्र में लगे सारे वैज्ञानिकों को उनकी निःस्वार्थ सेवाओं के लिए मैं प्रणाम करता हूँ। मुझे आशा है कि आपके ज्ञान, समर्पण और गरीब वर्ग के लोगों के साथ आपके सहयोग की भावना से हम वर्तमान संकट से छुटकारा पा सकेंगे और उन सभी लोगों में एक नई उम्मीद, विश्वास और आस्था जगा

सकेंगे, जिनके कंधों पर कल के भारत का भविष्य टिका है। कल के भारत-निर्माता के रूप में मैं आपको नमस्कार करता हूँ। इस विश्वास के साथ कि आप अपनी भूमिका बेहद आत्मविश्वास और दृढ़ता से निभाएँगे। आपके इस काम में मैं और मेरी सरकार का सहयोग और समर्थन आपके साथ है।

कृषि संकट से निजात पाने के उपायों पर आयोजित अंतर्राष्ट्रीय सम्मेलन को संबोधित करते हुए;
नई दिल्ली, 7 अप्रैल, 1991

मानवता के बेहतर भविष्य का निर्माण

आपने जो कहा, उससे मैं बहुत प्रभावित हूँ। उससे हंगरी और यूरोप के दूसरे देशों में हो रही उत्तेजक घटनाओं के बारे में जानकारी मिलती है। इससे हमें आजादी के शुरुआती सालों में राष्ट्र-निर्माण के लिए अपने संघर्ष की याद आई। वे दिन भविष्य-निर्माण की कोशिशों में जुटे लोगों की क्षमताओं का उपयोग करने और दायित्वों की ओर से उन्हें चेताए जाने के दिन थे।

हम बहुत भाग्यशाली हैं कि इंदिरा गांधी की स्मृति पर इस वर्ष आप जैसे बड़े और सम्मानित नेता के द्वारा वक्तव्य दिया जाएगा। इंदिरा गांधी को हंगरी और वहाँ की जनता के प्रति बहुत लगाव था और उनकी इस विशेषता के चलते वहाँ की जनता से उनके दोस्ताना संबंधों का विकास हुआ।

आपके भारत-भ्रमण का विशेष महत्त्व इस ऐतिहासिक सच्चाई में है कि यूरोप में हाल ही में हुई लोकतांत्रिक क्रांतियों के बाद मध्य यूरोप के किसी देश के बड़े नेता का यह पहला भारत आगमन है। मैं आप लोगों को यह भी बता देना चाहूँगा कि यूरोप में हुई इन लोकतांत्रिक क्रांतियों का विश्व-लोकतंत्र के इतिहास में बहुत महत्त्वपूर्ण स्थान रहेगा। भारत के सच्चे मित्र के रूप में हम आपका, जिनके साथ लगभग पिछले तीन दशकों से हमारे घनिष्ठ संबंध रहे हैं, अपनी जमीन पर स्वागत करते हैं। लोकतांत्रिक विचारों के प्रति आपकी प्रतिबद्धता और आपके व्यापक मानवीय नजरिए के हम कायल हैं और इसकी सराहना करते हैं। आपके जीवन और कार्यों में कर्मठ और संवेदनशील व्यक्ति का साहस और एक ज्ञानी व द्रष्टा पुरुष की संवेदनशीलता का विलक्षण संगम है।

हंगरी के लोगों की लोकतांत्रिक महत्त्वाकांक्षाएँ पूरी हो जाने की खुशी में हम उनके साथ हैं। हंगरी में जिस शांतिपूर्ण, रचनात्मक तरीके और सूझ-बूझ के साथ आप लोकतांत्रिक परिवर्तन के ध्वजवाहक बने, उसकी हम प्रशंसा करते हैं। हम अंतर्राष्ट्रीय स्थिति में आए बदलाव और पूर्व-पश्चिम संबंधों में हुई प्रगति का स्वागत करते हैं, जिनके चलते यह लोकतांत्रिक परिवर्तन संभव हुआ।

दूसरे विश्वयुद्ध के बाद पहली बार यह उम्मीद बनी कि गुटों में विभाजित यूरोप में शीतयुद्ध की स्थितियाँ समाप्त होंगी और हम समान विचारधारा वाले यूरोप के निर्माण की ओर बढ़ सकेंगे। इन घटनाओं में गुट-निरपेक्ष आंदोलन के मूल सिद्धांतों और पंडित जवाहरलाल नेहरू व दूसरे भारतीय नेताओं के पंचशील दर्शन में विश्व-जनमत की आस्था प्रकट होती है। ये सिद्धांत व दर्शन आज भी हमारा दिशा-निर्देश करते हैं। इसके अलावा सभी राष्ट्रों की संप्रभुता के सिद्धांत के प्रति हमारी प्रतिबद्धता संदेह से परे है। शांतिपूर्ण

सहअस्तित्व के सिद्धांत की हमारी वचनबद्धता किसी से छुपी नहीं है। अंतर्राष्ट्रीय विवादों के निपटारे के लिए शक्ति के प्रयोग के हम हमेशा से खिलाफ रहे हैं। हमारा पक्का विश्वास है कि अपने राष्ट्र के भाग्य का फैसला करने का सबसे पहला अधिकार जनता का है।

भारत और हंगरी के बीच प्रगाढ़ दोस्ताना संबंध हैं। दोनों देशों के लोगों के बीच सदियों पुराने ये संबंध काल की गति के साथ मजबूत होते रहे हैं। सोमा कोरोसी (Soma de Korosi) ने उन्नीसवीं शताब्दी के शुरुआती सालों में हंगरी से भारत तक की यात्रा न केवल पैदल तय की, बल्कि हमारी इस धरती पर अपनी जिंदगी के 20 साल रह कर महत्त्वपूर्ण कार्य किए। संस्कृति और बौद्ध साहित्य के अध्ययन के लिहाज से कोरोसी का भारत-प्रवास विशेष रूप से उल्लेखनीय है। हंगेरियाई लोगों के स्नेह और गर्मजोशी से दार्शनिक कवि रवींद्रनाथ ठाकुर अभिभूत थे। बालटन झील के निकट वर्ष 1926 में जंभीरी नींबू का पौधा रोपने के मौके पर उन्होंने स्मारिका में लिखा है–

"अपने प्रवास की स्मृति में आज यहाँ यह पौध-रोपण कर रहा हूँ, क्योंकि जो कुछ मुझे यहाँ मिला, मैंने कहीं और नहीं पाया–आतिथ्य से कहीं बढ़ कर था यह सब। कुल मिला कर यह भाईचारा था। यहाँ आकर मैंने पाया कि मैं एक ऐसे राष्ट्र में आ गया हूँ, जो भावनात्मक स्तर पर भारत के बहुत नजदीक है।"

हंगरी के क्रांतिकारियों और सुधारकों के साथ हमारे संबंध दोनों देशों की जनता को और नजदीक लाने में मददगार रहे हैं। आपकी इस यात्रा से हमारे मैत्री संबंधों को नया आयाम मिलेगा और मुझे भरोसा है कि इन संबंधों में मजबूती आएगी। दोनों देशों की मान्यताओं व विचारधारा को समर्थन देने, प्रशंसा करने की हमारी परंपरागत विशेषता से शांतिपूर्ण सहअस्तित्व और सहयोग के हमारे सिद्धांत और मजबूत होंगे और आने वाले वर्षों में हमारे संबंध और अधिक प्रगाढ़ होंगे, इसका मुझे भरोसा है। हंगरी में बहुदलीय लोकतंत्र की स्थापना के साथ दोनों देशों की जनता के बीच नए संबंध कायम होंगे। हंगरी में हो रहे सामाजिक परिवर्तन और मिली-जुली बाजार-व्यवस्था को वहाँ लागू करने की कोशिशों से दोनों देशों के आर्थिक और तकनीकी संबंधों में मजबूती आएगी और हमारे लोगों को नए मौके मिलने के रास्ते खुलेंगे।

हम आज इतिहास के एक निर्णायक मोड़ पर खड़े हैं। दुनिया शीतयुद्ध के दौर से गुजर चुकी। मध्य और पूर्वी यूरोप में जो भी घटनाएँ घटीं, उनसे सारे विश्व में लोकतंत्र मजबूत हुआ। विश्व के तमाम हिस्सों में एकीकरण की प्रवृत्ति से दुनिया के एकजुट होने और इसके तमाम टुकड़ों की एक-दूसरे पर निर्भरता की जरूरत को नई ताकत मिली है। तकनीक का तेजी से विकास हो रहा है और राष्ट्रीय सीमाएँ इस विकास में कोई रुकावट पैदा नहीं कर पा रहीं। इतना होते हुए भी गरीबी की समस्या पहले की तरह ही विकट बनी हुई है। इस समस्या से हम सबको एक ही मानव-परिवार का सदस्य मानते हुए एकजुट होकर निपटने की जरूरत है। हम भारत के लोगों का मानना है कि इस समस्या से निपटने के लिए व्यापक दायरे वाला एक आम मोर्चा बनाने की दिशा में सभी देशों को एकजुट होकर आगे बढ़ने की जरूरत है। मुझे भरोसा है कि सभी मनुष्यों के बेहतर भविष्य के निर्माण के लिए हमारा आपसी सहयोग जरूरी है। मैं आशा करता हूँ कि भारत और हंगरी के लोग इस काम को मिल-जुल कर करेंगे।

अपने अनुभवों को हमारे साथ बाँटने के लिए मैं आपका आभारी हूँ। अध्यक्ष जी, हंगरी के खिलाफत आंदोलन के नेता के तौर पर मैं यहाँ अपनी जमीन पर आपका स्वागत करता हूँ। आपके खिलाफत आंदोलन पर ही समूची मानव जाति की शोहरत और समृद्धि टिकी है। लोकतंत्र के दायरे से दूर अंधकार और निराशा की हर घड़ी में कोई न कोई ऐसा जरूर मौजूद होता है, जो उस व्यवस्था को उस समय स्वीकार करने से इनकार करता है। उसके हिटलरी आदेश को 'नहीं' कह कर चुनौती देता है। जब भी मानवता दमन, शोषण और अन्याय के दौर से गुजरती है, तो इसकी खिलाफत करने वाले, साहसी व्यक्ति का होना वहाँ जरूरी है। खिलाफत आंदोलन में मानवता की प्रगति का संदेश छुपा होता है।

यूरोप के इतिहास की इस संकट की घड़ी में आपने यह बखूबी सीख लिया कि व्यवस्था को नहीं कहने, उसको नकारने की चुनौती किस तरह दी जाती है। आपकी आस्था भले ही किसी भी विचारधारा में हो, लेकिन अगर हमारे विचारों में आम आदमी की इच्छाओं, आकांक्षाओं और जरूरतों को जगह नहीं मिल पा रही है, तो हमें यह समझ लेना चाहिए कि सिर्फ विचारधारा हमारी कोई मदद नहीं करने जा रही। भले ही यह चाऊशेस्क्यू हो या मारकोस। अगर आप अपनी जनता की इच्छाओं, जरूरतों का प्रतिनिधित्व नहीं करते, तो आखिरी नतीजा एक ही होना है।

धरती के एक हिस्से पर आप एक आंदोलन की अगुआई कर रहे हैं और मुझे उम्मीद है कि एकीकृत यूरोप उस क्षेत्र के लोगों की इच्छाओं, आकांक्षाओं का ही प्रतिनिधित्व नहीं करेगा, बल्कि खिलाफत आंदोलन के नेता के तौर पर आप समूचे विश्व की जरूरतों, उसकी इच्छाओं का आदर करेंगे। इस नए आंदोलन की बागडोर सँभालने के लिए हम आपकी बाट जोह रहे हैं। हम यह उम्मीद करते हैं कि एकीकृत यूरोप सिर्फ अपने लिए ही नए समाज का निर्माण नहीं करेगा, बल्कि समूची विकासशील दुनिया की इच्छाओं-आकांक्षाओं का भी ध्यान रखेगा और इस आंदोलन की अगुआई करेगा।

खिलाफत आंदोलन के नेता के तौर पर मेरा आपको प्रणाम और आज की दुनिया में समूची मानवता की दमित और शोषित इच्छाओं के प्रतीक के तौर पर मुझे आपसे बहुत आशाएँ हैं।

इंदिरा गांधी स्मृति व्याख्यान के अवसर पर हंगरी के राष्ट्रपति के भाषण पर टिप्पणी;
नई दिल्ली, 11 अप्रैल, 1991

श्रमजीवी तबके के लिए बेहतर सौदा

राष्ट्रपति महोदय, आपका यहाँ स्वागत करते हुए मुझे गर्व महसूस हो रहा है। आप संविधान के रखवाले ही नहीं, हमारे महान भारत के समूचे परिवार के मुखिया भी हैं।

हमारी सबसे बड़ी विरासत हमारी श्रम-शक्ति है और सिर्फ इस श्रमशक्ति के सहयोग और समर्थन के सहारे हम इस राष्ट्र के उज्ज्वल और शानदार भविष्य की कल्पना कर सकते हैं। हमारा श्रमजीवी तबका अधिक राष्ट्रीय संपत्ति की कमाई में बराबर सहयोग करता रहा है। लेकिन दुर्भाग्य से अपने श्रम के नतीजों को अपने बच्चों तक पहुँचा कर वे उनके भविष्य को खुशहाल नहीं बना सके।

हमारा श्रमजीवी तबका आज निराशा और कुंठा का शिकार है। लेकिन मेरा मानना है कि उन्हें इस ओर से आश्वस्त किए जाने की जरूरत है कि उनके श्रम का प्रतिफल आने वाली पीढ़ियों, खासकर दलित और वंचित वर्गों की पीढ़ियों के लिए नई सुबह लेकर आएगा। यह दुर्भाग्य की बात है कि खून-पसीना बहा कर देश के लिए संपत्ति कमाने वालों तक ही विकास के लाभ नहीं पहुँच पाए हैं। वैज्ञानिक अनुसंधानों के चलते मनुष्य के काम करने की दयनीय दशाओं में सुधार हुआ है। पर साथ ही खतरे और जोखिम बढ़े हैं। हमारे श्रमिक को आज कठिन स्थितियों में कार्य करना पड़ रहा है। कार्य के तमाम क्षेत्र ऐसे हैं, जहाँ जीवन का भी जोखिम है।

सुरक्षा आज एक अनिवार्य स्थिति बन चुकी है। हमारी कोशिशें हैं कि श्रमशक्ति की सुरक्षा के आवश्यक उपाय किए जाएँ। लेकिन इन सब कोशिशों के होते हुए भी ऐसी घटना-दुर्घटनाएँ हो ही जाती हैं, जिन पर हमारा कोई नियंत्रण नहीं होता और उद्योगों में होने वाली किसी भी दुर्घटना का खामियाजा हमारे युवा श्रमिक को झेलना पड़ता है। ऐसा खासकर खनन क्षेत्र में लगे लोगों और समुद्र में मछली मारने वालों के साथ होता है।

राष्ट्रपति महोदय, मुझे विश्वास है कि जीवन के इस क्षेत्र में उल्लेखनीय कार्य करने वालों को पुरस्कार वितरण के इरादे से यहाँ आपकी मौजूदगी लोगों में नई प्रेरणा और विश्वास जगाने का कारण बनेगी। इससे उनमें कठिन परिश्रम करने की चाह बढ़ेगी। राष्ट्रपति महोदय, आपकी उपस्थिति ही हम सबके लिए अपने आप में एक प्रेरणास्रोत है।

मैं आपको आश्वस्त करना चाहता हूँ कि आपके दिशा-निर्देशन और आपके प्रेरणादायी नेतृत्व में इस देश का श्रमजीवी तबका इस धरती माँ के लिए बेहतर भविष्य के निर्माण का मन बना चुका है। हम यह उम्मीद कर सकते हैं कि उसके सहयोग और समर्थन से और उसके त्याग और कठोर परिश्रम से हम आशा और विश्वास की नई दुनिया में पहुँच

सकेंगे। अपने लोगों में—खासकर अपना पसीना बहाने वाली जनता में नया विश्वास जगा सकेंगे।

पुरस्कारों से नवाजे गए अपने सभी मित्रों को मेरी बधाइयाँ। राष्ट्रपति महोदय, मुझे उम्मीद है कि जनता में जोश जगाने वाले आपके चंद शब्दों के सहारे हमारा श्रमजीवी तबका अपना कार्य कहीं ज्यादा उत्साह, समर्पण और कर्त्तव्य की भावना के साथ कर सकेगा और समूचे देश के भविष्य को बेहतर बनाने की अपनी जिम्मेवारियों को महसूस कर पाएगा।

राष्ट्रीय सुरक्षा पुरस्कार वितरण समारोह में दिया गया भाषण; नई दिल्ली, 16 अप्रैल, 1991

संकट में देश

एक बार फिर आपको अवसर मिला है—आप फैसला करेंगे कि देश किस तरह से चले। आजादी आने के बाद हमारी अनेक समस्याएँ ज्यों की त्यों बनी रहीं। भूख की समस्या, बेकारी-बेरोजगारी की समस्या, अशिक्षा की बात। लेकिन एक बड़ा अधिकार देश के लोगों को मिला। हमारे शहीदों की कुर्बानी से आजादी आई और उस आजादी के बाद हर आदमी को यह अधिकार मिला कि वह इस बात का निर्णय करे कि यह देश किस तरह से चले। हर पाँच साल पर आपसे निर्णय लिया जाता है। कभी-कभी, जैसा कि इस बार हुआ, डेढ़ साल में ही आपको यह फैसला करना पड़ रहा है। यह अधिकार बहुत महान अधिकार है और इसका उपयोग करते समय आपको इस बात को ध्यान में रखना होगा कि इस फैसले में आप न केवल कुछ उम्मीदवारों की तकदीर का बल्कि भारत की तकदीर का फैसला करते हैं। आपके फैसले पर निर्भर करेगा आपके बच्चों की तकदीर का फैसला। आपके फैसले पर निर्भर करेगा भारत का भविष्य। इसी कारण आपसे बात करते समय मैं प्रारम्भ में ही निवेदन कर देना चाहता हूँ कि यह अधिकार ऐसा है, जिसका उपयोग किसी जोर-जबरदस्ती, दबाव, जात-पाँत और धर्म के नारे पर नहीं, बल्कि देश के भविष्य को ध्यान में रखकर करना होगा।

हमने आजादी के दिनों में कुछ सपने देखे थे। हमने सोचा था कि आजाद हिंदुस्तान में कोई बेबस-लाचार नहीं होगा। यही हमको कहा भी गया था कि जब विदेशी शासन चला जाएगा, इस देश से भूख, गरीबी, बेकारी, बेरोजगारी और बेबसी चली जाएगी। लेकिन 44 वर्षों के बाद भी जहाँ जाइए वहीं वही बेचैनी, वही परेशानी, वही शिकायत, लोगों के मन में वही भय है। ऐसा क्यों हो रहा है ? हमारे देश में तो सब कुछ है। प्रकृति ने हमें सब कुछ दिया है। उपजाऊ धरती, सुंदर जलवायु, हर तरह के फल-फूल और अनाज हमारे यहाँ पैदा होते हैं। हर तरह का खनिज पदार्थ हमारे पास है। 85 करोड़ लोग जिनकी बाँहों में ताकत है, दिलों में अरमान है—एक नया देश बनाने का, लेकिन फिर भी देश की यह हालत आज क्यों बनी हुई है—इस पर हमें गौर करना होगा; क्योंकि बिना इस पर सोचे हम आगे के लिए निर्णय नहीं ले सकते। हमारा देश आज साधनहीन देश है। यह अचानक नहीं हुआ। अंग्रेजों के आने से पहले हम दुनिया के सबसे अधिक धनी देश थे। ढाई सौ वर्षों के बाद हम दुनिया के गरीब देशों में हो गए, क्योंकि उन्होंने न केवल हमारी आजादी को खत्म किया बल्कि जो हमारा अर्थतंत्र था, उसको तोड़ दिया। गाँव-गाँव में हमारे हुनर वाले लोग, जो देश में सम्पदा पैदा करते थे, उनकी शक्ति समाप्त हो गई। इसीलिए आजादी के दिनों में हमने स्वदेशी स्वावलम्बन और रचनात्मक कार्यों का सहारा लिया था। हमने कहा था

कि कुटीर उद्योगों के जरिए मानव शक्ति का उपयोग करेंगे क्योंकि हमारे देश की सबसे बड़ी सम्पदा हमारे लोगों की बाँहों की ताकत है।

यह दुःख की बात है कि 44 वर्षों में अनेक बार वायदे किए गए, आशाएँ बँधाई गईं, लेकिन हर आशा टूटी, हर विश्वास टूटा, लोगों में निराशा फैली और आज आप देख रहे हैं कि इसके कारण देश में एक तनाव की स्थिति पैदा होती जा रही है। अगर देश में साधन कम हैं, तो हमें फैसला करना चाहिए था कि हम किस तरह से इनका उपयोग करें। ये साधन चंद लोगों के वैभव को बढ़ाने के लिए उपयोग में लाए जाएँगे या हमारे देश के गरीबों की आवश्यकताओं को पूरा करने के लिए हम इनका इस्तेमाल करेंगे। आज क्या तस्वीर है हमारे देश की? हमारे देश में 30 फीसदी लोग भूखे हैं। लाखों माताएँ-बहनें ऐसी हैं, जो भरपेट खाना नहीं पातीं और उसके कारण अपाहिज-अपंग बच्चों को जन्म देने के लिए विवश होती हैं। छह-सात वर्ष की उम्र में हमारे बच्चे भोजन न मिलने के कारण अंधे हो जाते हैं। हमारे देश में एक लाख से अधिक गाँव ऐसे हैं, जहाँ पीने का पानी नहीं। पचास फीसदी से अधिक लोग आज निरक्षर हैं। आज हमारे देश में 40-42 करोड़ लोग निरक्षर, चार करोड़ पढ़े-लिखे युवक-युवतियाँ बेरोजगार हैं। यह विडम्बना कब तक चलेगी? अगर यही हालत रही, तो 21वीं सदी आते-आते हमारे देश में 50 करोड़ लोग निरक्षर होंगे, जो दुनिया के कुल निरक्षरों का 52 प्रतिशत होगा। आज से हजारों वर्ष पूर्व जिस देश में वेद की ऋचाएँ लिखी गईं, सामवेद के गीत गाए गए, वह दुनिया का सबसे निरक्षर देश हो, इससे अधिक लज्जा की बात और क्या हो सकती है। हमने इस ओर क्यों नहीं ध्यान दिया, इस पर हमें सोचना होगा।

पाँच-छह महीने पहले जब हमने सरकार बनाई, उस समय हमने देश के विश्वविद्यालयों के कुलपतियों से इस विषय पर विचार किया। वे इसमें सहयोग देने को तैयार हैं, लेकिन इस जनशक्ति का, उनकी बुद्धि का, उनके कौशल का उपयोग हम आज तक क्यों नहीं कर पाए? आज करोड़ों लोगों के हाथ में ताकत है, श्रम करने के लिए। एक ओर हमारे देश के करोड़ों लोग बेकार हैं और दूसरी ओर बंजर जमीन पड़ी हुई है। इस बंजर जमीन को हरियाली में बदलने के लिए क्यों नहीं इनका उपयोग किया गया? हमने सोचा था कि रचना-वाहिनी के जरिए उन लोगों को काम पर लगाया जाएगा, क्योंकि श्रमशक्ति का अगर उपयोग न हो तो दौलत कैसे बनेगी, देश का विकास कैसे होगा। लेकिन हमने अपनी प्राथमिकताओं को चुनते समय कोई ध्यान नहीं दिया। हमारे पास जो कुछ साधन थे, उनको हमने अपव्यय में बर्बाद किया। 86 हजार करोड़ रुपए का कर्ज हमारे देश के ऊपर है। कौन चुकाएगा यह कर्ज ? कोई प्रधानमंत्री नहीं, देश की गरीब जनता इसको अपनी गाढ़ी कमाई से चुकाएगी। कहाँ गया यह कर्ज ? क्या बच्चों को शिक्षा देने के लिए खर्च किया गया? क्या बीमार को दवा देने के लिए खर्च किया गया ? क्या भूखे लोगों को रोटी देने के लिए खर्च किया गया? क्या हमारे किसानों के खेतों को पानी देने के लिए खर्च किया गया ? अगर नहीं, तो जिन लोगों ने यह कर्ज लिया और उसको खर्च किया, उनके ऊपर यह जिम्मेदारी होगी कि देश की जनता के सामने वे जवाब दें कि यह कर्ज का बोझ किस वजह से लादा गया और इसकी क्या जरूरत थी।

मैं जानता हूँ—आज जब इन समस्याओं का सवाल उठाया जाएगा, तो देश को बहकाने

के लिए, दूसरी दिशा में ले जाने के लिए तरह-तरह के प्रयास किए जाएँगे। इस देश में शक्ति है, लोगों में इस देश को ऊँचा उठाने की संकल्प-शक्ति है। थोड़े में हमारे यहाँ के लोग संतोष कर लेते हैं। आज हमारे देश का हरिजन और आदिवासी अपने को उपेक्षित मानता है। पिछड़े वर्ग के लोगों के मन में असंतोष है। अकल्लियत के लोगों के मन में डर समाया हुआ है। समस्याएँ चाहे पंजाब की हों, कश्मीर अथवा असम की हों—उलझती ही जा रही हैं। आज स्थिरता का नारा दिया जा रहा है, लेकिन क्या देश के लोगों को यह मालूम नहीं कि यह सारी समस्याएँ चाहे भूख की हों, चाहे बेकारी की, चाहे निरक्षरता की, चाहे असम, पंजाब या कश्मीर की—ये समस्याएँ उस समय खड़ी हुईं, जिस समय देश में बहुमत की सरकार थी, स्थिर सरकार थी। ढाई सौ वर्षों तक अंग्रेजों ने स्थिर सरकार इस देश में चलाई, तो क्या इससे देश की गरीबी कम हो गई, क्या लोगों की समस्याएँ दूर हो गईं ? आज समस्या स्थिर सरकार की नहीं है, ऐसी सरकार की है—जो लोगों की भावनाओं को समझ सके, लोगों की आवश्यकताओं को समझ सके और उनके अनुरूप कदम उठा सके। थोड़े धन में अगर इस देश को चलाना है, तो मितव्ययिता का नारा जो गांधी ने हमको दिया था, उसे अपनाना पड़ेगा। लोगों को रोटी देने के लिए, उनकी आवश्यकताओं को पूरा करने के लिए। अगर यह काम हमने नहीं किया, तो देश बरबादी की ओर जाएगा।

चार महीने एक माहौल था, उस माहौल को हमने बदलने की कोशिश की। टकराव की राजनीति छोड़नी होगी। सबको मिलकर इस देश को एक नया देश बनाना होगा। उसका असर भी हुआ है, वो चाहे पंजाब हो, चाहे असम हो, चाहे कश्मीर हो—लोगों के मनोभाव बदल रहे हैं। बाबरी मस्जिद के सवाल पर भी लोग आपसी विचार-विनिमय से काम करने के लिए तैयार हैं। हम यह निर्णय करें कि धर्म के नारे को, जाति के नारे को राजनीति में नहीं लाएँगे। यह विनाश का नारा है, देश को बरबादी की ओर ले जाने का नारा है। करोड़ों के सहयोग से एक नया भारत, समता का भारत, बराबरी का भारत, गरीब का भारत, किसानों का भारत हमें बनाना है। यही हमारा सबसे बड़ा कर्त्तव्य है। समाजवादी जनता पार्टी इस दिशा में आगे बढ़ रही है। हमें आपका सहयोग चाहिए। चार महीनों में हमने प्रारंभिक प्रयास किए हैं। हम नहीं कहते कि समस्याओं का समाधान हुआ है, लेकिन हम एक निश्चित दिशा में आगे बढ़ रहे हैं। इस दिशा को बल देने के लिए आप हमें सहयोग दें, सहकार दें। हम आपको नया भारत देंगे—गांधी के सपनों का भारत, जयप्रकाश के अरमानों का भारत। मुझे विश्वास है कि युवा-शक्ति इस बड़े काम में हमारा सहयोग करेगी, हमें समर्थन देगी।

जनता पार्टी का चुनावी प्रसारण; नई दिल्ली, 14 मई, 1991

विदाई संदेश

प्रिय देशवासियो, इस देश में लोकतांत्रिक चुनाव प्रक्रिया करीब-करीब पूरी हो चुकी है। यह प्रयोग देश में पिछले चार दशकों से सफल रहा है।

देश में, और विदेशों में भी, कुछ लोगों के दिमाग में अभी हाल तक यह बात जमी हुई थी कि भारत में लोकतांत्रिक प्रक्रिया को ग्रहण लग चुका है। लेकिन आपकी लोकतांत्रिक समझ, परिपक्वता और निर्णय ने विश्व के सभी लोगों के सामने एक बार फिर यह साबित कर दिखाया कि लोकतंत्र में यहाँ के लोगों की आस्था गहरे स्तर पर है, जिसका परिचय आपने हर मौके पर बखूबी दिया है। देश के कुछ हिस्सों में कुछ समस्याएँ रहीं, लेकिन इतने बड़े क्षेत्रफल वाले देश में ऐसा होना सामान्य बात है। कुल मिलाकर इतना ही कि आपने देश के भविष्य के प्रति अपने कर्त्तव्यों और दायित्वों की समझ का परिचय दिया।

मैं जानता हूँ कि देश में कुछ ऐसे भी तत्त्व हैं, जो धर्म और जाति के नाम पर हमारे समाज में फूट का माहौल पैदा करना चाहते हैं। मैं यह सच्चाई आपके सामने जोर देकर रखना चाहता हूँ कि टकराव का हठ नहीं, बल्कि समन्वय की भावना ही हमें इस संकट से उबार सकती है।

आज हमें आर्थिक चुनौतियों का सामना करना पड़ रहा है। हमें इस सच्चाई को हमेशा याद रखना है कि भारत जैसे विशाल भू-भाग वाले देश को किसी संकट से सिर्फ बाहरी मदद के सहारे नहीं निकाला जा सकता, बल्कि इसके लिए हमें आत्मनिर्भर और स्वावलम्बी बनना होगा। प्रत्येक व्यक्ति को त्याग करने होंगे और अपना सहयोग पहले की तरह जारी रखना होगा। त्याग महज एक नारा नहीं, रणनीति है। हमें अपनी जरूरतों में अपने पास मौजूद संसाधनों के अनुरूप कटौती करनी होगी। मुझे उम्मीद है कि हमारे लोगों को, इस राष्ट्र के सम्मान और प्रतिष्ठा को बनाए रखने के लिए, किसी तरह का त्याग करने में संकोच नहीं होगा।

मुझे खुशी है कि हमारी जनता आज की चुनौतियों को बखूबी समझती है। इन चुनौतियों का सामना करने के लिए सरकार आपका सहयोग पाने के उपाय करेगी, क्योंकि इसके अभाव में देश के उज्ज्वल भविष्य की कल्पना नहीं की जा सकती। हमें यह याद रखना है कि लोगों का सक्रिय सहयोग सिर्फ उसी स्थिति में संभव है, जब हम उन्हें इस ओर से आश्वस्त कर सकें कि जो कुछ भी उनका उत्पादन होगा, उसका लाभ उनके बच्चों की बुनियादी जरूरतों को पूरा करने के लिए जरूर मिलेगा। आइए, हम उस ओर बढ़ें और उन लोगों के बच्चों का भविष्य उज्ज्वल बनाने की उम्मीद करें, जो लम्बे समय से शोषित और दलित रहे हैं।

मुझे विश्वास है कि मिल-जुलकर संघर्ष करके ही हम इस संकट से छुटकारा पा सकेंगे। आपने मुझमें जो विश्वास व्यक्त किया, जिस भावना से आप मेरे साथ पेश आए और जो स्नेह आपने मुझे दिया, उसके लिए मैं आपका शुक्रगुजार हूँ। आपका भविष्य उज्ज्वल हो, ऐसी मेरी कामना है।

प्रधानमंत्री पद से इस्तीफा देते हुए; नई दिल्ली, 20 जून, 1991

कुछ अन्य महत्त्वपूर्ण भाषण

राष्ट्रीय संपत्ति की खरीद-बिक्री

सरकार सार्वजनिक उपक्रमों के विनिवेश को आक्रामक ढंग से चला रही है। विनिवेश के गम्भीर नीतिगत निहितार्थ हैं। इसका अर्थ केवल एक या दूसरे उपक्रम को बंद करना नहीं है। विनिवेश की इस नीति को अगर जारी रखा गया तो भारत में राज्य की भूमिका ही बदल जाएगी और सरकार देश की जनता के प्रति अपने दायित्व से अलग हो जाएगी। भारत जैसे बड़े देश में अगर सार्वजनिक हित तथा गरीब जनता की चिन्ता की जगह बाजारोन्मुख अर्थव्यवस्था को जारी रखा गया, तो इससे कई तरह की विसंगतियाँ पैदा होंगी और पिछले पचास वर्षों से चली आ रही नीतियों को छोड़ना पड़ेगा। बाजारोन्मुखी अर्थव्यवस्था को स्वीकार करने से समाज के गरीब और कमजोर वर्ग की कठिनाइयाँ बढ़ेंगी। क्षेत्रीय असन्तुलन, आत्मनिर्भरता तथा पिछड़े वर्गों के हितों की रक्षा जैसे राष्ट्रीय मुद्दों का कोई स्थान नहीं रह जाएगा। देश के अविकसित क्षेत्रों में औद्योगिकीकरण को बढ़ावा देने का काम विकास के दायरे से बाहर हो जाएगा और इसके गम्भीर सामाजिक तथा आर्थिक परिणाम होंगे।

इन सब बातों को ध्यान में रखकर विनिवेश के मुद्दे पर राष्ट्रीय चर्चा आवश्यक हो गई है। लेकिन सरकार ने विनिवेश की प्रक्रिया को निहित स्वार्थ को लाभ पहुँचाने का अस्त्र बना लिया है। यह सच्चाई इस बात को देखने से उजागर हो रही है कि किन लोगों को शेयर बेचे जा रहे हैं। शेयर खरीदारों और विनिवेश के बारे में सरकार के अन्तर्राष्ट्रीय सलाहकारों का चयन करने में राष्ट्रीय हितों को नजरअंदाज कर व्यक्तिगत तथा राजनीतिक हितों को ध्यान में रखकर पक्षपात किया जा रहा है। इस प्रकार के अनुभव पूरी दुनिया गें देखे जा सकते हैं। सरकार ने इस मामले में दूसरे देशों के अनुभवों की उपेक्षा की है और विनिवेश आयोग को खत्म हो जाने दिया है। अब विनिवेश के पूरे मामले को मन्त्रिमंडल की एक समिति देख रही है। इस प्रक्रिया में पारदर्शिता नहीं है और सार्वजनिक उपक्रमों की परिसम्पत्ति का हस्तान्तरण उसके वास्तविक मूल्य का आकलन किए बिना ही कर देने का खतरा बढ़ गया है।

सार्वजनिक उपक्रमों के खातमे से उनकी जगह निजी उद्योगों का खुलना और निजी एकाधिकारवाद का मजबूत होना लाजमी है। यह निजी एकाधिकार बहुराष्ट्रीय कम्पनियों का हो सकता है और कभी-कभी बड़े भारतीय उद्योग भी इसमें आ सकते हैं। विनिवेश की प्रक्रिया बढ़ने के साथ-साथ अब यह देखने को मिल रहा है। मॉडर्न फूड इंडस्ट्रीज लिमिटेड दुनिया की सबसे बड़ी बहुराष्ट्रीय कम्पनी को बेच दी गई है। बहुत जल्दी ही एयर इंडिया तथा इंडियन एयरलाइंस के साथ भी यही होनेवाला है। माडर्न बेकरी जब स्थापित की गई थी तब उसका लक्ष्य औद्योगिक मजदूरों को उपभोग के लिए चावल के विकल्प में सस्ते

दर पर डबल रोटी उपलब्ध कराना था। अब जबकि उसे बहुराष्ट्रीय कम्पनी ने ले लिया है, वह उच्च तथा मध्यम वर्ग के लोगों की जरूरतों को ही पूरा करेगी और उसका कोई सामाजिक उद्देश्य नहीं रह जाएगा। एयर इंडिया मात्र एयरलाइंस नहीं है, बल्कि उसके साथ भारत के लोगों की भावनाएँ जुड़ी हुई हैं। ऐसा इसलिए कि उसके ऊपर राष्ट्रीय ध्वज का चिह्न बना हुआ है। एयर इंडिया एक प्राइवेट हाथ में दी जा रही है। सबसे बुरी बात यह है कि इसे एक विदेशी एयरलाइंस को सौंपा जा रहा है। यह हमारे लिए बहुत दुख की बात होगी। जब किसी विदेशी साझीदार को किसी उपक्रम में लाया जाता है तो वह अपनी शर्तें लादने का प्रयास करने लगता है। यह तथ्य सर्वविदित है कि बड़े औद्योगिक घराने तथा सत्ता के निजी केन्द्र किसी देश की राजनीतिक व्यवस्था को भी प्रभावित करने लगते हैं। हमारे संविधान में जो राज्य के लिए नीति-निर्देशक सिद्धान्त निर्धरित किए गए हैं उसमें आर्थिक सत्ता के केन्द्रीकरण और निजी एकाधिकार की वृद्धि को रोकने की आवश्यकता पर जोर दिया गया है। आर्थिक सत्ता के विकेन्द्रीकरण को सार्वजनिक हित के विरुद्ध बताया गया है।

औद्योगिक मजदूरों के लिए उद्योगों के निजीकरण के गम्भीर परिणाम होते हैं। मजदूरों को बड़ी संख्या में काम से बाहर कर दिया जाता है जिसका गम्भीर असर रोजगार की स्थिति पर पड़ता है। सार्वजनिक उद्योगों के विनिवेश तथा निजीकरण से स्थायी तथा नियमित नौकरियाँ खत्म हो रही हैं और उनके स्थान पर कम वेतन पर कर्मचारी रखे जा रहे हैं। इससे असंगठित तथा आकस्मिक मजदूरों का शोषण हो रहा है। इससे प्रभावित मजदूरों को न तो केन्द्र सरकार कोई राहत दे पाई है और न ही राज्य सरकारें ऐसा कर पाई हैं। स्वैच्छिक अवकाश ग्रहण योजना का बुरा असर लाखों गरीब कर्मचारियों पर पड़ा है। सरकार इन कर्मचारियों को प्रशिक्षण देकर उनसे काम लेने की बजाय उन्हें थोड़ी रकम मुआवजे के रूप में देकर अपनी जिम्मेदारी को समाप्त मान रही है। यह दावा किया गया था कि 'नेशनल रिनुअल फंड' से प्रभावित कर्मचारियों को फिर से प्रशिक्षण देकर उन्हें काम पर लेने में सहायता मिलेगी लेकिन इस कोष का उपयोग केवल मुट्ठी भर अधिक वेतन वाले लोगों की सहायता करने के लिए किया गया। पुनः रोजगार देने का प्रतिशत भी कम रहा। सार्वजनिक उपक्रमों के जिन कर्मचारियों ने अनिवार्य अवकाश ग्रहण की योजना को चुना उन्हें केवल एक से डेढ़ लाख रुपए के बीच की रकम मुआवजे के रूप में मिली। सरकार ने बेरोजगार लोगों पर ध्यान नहीं दिया जिससे सामाजिक तनाव बढ़ा। सरकार विनिवेश करके अपनी जिम्मेदारियों से भी भाग रही है।

निजीकरण के उत्साह में सार्वजनिक उपक्रमों को सुधारने का कोई काम नहीं हो रहा है। अर्थव्यवस्था को पुनर्गठित करने की जरूरत है। सार्वजनिक उपक्रमों के पुनर्गठन के लिए प्राथमिकता का क्षेत्र उसका उच्चस्तरीय प्रबन्ध और नीति-निर्धारण तन्त्र होना चाहिए। इसकी पूरी तरह उपेक्षा की गई है। सार्वजनिक उपक्रमों को अपनी स्थिति सुधारने का मौका दिए बिना ही बाहरी दबाव से उनका विनिवेश और निजीकरण किया जा रहा है। इन उपक्रमों को स्वायत्तता देने के मामले में भी कुछ नहीं किया गया। स्वायत्तता की योजना केवल कागज पर रह गई है। बोर्ड के स्तर की बहुत-सी नियुक्तियाँ करने में या तो विलम्ब किया जा रहा है या इन्हें खाली रखा जा रहा है।

उच्चस्तरीय विनियमन समितियाँ कायम करने की व्यवस्था भी चिन्ता का कारण बन रही है। इन समितियों तथा सरकार के अधिकार क्षेत्र क्या हैं, इसका साफ निर्धारण किया जा रहा है। वर्तमान अनुभवों से अगर कोई संकेत मिलता है, तो वह यही है कि जिन उपक्रमों का निजीकरण कर दिया गया है, उपभोक्ताओं को उनके द्वारा उत्पादित वस्तुओं का अधिक मूल्य देना पड़ रहा है। आवश्यक तथा प्राथमिक सेवाओं के क्षेत्र में भी यही हो रहा है। विनियमन एजेंसियाँ सफलता के साथ अपना काम करें इसके लिए राजनीतिक इच्छाशक्ति आवश्यक है।

भारत का राजनीतिक तथा प्रशासनिक नेतृत्व मीडिया तथा बाजारोन्मुखी अर्थव्यवस्था द्वारा फैलाई गई इस भ्रान्ति का शिकार हो रहा है कि सार्वजनिक उपक्रम बेकार हैं। यह प्रचार अत्यन्त दुर्भाग्यपूर्ण है। सार्वजनिक उपक्रमों के कर्मचारी अधिक जवाबदेह बनाए जाएँ। इस बात को सभी स्वीकार करेंगे। लेकिन इसके साथ सच्चाई यह भी है कि इन उपक्रमों में राजनीतिक तथा प्रशासनिक कारणों से बहुत अधिक कर्मचारी भरती कर लिये गए हैं। इन उपक्रमों के घाटे में चलने का एक बड़ा कारण यह भी है।

स्वतन्त्र एजेंसियों ने जो आँकड़े एकत्र किए हैं, उनसे पता चलता है कि पिछले कुछ वर्षों में सार्वजनिक उपक्रमों के मुनाफे में सुधार हुआ है। लेकिन ब्याज के अधिक बोझ और करों के कारण कर पूर्व उनके लाभ पर असर हो रहा है। सच्चाई तो यह है कि ये उपक्रम सरकार की नीतियों के कारण विफल हो रहे हैं। समय रहते निर्णय न किए जाने का भी इनके ऊपर असर पड़ता है और प्रबन्धकों तथा कर्मचारियों का मनोबल प्रभावित होता है।

शुरू में सरकार की नीति घटा देनेवाले सरकारी उपक्रमों के शेयरों को बेचने की थी किन्तु अब उसका वास्तविक इरादा सामने आ रहा है। सरकार विनिवेश से चालू वित्तीय वर्ष में दस हजार करोड़ रुपया एकत्र करना चाहती है। अपने प्रारम्भिक कदमों से वह इस नतीजे पर पहुँच गई है कि इस लक्ष्य को प्राप्त नहीं कर सकती। इसलिए अब वह लाभ देनेवाली सार्वजनिक कम्पनियों का भी शेयर बेचने के प्रयास में है। यह विश्वास करने का कारण है कि सरकार पिछले पचास वर्ष में अर्जित सारी पूँजी बेच डालेगी। लेकिन यह बात भुला दी गई है कि सार्वजनिक उपक्रम किसी की व्यक्तिगत सम्पत्ति नहीं हैं। इन्हें उन लोगों को जिन्हें अपने वर्तमान कदमों के दूरगामी परिणामों की समझ नहीं है, बेचने का कोई अधिकार नहीं है। अब इस प्रकार के कदमों के विरोध का समय आ गया है।

सरकारी दावों के बावजूद देश की आर्थिक स्थिति बिगड़ी

सरकारी दावों के बावजूद देश की आर्थिक स्थिति निरन्तर बिगड़ रही है। बजटीय घाटा बढ़ता ही जा रहा है। देश के बजट का 40 प्रतिशत कर्ज की अदायगी में जा रहा है। सरकारी अमले पर होनेवाले खर्च और देशी-विदेशी कर्जों की अदायगी के बाद जो थोड़ा पैसा बचता है, वही विकास कार्यों में लगाया जाता है लेकिन योजनाओं में पूँजीगत व्यय बराबर कम हो रहा है। इसके नतीजे साफ दिखाई दे रहे हैं। गरीबी बढ़ रही है और सरकारी आँकड़ों

की बाजीगरी के बावजूद असलियत छिप नहीं रही है। कृषि हमारी अर्थव्यवस्था की रीढ़ है लेकिन उसकी बराबर उपेक्षा हो रही है। वैश्वीकरण की आड़ में खाद्य पदार्थों के आयात की छूट दी जा रही है जिससे किसानों पर बड़ा संकट आनेवाला है। उदारीकरण की नीति के उलटे परिणाम सामने आ रहे हैं और जनता की गाढ़ी कमाई से बने सार्वजनिक उपक्रमों को बेचने की होड़ लगी हुई है।

चन्द्रशेखर के भाषण का मूल पाठ :

प्रतिनिधि साथियो और मित्रो,

पिछली बार हम नवम्बर 1997 में राजगीर (बिहार) में मिले थे। तब से अब तक के बीच में दो बार लोकसभा भंग हुई और लोकसभा के लिए नए चुनाव हुए। इस दौरान हमने संयुक्त मोर्चे को बिखरते हुए और धर्मनिरपेक्षता के नाम पर एकजुट हुए लोगों को टूटकर भाजपा के नेतृत्व में सरकार का भागीदार बनते देखा। जिस इक्कीसवीं सदी का इंतजार दुनिया और हमारे देशवासी बेसब्री से कर रहे थे वह भी आ पहुँची और विकासशील देशों की पिछली कतार में 135वें नम्बर पर खड़े भारत ने भी इक्कीसवीं सदी में प्रवेश किया। आपको याद होगा कि पिछली बार जब हम मिले थे तो संयुक्त मोर्चा की सरकार केन्द्र में सत्तासीन थी। दुर्भाग्यवश वह उन्हीं आर्थिक नीतियों को आगे बढ़ाने में लगी हुई थी जिन्हें नरसिंह राव सरकार ने प्रारम्भ किया था। भाजपा जब तक सरकार के बाहर रही उसने नरसिंह राव सरकार की नीतियों का विरोध किया और स्वदेशी की रट लगाती रही। लेकिन सत्ता में आते ही उसके नेतृत्व में बनी सरकार ने न केवल नरसिंह राव द्वारा प्रतिपादित नीतियों पर अमल शुरू किया बल्कि उसे और भी तेजी से लागू करने के लिए अपनी प्रतिबद्धता प्रकट की।

गत वर्ष जनवरी में हमने सरकार से आग्रह किया कि तथाकथित आर्थिक सुधारों को लागू किए 7 वर्ष से अधिक का समय हो गया है और समय आ गया है कि एक बार हम इस बात की समीक्षा करें कि जिन उद्देश्यों को हासिल करने के लिए उदारीकरण और वैश्वीकरण की नीतियाँ प्रारम्भ की गई थीं, उन उद्देश्यों को प्राप्त करने में कहाँ तक सफलता या विफलता मिली है। बजाय इसके कि सरकार समीक्षा के लिए कोई कदम उठाती, बारंबार सरकार की ओर से यही कहा गया कि ये नीतियाँ न केवल जारी रहेंगी, बल्कि इन्हें और तेजी से लागू किया जाएगा।

यह तो तस्वीर का एक पहलू है। इसका दूसरा पहलू यह है कि बुनियादी समस्याओं को हल करने के लिए आम सहमति बनाने की बजाय कई बार टकराव के रास्ते अख्तियार किए गए। किसी भी जनतन्त्र में शासकीय अधिकारियों और कर्मचारियों की निष्पक्षता एक अनिवार्यता है, अन्यथा हर चुनाव के बाद एक नई पार्टी के सत्ता में आने पर राजनीतिक आधार पर सरकारी कर्मचारियों का उत्पीड़न रोका नहीं जा सकता। साथ ही शासन की निरन्तरता भी प्रभावित होती है। भाजपा ने प्रजातन्त्र के इस मौलिक सिद्धांत पर ही प्रहार करने का प्रयास किया और इसकी शुरुआत गुजरात की भाजपा सरकार ने अपने यहाँ सरकारी कर्मचारियों को राष्ट्रीय स्वयंसेवक संघ की शाखाओं में भाग लेने की छूट देकर की। बाद में इसका समर्थन उत्तर प्रदेश के भाजपा मुख्यमन्त्री और स्वयं प्रधानमन्त्री ने किया।

प्रबल राजनीतिक दबाव के चलते भाजपा को यह कदम वापस लेना पड़ा। लेकिन उनके मनसूबे जाहिर हो गए। इस तरह के प्रयास फिर भी किए जा सकते हैं।

सारे सरकारी दावों के बावजूद देश की आर्थिक स्थिति निरन्तर बिगड़ रही है। बजटीय घाटा बढ़ता ही जा रहा है। देश के बजट का लगभग 40 प्रतिशत कर्जों की अदायगी में जा रहा है। सरकारी अमले पर होनेवाले खर्चों और देशी-विदेशी कर्जों की अदायगी के बाद बहुत थोड़ा पैसा बचता है जो विकास के कार्यों में लगाया जा सके। जो सालाना योजनाएँ बनती हैं उनमें पूँजीगत व्यय बराबर कम हो रहा है। इसके नतीजे साफ दिखाई दे रहे हैं। गरीबी बढ़ रही है, सरकारी आँकड़ों की बाजीगरी के बावजूद असलियत छिप नहीं रही है, विश्व बैंक तक को इन सरकारी आँकड़ों को चुनौती देना पड़ा और उसने कहा है कि जिस कालखंड में गरीबी कम होने के दावे किए गए हैं, दरअसल उसमें गरीबी बढ़ी है। सरकार ने जो मापदंड बनाए हैं, अगर उन्हीं को मानकर चलें तो भी गरीबी का यह स्तर 30 प्रतिशत से ऊपर बैठता है। राष्ट्रसंघ विकास मानकों को अगर आधार बनाएँ, जिसमें स्वास्थ्य, शिक्षा और बुनियादी सुविधाएँ शामिल की जाती हैं, तो भारत की लगभग 61 प्रतिशत जनता गरीबी में जिन्दगी बसर करती है। विकास के मानकों को सामने रखें तो भारत दुनिया के देशों में 135वें नम्बर पर आता है और हमारे विकास की जो रफ्तार है उसके हिसाब से तो शायद अगले 100 साल में ही हम गरीबी से उबर सकें। गरीबी बढ़ने के कारण विभिन्न वर्गों की आय में असमानता भी बढ़ी है। असमानता के साथ सामाजिक तनाव भी बढ़ रहा है। बढ़ती हुई क्षेत्रीय असमानता राष्ट्रीय एकता के लिए ही खतरा पैदा कर रही है।

कृषि अर्थव्यवस्था की रीढ़ है फिर भी इसकी बराबर उपेक्षा हो रही है। सिंचाई के क्षेत्र में सरकारी निवेश कम होता जा रहा है। 1990-91 के बाद से जो सिंचित क्षेत्र बढ़ा है, वह निजी कुओं और निजी ट्यूबवेलों के कारण बढ़ा है। कृषि उत्पादन और उत्पादकता दोनों ही ठहराव की स्थिति में आ गए हैं। अनाजों और दालों की प्रति-व्यक्ति उपलब्धता में आई कमी इसका सबूत है। 1981-91 के कालखंड में कृषि विकास की दर 4.04 प्रतिशत थी जो अगले दशक में घटकर 2.3 प्रतिशत हो गई। अनाजों और दालों के दामों में और तेजी से बढ़ोत्तरी हुई होती लेकिन करोड़ों लोग जो गरीबी की रेखा के नीचे चले गए हैं, उनमें क्रयशक्ति ही नहीं है।

वैश्वीकरण के चलते खाद्य पदार्थों के आयात में जो छूट दी जा रही है, उसमें किसानों पर तो संकट आने ही वाला है साथ ही हमारी खाद्यान्न सुरक्षा भी खतरे में पड़ जाएगी। यह एक विचित्र स्थिति है। जो विकसित देश हैं और वैश्वीकरण के सबसे बड़े समर्थक हैं—खासतौर से अमरीका और यूरोपीय यूनियन—अपने किसानों को सबसे ज्यादा सरकारी सहायता (सब्सिडी) देते हैं। अगर हम अमरीका और यूरोपीय यूनियन के देशों से मुकाबला करें, तो खाद और बिजली में मिलनेवाली सब्सिडी के बावजूद हमारे किसानों को सबसे कम सरकारी सहायता मिलती है।

हाल के दिनों में हमारी आर्थिक प्रगति में कृषि का बड़ा योगदान रहा है, न कि विदेशी पूँजी का। जो लोग आज विदेशी पूँजी के आयात पर सारा जोर लगा रहे हैं उन्हें असलियत की जानकारी नहीं है। आज भी कृषि में सबसे अधिक व्यक्ति लगे हुए हैं। 1990-91 में 186.2 मिलियन लोग खेती में लगे हुए थे जिसमें 74 मिलियन खेत मजदूर थे। खेत मजदूरों

के पास दूसरा कोई रोजगार नहीं है इस कारण वे खेती में ही लगे रहे हैं। उनकी मजदूरी भी बहुत कम है। इसे अगर दृष्टि में रखें, तो खाद्यान्नों के आयात का सीधा मतलब है खेत मजदूरों को बेरोजगार करना।

उदारीकरण की जो नीति 1990-91 में लागू की गई उसके लिए कहा गया कि उससे औद्योगिक उत्पाद बढ़ेगा, सार्वजनिक उद्यमों में मुनाफा होगा और आधारभूत ढाँचे में भारी निवेश होगा। लेकिन उलटे परिणाम सामने आ रहे हैं। 1981-82 में औद्योगिक विकास की दर 7.7 प्रतिशत थी जो 1991-92 के बाद घटकर 5.8 प्रतिशत रह गई। सार्वजनिक क्षेत्र के उद्यमों का घाटा अपनी जगह पर है। विद्युत उत्पादन के क्षेत्र में केवल तीन कोयले से चलनेवाले संयंत्र लगे हैं, जिनकी कुल क्षमता 1200 मेगावाट है। यातायात के क्षेत्र में निवेश की जो अपेक्षाएँ थीं वे पूरी नहीं हुईं।

एक ओर तो यह स्थिति है और दूसरी ओर जनता की गाढ़ी कमाई से खड़े किए जो सार्वजनिक उपक्रम हैं, उनको बेचने की होड़ लगी हुई है। योजना आयोग के उपाध्यक्ष से लेकर सरकार का प्रत्येक सदस्य एक ही राग अलाप रहा है कि सार्वजनिक उपक्रम के निजीकरण में देर हो रही है। सावर्जनिक उपक्रम की कुछ कमजोरियाँ रही हैं। नौकरशाही इनमें हावी रही और इसके कारण जैसे उद्योगों को चलाना चाहिए इन्हें चलाया नहीं गया। मैंने बारंबार अखबारों और दूसरे माध्यमों से इसकी ओर सरकार का ध्यान खींचा। लेकिन उनको सुधारने के बजाय अब उन्हें औने-पौने दामों पर बेचा जा रहा है। पहले तो यह कहा गया था कि जो सार्वजनिक उपक्रम घाटे में हैं, वे बेचे जाएँगे। अब वे उपक्रम भी बेचे जा रहे हैं जो मुनाफे में चल रहे हैं। यह सब बहुराष्ट्रीय कम्पनियों के दबाव में किया जा रहा है। जिस रफ्तार से इन उपक्रमों को बेचने का काम किया जा रहा है, उसमें थोड़े ही दिन में बेचने के लिए कुछ बचेगा ही नहीं। समाजवादी जनता पार्टी (राष्ट्रीय) के कार्यकर्ता सरकार की इस देशहित विरोधी नीति के मूकदर्शक नहीं हो सकते।

हाल के वर्षों में हमारे गृह, लघु और मध्यम दर्जे के उद्योग बड़ी संख्या में बंद हो गए। उसका कारण यह है कि हमने रोजमर्रा इस्तेमाल की वस्तुओं का आयात मुक्त कर दिया है। बेरोजगारी हमारी मुख्य समस्या है लेकिन हम अपनी अर्थव्यवस्था को उन देशों की अर्थव्यवस्था से सम्बद्ध करने को आतुर हैं, जिनकी वजह से बेरोजगारी और बढ़ने वाली है।

संसद में ही एक ऐसा मंच है जिस पर इन प्रश्नों पर गहन विचार होना चाहिए। परन्तु संसद का समय व्यर्थ के हल्ले-गुल्ले में बीत जाता है। आजकल नीति सम्बन्धी बहस-मुबाहिसे संसद की बजाय उद्योग और व्यापार के संघों में होते हैं। स्वभावतः नीतियों का निर्धारण भी राष्ट्रहित के बजाय उन्हीं के हित में किया जाता है। सरकारी और सार्वजनिक संस्थाओं की निन्दा करना एक फैशन बन गया है। इससे इनकार नहीं किया जा सकता कि कुछ क्षेत्रों में सरकार की भूमिका ठीक न रही हो। लेकिन अनेक महत्त्वपूर्ण क्षेत्रों में निजी पूँजीपति और विदेशी पूँजी सरकार का स्थान नहीं ले सकते। सड़कें, रेल, बंदरगाह, हवाई अड्डे, सिंचाई व्यवस्था, अर्थव्यवस्था के मूलभूत ढाँचे और स्कूल, अस्पताल जैसी सामाजिक सेवाएँ बराबर सरकार की जिम्मेदारी का हिस्सा रहेंगी। इन क्षेत्रों में किसी भी देश में निजी पूँजी की बहुत ही सीमित भूमिका रही है। इस तथ्य को नजरअन्दाज करके सरकार अपनी इन जिम्मेदारियों

से भी पल्ला नहीं झाड़ रही है और इन सेवाओं को भी निजी हाथों में सौंपने की दिशा में कदम बढ़ा रही है। इन क्षेत्रों में निजी पूँजी लगाने के बाद जो ढाँचा खड़ा होगा वह आम आदमी की पहुँच के बाहर होगा।

सरकार द्वारा अपनी सामाजिक जिम्मेदारियों से भागने की प्रवृत्ति साफ-साफ दिखाई दे रही है। शिक्षा और स्वास्थ्य के क्षेत्र में सरकारी खर्चों में कटौती करने से यह बात और भी स्पष्ट हो जाती है। यह कितनी शर्म की बात है कि आज भी एक लाख अस्सी हजार गाँव ऐसे हैं जिनके एक किलोमीटर के इर्द-गिर्द कोई स्कूल नहीं है। बाल-मृत्यु की दर आज भी हमारे देश में दुनिया के और देशों के मुकाबले सबसे अधिक है। औसत आयु में भी हम बहुत से देशों के मुकाबले काफी कम हैं। ऐसी स्थिति में सरकार का कर्त्तव्य है कि वाचाल अल्पमत के मुकाबले वह मूल बहुमत के कल्याण की चिन्ता करे। इन वास्तविकताओं को नजरअन्दाज करके दरअसल सरकार अपनी जिम्मेदारी से दस्तबरदार हो रही है।

उदारीकरण का अर्थ तो यह होता है कि लोगों को नौकरशाही के अनावश्यक हस्तक्षेप और औपचारिकताओं से छुटकारा दिया जाए। इसका अर्थ यह कदापि नहीं होता कि सरकार अपनी मूलभूत जिम्मेदारियों को छोड़ दे। उदारीकरण में प्रशासनिक शक्तियों का इस्तेमाल बेहतर उत्पादक ढंग से करना होता है। इसमें निर्णय लेने की पहल और क्षमता का विकेन्द्रीकरण होता है। यह प्रक्रिया अभी शुरू ही नहीं हुई है। सरकार के लोग आर्थिक सुधारों के दूसरे चरण का अर्थ यही लगाते हैं कि उद्योग और संगठित व्यापार को और कौन-सी सुविधाएँ देनी हैं, जबकि इसका सीधा सम्बन्ध आम आदमी की जरूरतों को ध्यान में रखकर कदम उठाने से सम्बन्धित होना चाहिए।

जब सरकार ने संविधान में परिवर्तन की मुहिम चलाई तो राष्ट्रपति ने एक गरिमापूर्ण ढंग से उन्हें चेतावनी दी—"संविधान ने हमें विफल नहीं किया, बल्कि हमने संविधान को विफल कर दिया।" परन्तु सरकार ने इस ऋषितुल्य सलाह पर ध्यान नहीं दिया और अपने चुनिन्दा लोगों का एक संविधान समीक्षा आयोग बना दिया। भारत का संविधान भारत की जनता ने अपने को प्रदत्त किया है। अगर संविधान की समीक्षा होनी ही है, तो यह काम भी जनता ही करेगी। जनतन्त्र में संसद लोकेच्छा को प्रतिबिम्बित करती है। क्या हम यह समझें कि जो संसद जनता को संविधान दे सकती है वह उसकी समीक्षा करने के काबिल नहीं है ? आज भी संसद में काफी ऐसे योग्य और अनुभवी व्यक्ति हैं, जो इस काम को बखूबी अंजाम दे सकते हैं। उन्हें सरकार द्वारा चुनिन्दा लोगों का मुँह ताकने की जरूरत नहीं है।

आज की हालत का कोई तज्किरा बिना सुरक्षा की स्थिति का जिक्र किए पूरा नहीं हो सकता। हमारे इर्द-गिर्द का वातावरण हाल के कुछ महीनों में हमारे देश के लिए खुशगवार नहीं रहा है। यों तो दूसरे देशों में जो घटनाएँ घट रही हैं, उनका भी इस वातावरण को बनाने में हाथ रहा है। लेकिन हमारी अपनी जो जिम्मेदारी है, उसे हमें कबूल करना चाहिए। एटम बम का विस्फोट करके हमने अपने बहुत से रास्तों को बंद कर दिया है। जम्मू-कश्मीर में सीमापार से आतंकवादी घटनाओं में हुई वृद्धि से यह तथ्य साफ हो गया है कि एटम बम फोड़ने से हमारा सुरक्षा माहौल बजाय बनने के बिगड़ा ही है। हमारे जो छोटे पड़ोसी हैं, उन्हें ऐसा महसूस हो रहा है कि हम उनकी भावनाओं की चिन्ता नहीं करते, बल्कि उनकी

उपेक्षा करते हैं। हमारे ऊपर पश्चिम का भूत सवार है और हम उनकी स्वीकृति के लिए ही परेशान दीखते हैं।

जैसा हमारा वैदेशिक माहौल खराब हुआ है, वैसे ही हमारी आन्तरिक स्थिति भी बिगड़ी है। हाल ही में दो राज्यमन्त्रियों की हत्या हुई है। पुलिस चौकियों पर हमले हुए हैं और काफी हथियार लूट लिए गए। कश्मीर में हमारी सेना की छावनियों पर भी हमले हुए और खासतौर से धार्मिक अल्पसंख्यकों को निशाना बनाया गया। कई ऐसे राज्य हैं जिनमें आतंकवादी गतिविधियाँ बढ़ी हुई हैं। राजशक्ति घटकर सीमित दायरे में रह गई। जब हमारे सुरक्षा बलों पर हमले होते हैं, तो इसका बुरा असर पूरे राष्ट्र पर पड़ता है। विध्वंसकारियों की चुनौतियों का मुकाबला सरकार ठीक से नहीं कर पा रही है और जनता के जान-माल की सुरक्षा की गारंटी देने में बुरी तरह विफल रही है। जहाँ तक कश्मीर का सवाल है, वहाँ किसी भी पक्ष से बात करने में कोई हर्ज नहीं है, परन्तु ऐसी किसी बातचीत में जम्मू-कश्मीर की चुनी हुई सरकार को विश्वास में लेकर आगे कदम बढ़ाना चाहिए।

इसमें दो राय नहीं हैं कि जम्मू-कश्मीर की स्थिति नाजुक बनी हुई है। सरकारी दावों के विपरीत वहाँ असुरक्षा का वातावरण बढ़ा है। इससे भी अफसोसजनक बात यह है कि सरकार की गलत नीति के कारण वहाँ तीसरे पक्ष के हस्तक्षेप का खतरा बढ़ता जा रहा है। जिस तरह हमारे देश के सांसदों को संबोधित करते हुए अमरीकी राष्ट्रपति ने कारगिल से पाकिस्तानी सेनाओं की वापसी का श्रेय लेने का प्रयास किया, वह कारगिल युद्ध में हमारी सेना के जवानों और अफसरों की शहादत को नकारने जैसा था। इस पर सरकार की चुप्पी हमारे राष्ट्रीय गौरव के अनुरूप नहीं थी। यह प्रसन्नता की बात है कि हमारे राष्ट्रपति ने इस सम्बन्ध में जो विचार व्यक्त किया वह उनके पद और राष्ट्र की गरिमा के अनुरूप था। इस अवसर पर मैं अपनी सेना के बहादुर जवानों की प्रशंसा किए बिना नहीं रह सकता। सरकारी लापरवाही और विपरीत भौगोलिक और सामाजिक स्थितियों के बावजूद उन्होंने देश की रक्षा के लिए कुर्बानी का नया अध्याय लिखा। हमारा राष्ट्र उनका चिर ऋणी रहेगा। मैं शहीद सैनिकों की स्मृति को प्रणाम करता हूँ।

आज जो हालात पैदा हुए हैं, उनका मुख्य कारण यह है कि देश में टकराव की राजनीति को बढ़ावा दिया गया है। हमारी राजनीतिक तथा संवैधानिक व्यवस्था का यह तकाजा है कि हमारे दृष्टिकोण और हमारे कार्यों में संयम हो। संसद और विधायिकाओं में ऐसा माहौल पैदा करने की जरूरत है, जिसमें सोद्देश्य बहस-मुबाहिसे हो सकें। दुर्भाग्यवश वर्तमान सरकार के जो क्रिया-कलाप रहे हैं, उनसे सरकार के इरादों के बारे में कुछ अच्छी धारणा नहीं बनती है।

आज के हालात में मिली-जुली सरकार एक अनिवार्यता हो सकती है, परन्तु जो लोग या दल ऐसी मिली-जुली सरकार बनाते हैं, उनके लिए आवश्यक है कि उनमें कुछ बुनियादी मुद्दों पर मतैक्य हो। महत्त्वपूर्ण प्रश्नों पर सरकार में बैठे लोगों के अलग-अलग बयान न केवल जनता में मतिभ्रम पैदा करते हैं, बल्कि सरकार की निर्णय लेने की क्षमता भी कुंठित करते हैं। सत्तारूढ़ गठबन्धन के नेता जितनी जल्दी यह समझ सकें उतना ही देशहित में होगा।

विदेश नीति एक ऐसा विषय रहा है, जिस पर पार्टियों में बहुत मतभेद की गुंजाइश

नहीं रहती। हाल ही में श्रीलंका में जो स्थिति पैदा हुई वह बहुत उलझी हुई है। स्वभावतः सरकार को वहाँ फूँक-फूँककर कदम रखना है। परन्तु फीजी के मामले में हमारी कमजोरी उजागर हुई है। भारतीय मूल के लोगों की सरकार के साथ वहाँ पहले भी तख्तापलट हुआ था, परन्तु उस समय सरकार ने तत्परता दिखाते हुए तत्कालीन विदेशमन्त्री को भेजकर स्थिति को सँभालने में पहल की थी। परन्तु इस बार स्पेइट ने जिस तरह की गुंडागर्दी करते हुए महेन्द्र चौधरी की सरकार को बन्धक बनाया उस पर हमारी प्रतिक्रिया बहुत कमजोर और लचर रही। भारतीय मूल के लोगों ने दुनिया के बहुत से देशों में अपने परिश्रम और कर्मठता से वहाँ की राजनीति और सामाजिक जीवन में स्थान बनाया है। किसी संकट के समय स्वभावतः वे हमसे कुछ अपेक्षा करते हैं। सरकार में चाहे जो भी हों उसे उनकी अपेक्षाओं को पूरा करने का प्रयास करना चाहिए।

मित्रो ! भारत एक महान देश है। इसकी आन्तरिक शक्ति का स्रोत बहुत गहरा है। हमने इतिहास के अनेक उतार-चढ़ाव देखे हैं। उपभोक्तावाद की संस्कृति में डूबी हुई दुनिया को भारत एक सन्देश दे सकता है। लेकिन इसके लिए आवश्यकता इस बात की है कि भारत अपने आत्मविश्वास को जाग्रत करे और आर्थिक रूप से अपने पैरों पर खड़ा हो। समाज़वादी जनता पार्टी (राष्ट्रीय) के कार्यकर्ताओं पर यह जिम्मेदारी है कि वे जनता को उसकी शक्ति और सामर्थ्य का अहसास कराएँ और उन्हें इस तरह संगठित करें कि वे नई चुनौतियों का मुकाबला कर सकें। मुझे विश्वास है कि जब आप अपने-अपने क्षेत्रों में जाएँगे, तो अपनी इस गुरुतर जिम्मेदारी को समझते हुए जनता का विश्वास अर्जित करेंगे।

जय हिन्द !

संवाददाता सम्मेलन में जारी वक्तव्य; नई दिल्ली, 26 जून, 2000

एकता और विश्वास के साथ चुनौती का सामना करें

हम लोग इलाहाबाद के ऐतिहासिक नगर में मिल रहे हैं। इसके पुराने नाम, प्रयाग, से अनेक पुरानी स्मृतियाँ जाग्रत हो जाती हैं। त्रिवेणी का संगम वह स्थान है जहाँ जीवन के अन्तिम सत्य की खोज के लिए युगों से ऋषि-मुनि और साधारण जन आते रहे हैं। इसी भूमि पर जीवन के अर्थ एवं रहस्य को समझने के लिए निरन्तर प्रयास किया गया। एक लम्बे अर्से तक यह शहर राष्ट्रीय आन्दोलन का केन्द्र रहा है। जिस शहर में लोग रोशनी की तलाश में आते हैं उसी को अपने सम्मेलन के लिए चुनकर हमने उचित ही किया। आपमें से बहुतों के मन में यह प्रश्न उठ रहा होगा कि करीब तीन माह के अंदर ही दूसरा विशेष राष्ट्रीय सम्मेलन बुलाने की आवश्यकता क्यों पड़ी। लगभग तीन माह पूर्व ही पार्टी का राष्ट्रीय सम्मेलन कुरुक्षेत्र में हुआ था।

हम इतिहास के एक ऐसे मोड़ पर मिल रहे हैं जहाँ देश की गम्भीर परिस्थिति साफ-साफ दिखाई दे रही है। देशवासी यह नहीं समझ पा रहे हैं कि वे कौन-से लोग हैं, जो इस विकट परिस्थिति का मुकाबला कर सकेंगे। जब राष्ट्रीय स्वतन्त्रता संग्राम लड़ा जा रहा था, उस समय हमारे नेताओं ने एक सपना सँजोया था। उन्होंने एक ऐसे भारत की कल्पना की थी जो अपने साधनों के बल पर अपने पूर्व गौरव को प्राप्त करेगा। अंग्रेजों के आने के पहले भारत की अर्थव्यवस्था ऐसी थी कि जिसे दुनिया के दूसरे देश ईर्ष्या की दृष्टि से देखते थे। कृषि के साथ-साथ गाँव तथा नगरों में छोटे-छोटे उद्योग-धन्धे फल-फूल रहे थे। भारतीय कारीगरों द्वारा बनाई गई वस्तुओं की माँग हर जगह थी, परन्तु अंग्रेजों ने सुनियोजित ढंग से हमारे ग्रामीण तथा घरेलू उद्योग-धन्धों को नष्ट कर दिया।

महात्मा गांधी भारत की आन्तरिक शक्ति को पूरी तरह पहचानते थे। प्रकृति ने इस देश को ऐसी ऋतुएँ दी हैं, जिससे पूरे साल तरह-तरह की फसलें उगाई जा सकती हैं। वन तथा खनिज सम्पदा से हमारा देश परिपूर्ण है। यहाँ हर तरह के फल-फूल पैदा होते हैं। और सबसे बढ़कर यहाँ की विशाल मानव-शक्ति है। यहाँ के लोग परिश्रमी और पुरुषार्थी तथा थोड़े में ही सन्तुष्ट रहनेवाले हैं। सन्तोष की यह भावधारा सदियों से इस देश के मनीषियों की शिक्षा-दीक्षा का परिणाम है। जब गांधी ग्रामीण और कुटीर उद्योगों की वकालत करते थे, तो उनका मतलब यह कतई नहीं था कि इस देश को फिर बैलगाड़ी के युग में ले जाया जाए। देश की वास्तविकताओं के मद्देनजर उनका दृष्टिकोण पूर्णतया वैज्ञानिक तथा उपयोगितावादी था। वे चाहते थे कि आधुनिक विज्ञान तथा पारम्परिक ज्ञान का समन्वय किया जाए। गांधी

ने पूरे तौर से भारतीय चिन्तनधारा को आत्मसात किया था।

हजारों वर्ष पूर्व हमारे पूर्वज यह समझ चुके थे कि मानव-कल्याण के लिए प्रकृति के साथ तादात्म्य स्थापित करना आवश्यक है। आज दुनिया में समन्वित विकास की बहुत चर्चा हो रही है। यह याद रखने की जरूरत है कि हजारों वर्ष पूर्व हमारे ऋषियों ने पशु-पक्षी से लेकर वनस्पति तक की रक्षा करने का आह्वान किया था। उन्होंने मितव्ययिता एवं सादगी के जो उपदेश दिए थे, वह अभाव के कारण नहीं, बल्कि वह इस सोच का परिणाम थे कि पृथ्वी अपने ऊपर निवास करनेवालों का भरण-पोषण करने के लिए सक्षम है, परन्तु एक व्यक्ति के लालच को पूरा करने के लिए सारी पृथ्वी की सम्पदा भी कम है। देश के अनेक हिस्सों में होनेवाली हिंसा तथा मारकाट, दो विश्वयुद्धों एवं आणविक विभीषिका के बाद ही इस सत्य को समझा जा सका है।

जब हमें स्वतन्त्रता मिली तो हमने अपने संसाधनों के बल पर देश के पुनर्निर्माण का कार्य शुरू किया। देश के वित्तीय संसाधन सीमित थे और समस्याएँ बहुत बड़ी थीं। इस वजह से हमने सोच-समझ कर यह फैसला किया कि हम अपने लोगों की बुनियादी जरूरतों को पूरा करने के लिए योजना बनाएँ। उस समय के हालात में नियोजन एवं मिश्रित अर्थव्यवस्था एक ऐतिहासिक आवश्यकता थी। भारत जैसा विशाल देश अपनी बुनियादी जरूरतों के लिए दूसरों पर निर्भर नहीं रह सकता था। देश को आत्मनिर्भर बनाने के लिए हमने देश में भारी उद्योगों की स्थापना सार्वजनिक क्षेत्र में की। इस्पात, उर्वरक, सुरक्षा उपकरण, प्राकृतिक तेल की खोज कुछ ऐसे क्षेत्र हैं, जिनमें हमने उल्लेखनीय सफलताएँ प्राप्त कीं। हम इसे अच्छी तरह समझते थे कि विज्ञान तथा तकनीकी आधुनिक विकास की कुंजी है। जब हम अपने देश में बहुराष्ट्रीय कम्पनियों के अबाध प्रवेश का विरोध करते हैं, तो देश में एक ऐसा वर्ग है जो खूब प्रचार करता है कि हम पूरे तौर पर पश्चिमी प्रौद्योगिकी के विरोधी हैं। वे ये भूल जाते हैं कि भारत ने आणविक ऊर्जा, सूचना प्रौद्योगिकी, कृषि विज्ञान तथा ऐसे ही अन्य क्षेत्रों में अभूतपूर्व प्रगति की है। काफी मुश्किलों के बावजूद हमारे देश ने खाद्यान्नों के मामले में लगातार आत्मनिर्भरता प्राप्त कर ली है। जहाँ तक मानव संसाधनों का सवाल है हमारे देश ने सबसे अधिक डॉक्टरों, इंजीनियरों तथा विभिन्न क्षेत्रों में वैज्ञानिकों को पैदा किया है। हमारे पास भरपूर प्राकृतिक संसाधन हैं। यदि ठीक नीतियाँ चलाई जाएँ, तो देश में इतनी क्षमता है कि इसकी गिनती दुनिया की शक्तिशाली अर्थव्यवस्थाओं में हो।

परन्तु दुनिया के कुछ देश जो तीसरी दुनिया को लगभग दो शताब्दियों तक लूटकर धनी हुए हैं, वे अपने यहाँ की फालतू पूँजी तथा उपभोक्ता सामग्रियों के लिए बाजार के लिए गिद्ध दृष्टि लगाए हुए हैं। हमारे यहाँ एक दशक पूर्व विदेशी मुद्राकोष में कमी का फायदा उठाकर इन देशों ने आर्थिक सुधारों के नाम पर हमारे देश पर मनमानी शर्तें थोप दीं। दुर्भाग्यवश जो लोग सत्ता में थे वे दबावों के सामने झुक गए। उनके दुष्परिणाम हमारे सामने हैं।

लघु एवं कुटीर उद्योग केवल विदेशी मुद्रा ही अर्जित नहीं करते, बल्कि करोड़ों लोगों को रोजगार भी मुहैया कराते हैं। नई आर्थिक नीति ने उनके ऊपर भी प्रहार किया है। लगभग 40 लाख से अधिक व्यक्ति जिन्हें खादी ग्रामोद्योग के माध्यम से रोजगार मिला हुआ था,

बेरोजगार हो गए हैं।

शिक्षा, जिसे प्रगति का द्वार कहा जाता है, इस नई व्यवस्था में उस पर भी हमला हुआ है। स्ववित्त-पोषित शिक्षा-पद्धति तथा बड़ी रकमें लेकर शिक्षण-संस्थाओं में प्रवेश शिक्षा के क्षेत्र में आम बात हो रही है। शिक्षा संस्थाओं में हर स्तर पर फीस बढ़ाकर गरीब विद्यार्थियों को शिक्षा के अधिकार से वंचित किया जा रहा है। स्वभावतः इसे लेकर विद्यार्थियों में रोष है।

स्वास्थ्य सेवाओं की भी यही स्थिति है। निजी क्षेत्र में पाँचसितारा अस्पताल बनाए जा रहे हैं। दूसरी ओर सरकारी अस्पतालों की उपेक्षा हो रही है, जिसके फलस्वरूप जनसाधारण के लिए मामूली दवा का मिलना तथा इलाज मुश्किल हो रहा है।

मित्रो ! दुनिया में तथा हमारे पड़ोस में जो कुछ हो रहा है उसे हम नजरअन्दाज नहीं कर सकते हैं। हमारे दो पड़ोसी देश पाकिस्तान तथा म्याँमार सैनिक तानाशाही की चपेट में हैं। यह हमारे लिए चिन्ता का विषय है। म्याँमार में नोबेल पुरस्कार विजेता श्रीमती सू की 6 वर्षों से अधिक समय से नजरबंद हैं। हमारे देश को उनके साथ एकजुटता दिखानी चाहिए। पाकिस्तान में भी जनतन्त्र की पुनः स्थापना के लिए संघर्ष चल रहा है। मुझे उम्मीद है कि यह संघर्ष सफल होगा। यह दुर्भाग्य की बात है कि सार्क संगठन मृतप्राय पड़ा हुआ है। उसे फिर से सक्रिय करने का प्रयास होना चाहिए।

हम एक भयावह स्थिति से गुजर रहे हैं। इसके लिए किसी दूसरे को दोष देने से कुछ लाभ होनेवाला नहीं है। उन लोगों की अपनी एक कार्यसूची है। उन्होंने अपना लक्ष्य निर्धारित कर लिया है। वे इस बात के लिए संकल्पबद्ध हैं कि वे विकासशील देशों तथा दुनिया के गरीब लोगों को पीछे चलने के लिए मजबूर करें। वे चाहते हैं कि सारी दुनिया उनकी ही सोच के अनुसार चले। अपनी इस सोच का पिछले दो दशकों से उन्होंने खूब प्रचार किया है। अपने इस घिनौने प्रयास की सफलता के लिए उन्होंने काफी धन खर्च किया है। गरीब और अविकसित देश आशा-भरी निगाहों से भारत की ओर देख रहे थे कि वह विश्व पर कब्जा जमाने के उनके प्रयास के खिलाफ पहल करेगा। प्रश्न केवल इतना ही नहीं है कि हम अपने देश को गरीबी, दुख और संत्रास से छुटकारा दिलाएँ और हमारे राष्ट्रीय सम्मान के साथ जो समझौते किए जा रहे हैं उससे देश को बचाएँ, बल्कि इससे भी बढ़कर हमें इतिहास के सामने जवाबदेह होना पड़ेगा कि हमने सारी दुनिया के वंचित और गरीबों के प्रति हमारा जो कर्त्तव्य था उसकी उपेक्षा की।

भारत करुणा का देश है। यह देश बुराई की शक्तियों के सामने नतमस्तक नहीं हो सकता। हम पराधीन हुए, हमने गरीबी की मार भी झेली। लेकिन हमने आत्मसमर्पण नहीं किया। आज हमारे सामने फिर वैसी ही स्थिति आ खड़ी हुई है। हमारे विकल्प बहुत सीमित हैं। अगर हमें अपने पुराने सिद्धान्तों और मर्यादाओं की रंचमात्र भी चिन्ता है तो हमें इस चुनौती का एकता और विश्वास के साथ मुकाबला करना होगा। यह काम आसान नहीं है। लेकिन एक साथ मिलकर काम करने से नई राहें खुलेंगी। तभी मानव अधिकारों और मानव-गरिमा को हम बचा सकेंगे। आइए हम एक साथ खड़े होकर सारी दुनिया को एक बाजार में तब्दील करने के खिलाफ संघर्ष करें। बहुत से ऐसे व्यक्ति और संगठन हैं जो इन प्रवृत्तियों के खिलाफ अपनी आवाज उठा रहे हैं। वे एक नई आशा के सन्देशवाहक

हैं। मानव-चेतना को बंदी बनाने, राष्ट्रों को अपनी मर्जी के अनुसार चलाने तथा एक उपभोक्तावादी विश्व समुदाय बनाने का प्रयत्न करनेवाले के खिलाफ संघर्ष और विद्रोह के ये लोग ध्वजवाहक हैं। इन लोगों को मैं नमन करता हूँ। 'आजादी बचाओ आन्दोलन', 'विकल्प अभियान', देश के विभिन्न भागों के नौजवानों की उठती हुई हुंकार—यह सब शुभ संकेत हैं। हम सभी दलों को, जो हमारे विचार से सहमत हैं तथा उन सभी व्यक्तियों को जो इस खतरे के प्रति लोगों को जागरूक बनाने में लगे हुए हैं, आमन्त्रित करते हैं। हमारी पार्टी ऐसे लोगों के साथ सहयोग करने के लिए तैयार है, जो इस लड़ाई में शामिल होना चाहते हैं। कई वर्षों से हम इस काम में लगे हुए हैं। हम उन सभी दलों को, जो देश की अस्मिता बचाने के लिए आगे आने को तैयार हैं, एकजुट करने का अपना प्रयास जारी रखेंगे। विद्यार्थियों ने इस मामले में जो जागरूकता दिखाई तथा किसानों ने जिस तरह जगह-जगह इन नीतियों के खिलाफ अपनी आवाज बुलन्द की है तथा जिस तरह जनता का वर्तमान शासकों से मोहभंग हुआ है उससे हमारा उत्साह बढ़ा है। एक वृहत्तर जन-आन्दोलन संगठित करने के अपने प्रयास को जारी रखते हुए समाजवादी जनता पार्टी जनता को जगाने के लिए उनके पास पहुँचती रहेगी।

मैं समाजवादी जनता पार्टी (रा.) के कार्यकर्ताओं और इससे सहानुभूति रखनेवालों से अपील करूँगा कि आर्थिक गुलामी के विरुद्ध संघर्ष के लिए वे तैयार रहें। इस लड़ाई में समझौते की कोई गुंजाइश नहीं है। हमें गुरुदेव रवीन्द्र की कविता की उस भावना को याद रखना चाहिए कि अगर तुम्हारी पुकार कोई नहीं सुनता तो अकेले चलो। परन्तु मुझे विश्वास है कि जनता का बड़ा वर्ग, खासतौर से नौजवान और किसान आनेवाले खतरों के प्रति जागरूक हैं और मैं उनका आह्वान करता हूँ कि वे आगे आएँ और इस आन्दोलन की कमान सँभालें। वही कल के भारत के निर्माता और उसके रक्षक हैं। आज जो लोग आर्थिक गुलामी की शक्तियों का साथ दे रहे हैं, उन्हें मैं सावधान करना चाहूँगा। ऐसे लोगों का जो हश्र होता है उसके उदाहरणों से इतिहास के पन्ने भरे पड़े हैं। अन्ततोगत्वा जब जनता उठ खड़ी होती है तो वे जनता के गुस्से की आग में जलकर राख हो जाते हैं।

मैं एक बार फिर दुहराना चाहूँगा कि समाजवादी जनता पार्टी (राष्ट्रीय) बिना किसी पूर्वग्रह के इस मसले पर सभी पार्टियों से सहयोग के लिए तत्पर है। यह फैसला हमने सोच-समझकर लिया है। लेकिन हमारा यह भी संकल्प है कि आवश्यकता पड़ने पर हम अकेले भी इस चुनौती के मुकाबले खड़े होंगे। मैं सभी साथियों से अपील करता हूँ कि वे गाँव-गाँव में फैल जाएँ और हर गली-कूचे में आर्थिक गुलामी के विरुद्ध संघर्ष की अलख जगाएँ।

इलाहाबाद में सजपा (रा.) के विशेष राष्ट्रीय सम्मेलन में दिया गया भाषण

शासन की अन्यायपूर्ण व्यवस्था और आर्थिक नीतियों को बदलना होगा

आम चुनाव लोगों को इस बात का मौका देते हैं कि वे पार्टियों के कार्यक्रमों, राष्ट्रीय प्राथमिकताओं और भविष्य के एजेंडों पर विचार-विमर्श और बहस-मुबाहिसा करें। लेकिन हाल के चुनाव प्रचार के अनुभव बहुत तकलीफदेह हैं। बड़े दल और उनके वरिष्ठ नेता खुलेआम एक-दूसरे पर कीचड़ उछालने और व्यक्तिगत आक्षेप लगाने में जुटे हुए हैं। आम चुनावों का इससे घटिया स्तर इसके पहले कभी नहीं था। अगली शताब्दी में देश को विभिन्न क्षेत्रों में अनेक तरह की चुनौतियों का सामना करना पड़ेगा। हमें उम्मीद करनी चाहिए कि एक नया अहसास पैदा होगा, व्यक्तिगत आक्षेप बंद किए जाएँगे और इनसे पैदा हुई कड़वी यादों को भुला दिया जाएगा। आज जरूरत इस बात की है कि देश की असलियत के बारे में जो अलग-अलग नजरिए हैं, उन पर हम खुली बहस करें और जो हालात पैदा हो रहे हैं, मिल-जुलकर उनका मुकाबला करें।

भारत के सामने कई तरह की चुनौतियाँ हैं। सबसे अहम काम यह है कि हमारे सामने भविष्य की एक साफ तस्वीर हो कि हम कैसा समाज बनाना चाहते हैं। यह तभी संभव है जबकि उन कारकों को ठीक-ठीक समझने का कटिबद्ध प्रयास किया जाए जो विकास और समृद्धि के आड़े आते हैं। इस बात पर आम सहमति है कि लोगों की बुनियादी स्वास्थ्य जरूरतों को पूरा किया जाए, निरक्षरता को खत्म किया जाए और सभी को बुनियादी स्वास्थ्य सेवाएँ मुहैया कराई जाएँ। इस लक्ष्य के बारे में कोई मतभेद नहीं है, फिर भी इस लक्ष्य को हासिल करने के लिए जो निशाने तय किए जाते हैं और जो वास्तविक उपलब्धियाँ होती हैं, उनका अन्तर बढ़ता ही जाता है। इस विफलता के कारणों की तह में जाने की जरूरत है।

पिछले पचास सालों का अनुभव बताता है कि जहाँ तक दमनकारी शक्तियों के इस्तेमाल का सवाल है राज्य बहुत प्रभावकारी रहा है, लेकिन जहाँ लोगों की बुनियादी जरूरतों को पूरा करने और प्रगति का सवाल रहा राज्य बहुत कमजोर साबित हुआ। इस दिशा में परिवर्तन लाने में सरकार की क्षमता न केवल सीमित रही है बल्कि जो कीमत अदा की गई उसे देखते हुए बिलकुल बेअसर और फिजूलखर्ची वाली रही है। समाज के विपन्न तबके जो बुनियादी सेवाओं को हासिल करने की क्षमता नहीं रखते, वे वर्तमान नौकरशाही व्यवस्था में मुश्किल से कोई राहत पा सकते हैं। समाज परिवर्तन का वह काम, जिसमें सभी नागरिकों की बुनियादी जरूरतें पूरा करने की गारंटी हो तभी संभव है, जबकि राजनीतिक दल,

सामाजिक प्रतिबद्धता वाले समूह और व्यक्ति मजबूत इरादे के साथ एकजुट होकर कोशिश करें। अगर असली चुनौतियों का सामना करना है, तो इसे संभव बनाना होगा। अगर राजनीतिक दल और दूसरे समूह इस काम का बीड़ा उठाने के लिए सहमत हों, तो राज्य को भी अपने दृष्टिकोण और क्रिया-कलापों को बदलना पड़ेगा।

इसी से सम्बन्धित एक और पहलू है। जहाँ तक उद्देश्यों का सवाल है, हममें से अधिकांश लोग बिना किसी गंभीर बहस-मुबाहिसे और सवाल-जवाब के उसे स्वीकार तो कर लेते हैं, लेकिन इन उद्देश्यों को हासिल करने के लिए जो कदम उठाए जाते हैं, उनके रास्ते में तमाम दिक्कतें खड़ी हो जाती हैं, क्योंकि हम समस्या के विस्तार में जाने की जहमत नहीं उठाते। यह एक वास्तविकता है कि हाल के वर्षों में कई पार्टियाँ या पार्टियों के गठबन्धन सत्ता में आए। उनका दावा था कि उनका अलग-अलग राजनीतिक और आर्थिक दर्शन है। लेकिन मूल रूप में वे एक ही तरह की आर्थिक नीतियों को लागू करते रहे। तथाकथित आर्थिक सुधार, जिसे कांग्रेस सरकार ने प्रारम्भ किया था, बाद की सरकारों ने उसे और जोरों से लागू किया। इस खेल में व्यक्तियों का महत्त्व बिलकुल गौण था। यह एक खुला हुआ रहस्य है कि 'ढाँचागत समायोजन कार्यक्रम' (स्ट्रक्चरल एडजेस्टमेंट प्रोग्राम) देश में बनाया गया कार्यक्रम नहीं था। बहुपक्षीय संस्थानों के मुख्य अधिकारियों द्वारा यह कार्यक्रम भारत के राजनीतिक नेतृत्व को सौंपा गया था। केवल भारत ही नहीं, लगभग सभी विकासशील देशों पर यह कार्यक्रम थोपा गया था। लेकिन हम इस तथ्य को स्वीकार करने के लिए तैयार नहीं हैं और परिणामस्वरूप दूसरे देशों के अनुभवों से हम कोई सबक सीखना नहीं चाहते।

यह दुर्भाग्यपूर्ण है कि देश के राजनीतिक दल यह बताने के लिए तैयार नहीं हैं कि तथाकथित उदारीकरण की नीतियों के क्या नतीजे निकलने वाले हैं। सार्वजनिक उद्योगों के निजीकरण पर गम्भीरता से विचार करने की आवश्यकता है। इसमें कोई सन्देह नहीं है कि भारतीय सार्वजनिक उद्योग काफी बड़ी संख्या में लोगों को रोजगार मुहैया कराते हैं। इन उद्योगों ने हमेशा ही कमजोर तबकों, खासतौर से अनुसूचित जातियों और जनजातियों की विशेष मदद की है और पिछड़े वर्गों तथा महिलाओं को आरक्षण प्रदान किया है। अगर इन सार्वजनिक उद्योगों का निजीकरण कर दिया जाता है, तो उन लोगों का क्या होगा जिन्हें सार्वजनिक उद्योगों में रोजगार देने में प्राथमिकता दी गई है ? इस पर कभी भी सार्वजनिक बहस नहीं की गई है और इसके परिणामों की अनदेखी की गई है। इस प्रश्न पर सारी बहस केवल इस क्षेत्र की कार्यकुशलता और मुनाफे पर ही सीमित रही है।

केन्द्रीय सार्वजनिक उद्योग विशाल और काफी बड़े हैं। बहुत बड़ी राष्ट्रीय पूँजी इनमें लगी हुई है। अगर उनका निजीकरण किया जाता है तो जनता को यह जानने का अधिकार है कि इन बड़े उद्योगों को कौन खरीद रहा है। देश के किसी भी बड़े औद्योगिक घराने के पास इतने साधन नहीं हैं कि वह अकेले इतने बड़े सार्वजनिक उद्योगों को खरीद सके। तो फिर क्या बहुदेशीय कारपोरेशन इन उद्योगों को खरीदेंगे ? अगर ऐसा होता है, तो उसके परिणाम क्या होंगे ? क्या यह निजीकरण सार्वजनिक एकाधिकार के बदले निजी एकाधिकार नहीं स्थापित करेगा ?

हाल ही में शिक्षा और स्वास्थ्य सेवाओं के निजीकरण की जो नीतियाँ अपनाई गई हैं ?

उनके निहितार्थ पर भी बहस की जरूरत है। सरकार ने निजी शिक्षा संस्थाओं को इस बात की इजाजत दे दी है कि वह छात्रों से साधन जुटाएँ। दिल्ली में निजी प्राथमिक स्कूलों में दस हजार रुपए तक की कैपिटेशन फीस ली जाती है। दिल्ली में तो पूरी तौर से वातानुकूलित स्कूलों को खोलने की इजाजत दी गई है। इसकी मासिक फीस एक आम सरकारी कर्मचारी की तनख्वाह के बराबर पड़ती है। इस तरह के नीतिगत फैसले से किस प्रकार का समाज बनने जा रहा है ? इससे हमारे सामाजिक ढाँचे में एक ऐसी विषमता बढ़ेगी, जो हमारी भावी पीढ़ियों को भी प्रभावित करेगी। इससे समाज में पहले से व्याप्त तनाव और बढ़ेगा।

स्वास्थ्य सेवाओं का निजीकरण भी ऐसी ही स्थिति पैदा करेगा। महँगे पँचतारा अस्पतालों में आम आदमी न भर्ती हो सकता है और न उसमें इलाज करा सकता है। सरकारी अस्पतालों की दशा दयनीय है। उनके पास साधनों की बेहद कमी है और दबाव बहुत है। इन नीतियों, और वे जिस तरह लागू की जा रही हैं उनका कुल असर यही होनेवाला है कि देश में अमीर और गरीब के बीच जो खाई है वह और बढ़ेगी। इन प्रश्नों पर सार्वजनिक बहस की जरूरत है।

इस बात पर भी गौर करने की जरूरत है कि जनसंख्या वृद्धि का रुझान कैसा होनेवाला है। अगले 50 सालों में देश की जनसंख्या का अधिक हिस्सा शहरों में रहने लगेगा। शहरी क्षेत्रों में आधारभूत ढाँचे के विकास की मंथरगति, जनसंख्या वृद्धि और शहरों की ओर उसके पलायन को देखते हुए यह सहज ही अन्दाजा लगाया जा सकता है कि पहले से ही घने आबाद शहरों में कैसी नारकीय स्थिति पैदा होनेवाली है। शहरों की कुल आबादी में अधिकांश भाग युवाओं का होगा। बढ़ती हुई बेरोजगारी और इस तबके की बढ़ती निराशा भविष्य के लिए खतरनाक सिद्ध हो सकती है।

पिछले चुनाव में राजनीति का अपराधीकरण एक मुद्दा था और लोगों की चिन्ता का विषय था। परन्तु इस चुनाव में इसके बारे में बहुत कम सुना जा रहा है। निजी सेनाओं के उदय और उनके चलते बढ़ती हिंसा पर न तो आज विचार किया जा रहा है और न ही उसकी निन्दा की जा रही है। हम हिंसा की निन्दा तो करते हैं, परन्तु इन हिंसक संघर्षों के जारी रहने के बुनियादी कारणों पर विचार नहीं करना चाहते। प्रभावी और त्वरित भूमि-सुधारों की जरूरत को ऐसा लगता है कि भुला दिया गया है। देश के विभिन्न ग्रामीण क्षेत्रों में हिंसा की बढ़ती घटनाओं की प्रवृत्ति गम्भीर चिन्ता का विषय है। इसके पहले कि हम प्रशासनिक और राजनीतिक कार्रवाई करें, यह जरूरी है कि हम इस समस्या के मूल में जाएँ और इसके कारणों को समझें।

नब्बे के दशक का सबसे खतरनाक घटनाक्रम यह रहा है कि राज्य की भूमिका का एक नया दर्शन विकसित किया गया। पहले यह माना जाता था कि राज्य की यह प्राथमिक जिम्मेदारी है कि वह अपने नागरिकों को मूलभूत सुविधाएँ मुहैया कराए। लेकिन इस नए दर्शन में राज्य अपनी इस जिम्मेदारी से दस्तबरदार हो रहा है। नागरिकों के प्रति इस जिम्मेदारी से राज्य पिछले दस वर्षों से धीरे-धीरे पीछे हट रहा है। भारतीय बुद्धिजीवी वर्ग, राजनीतिक कार्यकर्ताओं और प्रेस ने इस घटनाक्रम का प्रभावी विरोध नहीं किया। भारत जैसे देश में जहाँ शिक्षा, सार्वजनिक स्वास्थ्य, आवास तथा अन्य बुनियादी सुविधाओं तक पहुँच के मामले में नागरिकों के बीच भारी अन्तर है, राज्य की सिकुड़ती हुई भूमिका घातक सिद्ध हो सकती है।

पिछले कुछ वर्षों में हमारे देश की सुरक्षा के लिए गम्भीर खतरे पैदा हुए हैं। इसमें दो राय नहीं है कि इसके लिए हमारे कुछ नीतिगत फैसले भी जिम्मेदार रहे हैं। आन्तरिक सुरक्षा पर ध्यान रखने के साथ-साथ इन नीतियों में सुधार लाने और अपनी सीमाओं की रक्षा के लिए आवश्यक कदम उठाने की जरूरत है। पड़ोसियों से सद्भावपूर्ण सम्बन्ध बनाए रखने तथा राष्ट्रीय सुरक्षा के बीच एक सन्तुलन की आवश्यकता है।

राजनीतिक अस्थिरता के चलते ही देश को वर्तमान चुनावों का सामना करना पड़ रहा है। चुनाव प्रचार का गिरता स्तर बेहद तकलीफदेह है। देश के बड़े राजनीतिक दल और उनके नेता अनावश्यक विवाद पैदा करने और व्यक्तिगत आक्षेपों में लगे हुए हैं। ऐसे लोग भी जिनका समाज में महत्त्वपूर्ण स्थान है और जो अपनी गम्भीरता के लिए जाने जाते हैं, कीचड़ उछालने के इस अभियान में शामिल हैं। हमें आशा करनी चाहिए कि अब इसका अन्त होगा और अतीत की कटुता भुला दी जाएगी।

हम अपने देशवासियों का आह्वान करते हैं कि वे समय की चुनौती को स्वीकार करें और शासन की अन्यायपूर्ण व्यवस्था तथा उसकी आर्थिक नीतियों को बदलने के लिए अग्रसर हों। हमें पूरी आशा है कि जनता की सक्रिय भागीदारी से भारत एक बार फिर मानवता के लिए एक नई आशा का सन्देशवाहक बनेगा।

प्रेस कांफ्रेंस में दिया गया वक्तव्य; नई दिल्ली, 17 सितम्बर, 1999

आत्म-मंथन की जरूरत

भारत बहुत पुराना देश है। हजारों वर्षों में हमने अनेक उतार-चढ़ाव देखे हैं। बेबसी के आँगन से हम गुजरे हैं। वैभव के दिन भी हमने देखे हैं। लेकिन आप याद रखिए, पाँच हजार वर्षों के इतिहास में हमने अपनी परम्परा से बहुत कुछ सीखा है। यह परम्परा हमें बहुत साधारण लोगों से मिली है, किसी महन्त या किसी राजघराने से नहीं। इस परम्परा की ओर हमारा ध्यान सन्तों, महन्तों, सूफियों और ऋषियों ने दिलाया है। इस परम्परा का सबसे अधिक प्रभाव हमारे खेतों और कारखानों में काम करनेवाले हमारे किसानों और मजदूरों पर पड़ा। इन दोनों वर्गों के लोगों ने इस परम्परा को देश के दुर्दिनों में भी सँजोए रखा है। मैं आपको इतिहास की एक बात याद दिलाना चाहूँगा। जब गांधीजी अफ्रीका से हिंदुस्तान लौटकर आए तो उन्होंने कहा कि मैं यहाँ की राजनीति में हिस्सा लेना चाहता हूँ, तो उस समय के महान नेता गोखले ने उन्हें कहा कि राजनीति शुरू करने से पहले आप देश के गाँवों में जाइए। गाँव के लोगों से मिलिए उनकी पीड़ा, उनके दर्द को समझिए और उनकी कार्य करने की क्षमता, शक्ति और आत्मबल से परिचित होइए। इससे आपको जो प्रेरणा मिलेगी उसी से आप एक नया समाज और देश का भविष्य बनाने की बात सोच सकते हैं।

गांधीजी गाँव-गाँव गए और वहाँ जाकर लोगों से बातचीत की और अपने को गाँव की पीड़ा से जोड़ने के लिए बिहार का पदार्पण किया। वहाँ गांधीजी और कस्तूरबाजी ने मिट्टी की एक कुटिया बनाई और उसमें महीनों तक रहे। वहाँ पर नीलहों का बड़ा भारी अत्याचार था और उस अत्याचार के खिलाफ उन्होंने अपना पहला संघर्ष लड़ा, जो राजनीति के लिए लड़ा जानेवाला संघर्ष नहीं था। गरीब खेतिहर लोगों की पीड़ा और दर्द को मिटाने के लिए गांधीजी ने चम्पारण के बेतिहरा गाँव में अपने पहले आश्रम का निर्माण किया। गांधीजी को उन गरीब किसानों से जो प्रेरणा और शक्ति मिली उसका परिणाम यह निकला कि उन गरीब किसानों के आगे अंग्रेजों को झुकना पड़ा। सारी दुनिया में उस आन्दोलन की चर्चा हुई। इसी से प्रेरणा लेकर गांधीजी देश के गाँव-गाँव में निकल गए और आजादी का बिगुल बजाकर लोगों के मन में एक नया विश्वास पैदा किया।

बेतिहरा गाँव हमारे लिए आज भी प्रेरणा का एक केन्द्र बना हुआ है। आज से एक दशक पहले की बात है, जब मैं उस गाँव में गया था। वहाँ के लोगों ने गांधीजी की वह कुटिया मुझे दिखाई जिसमें गांधीजी का कुछ सामान रखा हुआ था और एक कार्यकर्ता उसकी देख-रेख कर रहा था। मैंने कहा कि इस स्थान को एक स्मारक के रूप में बदलना चाहिए। उसके बाद शोर मचा कि बिहार की सरकार कुछ कर रही है, हम लोग भी कुछ कर रहे हैं। वह निर्जन गाँव, जहाँ जाने के लिए न तो कोई सड़क है और न वहाँ कोई रेलगाड़ी

रुकती है। एक स्टेशन है टूटा-सा, जहाँ कभी-कभी एक रेलगाड़ी जाती थी। अब शायद उसे नए सिरे से बनाने की कोशिश की जा रही है। आखिर गांधीजी ने उसी गाँव को क्यों चुना ? अचानक तो नहीं चुना होगा ? महीनों घूमने के पश्चात् ही उन्होंने सोचा कि जो सबसे पिछड़ा इलाका है, जो बेहद गरीब लोगों की बस्ती है, उसमें जाकर हम सही भारत को पहचान सकते हैं। लेकिन आज वह मानसिकता हमारे मन में नहीं है और इसी कारण हम उस विकल्प को भूलते से जा रहे हैं। आज हमारी दृष्टि बेतिहरा गाँव और वहाँ पर बसे हुए गरीब खेतिहर लोगों पर नहीं है। हमारी दृष्टि न्यूयार्क, वाशिंगटन, लन्दन और टोकियो की ओर है।

कुछ दिन पहले हमने भोंडसी के आश्रम में कुछ लोगों को बुलाया था और उनसे कहा था कि हम सोचें कि 9-10 वर्षों में हम कहाँ से कहाँ पहुँच गए। कुछ लोगों को आपत्ति है कि हम सरकार की कटु आलोचना इसलिए नहीं करते कि कोई आन्दोलन नहीं छेड़ते। हम सरकार की आलोचना नहीं करते, कि हम किसकी आलोचना करें ? आलोचना उसकी की जाती है, जिसमें कोई दम हो, जो कोई रास्ता अपना रहा हो। आलोचना उसकी करने का क्या मतलब, जो अपने कदमों पर चलते नहीं, अपनी वाणी बोलते नहीं, दूसरों के इशारे पर चलते और बोलते हैं। उनकी आलोचना करने का कोई फायदा नहीं है। एक बार किसी अखबार के संवाददाता ने मुझसे पूछा कि आप इस सरकार के खिलाफ वह ठोस वाणी क्यों नहीं बोलते जो आप जब युवा तर्क थे उस समय बोलते थे। मैंने कहा कि गाँव में हमारी परम्परा में हमें जो सिखाया गया है, उसमें जहरीले साँप के ऊपर लाठी चलाना तो हमें सिखाया गया, लेकिन किसी केंचुए के ऊपर नहीं। एक निरीह प्राणी को क्यों सताया जाए ! लेकिन अब ऐसा लगता है कि देश बरबादी के कगार पर पहुँचनेवाला है। हालत दिन पर दिन बुरी होती जा रही है।

पिछले वर्ष जनवरी में मैंने देश के प्रधानमन्त्री को एक पत्र लिखा था। वह पत्र मैंने राजनीति से प्रेरित होकर नहीं लिखा था। मैंने उसमें लिखा था कि एक नई नीति बनाई थी हमारे मित्र नरसिंह राव जी ने, जो कांग्रेस के प्रधानमन्त्री थे। हम उनका बड़ा आदर करते हैं। उस समय जब इन आर्थिक नीतियों का निर्धारण हो रहा था, तो मैंने संसद में कहा था कि नरसिंह राव जी, आप यह कदम क्यों उठा रहे हैं। यह बड़ी निर्दयी दुनिया है जिसमें किसी गरीब की मदद करने के लिए कोई आसानी से तैयार नहीं होता। खासकर वह जो वैभव की जिन्दगी बिता रहा है, गरीब की पीड़ा को, गरीब की आह को नहीं समझता। हिंदुस्तान के लोगों को यह बात समझनी होगी। वैभव और विलासिता में पले हुए लोग कभी गरीब की आह को परखने की शक्ति नहीं रखते। हमारे देश में जो भी सभ्यता-संस्कृति है, हमारे मुल्क की जो भी तहजीब है, जो भी परम्परा है, वह आज भी गाँवों में कुछ-कुछ जीवित है। वह परम्परा किसी महल में नहीं बनी थी। वह किसी राजा-महाराजा ने नहीं दी थी। किसी जंगल की वीथिका में, हिमालय की किसी गुफा में बैठकर सन्त ने, साधु ने, कहीं स्नेह व प्यार का गीत गाते हुए किसी सूफी ने, कहीं अकेले बलिदान का सबक सिखाते हुए गुरु ने हमको उस परम्परा का ज्ञान दिया था। वह आपसी सहयोग और सद्भाव की परम्परा थी।

आदमी को अपनी जिन्दगी निभाने के लिए दो तरह से प्रेरणा मिलती है। दूसरे के वैभव,

दौलत को देखकर किसी न किसी प्रकार से उसे हासिल करने की कोशिश करना—एक आदमी उससे कार्य करता है, जबकि दूसरा आदमी किसी दूसरे व्यक्ति की कराह और पीड़ा को कम करने, उसमें शामिल होने की कोशिश करता है। ये दोनों ही तरीके प्रेरणा के स्रोत हैं और हर व्यक्ति को यह सोचना, यह तय करना पड़ता है कि हम वैभव की होड़ में शामिल हों अथवा किसी गरीब की जिन्दगी में नई खुशहाली लाने के लिए कोई कोशिश करें। आज हम अपना रास्ता भूल गए हैं। हमारे यहाँ गरीब की आह को मिटाना ही सबसे बड़ा धर्म और मानव-कर्त्तव्य समझा जाता था। आज हम उस बात को भूल गए हैं। और इसलिए आज जो हमारी नीतियाँ बनती हैं, वह नीतियाँ आज उस रास्ते पर जा रही हैं, जो भारत की परम्परा और सभ्यता व संस्कृति के विपरीत जाता है।

दिल्ली से शुरू हुई इन आर्थिक नीतियों का असर आज गाँवों तक पहुँच गया है। और यही नीतियाँ आज देश की राजनीति को भी प्रभावित कर रही हैं। पार्टियाँ बदलो, अपने रास्ते बदलो, अपनी आवाज, अपनी बातें बदल दो, किसी तरह हुकूमत में पहुँच जाओ तुम बड़े भारी कर्त्तव्यशील और सफल व्यक्ति हो। कभी-कभी हम और आप भी इसी दिशा में सोचने के लिए मजबूर हो जाते हैं। कब तक प्रतीक्षा करें, नारे लगाते रहें ? कब तक गाँव की गलियों में जाकर लोगों से बातें करते रहें ?

ये नीतियाँ केवल 1991 में नहीं अपनाई गई थीं। 1980 में जब जनता पार्टी की सरकार को बदलकर फिर से कांग्रेस की सरकार आई, पढ़े-लिखे लोग जानते हैं, उसी समय से उदारीकरण का सवाल देश के लिए प्रमुख हो गया था। 1984 में एक नारा लगा था—"हमें इक्कीसवीं सदी में पहुँचना है।" इक्कीसवीं सदी में पहुँचाने के लिए दुनिया से अंधाधुंध कर्ज लिया गया। लेकिन ये कर्ज स्कूल, अस्पताल, कारखाने और बुनियादी उद्योगों के लिए नहीं लिया गया। कर्ज लिया गया हमारे देश में रंगीन टीवी लाने के लिए। वैभव की जिन्दगी में प्रवेश करने के लिए। 1984 से 1990 के बीच लिया गया यही कर्ज हमारे देश के लिए बोझ बन गया। जब मैं 1990-1991 में बहुत थोड़े समय के लिए सरकार में आया, तो बड़े जोरों से कहा गया कि सोना गिरवी रखकर हमने बड़ा भारी गलत काम कर दिया। मेरे कांग्रेसी मित्रों ने बड़ा बवाल किया था—उस समय। कई पत्रकारों ने मुझसे इस बात पर तीन-चार वर्ष तक बातचीत जारी रखी, तो मैं कुछ बोला नहीं, मैंने उनसे कहा कि मित्रो, याद करो, मैंने तो कभी एक रुपया भी अन्तर्राष्ट्रीय मुद्राकोष अथवा विश्व बैंक से कर्ज नहीं लिया। यह सारा कर्ज पिछले लोगों ने लिया था। उस समय जब हम चुनाव में थे, तो हमने उस समय भी विरोध किया। मैं किसी का नाम नहीं लेना चाहता, लेकिन जो लोग आज चुप्पी साधे हुए हैं, ऊँचे पदों पर बैठे हुए थे। ये लोग कहने लगे कि इसके अलावा कोई दूसरा रास्ता नहीं था। मैंने क्या कदम उठाए, मैं नहीं कहना चाहता। 300 करोड़ रुपए के लिए सोना गिरवी रखा गया, जिसके लिए उस समय और आज भी हल्ला मचाया जाता है।

कांग्रेस, भाजपा और यूनाइटेड फ्रंट के लोग यही कुछ कहते रहे हैं कि बड़ी बुरी हालत थी। मैं पूछता हूँ, कि क्या बुरी हालत थी ? हमारे पास विदेशी मुद्रा का कोष कम हो गया था। विदेशी मुद्रा किसलिए चाहिए ? क्या विदेशी मुद्रा देश के विकास के लिए चाहिए थी ? नहीं, विदेशी मुद्रा तो वैभव और भोग-विलास के लिए चाहिए थी। उस पैसे की कितनी

बरबादी हुई, मैंने उसका हिसाब करके अखबारवालों को बताया था कि दस हजार करोड़ रुपया जो 1980 से 1990 तक लिया गया, वही भारत की अर्थव्यवस्था को तोड़ने का सबसे बड़ा अपराध हुआ था। यह केवल मेरा आकलन नहीं बल्कि सरकारी रिपोर्ट है। मैं सात महीने तक (इसमें कार्यवाहक प्रधानमन्त्री का कार्यकाल भी शामिल है) सरकार में रहा। विश्व बैंक की वह रिपोर्ट जिसके आधार पर यह उदारीकरण की नीतियाँ बनी थीं, उसे सात महीने तक मुझे दिखाया तक नहीं गया। कुछ सरकारी अफसर आज भी उसमें से ऊँचे और बड़े पदों पर हैं, वे सात महीने तक उन रिपोर्टों को मुझसे छुपाए रहे। क्योंकि विश्व बैंक के लोगों ने कहा था कि यदि यह रिपोर्ट इस व्यक्ति के पास पहुँच गई, तो ये कभी भी भारत में लागू नहीं हो सकेगी।

आज इस देश में एक साजिश रची जा रही है। अगर विदेशी बैंकों से लड़ना होता, अगर बाहरी कंपनियों से लड़ना होता, यदि अन्तर्राष्ट्रीय मुद्राकोष और विश्व बैंक का सवाल होता, तो हमारे लिए कोई चिन्ता की बात नहीं थी। आज खतरा अपने अंदर के लोगों से है और इसलिए मैं सोचता था जब देश का विभाजन हो रहा है, लोग एक-दूसरे के खिलाफ हो रहे हैं, तो कोई अप्रिय कदम न उठाया जाए। लेकिन दुख की बात तो यह है कि जो लोग उन नीतियों को माननेवाले हैं, वे सभी एक हो रहे हैं। मैं इन नीतियों का शुरू से विरोधी रहा हूँ। जब 1991 में नरसिंह राव यह प्रस्ताव लाए थे, तो मैंने संसद में कहा था कि नरसिंह राव जी आप क्या करने जा रहे हैं। इन नीतियों को तैयार करनेवाले लोग मौत के सौदागर हैं। ये जिन्दगी का पैगाम हिंदुस्तान को कभी नहीं दे सकते। लेकिन मेरा विरोध किया गया और मेरी एक बात नहीं सुनी गई। मैंने पिछले वर्ष प्रधानमन्त्री को लिखे पत्र में कहा था कि अब जब इन नीतियों को लागू हुए नौ वर्ष बीत गए हैं, तो हमें बैठकर इन नीतियों पर बातचीत करनी चाहिए कि इनसे देश ने क्या खोया क्या पाया। नीतियाँ लागू करते वक्त आपने कहा था कि इनसे रोजगार बढ़ेगा, देश में विदेशी पूँजी आएगी, खेती का विकास होगा लेकिन क्या मिला ? मेरे इस पत्र का जवाब आज तक नहीं दिया गया।

हमें तो इन नीतियों का आलोचक ठहराया जा सकता है, लेकिन आज तो विश्व बैंक कह रहा है कि इस देश में गरीबी की रेखा से नीचे का जीवन जीनेवाले लोगों में वृद्धि हुई और रोजगार के अवसरों में कमी आई है। देश में गरीबों के मसीहा और हमदर्द कहे जानेवाले लोग कहते हैं कि हम गरीबों को ऊँचा उठाना चाहते हैं और इसलिए वे उनको और अधिक आरक्षण देने की बात करते हैं। प्रतिदिन आरक्षण की नई नीतियाँ घोषित होती हैं। एक ओर आरक्षण का ऐलान बढ़ता जा रहा है, तो दूसरी ओर रोजगार के अवसर कम होते जा रहे हैं। देश के 40 प्रतिशत लघु उद्योग आज बंद हो गए हैं। सार्वजनिक क्षेत्र के तमाम कारखाने दाँव पर लगे हैं, जिन्हें एक-एक करके बेचा जा रहा है। मॉडर्न फूड इंडस्ट्रीज, जिसकी सरकारी रिपोर्ट के अनुसार 2000 करोड़ रुपए की सम्पत्ति है, को बेचा जा चुका है। इस कम्पनी की 20 एकड़ जमीन दिल्ली के रिंग रोड पर है और तीस एकड़ जमीन फरीदाबाद के नेशनल हाइवे पर है। इसके अलावा भी देश के तमाम बड़े शहरों में इसकी कई-कई एकड़ जमीन है। अभी वहाँ के अधिकारियों ने कम्पनी की जमीन का आकलन करके बताया कि कम से कम 699 करोड़ रुपए की जमीन कम्पनी के पास है। इसके अलावा

कम्पनी के मकान, गेस्ट हाउस, कारखाने भी हैं। लेकिन सरकार ने उस कम्पनी को मात्र 126 करोड़ रुपए में बेच दिया। यही नहीं इसमें भी, जिस लीवर ब्रदर्स कम्पनी को यह बेची गई, उसकी शर्तों को ही अहमियत दी गई, और उनके अनुसार लीवर ब्रदर्स ने 20 करोड़ रुपए और सरकार से मशीनों की खराबी के नाम पर माँगा है, जिसे सरकार वापस देने जा रही है। आज इसी तरीके से एयर इंडिया को बेचने की बात की जा रही है। इसका फैसला हो गया है और इसके 26 फीसदी शेयर सिंगापुर की एक कम्पनी को दे दिए गए हैं। यह सब विभाग के मन्त्री की नाराजगी के बावजूद किया गया है। सरकार कहती है कि हमारे लोग इसे चला नहीं पा रहे हैं। कितने शर्म की बात है कि जिन भारतीयों ने अमरीका, ब्रिटेन और दूसरे प्रमुख देशों में अपनी बौद्धिक क्षमता के झंडे गाड़ दिए हों उन्हें अक्षम बताने की कोशिश की जा रही है।

अब कुछ दिन पहले एक नया बयान आया है। पहले सरकार ने कहा था कि हम घाटेवाली कम्पनियों को बेच रहे हैं, क्योंकि इनका भार उठाने में हमारा बजट गड़बड़ा रहा है लेकिन अब एक युवा मन्त्री ने कहा है कि हमने इन कम्पनियों की बिक्री से 10 हजार करोड़ रुपया प्राप्त करने का जो लक्ष्य तय किया था, वह केवल घाटे में चलनेवाली कम्पनियों को बेचकर पूरा नहीं किया जा सकता, उसके लिए मुनाफेवाली कम्पनियों को भी बेचना पड़ेगा। इसके लिए उन्होंने पाँच कम्पनियों का नाम भी दिया है, जिनमें इंडियन ऑयल भी शामिल है। ये कारखाने किसी प्रधानमन्त्री या और किसी एक व्यक्ति की सम्पत्ति नहीं हैं। ये पूरे देश के लोगों के खून-पसीने की गाढ़ी कमाई से बने हैं। मुझे याद है कि आजादी के बाद जब सिंदरी के खाद कारखाने का उद्घाटन करने जवाहरलाल नेहरू गए थे, तो उन्होंने कहा था कि ये भारत के नए मंदिर हैं, जहाँ देश की जनता एक दिन आएगी और कहेगी कि इस मंदिर को हमने अपने हाथों से, दौलत व परिश्रम से बनाया है। आज उन मंदिरों को तोड़ा जा रहा है, विदेशी हाथों में बेचा जा रहा है।

आज देश को बाँटने की भयानक साजिश रची जा रही है। एक राज्य के लोग दूसरे राज्य के लोगों को वहाँ से चले जाने की धमकी देने लगे हैं। आजकल कश्मीर का मामला बड़े जोर-शोर से चल रहा है। मैं मानता हूँ स्वायत्तता होनी चाहिए। लेकिन स्वायत्तता का क्या मतलब होता है। हिंदुस्तान में ही एक दूसरा देश बनेगा ? क्या वहाँ एक नया संविधान बनेगा ? क्या वहाँ एक नया राष्ट्रपति होगा ? क्या वहाँ नई सुप्रीम कोर्ट होगी ? मैं फारूक अब्दुल्ला को बहुत जानता हूँ। मैं मानता हूँ कि कश्मीर में शांति की स्थापना होनी चाहिए। लेकिन कश्मीर की जनता स्वायत्तता नहीं चाहती। लेकिन कश्मीर की सरकार ने केवल इसलिए कि कहीं केन्द्र की हुर्रियत के नेताओं से बात न हो जाए और कहीं वह इसमें पीछे न छूट जाए, इसलिए उन्होंने स्वायत्तता का नारा दे दिया। मैंने कहा था कि फारूक अब्दुल्ला से भी बात करनी चाहिए, उन्हें भी इसमें शामिल होना चाहिए, लेकिन इसका मतलब यह नहीं था कि फारूक अब्दुल्ला एक प्रस्ताव पास करके भारत से अलग होने का एक बीज बोने का कार्य करें। मैं इस बात का विरोधी हूँ। अब सिखों के नेता श्री टोहरा ने भी कश्मीर की तर्ज पर पंजाब के मुख्यमन्त्री प्रकाशसिंह बादल से कहा है कि वे भी ऐसा एक प्रस्ताव पंजाब की असेम्बली में लाएँ। कल इसी प्रकार की बातें दूसरे राज्यों में भी दुहराई जा सकती हैं।

अभी दो-तीन स्थानों पर दुनिया के गरीब देशों का सम्मेलन हुआ। उस सम्मेलन में भाग लेने गए हमारे देश के प्रतिनिधियों ने नेपाल, बंगलादेश, पाकिस्तान, यहाँ तक कि जर्मनी और जापान का साथ नहीं देकर अमरीका का साथ दिया। क्योंकि जर्मनी और जापान के लोग कहते हैं कि खेती के मामले में हम दूसरे देशों का हस्तक्षेप नहीं चाहते और डब्लूटीओ में खेती को शामिल नहीं किया जाना चाहिए। इस सम्मेलन में दो भारतीय संस्थाओं के प्रतिनिधियों ने भी भाग लिया और उन्होंने भी धनी देशों की हाँ में हाँ मिलाने का ही कार्य किया।

एक दिन भारत तीसरी दुनिया के देशों का नेता था। दुनिया के लोग समझते थे कि गरीब की आवाज उठाने का कार्य भारत कर सकेगा। लेकिन आज वही भारत गरीबों की बजाय अमीरों के हितों की, उद्योगपतियों के हितों की बातें सोच रहा है।

आज टोनी ब्लेयर तीसरे रास्ते की बात कर रहे हैं। वे ऐसा कर सकते हैं। उनके मित्र लोग किताबें लिख सकते हैं। गांधी का रास्ता दुनिया को नया रास्ता दिखानेवाला था। लेकिन हमारे देश के प्रधानमन्त्री, वित्तमन्त्री तथा योजना आयोग के उपाध्यक्ष इसे दकियानूसी खयाल की संज्ञा देते हैं। यह सवाल केवल राजनीति का नहीं है। यह सवाल देश की अस्मिता और अस्तित्व से जुड़ा है। मैं नहीं चाहता कि इन सवालों पर राजनीतिक मतभेद सार्वजनिक हों। आज से कुछ वर्ष पहले जब राष्ट्रीय स्वयंसेवक संघ के सर संघचालक बालासाहब देवरस ने कहा था कि वे स्वदेशी के मामले में संघर्ष करेंगे और आज भी संघ इस प्रकार का नारा लगा रहा है; मैंने उस समय कहा था कि यदि राष्ट्रीय स्वयंसेवक संघ के लोग स्वदेशी के मुद्दे पर संघर्ष करेंगे, तो मैं उनका साथ दूँगा। मेरी इस बात पर कुछ लोगों ने आपत्ति की और कहा था कि आप राष्ट्रीय स्वयंसेवक संघ को बढ़ावा दे रहे हैं। मैंने कहा कि मैं इन्हें बढ़ावा नहीं दे रहा हूँ। ये अन्त तक लड़ने के लिए तैयार नहीं होंगे। अगर वे अन्त तक लड़ने के लिए तैयार हैं, तो मैं अन्त तक उनका साथ देने को तैयार हूँ। मैं बंबई, अहमदाबाद, दिल्ली और पटना में उनकी बैठकों में गया। लेकिन चारों स्थानों पर हुई राष्ट्रीय स्वयंसेवक संघ की बैठकों में भारतीय जनता पार्टी का एक भी नेता नहीं आया क्योंकि वहाँ पर मैं मौजूद था। आज मैं स्वदेशी जागरण मंच के लोगों से पूछना चाहता हूँ और राष्ट्रीय स्वयंसेवक संघ के लोगों को आमन्त्रित करता हूँ कि खुलकर आएँ। आगरा में बैठकर केवल प्रस्ताव पास करने का वक्त बीत चुका है। अब तो सड़कों, गलियों में आकर इस सरकार की कुनीतियों का विरोध करना हमारा और आपका कर्त्तव्य हो जाता है। मैं यह सब देश के एक नागरिक के नाते कह रहा हूँ।

जमाना तेजी से बदल रहा है, क्या हम हर समय चुप रह जाएँगे ? मौन रह जाएँगे ? आज फिजी में क्या हो रहा है ? आज एक महीने से भी अधिक समय से देश के प्रधानमन्त्री, जो भारतीय हैं, को कुछ गुंडों द्वारा बन्धक बना लिया गया है। ये लोग किसी राजनीतिक पार्टी के नहीं हैं, जिन्होंने अपनी गुंडई के बल पर उन्हें बन्धक बना रखा है। भारत सरकार दो हफ्तों तक तो चुप रही। दो हफ्तों के बाद उन्होंने कहा कि एक अफसर जा रहा है आस्ट्रेलिया और न्यूजीलैंड से बात करने। मैं कांग्रेस के बहुत विरोध में हूँ, लेकिन एक बार ऐसी ही एक सरकार बर्खास्त हुई थी। उस समय के हमारे प्रधानमन्त्री ने देश के विदेश राज्यमन्त्री और एक अन्य व्यक्ति को उसी दिन आस्ट्रेलिया और न्यूजीलैंड भेजा था। हर मुद्दे

पर मौन रहना, शिथिलता दिखाना बड़ी बुरी बात है। जब कश्मीर में प्रस्ताव पास होता है, तो हमारे गृहमन्त्री कहते हैं कि हम इस पर सोचेंगे, संसद इस पर विचार करेगी। जब जमीन और कारखाने बेचेंगे तो संसद उस पर विचार नहीं करेगी; और जब कोई राज्य सरकार एक प्रस्ताव पास करती है, तो उससे बचने के लिए कहा जाता है कि इस पर संसद में विचार होगा। एक और बात कही गई कि जब हमारे प्रधानमन्त्री विदेश से लौटेंगे तो इस पर बयान देंगे। हर चीज पर बयान, कोर्ट के कहने पर ईसाइयों के सवाल पर बयान। एक तरफ तो यह कहा जाता है कि हम आपकी पूरी रक्षा करेंगे और दूसरी तरफ यह कहा जाता है कि ये तो कुछ लोग प्रचार कर रहे हैं और प्रधानमन्त्री के एक सहयोगी कहते हैं कि यह तो विश्व हिन्दू परिषद को बदनाम करने की एक अन्तर्राष्ट्रीय साजिश है। क्या देश इस प्रकार चलाया जाता है ? इन्हीं लोगों को राष्ट्रीय स्वयंसेवक संघ की रैली में जाने का अधिकार होगा। गुजरात की सरकार ने एक प्रस्ताव पास कर उनको ऐसा करने का अधिकार दे दिया। उत्तर प्रदेश में यह प्रस्ताव आया, लेकिन देश-भर में बवाल मचने पर इस प्रस्ताव को वापिस लेना पड़ा। इस बात ने इन लोगों के इरादों को साफ कर दिया कि ये लोग किस रास्ते पर देश को ले जाना चाहते हैं और क्या करना चाहते हैं।

मैं इसीलिए राष्ट्रीय स्वयंसेवक संघ और स्वदेशी जागरण मंच के लोगों से कहना चाहता हूँ कि हमारी सबसे बड़ी ताकत हमारी एकता है। हमारे देश के लोग एक रहें यही हमारी सबसे बड़ी ताकत है। जैसा खेल आज भारत में खेला जा रहा है कुछ ऐसा ही ईस्ट इंडिया कम्पनी के जमाने में खेला गया था। ईस्ट इंडिया कम्पनी के लोग कोई फौज लेकर नहीं आए थे, व्यापार करने के लिए आए थे। उन्होंने भाई-भाई को आपस में लड़ा दिया। धर्म और जाति के नाम पर इसी तरह के नारे उस समय भी लगाए गए थे। हरिजनों को लेकर उस समय बयान दिए गए थे। जिन्ना और अम्बेडकर को एक साथ मिलाने की कोशिश की गई थी। उस समय महात्मा गांधी ने इसका विरोध किया था। हमारे कुछ प्रगतिशील साथी इन सवालों को नजरअन्दाज करना चाहते हैं।

जिस समय सोवियत रूस टूट रहा था, तो कुछ लोगों को यह खयाल हो गया था कि वे जिस दिशा में विश्व के लोगों को ले जाना चाहेंगे, ले जाएँगे। वे आज भी इसी गलतफहमी में काम कर रहे हैं। लेकिन उन्होंने भारत की धरती को अभी समझा नहीं है। यह कुरुक्षेत्र की धरती है, जहाँ कृष्ण ने कहा था, जब-जब अधर्म बढ़ता है और धर्म पीछे हटता है कोई न कोई अवतार पैदा होता है। भगवान हो न हो, इंसान उसको सबक सिखा देता है। आज आपातकाल के बारे में मैं बड़े-बड़े बयान पढ़ता हूँ। मैं विस्तार में नहीं जाना चाहता, लेकिन उस समय मैंने अपनी आँखों से बड़े-बड़े लोगों को खिसकते हुए देखा है, रोते हुए देखा है। आज फिर देश पर वैसा ही खतरा मँडरा रहा है। संविधान को तोड़ने की फिर कोशिश हो रही है, लेकिन ये लोग इसमें कामयाब नहीं होंगे, क्योंकि इसमें कोई इंदिरा गांधी नहीं है, कोई कांग्रेस संगठन नहीं है।

यह देश की बहुत बड़ी बदकिस्मती है। इससे बड़ी बदकिस्मती इस देश की और क्या होगी कि जो काम देश की सत्ताधारी पार्टी कर रही है, वही विरोधी पार्टियाँ भी कर रही हैं। यह सब बाहरी ताकतों के निर्देश पर हो रहा है। हमारे लोगों ने देश में उदारीकरण की नीति बनाई। लोगों को समझ नहीं है, वे राजनीति के बारे में नहीं जानते। सबको आजादी

है, एक नया नारा लगा है देश में—कम्पटीशन करो, प्रतियोगिता करो। उन्मुक्त प्रतियोगिता करो। मैंने संसद में कहा था कि यह बात सही है, आजादी सबको है। धनी को धन बटोरने की आजादी और गरीब को भूख एवं एड़ियाँ रगड़-रगड़ कर मरने की आजादी—ये लोग दे रहे हैं। इसी आजादी का नतीजा आज भारत ही नहीं पूरा विश्व भुगत रहा है। आज अमरीका का मजदूर क्यों लड़ रहा है ? आस्ट्रेलिया, न्यूजीलैंड व कनाडा आदि में प्रदर्शन क्यों हो रहे हैं ? एशियन टाइगर की क्या हालत हो रही है ? यदि महातिर अपने यहाँ खड़ा होकर यह कह सकता है कि मैं विश्व बैंक की रिपोर्ट को, उसकी योजना को अस्वीकार करता हूँ, मैं अपना रास्ता स्वयं तय करूँगा, तो क्या हिंदुस्तान ऐसा नहीं कर सकता ? एक छोटे से देश क्यूबा का आदमी सारे विश्व में खड़ा होकर कहता है कि बरबादी का बीज बोनेवाले इन लोगों के सामने मैं घुटने नहीं टेकूँगा। वह सारी साम्राज्यवादी ताकतों को अकेले चुनौती दे रहा है। क्या हिंदुस्तान 1942 से भी ज्यादा कमजोर हो गया है ? क्या हमारे देश में 1947 जैसी ताकत भी नहीं रह गई है ? हमारे देश के प्रधानमन्त्री विदेशी धरती पर जाकर यूरोप के लोगों के सामने कहते हैं कि हमारे सामने कोई रास्ता नहीं है, इसलिए उदारीकरण तेजी से चलता रहेगा। प्रधानमन्त्री ही नहीं गृहमन्त्री, योजना आयोग के उपाध्यक्ष व वित्तमन्त्री आदि सभी इसी भाषा में बात करते हैं। ये सभी लोग तेज अवश्य चल रहे हैं, लेकिन देश पीछे जा रहा है।

इतिहास गवाह है कि जहाँ-जहाँ ये साम्राज्यवादी, पूँजीवादी ताकतें गईं भ्रष्टाचार लेकर गईं और उन्होंने वहाँ तानाशाही के बीज बोने का ही कार्य किया। यह बात सही है कि 1975 में देश में आपातकाल लगाया गया था, लेकिन लोगों ने देख लिया कि कोई ताकत हिंदुस्तान की जनता को दबा नहीं सकती। फिर आज इस प्रकार की बात करनेवालों की क्या बिसात है। मैंने एक बार कहा था कि, 'न खंजर उठेगी न तलवार इनसे, ये बाजू मेरे आजमाए हुए हैं।'

मैंने कश्मीर के प्रस्ताव से पहले ही, जब तक टोहरा का बयान भी नहीं आया था इस बिखराव की ओर संकेत किया था और आज यह देश के सामने है कि देश किस ओर जा रहा है। हम बिखराव का रास्ता नहीं अपनाना चाहते। इसलिए हम जल्दबाजी में कोई कदम नहीं उठाना चाहते। मैं यह बात बार-बार कहता हूँ कि जो लोग देश की अस्मिता को बचाना चाहते हैं, जो देश की परम्परा और गौरव में विश्वास रखते हैं, जिनके दिलों में आज भी अहसास है शहीदों के खून का या जिनके दिल में यह अहसास है कि गुरु गोविन्दसिंह ने ही कहा था कि पाँच लोगों के बल पर हम सारे समाज को बदल देंगे, वे लोग आगे आएँ। यह देश वह है, जहाँ गांधी ने एक लकुटि लेकर देश के कोने-कोने में घूमकर ब्रिटिश साम्राज्यवाद को चुनौती दे दी थी। यह देश वह है, जहाँ की एक मुट्ठी मिट्टी से गांधी ने सारे साम्राज्यवादियों को हिला दिया था। यह जयप्रकाश का देश है। 1974-75 की शुरुआत को याद कीजिए। उस समय जयप्रकाश जी की बैठकों में 25-30 लोगों को बैठते हुए मैंने देखा है। कोई उनकी बात सुनने के लिए नहीं जाता था। जब देश के नौजवानों ने चुनौती ली थी, तो जयप्रकाश जी की शक्ति को उस समय के नेताओं ने पहचाना नहीं था। मैंने उस समय कहा था, कि जो राजसत्ता के लिए नहीं लड़ रहा है उसे सत्ता के सहारे कभी दबाया नहीं जा सकता। इंदिरा जी, याद रखिए, इस देश की परम्परा है कि जब सन्त

और राजा में लड़ाई होती है, तो हमेशा सन्त ही जीतता है। मैंने यही बात नेपाल में जाकर कही थी। मैंने कहा था कि भगवान है या नहीं यह दुनिया में कोई नहीं जानता। सभ्यता की शुरुआत से आज तक इस बात पर बहस चल रही है और आगे भी चलती रहेगी। लेकिन एक बात दुनिया में साबित हो गई है कि जब इंसान भगवान बनने लगता है, तो इतिहास ही उसको मिट्टी में दबा देता है। आज हमारे देश में कुछ लोग भगवान बनने की कोशिश कर रहे हैं। दुनिया के कुछ देश अपने को भगवान की शक्तिवाला देश समझते हैं। जिस प्रकार व्यक्तियों का व्यक्तित्व अलग होता है, उसी प्रकार राष्ट्रों का व्यक्तित्व अलग होता है। हर राष्ट्र अपने व्यक्तित्व के अनुसार विकास के रास्ते पर चलता है। दुनिया की कुछ ताकतें, जिनके पास थोड़ा पैसा है और जो दूसरों का लूटा हुआ पैसा है, आज वहाँ के कारखाने बंद हो रहे हैं। इसलिए हिंदुस्तान की धरती को बाजार बनाने की कोशिश की जा रही है। हमने तय किया है कि हमारी आवाज उठती रहेगी। दुनिया की कोई ताकत इस आवाज को नहीं दबा सकती और हम इस देश को बाजार बनाने की इजाजत न तो अटल बिहारी वाजपेयी को दे सकते हैं और न बिल क्लिंटन को। हमारे देश की संसद में अमरीका का राष्ट्रपति क्लिंटन कहता है याद रखिए कि कारगिल में पाकिस्तानी सैनिकों की वापसी हमारे कहने से हुई और हमारे देश के प्रधानमन्त्री और सारे सांसद मौन रहे। मैं अपने कर्त्तव्य का पालन नहीं करूँगा यदि मैं बधाई न दूँ अपने राष्ट्र के राष्ट्रपति को जिसने कम से कम एक वाक्य कहकर देश की अस्मिता व गौरव की रक्षा की। मैं क्लिंटन को जानता नहीं हूँ। मैंने उन्हें केवल अखबारों में पढ़ा है। वे भी शायद मुझे नहीं जानते होंगे, लेकिन उनके और उनकी सरकार के कारनामों से मैं भली-भाँति परिचित हूँ। इसलिए मैंने संसद और एस.पी.जी. के लोगों से कहा था कि क्लिंटन के किसी भी कार्यक्रम में कम से कम मैं जानेवाला नहीं हूँ। जिस समय हमारे देश की संसद के सदस्य उनसे हाथ मिलाने के लिए एक-दूसरे के कंधे पर चढ़ रहे थे, उस समय देश की गर्दन शर्म से झुक गई थी। यह गिरी हुई मानसिकता की बात है। अच्छा हुआ, मैं वहाँ नहीं गया।

मैं देश के नौजवानों को कोई कार्यक्रम तो नहीं दे सकता, लेकिन मैं आनेवाले समय में गाँव-गाँव, शहर-शहर जाकर लोगों तक अपनी बात को रखूँगा। हमने निर्णय लिया है कि हम 2 अक्टूबर को वर्धा या साबरमती के किसी एक गांधी जी के आश्रम में इन सभी विषयों पर देश के बुद्धिजीवियों को आमन्त्रित करेंगे। चाहे कोई हमारा साथ दे या नहीं दे। हमारे साथ जो गिने-चुने लोग हैं, उनके सहारे हम भारत की अस्मिता और गौरव को बचाने के लिए जनता के पास जाएँगे। गांधी जी ने 1947 के शुरू में कहा था—हम जानते हैं हमारे पास दौलत नहीं है, हमारे पास फौज नहीं है, हमारे पास ताकत नहीं है लेकिन भारत आज भी दुनिया का नेतृत्व करने के लिए आध्यात्मिक शक्ति रखता है।

सजपा (रा.) के राष्ट्रीय अधिवेशन में दिया गया भाषण; कुरुक्षेत्र, 29 जून, 2001

भारत की सामर्थ्य

देश के प्रथम राष्ट्रपति डॉ. राजेन्द्र प्रसाद स्मृति की व्याख्यान माला में इस बार आपने मुझे बुलाया, मैं आयोजकों का आभारी हूँ। भारत-रत्न डॉ. राजेन्द्र प्रसाद सिद्धान्तों के प्रति निष्ठा, सादगी के जीवन और भारतीय परम्परा के जीवन्त प्रतीक के रूप में सदा याद किए जाएँगे। एक तरह, हमारी ऋषि परम्परा के वे अन्तिम नेता थे। डॉ. राजेन्द्र प्रसाद ने भारत की शक्ति और सामर्थ्य के सूत्रों को परखा था, उन्हें आत्मसात किया था। वे सूत्र उनके व्यक्तित्व में ही पूँजीभूत थे। भारत के जनजीवन से उनका गहरा लगाव था। इसी कारण वे निष्प्राण भारत को एक नई प्रेरणा, नई शक्ति देने में समर्थ थे। इस स्मृति व्याख्यान माला की कड़ी में मुझे 'भारत की सामर्थ्य' विषय पर बोलने के लिए कहा गया है। देश के सामने आज जो चुनौतियाँ मौजूद हैं, उनको देखते हुए राजेन्द्र बाबू की स्मृति में होनेवाले व्याख्यान का यह सटीक विषय है। इस पर बोलने का मैं अधिकारी हूँ कि नहीं, यह तो नहीं जानता, लेकिन इससे जुड़े हुए पक्षों को मैं सामने रखने की कोशिश करूँगा।

1962 के अप्रैल में संसद सदस्य होकर मैं दिल्ली आया था। कुछ ही दिनों बाद राजेन्द्र बाबू राष्ट्रपति पद की जिम्मेदारियों से मुक्त होकर पटना जा रहे थे। संसद के केन्द्रीय कक्ष में उनकी विदाई के लिए समारोह था। हम एकत्रित थे। वह दृश्य मार्मिक था। मैंने देखा था और वह दृश्य मुझे आज भी याद है कि अनेकों की आँखों में आँसू थे। चारों तरफ एक ही स्वर सुनाई देता था कि आज युग बदल रहा है।

आज देश का एक बड़ा तबका एक ऐसी व्यवस्था को अंगीकार करने के लिए बेताब दिखता है, जिसका हमारी अपनी मान्यताओं और परम्परा से सरोकार नहीं। हमारी संस्कृति, हमारे मूल्य और मानक, हमारी अपनी सोच–इन सबको भूलकर यह तबका उसी होड़ में शामिल होने के लिए लालायित है, यह चिन्ताजनक है।

हमारे चिन्तन की मुख्यधारा में अतीत की हमारी उपलब्धियों को जैसे पूरी तरह भुला देना हमारे लिए सामान्य बात बन गई है। निजीकरण, उदारीकरण और वैश्वीकरण के नाम पर दुनिया को जिस तरह एक विकृत संस्कृति का शिकार बनाने का प्रयास हो रहा है, उससे स्वयं हमारी सामूहिक चेतना भ्रमित हो रही है। अपना सांस्कृतिक वैशिष्ट्य खोकर एक आकृतिविहीन भीड़ का अंग हो जाने का खतरा बन गया है। आज एक सवाल बार-बार उभरकर सामने आता है–क्या भारत कोई निराला देश है ? मेरा जवाब सकारात्मक है। हाँ, हिंदुस्तान सचमुच दुनिया का एक निराला देश है। यह सवाल 1908 में गांधीजी से पूछा गया था। तब उनका जो जवाब था वही आज मेरा जवाब है–"मैं मानता हूँ कि जो सभ्यता हिंदुस्तान ने दिखाई, उस ऊँचाई तक दूसरा कोई नहीं पहुँच सका है। जो बीज हमारे पुरखों

ने बोए हैं, उनकी बराबरी कर सके, ऐसी कोई चीज हमारे देखने में नहीं आई।" यही तबका सवाल उठा रहा है कि जब सारी दुनिया एक राह अपना रही है, तो क्या हम उससे अलग रहकर अपने अस्तित्व को सँभाले रह सकते हैं ?

आजादी के आन्दोलन के दौरान भी यह सवाल उठाया था। 1928 में गांधी जी को लिखे एक पत्र में नेहरू जी ने लिखा था–

"आपने कहीं कहा है कि भारत को पश्चिम से कुछ नहीं सीखना है। और भारत अपने पुराने दिनों में ही सभ्यता की एक सम्पूर्ण ऊँचाई पर पहुँच चुका था। मैं आपके इस विचार से असहमत हूँ। मेरा मानना है कि अपनी औद्योगिक पहुँच के बल पर कुछ किन्तु और परन्तु के साथ पश्चिम की औद्योगिक संस्कृति भारत को जीत लेगी। आपने औद्योगिकीकरण की कुछ बुराइयों को गिनाया है, पर उसकी खूबियों पर ध्यान नहीं दिया है। इन बुराइयों को सब जानते हैं और उन्हें दूर करने की कोशिशें हो रही हैं। पश्चिम में विद्वान लोग मानते हैं कि ये बुराइयाँ औद्योगिक व्यवस्था की नहीं, पूँजीवाद की हैं।"

आजादी के बाद देश में कुछ इसी प्रकार की सोच रही। इस विचारधारा का आश्रय लेकर आज कुछ लोग ऐसा सोच रहे हैं कि भारत के अपने मानकों को छोड़कर हमें इस उधार की मान्यता को स्वीकार कर लेना चाहिए। वे भूल जाते हैं कि जैसे व्यक्तियों के व्यक्तित्व अलग होते हैं, वैसे ही हर राष्ट्र का एक अपना व्यक्तित्व होता है। और वह सचमुच विशिष्ट होता है। जो राष्ट्र अपनी अतीत की उपलब्धियों, उसकी कल्याणकारी प्रवृत्तियों और मान्यताओं को भुला देता है, वह न तो अपनी वर्तमान समस्याओं को समझ सकता है और न एक उज्ज्वल भविष्य की रचना में समर्थ हो सकता है। आज इसी प्रकार के चिन्तन के शिकार होकर हम अपने लिए एक गम्भीर समस्या पैदा करने पर उतारू जान पड़ते हैं।

सामर्थ्य क्या है ? इसे समझने के प्रयास हर मोड़ पर किए जाते रहे हैं। चाहे सतयुग हो या आज का युग। अपनी अस्मिता में सामर्थ्य छिपा रहता है। खुद को पहचानने से शक्तिस्रोत का दर्शन हो जाता है। इसका तरीका क्या हो ? आधार क्या होगा ? ये ऐतिहासिक समझ से सम्बन्धित है। हमारा साहित्य इस पर प्रकाश डालता है। उनकी सही व्याख्या से खुद को समझने में सहायता मिल सकती है। सही व्याख्या पेचीदा और विवादों से भरी है।

इसी नासमझी के कारण पहले से बने संकट निरन्तर बढ़ते जा रहे हैं। हमारी समृद्धि और सामर्थ्य के आधार, किसान और मजदूर, निराश और हतप्रभ हैं। कल-कारखाने बंद हो रहे हैं। पूरी अर्थव्यवस्था संकट में है। युवा वर्ग में उत्साह नहीं, भविष्य में कोई आस्था नहीं, वे निराशा के शिकार हैं। शिक्षा-व्यवस्था को भी बाजारू बनाया जा रहा है।

लोगों के सुख-दुख से जैसे राष्ट्र-निर्माताओं का कोई वास्ता ही नहीं रहा। पूरे समाज में निराशा, अस्थिरता, असमंजस की एक अजीब-सी मानसिकता दिखाई पड़ रही है। राजनीतिक, सामाजिक तथा आर्थिक बिखराव के लक्षण बहुत साफ-सांफ दीखने लगे हैं।

आलम यह है कि सत्तारूढ़ वर्ग बरसों से अर्जित देश की सम्पति को बेचने पर आमादा है। हमारे रोजगार और व्यवसाय, उनकी नीतियाँ जैसे कहीं और से संचालित हो रही हैं। बैंक चलाने से लेकर बिजली के लट्टू बनाने तक का काम दूसरों के हाथ में सौंप दिया जा रहा है। निर्यात घटता जा रहा है और आयात की स्थिति यह है कि जूते-मोजे से लेकर

सिर की टोपी तक बाहर से आ रही है। अब तो हालत यह है कि यहाँ की उत्पादन व्यवस्था को नष्ट कर देने के लिए उद्योगों से लेकर खेती तक के उत्पादों को दूसरों के भरोसे छोड़ने का प्रयास हो रहा है। रोजगार और व्यवसाय के मौके कम से कम होते जा रहे हैं। समाज सांस्कृतिक हमले की भी चपेट में है।

देश की एक-एक संस्था को जैसे एक योजना के तहत ध्वस्त किया जा रहा है। किसान की जोत घटती जा रही है और कृषि-नीति में बड़ी-बड़ी विदेशी कम्पनियों को बड़े से बड़े क्षेत्र बना लेने की छूट देने की बात चल रही है। विश्व व्यापार संगठन के कानून तेजी से थोपने के काम को ही सरकार अपनी कुशलता और सफलता मानने लगी है।

किसान अपने घर में रखा बीज भी अगले साल अपने खेत में बोना चाहे तो उसकी चाह को मिटाने के लिए नए बीज, जिनका उत्पादन अन्य के हाथों में होगा, बाजार से लेने होंगे, ऐसी असहायता का भाव पैदा करने का प्रयास हो रहा है। सत्ता का केन्द्र जैसे कहीं बाहर से संचालित हो रहा हो।

देश में नए-नए संकट उभर रहे हैं। मसलन एक ओर आतंकवाद, तो दूसरे छोर पर विखंडित होते समाज का नजारा है। कभी जाति के नाम पर फसाद, तो कभी सम्प्रदाय के नाम पर झगड़े खड़े किए जा रहे हैं। हमारी राजनीतिक व्यवस्था भी जैसे पंगु हो गई हो। हम ऐसे ही विभाजन और विखंडन की राजनीति के शिकार बनते जा रहे हैं। सत्ता-केन्द्रित विचार हमारी मानसिकता पर छा गया है।

भारत की मानसिकता, उसकी प्राथमिकताएँ, उसकी प्राकृतिक उपलब्धियाँ हमारे आज के देश चलानेवाले लोगों की सोच से बाहर हैं। वे भूल गए हैं कि दो हजार बरस से यूरोप व उसके बाद अरब लोग मुख्यतः जिस अन्तर्राष्ट्रीय व्यापार पर जीवन चलाते थे, उसका आधार था शोषण और अन्य देशों की सम्पत्ति की लूट। उसी तरीके को एक नई नीति का रूप देने की कोशिश हो रही है।

हमने तो सदियों से एक दूसरी राह अपनाई। हमने अपने प्राकृतिक साधनों और श्रमशक्ति को आधार माना। अपनी आवश्यकता के साधनों को प्रचुर मात्रा में पैदा किया। उनका व्यवस्थित उपयोग किया। मौलिक आवश्यकताएँ—खाना, कपड़ा, रहने की जगह, सांस्कृतिक अभिव्यक्ति—अपने यहाँ के सब लोगों को उपलब्ध कराया। यह हम भूल गए-से जान पड़ते हैं। इस तरह की भूलें तो हमारे यहाँ पिछले कुछ दिनों में तेजी से हुई हैं और अब तो हम सब पढ़े-लिखे, अच्छे पीते-खाते, किसी भी दल, सम्प्रदाय व वाद के हों, इन भूलों को सत्य जैसा मानने लगे हैं। हम अपने और पराए (व्यक्ति, व्यवस्था, तकनीक, विज्ञान) के भेद को भुला बैठे हैं।

मनुष्य सभ्यता और संस्कृति का केन्द्र-बिंदु है। किसी देश और समाज की शक्ति और सामर्थ्य इस बात में होती है कि अपने चिन्तन को परिस्थितियों के अनुरूप वह किस तरह एक अनवरत और शाश्वत प्रवाह का रूप देता है। यह बहाव एक भरी-पूरी नदी का बहाव है, जो अपने किनारों को थामे रहती है और जिसका पानी हर क्षण नया भी होता रहता है। इस सरिता की कछारें होती हैं—उसका दर्शन, उसका ज्ञान-विज्ञान, उसकी परम्पराएँ, उसके रीति-रिवाज। उसकी आर्थिक, राजनीतिक, सामाजिक समृद्धि। उसके लोगों की अपनी त्याग और तपस्या की गाथा। इसके अलावा समाज की सृजनात्मकता से जो प्रवाह बनता

है, वह पूरे देश और समाज को धारण करता है और उसको सम्पूर्णता देता है।

भारत सिर्फ मिट्टी का नाम नहीं। कुछ नदियों और पहाड़ों का समुच्चय नहीं। भारत सत्य की एक सतत्, शाश्वत गवेषणा का नाम है। सत्य की इस धारा से यह दुनिया बार-बार आलोकित होती रही है। यह ऋषियों, सन्तों, महात्माओं, सूफियों और गुरुओं की साधना का देश है। उन्हें आस्था और शक्ति देनेवाली महान जनशक्ति का देश है। ह्वेनसांग, फाहियान, इब्नबतूता, मैक्समूलर यों ही भारत देखने नहीं चले आए।

आइंस्टाइन ने कहा कि मानवता के विकास में भारत के योगदान को भूला नहीं जा सकता। उसने दुनिया को गिनना न सिखाया होता तो आज ये खोज और आविष्कार न हुए होते। मनुष्यता की इस अनमोल धरोहर ने दुनिया के सोचने-समझनेवाले किन लोगों को अपनी ओर नहीं खींचा है ! मार्क ट्वेन ने जब भारत को जाना तो उसके मुँह से केवल यही शब्द निकले—

"मानवता भारतरूपी पालने में फली-फूली है। मनुष्य को वाणी यहीं से मिली है और मनुष्य का इतिहास भी यहीं से निकला है। गाथाओं की तो भारत दादी रहा है और परम्पराओं के मामले में दादी की भी माँ। मनुष्यता की सारी रचनात्मक धरोहरें भारत में ही हैं।"

भारत केवल गंगा और जमुना, कावेरी, सतलुज, नर्मदा, सिन्धु और ब्रह्मपुत्र की घाटी तक ही सीमित नहीं रहा है, भारत एक बहुत बड़े सांस्कृतिक विस्तार का नाम है। अमरीका में चीन के पूर्व राजदूत ह्यू शिह इस सांस्कृतिक विस्तार की अभ्यर्थना करते हुए कहते हैं—

"भारत ने चीन में एक भी सैनिक नहीं भेजा। खून का एक भी कतरा नहीं बहाया। किसी की आँखों में आँसू की एक भी बूँद नहीं डाली। फिर भी चीन दो हजार साल तक उसके प्रभाव में रहा।"

यह एक स्थापित तथ्य है और आप सब जानते हैं। अपने दस हजार साल के ज्ञात इतिहास में भारत ने किसी दूसरे देश पर कभी कोई हमला नहीं किया। उसने किसी दूसरे मनुष्य को दबाने के लिए कभी हाथ और पाँव नहीं फटकारे। कोई हमला करने आया तो उसने उसे वहीं अपने में समेट लिया। शक, हूण, किरात, यवन—सब उसके अपने होकर रह गए। ऐसी निस्पृह संस्कृति का नाम है भारत। ईसा के जन्म से सात सौ साल पहले ही ज्ञान के संस्थागत केन्द्र के रूप में भारत में तक्षशिला विश्वविद्यालय की स्थापना हो चुकी थी। यूरोप में पहला विश्वविद्यालय इसके दो हजार साल बाद बना। ईसा के जन्म से लगभग पाँच सौ साल पहले आचार्य चरक और सुश्रुत ने आयुर्वेद को एक संगठित चिकित्सा-शास्त्र बना दिया था। कहा जाता है कि आचार्य सुश्रुत ने वे ऑपरेशन भी किए थे, जिन्हें आज प्लास्टिक और ब्रेन सर्जरी कहते हैं। उन्हें आनुवंशिकी और रोगों की रोकथाम के तरीकों की विधिवत् जानकारी थी। नौवहन का शास्त्र सिंध में छह हजार साल पहले ही विकसित हो गया था।

जिस नेवीगेशन शब्द का आज हम अक्सर इस्तेमाल करते हैं, उसका जन्म संस्कृत के नवगतिह शब्द से हुआ है। संस्कृत समस्त यूरोपीय भाषाओं की जननी है। आज तो विज्ञान के नवीनतम साधन कम्प्यूटर के शास्त्री लोग भी मानते हैं कि कम्प्यूटर के उपयोग के लिए सबसे वैज्ञानिक भाषा संस्कृत है। पृथ्वी सूरज के गिर्द एक चक्कर लगाने में ठीक-ठीक कितना समय लेती है, भास्कराचार्य ने इसकी सही-सही गणना काफी पहले ही कर दी थी, जबकि

पश्चिम इसी बात को मानकर चल रहा था कि सूरज पृथ्वी के गिर्द घूमता है, और कोई इसके उलट कहता तो उसकी सजा फाँसी थी।

दुनिया को गिनना भारत ने सिखाया और आर्यभट्ट ने शून्य की अवधारणा दी। मिस्र और रोमन संस्कृति में सबसे बड़ी गिनती 10^6 की हो सकती थी। जबकि भारत में ईसा के जन्म के पाँच हजार साल पहले वैदिक काल में ही 10^{53} तक की गिनती गिनी जा चुकी थी। हर संख्या को उसका अलग-अलग विशिष्ट नाम दिया जा चुका था। यूरोप में जब गणितज्ञों का जन्म भी नहीं हुआ था तब उनके जन्म के छह सौ साल पहले ही बुद्धायन ने पाई का मूल्य ज्ञात कर लिया था। उस प्रमेय को सामने रख दिया था जिसे आज हम पाइथागोरस प्रमेय कहकर रटते और घोंटते हैं। बीजगणित, त्रिकोणमिति, ज्यामिति, कैलकुलस—भारत ने ईजाद किए। दशमलव प्रणाली और अंकों का स्थान महत्त्व भारत के गणित से निकला और जब दुनिया के अधिकांश लोग खानाबदोशों की जिन्दगी जी रहे थे, तब पाँच हजार साल पहले ही भारत में सिन्धु घाटी में एक सम्पूर्ण संगठित सभ्यता विकसित हो गई थी। सरस्वती संस्कृति की खोज में विभिन्न राज्यों में जो उत्खनन हो रहे हैं वे एक बहुत ही परिपूर्ण सभ्यता के होने के सबूत दे रहे हैं। जब दुनिया स्वर से परिचित तक नहीं थी, इस देश में सामवेद के गीत गाए जाते थे।

जब लोगों ने बाँध और झील के उपयोग के बारे में भी नहीं सोचा था तब भारत में चन्द्रगुप्त मौर्य के जमाने में ही शक राजा रूद्र दमन ने राई वाटक की पहाड़ियों पर सुदर्शन जैसी बड़ी झील बनवाकर आसपास के इलाकों के लिए कभी न सूखनेवाले पानी के सोतों का इन्तजाम कर दिया था। जनतन्त्र के जिस राजतन्त्र को आज हम मानवता की सबसे बड़ी धरोहर मानते हैं, उसका उदय भारत में ईसा के जन्म से पहले ही हो चुका था। फ्रांस के अनन्य विद्वान रोम्याँ रोला को यूरोप से कम प्यार नहीं था, पर जब उन्होंने भारत को देखा, जाना और समझा तो उनके मुँह से निकला—मनुष्य ने जिस दिन से सपने देखने शुरू किए, वे सपने कहीं जन्मे, फले और फूले तो दुनिया में वह केवल एक जगह है—भारत। भारत।

मैंने भारत के गौरव की बातें विरुदावली गाने के लिए नहीं कहीं, और न ही अपना सीना फुलाने के लिए कही हैं कि हम ऐसी महान उपलब्धियों वाले देश के वासी हैं। यह बातें मैंने उस स्रोत की तलाश के लिए प्रेरित करने के लिए कही हैं, जिसे भारत कहा जाता है और जहाँ से भारत की शक्ति और सामर्थ्य निकलती है। यह अकस्मात् नहीं हो सकता था कि कहीं भास्कराचार्य पैदा हो गए और कहीं से बुद्धायन निकल आए। यह अकस्मात् नहीं था कि कभी किसी बुद्ध का जन्म हो गया और कभी कहीं कोई कबीर पैदा हो गए। ये उपलब्धियाँ जीवन्त सामाजिक सांस्कृतिक व्यवस्था की देन थीं।

भारत में तैंतीस करोड़ देवताओं और छप्पन करोड़ देवियों की पूजा अंधविश्वास नहीं है, मानवशक्ति में अटूट आस्था का प्रतीक है। और यह कोई अनायास नहीं हुआ कि अरब, यूनान, रोम जैसी सभ्यताओं के मुँह यदि भारत की ओर थे तो यूरोप से ज़ो जहाजी बेड़े निकले, उनकी पालों और पतवारों का रुख भी भारत की ओर था। यह जो पूरी नई दुनिया खोजी गई है वह सोने की चिड़िया कहे जानेवाले भारत की खोज में ही किए जानेवाले प्रयास का परिणाम थी।

सच तो यह है कि सत्रहवीं सदी में अंग्रेजों के आने के पहले तक भारत दुनिया का सबसे समृद्ध देश था। उसके ज्ञान-विज्ञान की, कल-कारखानों की, रीत-रिवाज की एक-एक संस्था को गुलामी के दिनों में ध्वस्त किया गया। अगर किसी एक का इस सिलसिले में नाम लेना जरूरी है, तो मैं ईस्ट इंडिया कम्पनी को चिह्नित करता हूँ। उस दौर में भारत की लूट के दो हिस्से हैं। पहले कम्पनी ने हमारी सम्पदा बटोरी। व्यापार का काम चलाया। औद्योगिक क्रांति के बाद पूँजीवाद की प्रारम्भिक अवस्था में कच्चा माल ढोया जाने लगा और उनके यहाँ का पक्का माल यहाँ बिके इसलिए हमारे देश को कृषि प्रधान बनाकर साजिश की गई। विद्वानों ने जो जाना और पाया है, उसके मुताबिक सत्रहवीं सदी तक के हमारे देश में चिकित्सा, शिक्षा, धातु-विज्ञान, गणित आदि की विधिवत विकसित प्रणालियाँ थीं। अन्न के क्षेत्र थे। अन्न के भंडार थे। इस्पात तक बनाने का अपने यहाँ कौशल था। अनेक संस्थाओं ने अपनी खोजों से इस बात को साबित किया है। इस तरह के तथ्य अंग्रेज प्रशासकों के रिकॉर्ड में भी दर्ज हैं।

गांधी और अंग्रेज प्रोफेसर फिलिप हरटोग के बीच तो इस बारे में नौ साल लम्बी बहस चली थी। और उन्हें लिखे एक पत्र में 1931 में गांधीजी ने बहुत साफ कहा था—

"मुझे यह कहने में कोई हिचक नहीं कि भारत में आज जितनी अशिक्षा है, सौ साल पहले उतनी अशिक्षा नहीं थी। जो चीजें जहाँ थीं, वहाँ से उन्हें सहेजने और सँभालने के बदले अंग्रेज प्रशासकों ने पहले उनकी जड़ें खोदकर देखना शुरू किया। उन्होंने मिट्टी हटा ली। जड़ों को नंगा छोड़ दिया। और भारत नाम का एक अति सुंदर वृक्ष सूख गया।"

इतिहासकार धर्मपाल ने 'द ब्यूटीफुल ट्री' में डब्ल्यू लिलिएंडन का एक उद्धरण दिया है—

"1830 के आसपास बंगाल और बिहार में एक लाख के आसपास स्कूल थे। और बंबई प्रेसीडेंसी में 1820 तक कोई भी ऐसा गाँव नहीं था जहाँ एक स्कूल न हो। बड़े गाँवों में तो एक से अधिक स्कूल थे।"

जी.एल. प्रेंडरजेस्ट ने भी कहा है कि पंजाब में भी 1850 तक शिक्षा के प्रसार की यही हालत थी। इन धर्मपाल जी ने यहाँ आए अंग्रेज प्रशासकों के लिखे-पढ़े का जो अध्ययन किया है, उसके मुताबिक 17वीं सदी तक देश के तकरीबन हर गाँव में एक स्कूल था, अपने हाट-बाजार थे, अपनी न्याय और प्रशासन की व्यवस्था थी, कला-कौशल और उद्योगों को सँभालने और बढ़ाने के अपने इंतजाम थे। 17वीं सदी तक सारी आपदाओं के बावजूद हमारी उत्पादन व्यवस्था मजबूत थी। वह स्वावलम्बी थी। जरूरत इस बात की थी कि उसी कड़ी से राष्ट्र-निर्माण की प्रक्रिया शुरू हो। वहाँ से जुड़े। वहीं से ही आधुनिकीकरण का अगला कदम उठे। यह नहीं हुआ। यह जानना जरूरी है कि क्यों ?

गांधी को जाननेवाले मानते हैं कि इस अति सुंदर वृक्ष की जड़ों को सुखाकर उसकी जगह पर बिना जड़ की एक विदेशी प्रणाली को बैठा देना ही हमारी मौजूदा दुर्दशा का कारण रहा है। एक तो इससे शिक्षा, ज्ञान-विज्ञान, कला-कौशल की प्रणाली बिगड़ी। यही वजह है कि साक्षरता और सबको शिक्षा देने के हमारे आज के प्रयास भी सफल नहीं हो पा रहे हैं। दूसरे, इससे सामाजिक सन्तुलन चौपट हुआ। यह सामाजिक सन्तुलन था तो समाज का हर वर्ग अपनी जरूरत भर की शिक्षा का इंतजाम कर लेता था और उसका हर आदमी

स्थानीय स्तर पर समाज के सामाजिक-सांस्कृतिक जीवन में साधिकार और ससम्मान भागीदारी ले सकता था। इससे बड़े समाज में भी उसकी भागीदारी के रास्ते खुले थे। शिक्षा-व्यवस्था और आर्थिक संरचना के टूट जाने से किसानों, जमीनी स्तर पर काम करनेवाले कारीगरों, दस्तकारों, उद्योग-धन्धे करनेवाले लोगों की सामाजिक और आर्थिक हैसियत में कमी आ गई। आज जिन्हें हम दलित और पिछड़े कहते हैं और जिनकी सामाजिक और आर्थिक गिरावट जगजाहिर है उनकी दुर्दशा का असल कारण यह है।

सोचना, सीखना, चीजों को अपने कौशल से अपने हिसाब का बना लेना और उनमें प्राण फूँक देना हमारे समाज की विशिष्टता रही है। लेकिन इस विशिष्टता का मनमाने ढंग से इस्तेमाल भी किया गया है।

सभ्यता क्या है, इसे लेकर गांधीजी ने कहा है–

"सभ्यता वह आचरण है जिससे आदमी अपना फर्ज अदा करता है। फर्ज अदा करने के माने हैं नीति का पालन करना। नीति के पालन का मतलब है अपने मन और इन्द्रियों को वश में रखना। ऐसा करते हुए हम अपने को (अपनी असलियत को) पहचानते हैं। यही सभ्यता है। इससे जो उलटा है, वह बिगाड़ करनेवाला है।

"हमने देखा है कि मनुष्य की वृत्तियाँ चंचल हैं। उसका मन बेकार की दौड़-धूप किया करता है। उसका शरीर जैसे-जैसे ज्यादा दिया जाए, वैसे-वैसे ज्यादा माँगता है। ज्यादा लेकर भी वह सुखी नहीं होता। भोग भोगने से भोग की इच्छा बढ़ती जाती है। इसलिए हमारे पुरखों ने भोग की हद बाँध दी है। बहुत सोचकर उन्होंने देखा कि सुख-दुख तो मन के कारण हैं। अमीर अपनी अमीरी की वजह से सुखी नहीं है, गरीब अपनी गरीबी के कारण दुखी नहीं है। अमीर दुखी देखने में आता है और गरीब सुखी देखने में आता है। करोड़ों लोग तो गरीब ही रहेंगे। ऐसा देखकर उन्होंने भोग की वासना छुड़वाई। हजारों साल पहले जो हल काम में लिया जाता था, उससे हमने काम चलाया। हजारों साल पहले जैसे झोपड़े थे, उन्हें हमने कायम रखा। हजारों साल पहले जैसी हमारी शिक्षा थी, वही चलती आई। हमने नाशकारक होड़ को समाज में जगह नहीं दी; सब अपना-अपना धंधा करते रहे। उसमें उन्होंने दस्तूर के मुताबिक दाम लिए। ऐसा नहीं था कि हमें यन्त्र वगैरा की खोज करना ही नहीं आता था। लेकिन हमारे पूर्वजों ने देखा कि लोग अगर यन्त्र वगैरा की झंझट में पड़ेंगे, तो गुलाम ही बनेंगे और अपनी नीति को छोड़ देंगे। उन्होंने सोच-समझकर कहा कि हमें अपने हाथ-पैरों से जो काम हो सके वही करना चाहिए। हाथ-पैरों का इस्तेमाल करने में ही सच्चा सुख है, उसी में तन्दुरुस्ती है।

"उन्होंने सोचा कि बड़े शहर खड़े करना बेकार की झंझट है। उसमें लोग सुखी नहीं होंगे। उनमें धूर्तों की टोलियाँ और वेश्याओं की गलियाँ पैदा होंगी; गरीब अमीरों से लूटे जाएँगे। इसलिए उन्होंने छोटे देहातों में सन्तोष माना।

"उन्होंने देखा कि राजाओं और उनकी तलवार के बनिस्बत नीति का बल ज्यादा बलवान है। इसलिए उन्होंने राजाओं को नीतिवान पुरुष-ऋषियों और फकीरों से कम दर्जे का माना।

"ऐसी जिस राष्ट्र की गठन है वह राष्ट्र दूसरों को सिखाने लायक है; वह दूसरों से सीखने लायक नहीं है।"

पश्चिम में शक्ति का स्रोत आर्थिक और राजनीतिक सत्ता रही है। इसी में उसका

परमानन्द है। उनका दृष्टिकोण मनुष्य और प्रकृति के बीच टकराव का है और वहाँ औद्योगिकीकरण, उनकी संस्कृति, उनका रहन-सहन, उनकी सोच इसी से निकली है। वहाँ भौतिकवाद प्रबल रहा है।

भारत में मनुष्य और प्रकृति के बीच सहयोग और समन्वय का रिश्ता है। हमारी संस्कृति और सभ्यता के सूत्र यहाँ से निकले हैं। और उसका निचोड़ बहुत रोचक रहा है। ये निचोड़ थे—समाज के रूप में एक ऐसा बहुरंगी चमन, ज़िसमें हर बयार और हर बहार में फूल खिले हों। सत्ता और अर्थ-संरचना की ऐसी विकेन्द्रित इकाइयाँ, जहाँ गाँव अर्थव्यवस्था की आत्मनिर्भर इकाइयाँ हों और वहाँ उनका स्वशासन हो। व्यवस्था और न्याय की रचना और अनुपालन के लिए सामूहिक या सामुदायिक पंचायतें। ऐसे समाज को न राजा की बहुत जरूरत थी और न प्रजा की। यह एक ऐसी व्यवस्था थी, जहाँ हर हाथ के लिए काम था और हर मुँह के लिए निवाला। कच्चा माल इधर-उधर से आता, तो उसे अपने यहाँ ही ठोंक-पीटकर लोहा बना लिया जाता। जन-जन तक फैले इस भारत प्रभु के अनन्त हाथ थे और अनन्त मेधा थी।

इसी स्वपूरित भारत से उठकर कोई कृष्ण कह सकता था कि देखो, सारा ब्रह्मांड मेरे अंदर लीन है। हमारा परमानन्द यह था। इस परमानन्द में राज्य, समाज, धर्म और अर्थ—इन चारों ही व्यवस्थाओं को सहज स्वाभाविक रूप से विकेन्द्रीकृत होना था। हमारा यंत्र रहा—विकेन्द्रीकृत व्यवस्था से शक्ति-संचय। हम उसी व्यवस्था से सत्रहवीं सदी तक दुनिया के सबसे समृद्ध देश थे। महान रोमन साम्राज्य को भी कानून बनाना पड़ा था कि भारत के कपड़े की खरीद न की जाए। यह स्वपूरित भारत ही कह सकता था कि मेरे पास जो कुछ है वह समस्त मानवता का है—*त्वदीयं वस्तु गोविन्दम्, तुभ्यमेव समर्पयेम्*। वैश्वीकरण तो यह है—भोग का नहीं, त्याग का वैश्वीकरण। उपभोग का नहीं, कृतज्ञता का वैश्वीकरण। मनुष्यता का वैश्वीकरण। जहाँ-जहाँ तक सूरज की रोशनी जाती है, और जहाँ-जहाँ तक नहीं भी जाती है, वहाँ मेरी अपनी मौजूदगी का वैश्वीकरण।

अंदर-बाहर के न्यस्त स्वार्थों ने भारत की शक्ति और सामर्थ्य को बार-बार झकझोरा है। जाति, वर्ग, सम्प्रदाय, समूह, धर्म, भाषा, बोली, रंग आदि-आदि के नाम पर हमारी इस अन्तःचेतना को कुन्द करने की जाने कितनी कोशिशें हुई हैं। इस देश में जो नौ ऋषि हुए, उनकी कोई सजाति नहीं है। हमारी चेतना किसी एक जाति और धर्म से नहीं निकली है। जिन्हें हम पिछड़े और दलित कहते हैं, वाल्मीकि से लेकर सन्त रैदास तक जाने कितने महात्मा हुए, जिन्होंने इस भारत को साधा। लेकिन गुण और कर्म आधारित एक चल व्यवस्था को रूढ़ कर दिया गया। ऊँच-नीच, छूत-अछूत और छोटे-बड़े बना दिए गए। न्यस्त स्वार्थों ने कर्मकांडों को आडम्बर बना दिया। इस सम्प्रदाय या उस सम्प्रदाय को वर्चस्व देने की कोशिशें की गईं। समाज को इसका बार-बार और बहुत बार खामियाजा भी उठाना पड़ा। लेकिन इतिहास गवाह है कि न यहाँ किसी राजा की सत्ता चली और न किसी साम्प्रदायिक की मनमानी भी चली। यहाँ विचार की वही धारा समय और काल से जूझ सकी है जो मनुष्य को उसकी सम्पूर्णता में पोषित करती है। उसके प्रस्फुटन के हजार रास्ते खोलती है।

आज के वैश्वीकरण के सूत्र भारत के समाज को विखंडन के रास्ते पर ले जा रहे हैं। इसलिए यह कोई संयोग नहीं है कि जाति और सम्प्रदाय के नाम पर हमारे समाज को

बाँटनेवाली ताकतों ने वैश्वीकरण को अपने गले में हार की तरह पहन लिया है। वे पश्चिम के अंधानुकरण की लगातार ढोल पीट रहे हैं।

हमारी शक्ति के सूत्र हैं हमारे किसान और मजदूर। हमारे गाँव-गाँव और हाथ-हाथ तक फैल सकनेवाले लघु और कुटीर उद्योग। स्थानीय सामग्री, कौशल और प्रतिभा को उत्पादन में बदलनेवाले छोटे कल और कारखाने। जमीनी स्तर की अपनी दरकारों को लेकर गठित पंचायतें। उनकी राजनीतिक और वैधानिक व्यवस्थाएँ। हमारी परिवार-व्यवस्था। हमारी नदियाँ। हमारे पहाड़। और हमारा मनुष्य और मनुष्यता को पोषित करनेवाला सम्पूर्ण जीवन-दर्शन। भारत का जो नक्शा बनेगा, वह इसी के इर्द-गिर्द बनेगा। वह जो बनेगा, उसे गांधी ने 'हिन्द स्वराज' में इस रूप में देखा है–

'इस राष्ट्र में अदालतें थीं, वकील थे, डॉक्टर-वैद्य थे। लेकिन वे सब ठीक ढंग से नियम के मुताबिक चलते थे। सब जानते थे कि वे धंधे बड़े नहीं हैं। वकील, डॉक्टर वगैरा लोगों में लूट नहीं चलाते थे; वे तो लोगों के आश्रित थे। वे लोगों के मालिक बनकर नहीं रहते थे। इंसाफ काफी अच्छा होता था। अदालतों में न जाना, यह लोगों का ध्येय था। उन्हें भरमानेवाले स्वार्थी लोग नहीं थे। इतनी सड़न भी सिर्फ राजा और राजधानी के आसपास ही थी। यों (आम) प्रजा तो उससे स्वतन्त्र रहकर अपने खेत का मालिकाना हक भोगती थी। उसके पास सच्चा स्वराज्य था।

''और जहाँ यह चंडाल सभ्यता नहीं पहुँची है, वहाँ हिंदुस्तान आज भी वैसा ही है। उसके सामने आप अपने नए ढोंगों की बात करेंगे, तो वह आपकी हँसी उड़ाएगा। उस पर न तो अंग्रेज राज करते हैं, न आप कर सकेंगे।

''जिन लोगों के नाम पर हम बात करते हैं, उन्हें हम पहचानते नहीं हैं, न वे हमें पहचानते हैं। आपको और दूसरों को, जिनमें देशप्रेम है, मेरी सलाह है कि आप देश में–जहाँ रेल की बाढ़ नहीं फैली है उस भाग में–छह माह के लिए घूम आएँ और बाद में देश की लगन लगाएँ, बाद में स्वराज्य की बात करें।''

आज राजेन्द्र बाबू का स्मृति-दिन है। राजेन्द्र बाबू उस मिट्टी से निकले थे जिसे भारत कहा जाता है। उनकी जीवनी पढ़ने पर पता चलता है कि एक बात जीवन भर उनके जेहन में घूमती रहती है कि इस देश को भारत कैसे बनाया जाए। गांधी के चम्पारण आन्दोलन से उन्होंने एक बार जो समाजसेवा की शुरुआत की, तो उन्होंने फिर पीछे मुड़कर नहीं देखा। उन्होंने जब वकालत छोड़ी तो उनकी जेब में कुल पन्द्रह रुपए थे और पीछे था एक भरे-पूरे परिवार को सँभालने का दायित्व। वे गांधी और सरदार पटेल की जीवनधारा से जुड़े हुए थे और राष्ट्रपति बनने के बाद भी उन्होंने इस जीवनधारा को नहीं बदला। सत्ता-व्यवस्था से इस बात को लेकर उनके कई बार टकराव भी हुए लेकिन राजेन्द्र बाबू अपनी मर्यादाओं के भीतर अपने रास्ते पर चलते रहे। उनके जमाने में राष्ट्रपति भवन में विदेशी मेहमानों के लिए भले ही अंग्रेजी ढंग से खाना परोस दिया जाता रहा हो लेकिन भारत के राष्ट्रपति खुद भारतीय ढंग से थाली में परसा खाना ही खाते रहे। बाहर से आए मेहमानों ने उनकी इस भारतीय पद्धति का सत्कार ही किया। राष्ट्रपति खुद घोड़ागाड़ी पर सुबह टहलने निकल जाते थे और लोगों से उनके दुख-दर्द का हाल पूछते थे। पश्चिमपरक सत्ता-व्यवस्था ने बड़ा विरोध करके इस परम्परा को बंद कराया। इसी तरह का विरोध तब हुआ जब उन्होंने बनारस

में पंडितों की पादपूजा और पाद-प्रच्छालन किया। राष्ट्रपति ने प्रधानमन्त्री को लिखे पत्र में कहा–

"हमारी संस्कृति में विद्वान का स्थान राजा से भी बड़ा होता है। विद्वानों का सम्मान करके हम अपना ही सम्मान करते हैं।"

राजेन्द्र बाबू 1950 में जब अन्तरिम राष्ट्रपति बने तो एक वर्ग ने इस बात का कड़ा विरोध किया। अंग्रेजी पद्धति को स्वीकार न करनेवाला राष्ट्रपति इस देश में कैसे चलेगा। 1952 और 57 में उनके चुनाव के समय फिर व्यवस्था ने यही सवाल उठाए। उन्हें सत्ता का लोलुप और धार्मिक पुनर्जागरणवादी कहकर उनका तिरस्कार करने की कोशिशें भी हुईं। लेकिन राजेन्द्र बाबू अडिग रहे और उन्होंने पश्चिमपरक मान्यताओं से जूझते रहने का रास्ता चुना। चाहे हिन्दू कोड बिल का सवाल हो, चाहे केरल में राष्ट्रपति शासन लगाने का सवाल हो, चाहे सोमनाथ मंदिर के उद्‌घाटन में जाने का सवाल हो, राजेन्द्र बाबू दृढ़तापूर्वक अपनी मर्यादाओं पर अडिग रहे। ईमानदारी से अपनी बात कहते रहे और व्यवस्था को समझाते रहे कि इस देश का कल्याण भारतीयता के रास्ते पर चलने में ही है। तब देश इतना नहीं हारा था, जितना कि आज है।

1957 में जब उन्हें हटाकर किसी और को राष्ट्रपति बनाने की बात चली तो मौलाना आजाद ने नेहरू को लिखा–

"हमारी आज़ादी के जंद्‌दोजहद में जिसने अपने आपको मिटा दिया, और दूसरे, जिसे विदेशी सरकार के हाथों सर का खिताब कबूल करने में कोई झिझक नहीं हुई, जमीन-आसमान का फर्क है और इस फर्क का अहसास आपको करना ही होगा।"

इसी तरह सरदार पटेल की मृत्यु पर व्यवस्था के सारे विरोध के बावजूद वे उनकी अन्त्येष्टि में शरीक होने गए। ज्ञानवती दरबार को उन्होंने जो चिट्ठियाँ लिखाई हैं–उनमें एक बात बहुत साफ है कि राष्ट्रपति इस बात को लेकर बहुत चिन्तित थे कि भारत पश्चिम के जिस रास्ते पर चल पड़ा है, उसका नतीजा क्या होगा। वे जहाँ भी जाते, भारत की परम्परा और उसकी समृद्धि की एक तरह से खोज ही करते रहते।

ये वे राष्ट्रपति थे जो देश की सीमाओं की रक्षा के लिए शहीद सैनिकों की स्मृति में उन्हें शौर्य पुरस्कार देने जाते तो उनकी आँखों से आँसू झर रहे होते थे। उन्हें इस बात की भी लगातार चिन्ता रहती थी कि सार्वजनिक जीवन का क्षरण हो रहा है और उसका नतीजा क्या होगा। इसलिए वे गांधीजी की इस बात को कि आजादी के बाद कांग्रेस को राजनीतिक दल के बदले सेवा के एक संगठन में बदल दिया जाए। बार-बार याद करते थे। और गांधी पर उनकी इतनी निष्ठा थी कि वे हाथ में पेंसिल और कागज लेकर बैठे तो उस कागज पर गांधीजी की मृत्यु के बाद भी उनका सन्देश लिख उठा।

ये वे राष्ट्रपति थे जिन्होंने 30 जनवरी, 1959 को लिखा–*"हमने गांधी जी की 11 साल पहले हत्या कर दी थी लेकिन क्या इतनी ही बात है ? गांधीजी की तो हम रोज-रोज हत्या कर रहे हैं।"*

13 मई, 1959 को उन्होंने लिखा–

"आज जिस भारत का नक्शा हम देख रहे हैं, वह सरदार पटेल के प्रयासों से बना है। लेकिन दिल्ली में उनका एक भी स्मृति-चिन्ह नहीं। हम उन्हें महत्त्व नहीं देना चाहते

तो इसका मतलब यह नहीं है कि देश के लिए उनकी सेवाएँ कम थीं।"

परम्परागत संस्थाओं को वे बहुत महत्त्व देते थे। 8 मई, 1960 को उन्होंने लिखा—

"यह कहाँ तक सही है कि लोगों को केवल उनकी अपनी बौद्धिक और शारीरिक शक्ति के भरोसे छोड़ दिया जाए। परिवार उसके हर सदस्य के लिए बीमा का काम करते थे। मैं मानता हूँ कि परिवार व्यवस्था हमारी बहुत ही मानवीय व्यवस्था रही है।"

लेकिन व्यवस्था ने इस बात की पूरी कोशिश की कि राष्ट्रपति यदि मरें तो गांधीजी के राजघाट के आसपास उनकी कोई समाधि न बनने पाए। इसके लिए दूर की एक जगह तलाशी गई थी, जहाँ बाद में लालबहादुर शास्त्री की समाधि बनी। राजेन्द्र बाबू गांधी के उस चम्पारण सत्याग्रह आन्दोलन से निकले थे, जो गांधी का इस भारत के नजदीक जाने का प्रयोग था। जमीन से शक्ति संचित करने का प्रयोग था। क्या आज का वक्त गांधी और राजेन्द्र प्रसाद जैसे लोगों को फिर खींचकर एक साथ खड़ा कर देने का नहीं है ? भारत को यही प्रयोग बचाएगा।

मुझे लगता है कि हमारे देश की शक्ति और सामर्थ्य फिर से तभी जिन्दा होगी जब हजारों लोग एक साथ मिलकर अपने देश को, अपनी संस्कृति के कल्याणकारी पक्ष को परखें, ज्ञान-विज्ञान को परिस्थिति के अनुरूप निखारें, अपनी सामर्थ्य की आस्था के आधार पर चलने की कोशिश करें। भारत सम्पूर्ण मानवता के लिए एक बहुत बड़ी आशा है। आज पूरी दुनिया भारत की ओर देख रही है। इस आशा से कि वह पूरी दुनिया को कौन-सा रास्ता दिखाता है। राजेन्द्र बाबू ने इस सामर्थ्य को समझा था, उसे अपने जीवन में उतारा था, अपनी निष्ठा और संकल्प-शक्ति के सहारे उस राह पर चले थे। आज वे हमारे प्रेरणा के स्रोत हैं। गांधी की आभा से अनुप्राणित उनकी जिन्दगी एक ऐसा प्रकाश स्तम्भ है जो आज के फैलते अँधेरे में हमें एक नया प्रकाश देगी, जिससे न केवल सही राह पर स्वयं चलने में सक्षम होंगे वरन् सारी मानवता को एक नई रोशनी देने में समर्थ होंगे। उस महामानव देशरत्न की स्मृति को मेरा प्रणाम्।

डॉ. राजेन्द्र प्रसाद स्मारक व्याख्यानमाला-2000 के तहत ऑल इंडिया रेडियो से दिया गया भाषण

फिर गांधी के रास्ते पर चलें

आज यह सवाल प्रमुखता से उभर रहा है कि देश किस स्थिति से गुजर रहा है, हम कहाँ पहुँच गए हैं ? इस स्थिति में हम कुछ कर सकते हैं, अथवा नहीं। यदि कर सकते हैं, तो क्या कर सकते हैं ? इस पर हमें और आपको मिलकर विचार करना होगा। समस्या कोई नई नहीं है। यह पुरानी है। इस देश ने अनेक उतार-चढ़ाव देखे हैं। वैभव के दिन हमने देखे हैं। बेबसी के दिन हमने देखे हैं। हम एक जमाने में दुनिया के सबसे धनी, शक्तिशाली और सम्पदावाले देश थे। हमने अपने ही देश में 250 वर्षों तक गुलामी के दिन भी देखे हैं। बेबसी का जमाना था। उस समय देश के लोगों ने आजादी के लिए संघर्ष और बलिदान किया। महात्मा गांधी ने देश को एक नई शक्ति, एक नई चेतना दी। आप सबको याद होगा, मैं केवल संक्षेप में कहना चाहूँगा।

जब महात्मा गांधी अफ्रीका से लौटकर हिंदुस्तान में आए, तो वे गोखले जी से मिले और उनसे पूछा कि मुझे क्या करना चाहिए। गोखले जी ने उन्हें एक सलाह दी कि देश के गाँवों के अंदर जाओ, वहाँ के लोगों से बात करो, उनकी हालत को देखो। उनसे जो प्रेरणा मिलेगी वही तुम्हें नई शक्ति देगी, नया भारत बनाने के लिए। गांधीजी महीनों गाँव-गाँव में घूमे। गाँव के लोगों की शक्ति को पहचाना, उनकी पीड़ा को परखा और उससे जो प्रेरणा मिली उससे उन्होंने देश के लिए एक नया कार्यक्रम निर्धारित किया। हमारा कम से कम पाँच हजार वर्षों का इतिहास है और उस इतिहास को बनाने की जो परंपरा है उसका आधार हमारे गाँव की परम्परा है। जब गांधी जी यह कहते थे कि 'हिंदुस्तान गाँवों का देश है,' तो इसका केवल यही अर्थ नहीं था कि देश के सत्तर या अस्सी फीसदी लोग गाँवों में रहते हैं। हमारे गाँवों की जो परम्पराएँ, नीतियाँ, रीतियाँ और जो आपसी व्यवहार था वही भारत की सभ्यता-संस्कृति और शक्ति का एक स्रोत था। हमारे गाँव में रहनेवाले लोग एक-दूसरे के सुख-दुख में भागी थे। हमारे देश के सन्तों, फकीरों, सूफियों और गुरुओं ने हमें कुछ सीख दी थी। मनुष्य दो तरह से प्रेरणा पाता है, जिंदगी में कुछ करने के लिए। एक तो दूसरे की दौलत को देखकर उससे होड़ लेने के लिए वही रास्ता अपनाता है, जिसे आज पूरी दुनिया अपना रही है और जिसे अपनाने के लिए हम भी बेताब जान पड़ते हैं। और दूसरा रास्ता है कि दूसरे को दुख में देखकर उसके आँसू पोंछने का काम करना। जब यह दूसरी धारा बहती है, तो मनुष्य के सोचने का तरीका दूसरा हो जाता है। तब संपत्ति के लिए या वैभव की जिंदगी के लिए, भोग के जीवन के लिए, दूसरी शक्ति नहीं लगती, हम दूसरे के दुख को मिटाने की बात सोचते हैं। और यह बात शुरू से लेकर आज तक भारत की माटी में समाई हुई है।

महात्मा गांधी ने जब सादगी की बात कही, स्वावलम्बन की चर्चा चलाई और जब अपनी चीजों पर निर्भर रहने की बात कही, तो उसके पीछे भारत की यही मान्यता थी। हमारे देश में कुछ विशेष बातें हैं। जो इन विशेषताओं को नहीं परखता वह भारत की शक्ति और इसकी वर्तमान समस्याओं को समझ नहीं सकता, नए भारत की कल्पना नहीं कर सकता। आज दुनिया जिस राह पर चल रही है, वह विनाश की राह है। मेरे इस विचार पर पत्रकार और विद्वान लोग सवाल पूछते हैं कि जब सारी दुनिया एक ही राह पर चल रही है, तो क्या भारत अलग अकेले चल सकता है ? एक सवाल अंग्रेजी पढ़े-लिखे लोग पूछते हैं कि 'क्या भारत एक निराला देश है ?' मैं उत्तर देता हूँ कि 'भारत एक निराला देश है और इस निरालेपन को जो नहीं समझ सकता वह न तो भारत को समझ सकता है और न इसकी समस्याओं को।' वही निरालापन गाँवों के अंदर था। गाँव के अंदर सादगी की जिंदगी थी। थोड़े में सन्तोष करने की बात थी। हमारी मान्यता रही है कि जो कुछ सृष्टि में है उसका आदर करना, उसका संरक्षण करना हमारा कर्त्तव्य है। सभी मनुष्यों को एक समान समझना हमारा फर्ज है। दुनिया अनन्त काल से भगवान की, खुदा की तलाश में घूम रही है। अनेक राही अनेक रास्तों से वहाँ तक पहुँचते हैं, लेकिन मंजिल तो एक है। यदि मंजिल एक है, तो कौन राही किस रास्ते से मंजिल तक पहुँचेगा इसके लिए हम आपस में झगड़ा क्यों करें। इसीलिए सर्वधर्म समभाव की भावना हमारे देश में आज से नहीं चिरन्तन काल से थी। यह बात किसी मार्क्स, लेनिन अथवा किसी अन्य ने नहीं बल्कि हमारे ऋषियों ने उसी समय कही जब उन्होंने 'वसुधैव कुटुम्बकम' का मंत्र हमें दिया था। हम सारी दुनिया को एक परिवार समझते थे और यही परंपरा, यही प्रेरणा हमारे देश की थी।

आज सोचना यह है कि जो देश सारी दुनिया को एक परिवार में बदलने के लिए चला था, वह अपने छोटे से परिवार को जाति और धर्म के नाम पर क्यों तोड़ना चाहता है ! यह हमारे देश की एक बड़ी समस्या है और यही हमारे देश की एक बड़ी कमजोरी भी है। मैं केवल संकेत मात्र कर रहा हूँ और यही मैं आपसे निवेदन करना चाहूँगा कि आज नहीं हजारों वर्ष पहले हमारे मनीषियों ने कहा था कि हम थोड़े में संतोष करें। उन्होंने कहा था कि न केवल मनुष्य के जीवन का बल्कि जो कुछ भी सृष्टि में है, जो कुछ खुदा ने बनाया है, सृष्टि का सबसे श्रेष्ठ प्राणी होने के नाते, उसका संरक्षण करना हमारा कर्त्तव्य है। हमने पेड़-पौधों का संरक्षण करना सीखा, हमने जीव-जंतुओं को बचाने की बात कही। यह कोई धार्मिक अंधविश्वास नहीं था। आज जो सेस्टेनेबुल डेवलपमेंट की बात चल रही है, पर्यावरण को बचाने की बात चल रही है, जिसको लेकर दुनिया में गोष्ठियाँ हो रही हैं, विचार-विनिमय हो रहा है, सारी दुनिया जिसके पीछे घूम रही है, उसका हल हजारों वर्ष पहले हमारे लोगों ने निकाल लिया था और प्रकृति के सम्पर्क में रहकर यह सीखा था कि प्रकृति मानव के प्रति संवेदनशील है। लेकिन यदि मनुष्य प्रकृति का संरक्षण नहीं करेगा तो प्रकृति भी कुपित होगी और मानव का जीवन दूभर हो जाएगा। ये कुछ बुनियादी सवाल हैं, जिनसे आज पूरी दुनिया परेशान है। हमारे ऋषियों, मनीषियों और विद्वान लोगों ने, जिनमें सभी मजहबों के लोग थे, इस बात पर विचार किया था और आज हमें भी इस पर सोच-विचार की जरूरत है। महात्मा गांधी ने इसी आधार पर भारत की नीतियों का निर्धारण

किया था। हम समाजवादी लोग उस समय महात्मा गांधी को दकियानूसी मानते थे। हम भी उन लोगों में से थे जो यह समझते कि मार्क्स का जो निर्णय है वह मानवता के लिए आखिरी निर्णय है। महात्मा पुराने विचारोंवाले लोग हैं और उसी धारा में देश को ले जाना चाहते हैं। आज भी बहुत से ऐसे लोग हैं जो प्रगतिशीलता के नाम पर दुनिया में एक बात कहने की कोशिश कर रहे हैं कि इन पुरानी बातों को छोड़ो और अब नई धारा में बहने की कोशिश करो, लेकिन उस नई धारा में बहते-बहते हम इस मझधार में पहुँच गए हैं, जिससे आज सबको चिंता हो रही है। आज यह बात हमारे देश में ही नहीं दुनिया में कही जा रही है कि समाजवाद का प्रयोग असफल हो गया। इसके लिए सोवियत यूनियन और दुनिया के एक-तिहाई देशों की असफलता का तर्क दिया जा रहा है। पहले कहा जाता था—मनुष्य को बदलो। मनुष्य बदल जाएगा, अच्छा बन जाएगा, समाज अच्छा बन जाएगा।

चाहे मनुष्य की आकांक्षा की पूर्ति के लिए कोई अभियान कहिए या कुछ और, आर्थिक गुलामी के खिलाफ हमारा यह आंदोलन चलता रहेगा। यह जद्दोजहद, यह संघर्ष चलता रहेगा। यही बात न समझने के कारण दुनिया आज एक ऐसी राह पर चल रही है, जिस राह के कारण हम आज अनेक विसंगतियों का सामना करने के लिए मजबूर हो रहे हैं। याद रखिए, क्या कहा जा रहा है आज दुनिया में। आज दुनिया में कहा जा रहा है कि यह एक बाजार बनेगी और सभी लोग उस बाजार के सहभागी होंगे। हमारी सरकार तथा हमारे देश के लोग भी इसे स्वीकार करने के लिए तैयार हैं। महात्मा गांधी ने न केवल पढ़े-लिखे लोगों को, बल्कि गरीब, बेबस, लाचार व गाँव के पिछड़े, बेसहारा लोगों को एक नई शक्ति दी थी, जिसका सहारा पाकर गाँव का गरीब-बेबस, बिना पढ़ा-लिखा आदमी ब्रिटिश साम्राज्यवाद के खिलाफ खड़ा हो गया था। यह भी एक शक्ति है, जिस शक्ति को हमें और आपको परखना होगा, समझना होगा। जिस समय चर्चिल ने कहा था कि 'हम चले जाएँगे तो देश टूट जाएगा, लोग भूखों मर जाएँगे', तब गांधी जी ने कहा था कि 'भगवान के नाम पर इस देश को छोड़ करके जाओ, हम इन्हीं गरीबों के बल पर आजादी लेंगे और इन्हीं गरीबों के बल पर एक नया हिंदुस्तान बनाकर दिखा देंगे।' 1942 को याद कीजिए। 1942 में इसी बंबई की भूमि से, इसी धरती से महात्मा गांधी ने 'अंग्रेजो, भारत छोड़ो' का नारा दिया था। उन्होंने देशवासियों से कहा था कि नेताओं की चिंता मत करो, आज से हर हिंदुस्तानी अपना नेता है और उसे जो समझ में आए वह करे। लेकिन याद रखो अपनी मर्यादा के लिए जीना सीखो, मौत मंजूर है, लेकिन गुलामी मंजूर नहीं है। उन्होंने 'करो या मरो' का नारा दिया था। देश के गाँव-गाँव में 1930 में विदेशी कपड़ों की होली जलाई गई थी। मैं आप विद्वज्जन से, अपने पुराने मित्रों से यह कहना चाहता हूँ कि क्या आज हम 1942 से भी बुरी हालत में हैं ? हमने 'अंग्रेजो, भारत छोड़ो' का नारा दिया था। आज अंग्रेज ही नहीं अमरीका, जर्मन, जापानी, कनेडियन सबको हम न्यौता दे रहे हैं और न्यौता देनेवालों में केवल दकियानूसी लोग नहीं हैं। इनमें वे लोग भी हैं जो हमारे बहुत निकट रहे हैं। आज हमारे देश की सबसे बड़ी समस्या यह है कि जैसे भी हो सम्पत्ति के, सत्ता के नजदीक पहुँच जाओ, यही हमारा सबसे बड़ा लक्ष्य है, यही हमारा सबसे बड़ा अभीष्ट है। आज सत्ता में भागीदार होना, दूसरे से होड़ लेने की तमन्ना में विदेशी बाजार से अपने को जोड़ लेना, हमारी मनोवृत्ति हो गई है। पीड़ा और दर्द में तड़पते हुए लोग आज हमारी दृष्टि में नहीं

हैं। आज दुनिया को पाँच या दस फीसदी लोगों के लिए बनाया जा रहा है। और, हिंदुस्तान में अगर मैं कहूँ तो पाँच या दस फीसदी लोगों के विचारों को, उनकी धारा को हम देश की धारा मान लेते हैं।

आज भ्रष्टाचार की देश में बहुत चर्चा है। मैं कहता हूँ कि कब तक इस देश में भ्रष्टाचार की चर्चा होती रहेगी ? मैं पूछता हूँ कि कितना भ्रष्टाचार है इस देश में ? इस देश में पाँच फीसदी या दस फीसदी लोग हैं, जो भ्रष्टाचार करने की स्थिति में हैं। बाकी के 90 फीसदी लोग तो ऐसे हैं, जो सोलह घंटा, अठारह घंटा मेहनत करके अपने बच्चों को रोटी दे पाते हैं। क्या वे भी भ्रष्ट लोग हैं ? मुझे याद है, एक समय था जब भ्रष्टाचार की चर्चा करना सबके लिए जरूरी था और यह बड़े अभिमान की बात मानी जाती थी। आज भी चर्चा होती है। अन्ना चर्चा करें तो मुझे कोई शिकायत नहीं है लेकिन देश के एक प्रधानमंत्री थे ? उन्होंने लालकिले से पंद्रह मिनट का भाषण दिया कि देश में भ्रष्टाचार है। हमारे राष्ट्रपति महोदय ने भी यही भाषण किया। संसद का अधिवेशन हो रहा था, आजादी की स्वर्णजयंती मनाई जा रही थी। हमारे उस समय के लोकसभा अध्यक्ष ने कहा कि हमारा देश भ्रष्ट है, इसलिए हम दुखी हैं और यह जानकर लज्जा से हमारा सिर झुक जाता है। हमसे भी कहा गया कि आप भी भाषण दीजिए। हमने कहा, आप लोग तो उच्च पदों पर बैठे हो, यदि भ्रष्टाचार है, तो इसे मिटाने के लिए कोई कदम उठाओ। आपको इस दिशा में कदम उठाने से कौन रोके हुए है ? लेकिन इसकी चर्चा चूँकि दुनिया में हो रही है और हिंदुस्तान एक भ्रष्ट देश है, तो आप भी उसी बात को कह रहे हो। अभी तो चंद लोग भ्रष्टाचार में लिप्त हैं, तो यह बात कर रहे हैं, लेकिन मान लीजिए, हजारों-लाखों लोग भूख से मरने लगें, ऐसी लड़ाई हो, जिसमें लाखों लोग मर जाएँ, देश की गलियाँ वीरान होने लगें, तब तो शायद आप इस देश को छोड़कर चले जाओगे। लेकिन मैं यह मानता हूँ कि आज भी दुनिया में हिंदुस्तान सबसे ईमानदार देशों में एक है, जहाँ सौ में से 90 फीसदी लोग ईमानदारी से अपने बच्चों का पेट भरते हैं। राष्ट्र केवल दस फीसदी राजनेता, उद्योगपति, व्यापारी और भ्रष्टाचार करनेवाले लोग नहीं है। राष्ट्र में 90 फीसदी वह लोग हैं, जो अपने बच्चों का पेट भरने के लिए कड़ी मेहनत करते हैं और इन्हीं के बल पर कल का हिंदुस्तान बनेगा। आपकी समस्याओं का समाधान न चन्द्रशेखर कर सकते हैं, न दिल्ली में बैठे हुए राजनेता कर सकते हैं; क्योंकि इनकी दृष्टि उन गाँव की गलियों में नहीं है, उन गाँवों की गरीब बस्तियों में नहीं है। इनकी दृष्टि वाशिंगटन, लंदन और दूसरी जगहों पर है। समस्याओं का समाधान ढूँढ़ने के लिए अपनी निगाह पेरिस, लंदन, वाशिंगटन की गलियों से हटाकर गरीब गाँवों की बस्ती में ले जाने की कोशिश करनी होगी।

मैं आज यह बात नहीं कह रहा हूँ। जब 1991 में हमारे देश के प्रधानमंत्री और वित्तमंत्री जोरों से यह कह रहे थे कि हमको दुनिया के बाजार से अपने को जोड़ना है, तो मैंने उस समय संसद में कहा था, कि आप किस बाजार से अपने को जोड़ना चाहते हो ? वह बाजार जो दो विश्वयुद्धों के लिए जिम्मेदार है ? वह बाजार, जिसमें धनी देशों के लोग, जिनके पास दौलत और हथियार है, अपने हथियार बेचने के लिए दुनिया के गरीब देशों को आपस में लड़ाते हैं ? ये लोग दुनिया के गरीब देशों को आपस में लड़ा रहे हैं। मैंने उनसे कहा था कि ये लोग मौत के सौदागर हैं और हिंदुस्तान जिंदगी का संदेश देनेवाला देश है। दोनों

का एक साथ कोई समझौता नहीं हो सकता। मैंने यह कहा था कि एक ओर अबाध प्रतियोगिता और दूसरी ओर करुणा दोनों साथ-साथ नहीं चल सकतीं। महात्मा बुद्ध, महावीर स्वामी और गांधी के देश में आप अबाध प्रतियोगिता चलाना चाहते हो, मैंने उस समय अंग्रेजी में कहा था—"फ्री कम्पिटीशन एंड कम्पैशन आर इनकम्पैटेबुल"—दोनों साथ नहीं चल सकते। जहाँ अबाध प्रतियोगिता हो, एक-दूसरे के सिर पर पैर रखकर निकल जाने की होड़ को तरक्की और सफलता का पैमाना माना जाए, वहाँ करुणा और मानवता के लिए कोई स्थान नहीं रह पाता। इस देश में आज यही हो रहा है।

आज जो नीतियाँ इस देश में चल रही हैं और जिनके कारण भारत इस हालत में पहुँचा है, उसके पीछे यही मानसिकता है। हम भी दुनिया से होड़ लेने की कोशिश कर रहे हैं। यह होड़ इसलिए नहीं है कि मानवता को सुखमय बना सकें, आपस में भाईचारा पैदा कर सकें, बल्कि इसलिए है कि हमारे पास भी हथियारों का जखीरा हो, हमारे पास भी दौलत हो, हम भी दुनिया को दिखा सकें कि हम भोग की कितनी बड़ी जिन्दगी जी सकते हैं। आज इसी होड़ में हम दुनिया के उन देशों से मिले हुए हैं, जो बाजार की इस होड़ को चला रहे हैं। हमारे एक नौजवान मित्र हैं। पहले वह कम्युनिस्ट थे, बाद में हमारे साथ आ गए। वह एक कवि हैं। बलिया जिले के एक गाँव में रहते हैं। अभी मैं हाल में जयप्रकाश जी के गाँव जा रहा था तो मैंने देखा कि सड़क पर झोला लिये खड़े हैं। मैंने अपनी गाड़ी रुकवाकर उन्हें अपने पास बैठा लिया। मैंने गाड़ी में उनसे पूछा कि "कोई नई कविता लिखे हो।" उन्होंने कहा—"नहीं, मैंने कोई नई कविता नहीं लिखी।" मैंने कहा कि "लिखे तो जरूर होगे, कुछ सुना दो।" उन्होंने कहा कि "सुनकर आपको बुरा लगेगा, चार लाइनें लिखी हैं।" मैंने कहा कि "वही चार लाइनें सुना दो।" उन्होंने कहा कि "आप अपने पर न समझ लें।" मैंने कहा—"कोई हर्ज नहीं यदि मैं अपने पर भी समझ लूँगा तो अपने को समझने में कुछ हमको ताकत मिलेगी।" उन्होंने कहा—

अपने भी कुछ ऐसे निकले,
उनसे सच तो सपने निकले।
दुनिया को बाजार बनाकर,
अपने को खुद बिकने निकले॥

कौन लोग ये बाजार बना रहे हैं ? ये ऐसे लोग हैं, जो हमारे मित्र हैं। ऐसे लोग भी हैं, जिनसे हम समाजवाद की प्रेरणा लेते थे। हमारे देश के प्रधानमंत्री आज से तीन महीने पहले कहते थे—हम सार्क के सम्मेलन में नहीं जाएँगे क्योंकि वहाँ पर एक तानाशाह के साथ बैठना पड़ेगा। उन्होंने कहा था कि एक फौजी तानाशाह के साथ बैठना हमारे लिए अपमान की बात है। आज हमारा रक्षामंत्री कह रहा है कि शीघ्र ही मुशर्रफ साहब और अटल जी की बात होनेवाली है। मैं नहीं जानता कि यह सच है कि नहीं है। आज के सारे अखबारों में यह बयान है कि जिस मुशर्रफ के लिए सार्क को आपने करीब-करीब तोड़ दिया, उसी मुशर्रफ से कल बात होगी। यह बात स्वयं उनकी प्रेरणा से हो रही है अथवा इसकी प्रेरणा कहीं और से मिल रही है ? मैं आपको बताता हूँ—जीवन की सारी धारा, सबसे बड़ा अपराध राजनीति का आज यह हो रहा है कि हम अपने निर्णय के अधिकार

को धीरे-धीरे कम करते जा रहे हैं। निर्णय करनेवाला कोई और है और उसको चलानेवाले हम लोग हैं। इसलिए यह बात आज हमें इस परिवेश में सोचनी होगी। याद होगा आपको कि कैसे ये सारी नीतियाँ चलाई गई थीं। यह अचानक नहीं हुआ। आज से बीस वर्ष पहले विली ब्रांट साहब का नाम आप लोगों ने सुना होगा। सोशलिस्ट इंटरनेशनल के बड़े नेता थे। हम सोशलिस्ट लोग उनकी बड़ी पूजा करते थे। वे समाजवाद के एक प्रणेता थे। विश्व बैंक ने साउथ वेस्ट एशिया के अंदर उनके नेतृत्व में एक टीम भेजी थी। वे सारी दुनिया में घूमे। उन्होंने हमको नुस्खा दिया था कि हमारे जैसे गरीब देशों के लोगों को हाईटेक्नोलॉजी में नहीं जाना चाहिए। इनको खेती करनी चाहिए, बागवानी करनी चाहिए। मछली व मुर्गीपालन जैसे क्षेत्रों में इन्हें काम करना चाहिए। हमने कहा कि बहुत अच्छा कहा कि छोटे उद्योगों की बात की, खेती-बाड़ी की बात की, जिसको गांधीजी ने कहा था। गाँवों की गलियों में एक नया स्वराज्य लाने की चर्चा हुई। हम लोग भी बड़े प्रसन्न थे। उसके बाद अमरीका में एक बहस हुई। उस बहस में (हिंदुस्तान में हरित क्रांति के बाद यह चर्चा हुई थी) लोगों ने यह निष्कर्ष निकाला कि दुनिया में अनाज के व्यापार में अगुवाई करनेवाला देश आज भी अमरीका है। लेकिन उन्होंने यह भी कहा कि अगर अमरीका से कोई होड़ लेनेवाला देश है, तो वह है भारत। वहाँ जिस तरह खेती के मामलों में प्रगति हो रही है, उससे वह अमरीका की होड़ लेनेवाला देश बन सकता है। उसके बाद विचार शुरू हुआ।

यह नीतियाँ कोई अचानक नहीं बन गईं। 1980 के साल में अमरीका के विद्वान लोग बैठे जिसमें राजनेता और तकनीकी वैज्ञानिक भी शामिल थे। उन्होंने इस बात पर विचार किया कि दुनिया को किस रास्ते पर ले जाना है। आप जैसे पढ़े-लिखे लोग जानते हैं कि उसे 'वाशिंगटन कांसेंसस' कहा जाता है। वाशिंगटन में यह नीतियाँ बनीं, जिन पर आज हमारी सरकार चल रही है। 'वाशिंगटन कांसेंसस' दुनिया का कांसेंसस नहीं था। अमरीका को किस राह पर ले जाना है और दुनिया को एक बाजार बनाना है, जिसमें अपनी नीतियों को चलाना है, यह उस बैठक में तय किया गया। मैं बीच में एक बात कहना चाहता हूँ। भगवान है या नहीं। खुदा है या नहीं। यह बहस दुनिया में हजारों वर्षों से निरन्तर चल रही है और हरदम चलती रहेगी लेकिन इतिहास ने एक बात हमेशा के लिए साबित कर दी है कि जब इंसान भगवान बनने की कोशिश करता है, तो इतिहास उसको मिट्टी में मिला देता है। दुनिया की कोई ताकत उसे रोक नहीं सकती। दुनिया को अपने रास्ते पर ले जानेवाले जो लोग हैं, वे नहीं समझते कि इंसान की जैसे शख्सियत अलग होती है, उसी तरह राष्ट्रों और कौमों का अपना एक व्यक्तित्व होता है और वे अपनी राह पर चलेंगे। हिंदुस्तान को कोई मिटा नहीं सकता। अपनी राह पर बहुत दिनों तक चला नहीं सकता, मुसीबतें आ सकती हैं, कठिनाइयाँ आ सकती हैं। जब ये नीतियाँ बनाई गईं तब देश को बड़े सपने दिखाए गए थे। हमसे यह कहा गया कि दुनिया के लोग हमें पैसे देंगे, दौलत देंगे और हमारे यहाँ नए कल-कारखाने लगेंगे। हमारी दौलत बढ़ेगी। हम दुनिया में तरक्की के रास्ते पर जाएँगे। सन 2000 की जनवरी के पहले सप्ताह में मैंने देश के प्रधानमंत्री को एक पत्र लिखा जिसमें मैंने कहा कि प्रधानमंत्री जी, 9-10 वर्ष हो गए इन नीतियों को चलाए हुए, एक बार तो बैठकर जरा सोचिए कि हमने क्या पाया, क्या खोया। इसके आधार पर और लोगों से भी बात करके एक बार इस पर पुनर्निरीक्षण करने की जरूरत

महसूस होती है। उन्होंने पत्र का जवाब नहीं दिया। मेरी उनसे व्यक्तिगत बातें हुईं। उन्होंने कहा कि यह बात सही कहते हैं। सोचना जरूरी है। लेकिन उन्होंने सोचा नहीं। इस बात को एक वर्ष बीत गया। उन नीतियों का नतीजा क्या निकला ? सोचने की बात यह है कि इस दौरान कितने कारखाने लगे ? कितना पैसा आया ? आपके यहाँ महाराष्ट्र में जरूर एक कारखाना लगा है (एनरॉन) का जिसके बारे में आज भी बड़ी चर्चा है अखबारों में। उस कारखाने को लगाने के मामले में कौन-कौन नेता आगे-आगे थे उन्हें देश जानता है। उन नेताओं के बारे में कुछ न कहना ही अच्छा है। एनरॉन बन गया। कहाँ पहुँच गया महाराष्ट्र ? कहाँ पहुँच गई देश की मर्यादा ? कहाँ पहुँच गए वो भ्रष्टाचार के सवाल ? कहाँ पहुँच गया किसानों का बिजली से होनेवाला विकास ? इन बातों को हमें और आपको मिलकर सोचना होगा। आप हर क्षेत्र पर नजर दौड़ाकर देखिए कि क्या हो रहा है। छोटे-छोटे कारखाने बंद हो रहे हैं। कुटीर उद्योगों का कहीं नाम नहीं। अकेले खादी कमीशन यह कह रहा है कि कातिनों को अगर मिला लिया जाए तो चालीस लाख लोग खादी कमीशन में काम करनेवाले बेरोजगार हो गए। सत्तर फीसदी छोटे कारखाने बंद हो गए। हम उतने से ही कुछ सीखने के लिए तैयार नहीं हैं। हमारे वित्तमंत्री ने पिछले साल यह कहा कि बजट परेशानी में है, हमारे कारखाने घाटा दे रहे हैं। उन्होंने कहा—कुछ कारखानों में घाटा बहुत हो रहा है। उस घाटे को देखते हुए हमें कुछ सार्वजनिक उद्यमों के शेयर बेचने पड़ेंगे जिन्हें बेचकर हम एक वर्ष में दस हजार करोड़ रुपया एकत्र करेंगे। इसके बाद सार्वजनिक क्षेत्र के उद्यमों के शेयर बेचे जाने लगे। रोज शेयर बेचे जा रहे हैं। आज से चार महीने पहले हमारे एक मंत्री (जो डिसइन्वेस्टमेंट मंत्री हैं...दुनिया का यह अकेला देश होगा जहाँ कुछ बेचने के लिए एक मन्त्री बनाए गए हैं। बनानेवाले मन्त्री हमारे यहाँ नहीं हैं। बेचने के लिए एक मन्त्री बने हैं। बड़े विद्वान हैं और हमारे मित्र हैं) ने एक बयान दिया जिसमें उन्होंने कहा कि दस हजार करोड़ रुपया पूरा नहीं होगा इसलिए कुछ मुनाफे वाले कारखानों के भी शेयर बेचना जरूरी है। मैं नहीं जानता कि यहाँ महाराष्ट्र में क्या परंपरा है। हमारे गाँव में तो यदि कोई अपने बाप-दादा की जमीन बेच दे, कोई घर बेच दे, तो उसे बड़ा नालायक बेटा माना जाता था कि अपना पेट भरने के लिए अपने बाप-दादा की कमाई पूँजी बेच रहा है। 50 वर्षों में देश की जनता ने जो बनाया था उसे बेचकर आज हमें एक नया सपना दिखाया जा रहा है। आचार्य नरेन्द्र देव ने कहा था कि 'मैं उन विद्वानों में नहीं हूँ, अक्लमंदों में नहीं हूँ जो दूसरे जन्म की तमन्ना में खुदकुशी कर लें।' हमारी सरकार में बैठे लोग यही कर रहे हैं जो एक-एक करके देश की सम्पत्ति को बेच रहे हैं। यह किसकी जागीर बेच रहे हैं ? क्या यह किसी संसद सदस्य की जागीर है ? क्या यह प्रधानमंत्री के घर की जागीर है ? बेचने के लिए बेच रहे हैं। बनाने के लिए कुछ करते तो हमारी समझ में आता। सोचने की बात यह है कि इसकी कीमत भी स्वयं तय नहीं कर रहे हैं। डिसइन्वेस्टमेंट के लिए जो सलाहकार हैं, वे विदेशी लोग हैं। खरीदनेवाले लोग भी विदेशी हैं क्योंकि हमारे देश का तो कोई खरीद नहीं सकता। हमारे देश के निजी उद्योगों की क्या हालत है। टाटा से लेकर बिड़ला तक एक या दो, जो अपनी बंबई के ही लोग हैं, उन्हें छोड़कर कोई भी उद्योगपति ऐसा नहीं है, जो अपने कारखाने को बेचने या अपने कारखाने के लोगों को निकालने के लिए मजबूर नहीं हुआ है। आज मजदूरों की क्या हालत

है ? नए उद्योग बनाए जाएँ। नए रोजगार उनको दिए जाएँ। रोज ये भाषण होते हैं। गरीबों के लिए आरक्षण रोज बढ़ता जा रहा है। 50 फीसदी से बढ़ाकर साठ-सत्तर या सौ फीसदी कर दो लेकिन रोज रोजगार के अवसर कम होते जा रहे हैं। ऐसा अक्लमंद देश देखा नहीं होगा जहाँ एक ओर रोजगार के अवसर कम होते जा रहे हैं, तो दूसरी ओर आरक्षण की घोषणाएँ बढ़ती जा रही हैं। बैंकों की हालत यह है कि 90 हजार लोग रिटायरमेंट लेने के लिए अर्जियाँ दिए हुए हैं। इसके लिए कोई 9-10 हजार करोड़ रुपया लगेगा। ऐसा बैंकों के कर्मचारी कहते हैं। अब कहा जा रहा है कि हम नए सिरे से बैंक को लगाएँगे। लेकिन दूसरी तरफ संसद में एक बिल लाया जाता है कि 30 फीसदी इस शेयर को हम नीचे ले आएँगे। इस बारे में हमें भी थोड़ी-बहुत जानकारी है। 1967-68 में बैंकों के राष्ट्रीयकरण के लिए हम लोगों ने कितना आन्दोलन किया था। कितनी लड़ाई लड़ी थी। राष्ट्रीयकरण के बाद बैंकों में कमजोरियाँ आईं। बैंकों के कर्मचारी क्षमा करें, उनका व्यवहार लोगों के साथ अच्छा नहीं रहा। लोगों को उनसे शिकायतें हैं, लेकिन क्या यह सही नहीं है कि बैंकों के राष्ट्रीयकरण के बाद हजारों-लाखों नए छोटे उद्योगपति बन गए। क्या यह सही नहीं है कि किसानों के घर में ट्रैक्टर खरीदने के लिए, मकान बनाने के लिए, ट्यूबवैल लगाने के लिए उनको पैसे दिए गए। बैंकों की दौलत से देश के लाखों लोगों का फायदा हुआ। आज उन्हीं बैंकों के राष्ट्रीयकरण को मिटाया जा रहा है। हमारे देश में एक-एक करके कारखाने बंद किए जा रहे हैं। सबसे बड़ा सवाल यह है कि आज स्टील प्लांट को बेचने की साजिश की जा रही है। मुझे याद आ रहा है जब पचास के दशक में पंडित जवाहरलाल नेहरू अमरीका गए थे, तो उन्होंने वहाँ के राष्ट्रपति से कहा था कि 'हम एक नया स्टील प्लांट लगाना चाहते हैं। टाटा के स्टील प्लांट से काम नहीं चल रहा है।' उस समय के अमरीका के राष्ट्रपति ने जवाब दिया कि 'आप क्यों स्टील प्लांट लगाना चाहते हैं, बहुत पैसा लगेगा, बहुत दिनों के बाद उत्पादन होगा। आपको जितना चाहिए हमसे इस्पात ले जाइए। हम सस्ते दामों में दे देंगे।' लेकिन जवाहरलाल नेहरू ने उत्तर दिया कि 'भारत जैसा बड़ा देश अपनी बुनियादी जरूरतों के लिए दुनिया के देशों पर निर्भर नहीं रह सकता। हमें स्टील के मामले में आत्मनिर्भर होना पड़ेगा।' जब सिंदरी का खाद का कारखाना बनाया गया था, तो देश को उसे समर्पित करते वक्त श्री नेहरू ने कहा था कि 'आजाद देश में एक नए मंदिर की स्थापना की गई है। एक दिन देश के लोग कह सकेंगे हमने अपने पौरुष से, अपनी दौलत से इसको बनाया है। वह इस पर अभिमान करेंगे।' आज सिंदरी का कारखाना बंद हो गया। आज बरौनी में धुआँ नहीं निकलता। आज दुर्गापुर का कारखाना बंद है। एक गुजरात फर्टिलाइजर को छोड़कर कोई कारखाना नहीं चलता। स्टील प्लांटों में भी एक बोकारो और एक शायद दुर्गापुर को छोड़कर बाकी सब में घाटा हो रहा है, जिन्हें बंद करने की बातें की जा रही हैं। ओ.एन.जी.सी. को दूसरों के हाथों में देने की कोशिश की जा रही है। बंबई के लोगों को खुशी होनी चाहिए कि सब आप ही को मिलनेवाला है, चाहे इंडियन ऑयल हो, चाहे ओ.एन.जी.सी. हो।

आज खेती के मामले में, जिसका सीधा सम्बन्ध देश के सत्तर फीसदी लोगों से है, उसके लिए सरकार एक नई नीति बना रही है, जिसमें यह कहा जा रहा है कि अब बड़े उद्योगपतियों को खेती की जमीन लीज पर लेने का अधिकार होगा। बड़े-बड़े फार्म बनेंगे, ट्रैक्टर और

बड़ी मशीनें चलेंगी और उससे अन्न का उत्पादन अधिक होगा। देश एक बार फिर जमींदारी प्रथा के उस युग की ओर जा रहा है जब यह नारे लगते थे कि—

धरती को जो जोते-बोए
वह धरती का राजा है।

भूखी जनता चुप न रहेगी
धन और धरती बँट के रहेगी।

अब फिर जमीन बड़े पूँजीपतियों के हाथ में जाएगी, उत्पादन बढ़ाने के नाम पर। एक ओर हम यह कह रहे हैं कि हमारे अन्न-भंडार इतने अधिक हैं कि हमारे फूड कारपोरेशन के गोदामों में उसे रखने की जगह नहीं है। लेकिन क्या यह भी सच नहीं है कि देश के अनेक हिस्सों में—कालाहांडी, कच्छ, जैसलमेर और बाड़मेर में हमारे लोग भूख से मर रहे हैं ? क्या यह सही नहीं है कि आज भी हमारे खाने के अनाज की खपत 250 ग्राम प्रति व्यक्ति है, जबकि विश्व की 500 ग्राम प्रति व्यक्ति है ? सवाल यह नहीं है। सवाल यह है कि लोगों के पास क्रय-शक्ति नहीं है। आज 24 करोड़ लोग गरीबी रेखा के नीचे हैं। यह सरकारी आँकड़ा है। गैर-सरकारी आँकड़ों के हिसाब में ऐसे 50 फीसदी लोग हैं। हमारे देश में ऐसी न जाने कितनी माताएँ हैं, जो अपने बच्चों को रोटी का एक टुकड़ा नहीं दे सकतीं और आँसू बहाने के लिए मजबूर हैं। ऐसे देश में उन नीतियों को लागू कर रहे हो। अमरीका, कनाडा के लोग अपने देश के किसानों की मदद के लिए अगर अन्न अधिक पैदा हो जाता है, तो उसे जला देते हैं, समुद्र में डुबा देते हैं। यह बाजार की दुनिया, यह व्यापार की दुनिया, हिंदुस्तान की दुनिया नहीं हो सकती। यह एक बुनियादी सवाल है। मैं यह नहीं कहता कि कितना मुनाफा हुआ, कितना घाटा हुआ ? हिंदुस्तान कोई 250-300 वर्षों का देश नहीं है। 5000 वर्षों का तो हमारा इतिहास है। हमने करुणा सीखी है, हमने संवेदनशीलता सीखी है। हमने कभी किसी का शोषण नहीं किया। हमारी निगाह गरीब की ओर है। हमारी निगाह दौलत की ओर नहीं है। यह हमने अपनी परम्परा से, अपने बुजुर्गों से सीखा है। इसीलिए भारत दुनिया का एक निराला देश माना जाता रहा है और आगे भी माना जाता रहेगा। इकबाल ने कहा है—

कुछ बात है कि हस्ती मिटती नहीं हमारी,
सदियों रहा है दुश्मन दौरे-जहाँ हमारा।

आज कुछ लोग इस देश को बाजार बनाना चाहते हैं। बुनियादी सवाल यह है कि क्या हम उसको स्वीकार कर लें ? क्या हम उसको मंजूर कर लें ? इस देश के पूँजीपतियों को हमारी आवाज अच्छी नहीं लगती। जिनको रोज न्यूयॉर्क और वाशिंगटन की गलियाँ दिखाई देती हैं उनको गरीब झोंपड़ी की आवाज सुनाई नहीं देती और इसलिए यह आन्दोलन जो हम और आप सोच रहे हैं, यह आसान नहीं है। महात्मा गांधी के जमाने में आजादी की लड़ाई लड़ना आसान था, क्योंकि हमारे सामने दुश्मन साफ दिखाई दे रहा था। हमारे सामने विदेशी हुकूमत थी। हम समझते थे कि हमारी मर्यादा और इज्जत के साथ खिलवाड़ किया जा रहा है। लोगों के अरमान जगाने की हम कोशिश कर सकते थे। उस समय जाति-पाँति

के नारे नहीं थे। अंग्रेजों ने कोशिश की थी, भाई-भाई को लड़ा दिया। सिखों को मराठों से लड़ा दिया। हिन्दू को मुसलमान से लड़ा दिया। अंग्रेज कोई फौज लेकर नहीं आए थे, हमारे ही लोग उनकी फौज बने थे। आज भी हम उनकी फौज के सिपहसालार बन रहे हैं। जो लोग देश के निर्माता हैं, वही बाजार को चलाने के बड़े प्रणेता भी हैं। यह हमारे देश के लिए किसी खतरे से कम नहीं है। जब मैं यह बात कहता हूँ, तो यह जानता हूँ कि इसकी आलोचना होगी और इसे स्वीकार करने के लिए कोई तैयार नहीं होगा क्योंकि कुछ टापू बन जाएँगे दौलत के, पूँजी के। कुछ इलाकों में विदेशी पूँजी के बड़े-बड़े कारखाने लग जाएँगे। नई-नई तकनीकें आ जाएँगी। इन्फॉरमेशन टेक्नोलॉजी के नाम पर देश में चकाचौंध कर दी जाएगी। किसी जमाने में हमारे देश के लोग गिरमिटिया के रूप में विदेश जाते थे, आज कम्प्यूटर इंजीनियर बनकर जा रहे हैं। यह उसी गुलामी का दूसरा रूप है, जो दौलत के दुशाले में लिपटा हुआ है। लेकिन इसके खिलाफ आज नहीं तो कल समाज जगेगा, देश जगेगा। आप इस पर सोचें-विचारें, मैं इसमें और तफसील में नहीं जाना चाहता, लेकिन एक बात साफ कर देना चाहता हूँ कि यह बाजार की दुनिया चन्द 5-10 फीसदी लोगों की दुनिया है। 90 फीसदी लोगों के लिए इसमें कोई जगह नहीं है। इसके पीछे एक बड़ी साजिश है। 1980 से जबसे वाशिंगटन कांसेंसस बना तब से आज तक लगातार इस देश में इस बात को फैलाया जा रहा है। जिस समय मैं थोड़े समय के लिए प्रधानमन्त्री बना, विश्व बैंक के एक बड़े अधिकारी आए और हमें अपनी थ्योरी समझाने लगे। हमने उनको कहा कि यह देश इसको स्वीकार नहीं करेगा। उन्होंने तुरन्त मुझसे कहा कि "अगर आज से अन्तर्राष्ट्रीय मुद्राकोष और विश्वबैंक आपको एक पैसा न दें, कोई ऋण या ग्रांट न दें, तो आप क्या करेंगे ?" मैंने कहा कि "मैं इस कार्यालय से उठकर ऑल इंडिया रेडियो और दूरदर्शन जाऊँगा और देश के लोगों से कहूँगा कि ये लोग हमारा हाथ मरोड़ना चाहते हैं। देशवासियो, आज इसी समय से मैं इस देश में सारे आयात को बंद कर रहा हूँ सिवाय पेट्रोलियम और दवाइयों के जो जरूरी हैं।" उन्होंने कहा, "आप यह कर सकते हैं ?" मैंने कहा कि "क्यों नहीं कर सकता। आपको इस देश की जानकारी नहीं है। आप इस देश की वास्तविकता को नहीं जानते। इस देश का तीस-पैंतीस फीसदी आदमी ऐसा है जो केवल नमक और साल में एक बार कपड़ा खरीदने के लिए बाजार में जाता है। आप जो बाजार बना रहे हैं उस बाजार से सम्बन्ध रखनेवाले केवल पाँच और दस फीसदी लोग हैं। इस देश के 90 फीसदी लोग आपके बाजार से कोई रिश्ता नहीं रखते।" मैंने उनसे कहा कि "हम आपका आयात बंद कर देंगे। हमें कठिनाई होगी, मैं जानता हूँ लेकिन इस देश का गरीब उस दिक्कत को बर्दाश्त कर लेगा। आप हमारे बाजार को भूल जाएँ, आप हमारे यहाँ नहीं आ रहे हो।" वहाँ से बाहर निकलकर उन्होंने सनत मेहता को फोन किया और कहा कि जब तक चन्द्रशेखर यहाँ हैं इस देश में कुछ नहीं हो सकता। तीन वर्ष बाद सनत मेहता ने यह बात मुझसे कही।

दोस्तो, आज थोड़ा हिम्मत दिखाने की जरूरत है। इस रास्ते पर अनेक कठिनाइयाँ आएँगी। तरह-तरह के सवाल उठाए जाएँगे। जब दुनिया के देश अपने आसपास के देशों से सहयोग कर रहे हैं, तो दूसरी तरफ हम अपने आसपास के देशों से अलग होते जा रहे हैं। कनाडा, अमरीका और मैक्सिको एक हो रहे हैं। आसियान के देश एक हो रहे हैं। यूरोप

के देश एक हो रहे हैं। सार्क हमने बनाया था जिसकी बैठक हमने केवल इस बात से तीन वर्षों से नहीं होने दी कि उसमें एक सैनिक शासक की हिस्सेदारी होगी। सरकार के वर्तमान रुख से लगता है कि उसमें थोड़ी बुद्धि आ रही है। भगवान उसको सद्बुद्धि दे कि वह सार्क को टूटने से बचा सके।

हमने कभी सोचा भी न था कि इस देश को ऐसे लोग भी चलाएँगे जिनके विचार रोज-रोज बदलते रहेंगे। यदि ये विचार इसी प्रकार बदलते रहे, तो इससे देश की तकदीर बदलनेवाली नहीं है। यदि देश को बदलना है, यदि देश में नई नीतियाँ लानी हैं, तो इसे इस परिवेश में नहीं देखिए। यदि हम सब मिलकर कोशिश करें और दुनिया के सारे देश ईमानदारी से हमारी मदद करें, तो भी हम दिल्ली को पेरिस नहीं बना सकते, बम्बई को न्यूयॉर्क नहीं बना सकते। यहाँ गरीबी है, बेबसी है, लाचारी है। इस वास्तविकता को याद रखकर हमें मनुष्य की जरूरत की चीजों को पैदा करना होगा। अपने साधनों का प्रयोग वैभव के लिए नहीं बल्कि मनुष्य की जरूरतें पूरी करने के लिए करना होगा। वही गांधी का रास्ता, वही खेती-बाड़ी पर भरोसा, वही छोटे उद्योगों की स्थापना, वही अपने पैरों पर खड़ा होने की शक्ति, वही स्वावलम्बन और स्वदेशी का रास्ता। यही है भारत का भविष्य बनाने का रास्ता।

जन-अधिकार मंच के तत्त्वावधान में मुंबई में आयोजित एक कार्यक्रम में दिया गया भाषण

व्यक्तिगत हितों की तिलांजलि जरूरी

अब यह मान लिया गया है कि सिर्फ अधिक उत्पादन ही पर्याप्त नहीं, न्यायपूर्ण वितरण प्रणाली भी जरूरी है। यह भी कहा जा रहा है कि राष्ट्रीय उत्पादन में वृद्धि का यह मतलब नहीं कि समाज का उपेक्षित वर्ग हमारे नियोजित विकास के लाभ में हिस्सेदार रहा हो। इन अवलोकनों का स्वागत किया जाना चाहिए, भले ही नियोजन के भारतीय दर्शन में या आर्थिक जगत में यह नए नहीं हों। सच तो यह है कि योजना आयोग के गठन के वक्त भारत सरकार का भी यही प्रस्ताव था। मार्च, 1950 में जब संसद को संबोधित करते हुए राष्ट्रपति ने योजना आयोग के गठन के इरादे की घोषणा की, तो इसमें भी ऐसे ही विचार प्रकट किए गए थे। प्रथम पंचवर्षीय योजना में भी इस बात का साफ-साफ जिक्र था कि सत्ता में बैठे लोगों के द्वारा आर्थिक दर्शन में सकल राष्ट्रीय आय में वृद्धि का मतलब आम आदमी का विकास नहीं है। असली बात यह है कि समूचा आयोजन यह मंजूर करता रहा था कि विकास का रास्ता गरीब वर्गों के विकास से निकालना चाहिए।

हमने बहुत बार सर्वेक्षण किया। योजना मूल्यांकन पर बातचीत की, लेकिन बार-बार इस पुरानी बीमारी से छुटकारा पाने के लिए जरूरी सुधारवादी रवैया अपनाने और उन्हीं गलतियों की पुनरावृत्ति रोकने में हम नाकाम रहे। आज भी सच्चाई की तलाश की कोशिशें तो हो रही हैं, लेकिन मामूली सुधार के तरीके अपनाने में हिचक दिखाई पड़ती है। सरकार में जिम्मेवार लोगों की ओर से यह आश्वासन दिया जाता है कि अगले दो वर्षों के भीतर कोई इंजीनियर या टेक्नीशियन बेरोजगार नहीं रहेगा। यह भी कहा जाता है, कि पाँचवीं योजना के बाद गरीबी बड़ी समस्याओं में नहीं गिनी जाएगी। छठी योजना के अंत तक देश से गरीबी खत्म हो जाएगी। उनके दावे के बारे में कम से कम इतना तो कहा ही जा सकता है कि ये सब बहुत लंबे-चौड़े दावे जान पड़ते हैं।

किसी निश्चित समय में किसी देश की आर्थिक दशा विस्तृत सामाजिक परिवेश का उत्पाद होती है और आर्थिक नियोजन को विस्तृत प्रक्रिया के ऐसे अनिवार्य हिस्से के तौर पर देखा जाना चाहिए, जिसका लक्ष्य तकनीकी अर्थों में संसाधनों का विकास नहीं, बल्कि मानव संसाधनों का विकास और लोगों की जरूरतों और आकांक्षाओं के अनुरूप एक संस्थागत ढाँचे को खड़ा करना हो।

संस्थागत ढाँचे के निर्माण के लिए क्या प्रयास किए गए हैं? इसका जवाब तलाशने के लिए चौथी योजना पर गौर करें। इसमें अधिकार में कटौती या आर्थिक शक्तियों के ध्रुवीकरण को समाप्त करने की जरूरत का जिक्र तक नहीं है। संविधान में संस्थागत परिवर्तन के नजरिए से राज्य के नीति-निर्देशक तत्त्व कहीं ज्यादा स्पष्ट हैं। सरकार का प्रस्ताव पहले

कहीं ज्यादा स्पष्ट था, लेकिन गरीबी हटाओ के पक्ष में दो मतों के कारण हमें ऐसा लगता है कि देश में एकाधिकार और आर्थिक शक्तियों के ध्रुवीकरण के बिना भी गरीबी दूर की जा सकती है। हम अभी भी यह समझने में नाकाम रहे हैं, कि गरीबी उन्मूलन का मतलब समूचे समाज का पुनर्गठन, मौजूदा सामंती ढाँचे में शुरुआती बदलाव का श्रीगणेश और राष्ट्र के संस्थागत ढाँचे में मूलभूत सुधार है। दकियानूसी और अप्रचलित परम्पराओं को छोड़े बिना आप समाज का पुनर्गठन नहीं कर सकते।

चौथी योजना के मूल्यांकन से जानकारी मिलती है कि औद्योगिक 'कोर सेक्टर' में ह्रास बहुत ज्यादा है। 'नॉन कोर सेक्टर' में कुछ बढ़िया काम किया गया है। लेकिन योजना कार्यक्रमों में शामिल नहीं किए गए विलासिता संबंधी उत्पादों के निर्माण में अच्छे परिणाम हासिल हुए हैं।

उदाहरण के लिए फ्रिज, एअरकंडीशनरों, प्रसाधन सामग्रियों, या फिर कारों के भी मामले लें। योजना आयोग की ओर से इनके उत्पादन की कोई ऊपरी सीमा निर्धारित नहीं की गई है। इनके लक्ष्य उनके क्षेत्र-विशेष के विशेषज्ञों ने स्वयं तय किए हैं, जिनमें इन वस्तुओं के उत्पादों और भारत के निजी क्षेत्र के प्रतिनिधियों का वर्चस्व है। इस क्षेत्र में अतिरिक्त उत्पादन को जल्द ही नियमित कर लिया जाता है, ताकि एकाधिकार की जड़ें और गहरी हो सकें। हम लक्ष्य से ज्यादा कारों का उत्पादन करते हैं और उसको यह कहकर न्यायोचित ठहराते हैं कि भारत को और अधिक संख्या में कारों की जरूरत है।

भारत सरकार का मानना है कि देश में दो तरह के संसाधन हैं। पहला, वह जो सीधे तौर पर सरकारी है, दूसरा वह जो टाटा-बिड़ला के संरक्षण में है। यह भुला दिया जाता है कि टाटा-बिड़ला के संसाधन भी राष्ट्रीय संसाधन ही हैं। अक्सर यह होता है कि टाटा-बिड़ला के संसाधन भी वास्तव में सार्वजनिक क्षेत्र की वित्तीय संस्थाओं से लिए गए होते हैं। कोई नहीं जानता कि ऐसी उपेक्षा, अज्ञानता, सच्चाई और सरकार में ऐसी विभाजित सोच के चलते अर्थव्यवस्था किस दिशा में जाएगी। राष्ट्रीय आयोजनों में भारत सरकार के पास उपलब्ध संसाधनों और निजी संस्थाओं, अधिकारवादियों के हाथों में मौजूद संसाधनों के बीच कोई भिड़न्त नहीं हो सकती। दोनों पर समाज का नियंत्रण होना चाहिए और दोनों को ही प्राथमिकताएँ तय करने की छूट होनी चाहिए।

यह विचित्र है कि जहाँ एक ओर कई महत्त्वपूर्ण तथा आधारभूत उद्योग संसाधनों की कमी झेल रहे हैं, वहीं दूसरी ओर गैर-जरूरी विलासिता की वस्तुओं के उत्पादन को सभी तरह की सुविधाएँ उपलब्ध हैं। यही नहीं, इनके लक्ष्यों को बढ़ाने में भी कोई हिचकिचाहट नहीं जान पड़ती।

इस पर बार-बार जोर दिया गया है कि योजना प्रयासों को नए राष्ट्रीय अनुशासन की जरूरत है। आकाशवाणी (आल इंडिया रेडियो) का मामला लें, कुछ समय पहले इस पर व्यावसायिक विज्ञापन शुरू किए गए। आज ये व्यावसायिक विज्ञापन क्या कर रहे हैं? दरअसल विलासिता की वस्तुओं के लिए भूख को ही जन्म दे रहे हैं। सरकार को भले ही इससे चंद लाख रुपयों की आमदनी होती हो, लेकिन किस सामाजिक कीमत पर ? ये प्रस्ताव पहले ही पेश किए जा चुके हैं कि दूरदर्शन का भी प्रयोग व्यावसायिक विज्ञापनों के लिए किया जाए।

इस समय दूरदर्शन का प्रसारण क्षेत्र दिल्ली की सीमाओं तक ही सीमित है। आगामी एक वर्ष में यह बंबई, कलकत्ता, पुणे, समूचे पंजाब और कश्मीर को अपने दायरे में ले लेगा। इस बात की पूरी संभावना है कि इसके बाद ही मद्रास, त्रिवेन्द्रम और बंगलौर जैसे शहरों में भी दूरदर्शन के ट्रांसमीटर लग जाएँगे। जब संचार उपग्रह छोड़ा जाएगा, तो समूचा भारत दूरदर्शन के प्रसारण क्षेत्र में आ जाएगा। यह सोच भयावह है कि एक दिन भारत अपनी अदूरदर्शिता और बड़े औद्योगिक घरानों तथा बहुराष्ट्रीय कम्पनियों के दबाव में आकर दूरदर्शन पर भी व्यावसायिक विज्ञापनों के प्रसारण की अनुमति दे सकता है। ऑल इण्डिया रेडियो का विज्ञापन मीडिया किस तरह की माँगों का सृजन करेगा? क्या इस किस्म की माँग से भारत के सबसे अभावग्रस्त व्यक्ति को लाभान्वित किया जा सकता है?

अर्थव्यवस्था की दिशा निर्धारित करने से पूर्व हमें समाज के सभी स्तरों पर यह जागरूकता पैदा करनी होगी कि सीमित राष्ट्रीय संसाधनों का सभी रूपों में राष्ट्रीय बचत दर बढ़ाने के लिए उपयोग हो। बचत दर बढ़ाए बिना बड़े निवेश संभव नहीं और बड़े अतिरिक्त निवेश के अभाव में आर्थिक विकास दर में वृद्धि और अधिक रोजगार के अवसर पैदा करना संभव नहीं।

यह बहुत दिलचस्प है कि राष्ट्रीयकृत बैंकिंग क्षेत्र में जीवन बीमा और सहकारिता क्षेत्र में भी बचत लक्ष्य से अधिक रही है। इसके अलावा घरेलू बचत आशा से बहुत ज्यादा बढ़ी है। लेकिन सांगठनिक व औद्योगिक क्षेत्रों में बचत की कमी रही है। किसी विकासशील देश में सामान्य तौर पर स्वैच्छिक बचत कम होती है, लेकिन भारत में उल्टी गंगा बह रही है। यदि संयुक्त निगम की बचतों को बढ़ाने पर जोर दिया जाता है, तो यह संभव है कि निजी संयुक्त क्षेत्र कर में ज्यादा कटौती, छूट तथा दूसरी अन्य सुविधाओं की माँग करने लगें। दूसरे क्षेत्रों की बेहतर उपलब्धि उदार आर्थिक उपायों के लिए तर्क हो सकती है।

हाल ही में सरकार ने 59 उद्योगों में बिना लाइसेंस क्षमताएँ दोगुना करने की अनुमति दे दी। मानव निर्मित धागा (फाइबर) ऐसा ही एक उद्योग है। किस आधार पर प्रणाली में उदारीकरण तय किया गया? क्या इस आधार पर कि ये सुरक्षा सेनाओं के उपयोग में आते हैं? सेना इसका उपयोग किसलिए करती है? जवाब के लिए पैराशूट है। कुछ हजार पैराशूटों के लिए हमने मानव-निर्मित फाइबर उद्योगों में शत-प्रतिशत विस्तार की अनुमति दे दी। इस घोषणा का असली परिणाम क्या रहा है? आपको याद होगा कि पिछले सात से दस वर्षों के दौरान चंद बड़े एकाधिकारवादियों ने इस उद्योग में अनधिकृत क्षमताएँ स्थापित कर ली थीं। यह औद्योगिक विकास नियमन कानून का उल्लंघन था, लेकिन उन पर जुर्माना करने या उनके खिलाफ कोई दूसरी कार्रवाई करने की बजाए कलम के एक ही झटके से विकास के नाम पर और युद्ध प्रयासों में सहायता के नाम पर कानून उल्लंघन को वैधानिक कर दिया गया।

एकाधिकार और प्रतिबंधित व्यापार विधेयक को बड़े तामझाम के साथ पारित किया गया। इस पर सलाह-मशविरा और बहस में लंबा वक्त लगा। यह बार-बार कहा गया कि हम एकाधिकार को समाप्त करने के लिए दृढ़प्रतिज्ञ हैं। लेकिन, एम.आर.टी.पी. (मोनोपॉलिज एण्ड रिस्ट्रक्टिव ट्रेड प्रैक्टिसेस एक्ट) कानून कैसे लागू किए गए, और पिछले वर्षों के दौरान एकाधिकार आयोग कैसे कार्य कर रहा है। एमआरटीपी कानून को लाइसेंस देने के तमाम

महत्त्वपूर्ण मामलों को बहुत आसानी से गुजर जाने दिया गया। औद्योगिक विकास मंत्रालय ने अब अफसरशाहों की एक 'टास्क फोर्स' का गठन किया है, जिसने कुछ बड़े घरानों के पक्ष में 41 लाइसेंस जारी कर दिए हैं, ताकि विस्तृत सुधार की संभावनाएँ बढ़ाई जा सकें। इन 41 लाइसेंसों में से सबसे ज्यादा बिड़ला को दिए गए हैं। यह सब तब हुआ, जब 'सरकार आयोग' उनके खिलाफ अपनी जाँच कर रहा है। यह कोई नहीं जानता कि उन उद्योगों तथा उत्पादों में से कितने प्राथमिकता की सूची में आते हैं।

इस पर भारत सरकार में किसी तरह से असहमति की कोई आवाज नहीं आई। हमारी इच्छाएँ बहुत पवित्र हो सकती हैं, हमारे इरादे बहुत बुलंद हो सकते हैं लेकिन आर्थिक अनुशासन की अपनी शक्ति होती है। यह हमारी इच्छाओं से नहीं चलता। जनता का विशाल और स्पष्ट जनादेश समाजवादी नीति को अपनाने के पक्ष में है। इसका स्वागत किया जाना चाहिए और हमें इस पर गर्व होना चाहिए। लेकिन इससे आर्थिक समस्याएँ अपने आप हल नहीं हो जातीं। इससे किसी राजनीतिक दल को सिर्फ सत्ता मिलती है। देखा यह जाता है कि इस सत्ता का सही तरीके से उपयोग किया जाता है, या नहीं।

प्रथम योजना में कहा गया था—हमें सिर्फ बड़ा उत्पादक-ढाँचा ही नहीं खड़ा करना है भले ही विकास के लिए यह निस्संदेह अनिवार्य हो, हमें स्वास्थ्य, सफाई और शिक्षा के स्तर में भी सुधार करना है और सशक्त सांस्कृतिक विकास के लिए सामाजिक दशाओं का निर्माण करना है। आयोजन का मतलब सभी क्षेत्रों में संयोजित विकास है।

सामाजिक सेवाओं के क्षेत्र में हमारा कार्य कैसा रहा है? इन आयोजनों से क्या आशाएँ थीं? महिला शिक्षा के मामले में भी हम लक्ष्य से बहुत पीछे हैं। विश्वविद्यालयी शिक्षा के मामले में कार्य ज्यादा बढ़िया हुआ है, चौथी योजना का प्रस्ताव बयान करता है, कि कुछ राज्यों की ओर से तकनीशियनों एवं इंजीनियरों का कॉलेज में प्रवेश निषेध कर दिया गया है। ऐसे राज्य सोचते हैं कि ज्यादा (संख्या में) इंजीनियर बेरोजगारी की समस्या को और जटिल बनाएँगे। ऐसा ही मामला स्कूल और अध्यापकों के साथ है। तकनीकी शिक्षा के प्रसार पर रोक लगाई जा चुकी है और इस तरह पूरी एक पीढ़ी को अवसर से दूर कर दिया गया है। पिछड़ी जातियों के साथ क्या हुआ? हरिजनों के साथ क्या हुआ? सामाजिक कल्याण के क्षेत्र में हम अपने लक्ष्यों से बहुत पीछे हैं। 1942 में जब लुई फिशर भारत आए थे तब उन्होंने बापू के सामने कई सवाल उठाए थे। उनमें एक सवाल था कि बड़ी संख्या में किसानों के सुधार के लिए आपके पास क्या कार्यक्रम है? महात्मा गांधी का जवाब था 'किसानों को जमीन लेनी चाहिए।' लुई फिशर का कहना था कि 'इससे हिंसा का माहौल पैदा होगा।' तब बापू ने कहा था कि '15 दिनों की अराजकता होगी, लेकिन इसे जल्द नियंत्रण में कर लिया जाएगा।' महात्मा गांधी के 1942 में ऐसे विचार थे। 1972 में हम यह सोचते हैं कि हमें अति आवश्यक सुधार लागू करने ही चाहिए।

भारत में सार्वजनिक क्षेत्र हमेशा से चाबुक खाने वाला घोड़ा साबित हुआ है, इसका मतलब यह नहीं कि सार्वजनिक क्षेत्र के प्रतिष्ठानों के प्रबंधन के कुछ महत्त्वपूर्ण मामलों में गंभीर खामियाँ नहीं रही हैं, लेकिन कुछ बढ़िया कोशिशें की जा रही थीं। कुछ महीनों पहले हिंदुस्तान स्टील और इसके कुछ शीर्ष पदाधिकारियों की कार्यप्रणाली की आलोचना की गई थी। इस आलोचना पर बहुत हो-हल्ला मचा था। लेकिन सौभाग्य से कुछ खास

उपाय कर लिए गए। यह कहा जा सकता है कि स्टील-खनन ऐसा विभाग है, जहाँ स्थिति को सुधारने की दिशा में सही कोशिशें की जा रही हैं। यह किसके चलते हो रहा है यह कम महत्त्वपूर्ण है, खुशी की बात यह है कि यह बेहतर दिशा में बढ़ रहा है। क्या हम उस दिशा में और आगे बढ़ेंगे ? उपलब्ध तथ्य यह नहीं कहते कि भारत के सार्वजनिक क्षेत्र समूची अर्थव्यवस्था पर नियंत्रण रखने की स्थिति में नहीं पहुँचे हैं।

योजना आयोग को क्षेत्रीय असंतुलनों पर जल्द ध्यान देना होगा वरना हमारे सामाजिक-आर्थिक जीवन में कटुता और तनाव पैदा हो सकता है।

यह पहली मर्तबा नहीं है कि योजना आयोग में असाधारण उपयोग में कटौती की जरूरत पर बात चली है। अखिल भारतीय कांग्रेस कमेटी ने दिसंबर, 1969 में बंबई में एक प्रस्ताव पारित किया था जिसमें त्याग को बढ़ावा देने के तमाम खास सुझावों का जिक्र था। लेकिन 1969 से 1972 तक किसी एक भी मंत्री के निवास या कार्यालय से एक भी (कीमती) कालीन बाहर नहीं किया गया। आर्थिक या वित्तीय मामलों को गणितीय दृष्टिकोण से नहीं मापा जा सकता है। इसके प्रति मनोवैज्ञानिक नजरिया अपनाना होगा। शीर्ष पर स्थित लोगों को अपने जीवन के नए सिद्धान्त बनाने होंगे और लोगों के बीच नई आशा और प्रतिबद्धता का संचार करना होगा।

समाजवाद के प्रति प्रतिबद्धता हमेशा पाई जाती है। सिर्फ समाजवादियों में ही नहीं बल्कि बड़े व्यापारिक घरानों एवं संगठनों में भी।

'गरीबी हटाओ' का नारा नया नहीं है। पहली बार यह नारा तब दिया गया था जब आदमी ने सोचना शुरू किया। विश्व में सभी क्रांतियों को शोषण खत्म करने और बेहतर आर्थिक-सामाजिक और राजनीतिक जीवन जीने की इच्छा से प्रेरणा मिली। यह मंजूर नहीं किया जा सकता, कि गरीबी हटाने के लिए हम लोगों को ऐसी सभी सामाजिक-आर्थिक संस्थाओं को समाप्त करना होगा, जो मानव के मानव के हाथों शोषण को मंजूरी देती हैं। समाज के परजीवी जो दूसरों का शोषण करके जी रहे हैं, उन्हें समाप्त कर दिए जाने की जरूरत है। जब तक शोषणकारी संस्थाओं को समाप्त नहीं किया जाता मानव-शक्ति के फाटकों को मानवता की सेवा के लिए खोला नहीं जा सकता। मानव-इतिहास में यह कमाल होगा जब कोई देश बहुत कम समय-सीमा में निजी हितों को चोट पहुँचाने और परंपरागत आर्थिक ढाँचे में महत्त्वपूर्ण बदलाव लाए बिना गरीबी समाप्त कर दे। लेकिन ऐसे चमत्कार नहीं होते और भारत भी अपवाद नहीं है।

14 मई, 1972 को 'मोनोपोलीज़ एंड द पब्लिक पॉलिसी' विषय पर आयोजित गोलमेज बहस में दिया गया भाषण

नेपाल में जलेगी लोकतंत्र की मशाल

हमारा इतिहास रहा है कि हमेशा आसुरी शक्तियाँ पराजित हों। यह क्रम निरन्तर चलता रहेगा। इतिहास में अनेक उतार-चढ़ाव आए हैं, लेकिन दुनिया की कोई बड़ी से बड़ी ताकत मानव चेतना को कभी बंदिनी नहीं बना सकी। जब जब इंसान को दबाने की कोशिश हुई है, इंसान का दिमागी परिन्दा ऊँचा उड़ता है और ऊँची उड़ान में सारी बाधाओं को, सारी कठिनाइयों को दूर करता है। मुझे वो दिन याद आते हैं, जब हम भारत में आजादी की लड़ाई लड़ रहे थे। गांधी ने हमें निर्भय होने का संदेश दिया। गांधी ने कहा, अपने मन का डर निकाल दो, दुनिया की कोई ताकत तुम्हें नहीं दबा सकती। नेपाल के नौजवान, जो संघर्ष में हैं, जो आज बलिदान के रास्ते पर चल रहे हैं, मैं दूसरा कोई आह्वान नहीं कर सकता। दूसरा कोई संदेश नहीं दे सकता। बापू के उन्हीं शब्दों को दोहराना चाहूँगा। अपने मन का डर निकाल दो, दुनिया की कोई ताकत तुम्हें दबा नहीं सकती। गांधी जी ने हमें वो शक्ति दी। कहा, हमें अपने मन की निर्बलता मिटानी है। आज से नहीं, हजारों वर्षों से दुनिया में यह बात कही जाती रही है। बड़े-बड़े महात्मा आए, ऋषि आए। बड़े-बड़े धर्म-प्रवर्तक आए, लेकिन समाज अच्छा नहीं बना। कुछ समय तक समाज अच्छाई की ओर चला। लेकिन फिर आपसी दुराग्रह के कारण समाज नीचे की ओर चला गया। इसके विरोध में दुनिया में एक नया दर्शन चला। समाज को किसी तरह बदल दो, आदमी बदलने के लिए मजबूर हो जाएगा। पचास वर्षों के अनुभव के बाद हमने देखा कि वह दर्शन भी अपने में अपूर्ण है। और इसीलिए महात्मा गांधी के नेतृत्व में भारत में एक नया प्रयास हुआ। अपने को बदलो और साथ ही साथ समाज को बदलने की कोशिश करो। तभी एक नया समाज बनेगा। मैं जानता हूँ, नेपाली कांग्रेस के लोगों ने, यहाँ के दूसरे कार्यकर्ताओं ने कुर्बानी दी है। बलिदान दिया है। अपने को न्यौछावर किया है। लेकिन उनके प्रयासों के बाद समाज उस दिशा में नहीं जा सका, जिस मंजिल पर उसे जाने की अभिलाषा थी। मैं चाहूँगा समाज उस दिशा में जाए। इसके लिए और अधिक प्रयास की आवश्यकता है। जो प्रयास कभी मिटेगा नहीं, कभी रुकेगा नहीं और हर अँधेरे में नई मशाल जलाने के लिए नौजवान कुर्बानी के रास्ते पर अग्रसर होंगे। आज सारी दुनिया में जब अंधकार मिट रहा है, जब तानाशाही ताकतें परास्त हो रही हैं, मैं नहीं समझता कि हजारों वर्षों की सभ्यता और संस्कृति का यह भूखण्ड, जहाँ से सारी दुनिया को संदेश मिला है, जिस हिमालय की चोटियों से इंसानियत को ऊँचा उठने की ताकत मिली है, वहाँ पर कैसे इंसानियत गिरवी रहेगी। आज मुझे याद आती है, बी पी कोईराला की। बरसों से नेपाली कांग्रेस के लोगों से हमारा साथ रहा है। मैं जानता हूँ आज ललित मान सिंह यहाँ बैठे हुए हैं। आजादी की लड़ाई में नेपाल के बहादुर लोगों ने हमारा साथ दिया था।

मैं केवल अपना राजनीतिक कर्त्तव्य नहीं मानता, मैं अपनी नैतिक जिम्मेवारी मानता हूँ कि हर एक भारतीय की यह नैतिक और राजनीतिक जिम्मेदारी है कि जो मानव समाज आज नेपाल का है, जो आकांक्षा यहाँ की है, उस आकांक्षा के साथ भारत अपनी नैतिक जिम्मेदारी पूरी करने की ताकत झोंके। इसीलिए आज पार्टी के बैनर से ऊपर उठ कर हमारे राजनीतिक जीवन के सभी लोग आज के इस मंच पर मौजूद हैं। मुझे आश्चर्य होता है, मुझे हँसी आती है—अखबार के लोग सवाल पूछते हैं कि आप अपनी व्यक्तिगत हैसियत से आए हो या पार्टी की हैसियत से आए हो। यदि मैं आपको जवाब दे सकता हूँ, तो कहना चाहूँगा—हजारों वर्षों के इतिहास की आकांक्षाओं को अभिव्यक्त करने के लिए मैं आया हूँ, जो आज नेपाल और भारत को एक साथ जोड़े हुए है। यह एक पार्टी का एक दल का सवाल नहीं। लेकिन यदि आपकी कोई मंशा इससे पूरी हो जाए तो मैं जो कहता हूँ, वही जनता दल की भाषा है। वही राष्ट्रीय मोर्चे की भाषा है। अगर इसमें कोई संदेह है, तो उस संदेह को मिटा दें। इस संदेह को मिटाने के लिए एक शब्द कहना मैं जरूरी समझता हूँ। दोस्तो, जब हमारी आजादी की लड़ाई के दिनों में नेपाल के लोगों ने हमारा सहयोग किया, हमारा सपना साकार किया, तो मैं आज एक छोटे रूप में आपके साथ अपने को जोड़ने के लिए यहाँ आया हूँ। मैं जानता हूँ कि बी.पी. कोईराला आज हमारे बीच नहीं हैं। लेकिन उनकी भावना, उनके जज्बात आज हमारे दिलों को छू जाते हैं। आजादी के दिनों में हिंदुस्तान में बी.पी. कोईराला और गणेशमान जैसे लोगों ने भी हमारी कुर्बानी के साथ अपनी कुर्बानी जोड़ी। आज वहाँ हम अपने जनतंत्र पर अभिमान करते हैं। हमने भी एक बार जनतंत्र के ऊपर ग्रहण लगते हुए देखा है। हमने भी कुछ महीने जेल की दीवारों के पीछे बिताए हैं। मैं जानता हूँ कि जब जेल की दीवारों के पीछे जाना होता है, बड़े से बड़े बहादुरों के मन में क्या भावना पैदा होती है? मेरा दिल आज उन नौजवानों की ओर जाता है, जिन्होंने नेपाल की जेलों में एक नहीं दस, पन्द्रह-बीस बरस बिताए हैं। इसका जवाब मैं नहीं दूँगा। इसका जवाब देना होगा यहाँ के महाराजाधिराज को। यहाँ की सरकार को। इस तरह मेरा भी एक सवाल है। वर्षों से नेपाली कांग्रेस के लोगों को जानते हुए। हमारे मित्र हृषिकेश शाह यहाँ बैठे हैं। हमारे साथ विश्वविद्यालय में विद्यार्थी थे। यहाँ पर कुछ दिनों के लिए बड़े अधिकारी भी थे। कितनी बार मैं नेपाल आया। आपसे कभी मैं मिल नहीं सका। केवल एक बार मिल सका। जब हम बी पी कोईराला की लाश को लेकर काठमांडू की सड़कों पर निकले थे। आप मुझसे पूछते हो कि देश में जनतंत्र है या नहीं? जिन लोगों के साथ हमारा बीस वर्षों का संबंध है, उनसे पहली बार, वो भी गणेशमान के घर की चहारदीवारी के अंदर, मिलने का मुझे अवसर मिले—इससे घिनौनी राजनीतिक साजिश और कोई नहीं हो सकती। लेकिन दोस्तो, यह मेरा काम नहीं है। देश में जनतंत्र मेरे बल पर नहीं आएगा। देश में जनतंत्र भारत की सीमाओं से नहीं आएगा। नेपाल में जनतंत्र आएगा, नेपाल के नौजवानों के अरमानों के बल पर। उनके मन में जो व्यथा है, पीड़ा है, दर्द है—उस दर्द का अगर इलाज नहीं हुआ, तो याद रखिए, आदमी के मन से जो आह निकलती है, वह बड़े-बड़े सूरमाओं, सम्राटों को हमेशा के लिए धूल में मिला देती है। अध्यक्ष महोदय, आप भगवान में विश्वास करते हैं—दुनिया में बहस चल रही है कि भगवान है या नहीं? सदियों से चल रही है। शायद सदियों तक चलेगी। लेकिन एक बात निश्चित है, कोई व्यक्ति कभी भगवान नहीं बन सका, और जो व्यक्ति भगवान बनने की

भूल करता है, इतिहास उसको हमेशा धूल में मिला देता है। इसलिए अच्छा होगा, कोई भगवान बनने की कोशिश न करे। आदमी दूसरे के अनुभवों से सीखता है। क्या दुनिया की घटनाएँ हमें सोचने के लिए मजबूर नहीं करतीं। अगर नेपोलियन नहीं, हिटलर और मुसोलिनी नहीं, अगर बड़े-बड़े तानाशाह नहीं, तो छोटे शहंशाह भी नहीं रह सकते। इसलिए मैं आप सबसे अपील करूँगा दोस्तो—आप अपने मन का भरोसा, अपने मन का दिलासा मत तोड़ना। भारत और नेपाल के संबंध सरकारों ने नहीं बनाए हैं। पार्लियामेंट्री दस्तावेजों से नहीं बनाए हैं। हजारों बरसों की सभ्यता और संस्कृति के इतिहास की परंपरा से हमने संबंध बनाए हैं। राजसत्ता के अधिकार से कुछ लोग कहते हैं, हम संबंधों को समाप्त कर देंगे। चाहे कोई नेपाल में कहे, चाहे भारत में कहे। कोई अपनी सीमाओं को नहीं जानता। इतिहास ने जिन संबंधों को हजारों वर्षों में बनाया है, चन्द दिनों में पढ़ कर बैठे रहने वाले लोग उन संबंधों को मिटा नहीं सकते। इसलिए मैं कहूँगा—नेपाल की जनता की पीड़ा, भारत की जनता की पीड़ा है। भारत की परंपरा नेपाल और भारत के इतिहास की परंपरा है। हमारी सभ्यता और संस्कृति का इतिहास हमें एक ही सबक देता है—मानव वेदना को हम अपनी वेदना समझें। और जहाँ भी वेदना हो, वहाँ आँसू पोंछने को हम तैयार हों। यही हमारी परंपरा है। यही हमारी सभ्यता व संस्कृति है। सभ्यता और इतिहास के नाम पर हुकूमत करने वाले लोगो अपने पुराने इतिहास को परखो। इंसानियत की हुकूमत करने वाले लोगों, अपने पुराने इतिहास को परखो। इंसानियत की पीड़ा और दर्द को समझो। जो इंसानियत की पीड़ा को नहीं समझता, उसकी पीड़ा को समझने के लिए इतिहास के पास कोई आँसू नहीं होते। यही सबक हमें इतिहास से मिले हैं। दोस्तो, मैं ऐसा समझता हूँ, आज इतिहास हमें उसी दिशा में निर्देश कर रहा है। उसी दिशा में संकेत कर रहा है।और आप जो हजारों नौजवान यहाँ पर इकट्ठे हैं, वह इस बात की गवाही हैं। आपको भारत की मदद नहीं चाहिए। आपको दूसरे देशों के लोगों की सहानुभूति नहीं चाहिए। आपका अपना आत्मविश्वास, आपका अपना दृढ़-निश्चय आपको अपनी मंजिल की ओर ले जाएगा। और आप जब मंजिल की ओर आगे बढ़ेंगे, जब कभी हमें सहायता के लिए पुकारेंगे, मैं आप को विश्वास दिलाता हूँ कि एक पड़ोसी के नाते, एक सहधर्मी के नाते, मानव जम्हूरियत के लिये मानव स्वतंत्रता के लिये साथ-साथ चलने वाले सिपाही के नाते, हम सब आपके साथ होंगे। अंतिम हृदय आपके साथ होगा। मैं आप सबका अभिनंदन करता हूं। मैं अभिनंदन करता हूँ, उन नौजवानों का, जिन्होंने नेपाल में आजादी के लिए बड़ी कुर्बानी दी है। मैं अभिनंदन करता हूँ उन शहीदों का, जिन्होंने अपने को न्यौछावर किया है। मैं अभिनंदन करता हूँ, उन सैंकड़ों-हजारों माताओं-बहनों का, जिनके घर के लोग इस पीड़ा में शरीक रहे। मानवता उज्ज्वल भविष्य की ओर बढ़ेगी। नेपाल एक बार फिर सारी दुनिया के लिए मिसाल बनेगा। यही मेरी कामना है और इसी कामना के साथ मैं आपका अभिनंदन करता हूँ।

नेपाली कांग्रेस पार्टी के राष्ट्रीय सम्मेलन में दिया गया भाषण; जनवरी, 1990, काठमांडू (नेपाल)

आलेख

मुद्दे हैं गरीबी, अशिक्षा और बेकारी

नेता की भूमिका

जब भी कठिन परिस्थितियाँ आईं, मैंने सुलझाने की हरसंभव कोशिश की। लेकिन मैंने जनता, जो आज वास्तविक शासक है, उस पर कभी अपने विचार लादने की कोशिश नहीं की। मैंने सलाह दी और जब इस संसदीय लोकतंत्र के युग में उसे अनदेखा किया जाता रहा, तब इसे बर्दाश्त करने के अलावा मेरे पास कोई दूसरा उपाय नहीं था। जब स्थितियाँ निश्चित सीमाओं से बाहर चली जाती हैं, तो कड़े निर्णय लेना अति आवश्यक हो जाता है। सब कुछ जिस तरह से चल रहा है, लगता है हम घोर विपत्ति में फँसने वाले हैं। हमारी सरकार तथा हमारे जनतंत्र की समूची कार्यशैली को, राजनीतिक दलों को अपने गंभीर निरीक्षण में रखना होगा। एक अकेला मैं परिवर्तन नहीं ला सकता। अगर परिवर्तन की राहें निकलेंगी, तो उसे मैं प्रशस्त करूँगा।

प्रधानमंत्री के रूप में कार्यकाल

मैं यह दावा नहीं करता कि भारत के नक्शे को मैंने सिर्फ चार महीनों में बदल दिया है। इन महीनों में देश के गर्म माहौल पर मैंने ठंडा पानी डालने का प्रयास किया है। जब मैंने पदभार सँभाला तब लगभग 90 शहरों में कर्फ्यू लगा हुआ था। दो दिनों के भीतर सारे कर्फ्यू हट गए। स्थितियाँ सामान्य हो गईं। मैं यह दावा नहीं करता कि मैं कामयाब रहा। किन्तु जो काम मुझे सौंपा गया था उसके साथ मैं न्याय कर सका, इसका संतोष मुझे जरूर है।

मैंने जब कांग्रेस (ई) के बाहरी समर्थन के आधार पर सरकार बनाई, तब इस बात की आवश्यकता भी थी कि सारी स्थितियों पर काबू पाने के लिए एक समर्थ और मजबूत सरकार की बहाली हो। पूरा देश 'मंडल' तथा 'अयोध्या' की आग में धधक रहा था। ऐसी स्थिति में प्रश्न यह था कि बिल्ली के गले में घंटी कौन बाँधेगा। पूर्व की सरकार इस आग पर काबू पाने में विफल रही। इन विषम परिस्थितियों में कोई भी पार्टी सरकार बनाने के पक्ष में नहीं थी और कांग्रेस (ई), जनादेश के बिना, खुद को दाँव पर नहीं लगाना चाहती थी। चुनाव ही एकमात्र विकल्प बचा था। यह मेरा अवसरवाद नहीं बल्कि दृढ़ विश्वास था कि चुनाव का सामना करने से पहले देश के माहौल को शांत करना जरूरी है। इसलिए मैंने कांग्रेस के बाहरी समर्थन से सरकार बनाने का फैसला किया। मुझे इसका तनिक भी अफसोस नहीं, बल्कि मैं खुश हूँ कि मैंने शांति बहाली के लिए 'मंडल' तथा 'मंदिर' की आग को काफी हद तक शांत कर दिया।

यह कहना बिल्कुल गलत होगा कि मुझे अपने किसी फैसले पर पछतावा नहीं है। लेकिन कभी-कभी मैं महसूस करता हूँ कि यह सब जीवन का एक अंग है। जीवन इतना उलझा

हुआ है कि आपका हर फैसला हमेशा सही ही हो, यह जरूरी नहीं है। इतना संतोष तो जरूर है कि कोई भी राजनीतिक फैसला करते समय, मैंने न तो किसी के विश्वास को ठेस पहुँचाई और न ही अपने आदर्शों से डिगा हूँ।

प्रधानमंत्री पद की गरिमा

प्रधानमंत्री पद का सौदा नहीं किया जा सकता। मेरे अनुसार, प्रधानमंत्री बने रहना किसी सफलता का सूचक नहीं है। निरर्थक सत्ता में बने रहना और अपने सिद्धांतों के साथ समझौता करते जाने का क्या अर्थ है ? इस पद पर बने रहने के लिए मैंने न तो किसी को खुश करने की कोशिश की और न ही कोई समझौता किया। अपने उसूलों से समझौता कर सत्ता में बने रहने को मीडिया बड़ी उपलब्धि की संज्ञा देता है। अगर निर्णय करने वाली संस्था अपने मूल्यों के साथ समझौते करती है या उनका त्याग करती है, तो यह सरकार चलाना नहीं बल्कि सत्ता से जबरदस्ती चिपके रहना है।

राम जन्मभूमि

अगर इस विवाद का हल हम बातचीत से निकालने की कोशिश नहीं करते हैं, तो हमारे पास और कोई विकल्प नहीं बचता है। पर हमें निराश होने की जरूरत नहीं है। इन परिस्थितियों में केवल सब्र ही काम आता है। उचित दृष्टिकोण तथा सुलह की मंशा से बातचीत के जरिये इस समस्या का हल निकाल सकते हैं। यह बड़ी गंभीर परिस्थिति है। सरकार अपने आप को संकटपूर्ण स्थिति में डाल रही है। जो राजनीति समझते हैं वही निर्णय करेंगे कि वे दूसरों को शर्मिन्दा कर रहे हैं या खुद को सभी के उपहास का कारण बना रहे हैं। इस मुश्किल और संकटपूर्ण स्थिति से कोई पार्टी या समूह हमें बरी नहीं करेगा। सरकार को अपनी योजना को सबके सामने रखना होगा। सिर्फ तभी, लोग प्रतिक्रिया करेंगे या इसके फैसले का विरोध। बहुत पहले से यह प्रवृत्ति रही है कि जिन लोगों को हम वोट देकर सत्ता में लाते हैं वे अपनी जिम्मेदारियों और समस्याओं से निपटने का काम दूसरों पर छोड़ देते हैं।

सांप्रदायिक सौहार्द

जब हमारे समाज का एक हिस्सा खुद को उपेक्षित महसूस करता है, तो इससे देश के अंदर कई समस्याएँ खड़ी हो जाती हैं। वे अनुच्छेद 370 की वापसी और अल्पसंख्यक आयोग को भंग करने की माँग कर रहे हैं। सांप्रदायिक तनाव का मतलब सांप्रदायिक दंगे कतई नहीं होता है। आप यदि अल्पसंख्यकों से पूछें, तो उनके दिमाग में छिपा भय आपको समझ में आएगा। आज जैसा माहौल है उसमें थोड़ा भी तनाव गंभीर दंगे को जन्म देने के लिए काफी है। क्या किसी ने इस बात की कल्पना की होगी कि कावेरी जल विवाद की परिणति भयंकर दंगे, लूटपाट और आगजनी में होगी ? राजनीतिक दलों और नेताओं को देश के माहौल को समझना चाहिए।

बोफोर्स मुद्दा

1989 के आम चुनावों के दौरान, दुर्भाग्य से बोफोर्स के मामले पर अवांछनीय ध्यान दिया

गया। मैंने उस समय भी यह स्पष्ट किया था कि हमारी पार्टी के लिए यह बड़ा मुद्दा नहीं हो सकता क्योंकि हमारे सामने इससे भी कई गंभीर तथा विकट समस्याएँ हैं, जिनसे हमारा देश पीड़ित है। हमें अपना सारा ध्यान इस पर लगाना है। बोफोर्स ऐसा मुद्दा है जो स्विट्‌जरलैंड तथा स्वीडन जैसे दूसरे देशों के हाथ में है, जो इसमें संलग्न हैं। मैं नहीं जानता कि लोग किस आधार पर बोफोर्स सौदे के अपराधी को पकड़ने की बात कहते हैं। मुझे नहीं लगता कि स्विट्‌जरलैंड की सरकार किसी दोषी का नाम बताकर अपने आर्थिक हितों को कोई हानि पहुँचाएगी और भारत सरकार के चुनावी वादों को पूरा होने देगी। यह एक ऐसी आशा है जिसका कोई आधार नहीं है। जिनके हाथ में कुछ भी नहीं जब वे दावा करते हैं कि वे दोषी को ढूँढ़ लेंगे, तो वे मात्र पाखंड करते हैं। पाखंड से सिर्फ राजनेताओं को ही लाभ होता है।

मंडल आयोग

मंडल आयोग ने अपनी रिपोर्ट में कहा है कि वैज्ञानिक विश्लेषण का ऐसा कोई आधार नहीं जिसके अनुसार यह तय किया जाए कि पिछड़े वर्ग कौन-कौन से हैं। मुझे नहीं लगता कि पिछड़े वर्गों की सूची तैयार करने के लिए वैज्ञानिक विश्लेषण के आधार की खोज करना कोई बहाना है। मैं भी इससे सहमत हूँ कि पिछड़ी जातियों को आरक्षण मिलना चाहिए। पर हमें इस बात को समझना होगा कि परिस्थितियाँ हमेशा बदलती रहती हैं। काका कालेलकर ने जब आरक्षण पर अपनी पहली रिपोर्ट पेश की थी, तब इस बात को स्वीकार किया था कि हर दस साल पर फिर से स्थितियों का विश्लेषण किया जाना चाहिए। जनसंख्या के विशेष भाग पर पुनर्विचार का आधार आर्थिक उन्नति होनी चाहिए और उसी समय समाज के दूसरे तबके की निर्धनता पर भी विचार-विमर्श होना चाहिए। मैं यह अनुरोध करना चाहता हूँ कि वर्तमान परिस्थितियों में आरक्षण की नीति का निर्धारण सामाजिक तथा आर्थिक दोनों स्थितियों पर विश्लेषण के आधार पर होना चाहिए। सिफारिशों को लागू करने से पहले सारे मुद्दों के अच्छे-बुरे पहलुओं पर गौर कर उनकी कमियों को दूर करना होगा।

अन्तर्राष्ट्रीय मुद्रा कोष तथा विश्व बैंक

मेरी सरकार ने भी इस संस्था से वित्तीय सहायता माँगी थी। जब हमने उनसे सहायता की सिफारिश की तब हमारी स्थिति भिन्न थी। आज की तरह हम कभी अपने आत्म-सम्मान की कीमत पर, किसी सौदे के लिए राजी नहीं हुए। मैंने अपना पक्ष हमेशा दृढ़ रखा कि भारत अपनी शर्तों पर किसी से सहायता लेगा, न कि उनकी शर्तों पर। वर्तमान सरकार जो रास्ता अख्तियार कर रही है, पहले कई अन्य देशों ने भी इसी नीति का अनुसरण किया है, परन्तु वे सफल नहीं हुए। विश्व बैंक तथा अन्तर्राष्ट्रीय मुद्राकोष पर निर्भर रहने की नीति अपनाकर हमने गांधीजी के स्वदेशी तथा आत्मनिर्भरता के सिद्धांतों को धूल में मिला दिया है। मौजूदा सरकार की जो वर्तमान नीति है, उसका लोगों पर मनोवैज्ञानिक प्रभाव पड़ेगा। हमारा उद्देश्य पूरे देश के हित की बजाय समाज के खास हिस्से के लाभ तक सिमटकर रह गया है। इसमें अब किसी तरह के शक की गुंजाइश नहीं कि बाजारवादी अर्थव्यवस्था ने अति विकसित देशों में भी सिर्फ गिने-चुने लोगों की उन्नति की है, बजाय सारे समाज की उन्नति के।

लोगों को हम यह कहकर आतंकित क्यों कर रहे हैं कि सावधान, विश्व बैंक हमारी मदद नहीं करेगा यदि हम उसकी शर्तों को पूरा नहीं करते हैं ! इस तरह की चेतावनी हमारी जनता के आत्मविश्वास को खा जाती है। आज अन्तर्राष्ट्रीय स्तर पर जिस तरह की स्थितियाँ बन गई हैं, एक भी ऐसा देश नहीं है जिसे अपनी समस्याओं या कठिनाइयों पर हमारी सहायता या दृष्टिकोण की जरूरत न हो। इन परिस्थितियों में हम क्यों उनकी हर बात पर हाँ में हाँ मिलाएँ और उनके सामने घुटनों पर खड़े हो मदद की याचना करें ? हमें इस अधोगति से बचना चाहिए।

उदारीकरण

मैं देश के भीतर उदारीकरण के विरुद्ध नहीं हूँ। अगर हम इसे नियंत्रित रखते हैं, तब किसी को इस पर आपत्ति नहीं होनी चाहिए। कम नौकरशाही झंझट, उद्योगों को स्थापित करने के लिए प्रोत्साहित करने की सिंगल डोर पॉलिसी, उद्यमियों के रास्ते की सभी रुकावटों का खात्मा, आदि सारे स्वागत योग्य कदम हैं। लेकिन सवाल है कि हम किस तरह का सुधार चाहते हैं ? अगर इसका मतलब करों और राजस्व में अविवेकपूर्ण छूट देना है, जिसके परिणामस्वरूप सम्पूर्ण अर्थव्यवस्था बहुराष्ट्रीय इकाइयों के हाथ में चली जाए, तो मैं निश्चित ही इसके विरोध में हूँ। विश्व में हमारे देश की एक महत्त्वपूर्ण स्थिति है और भारत के इस महत्त्व से कोई इंकार नहीं कर सकता। विकसित देशों के साथ हम कदम से कदम मिलाकर नहीं चल पा रहे हैं, तो इसका हमें अफसोस नहीं होना चाहिए। मैं आपको बता दूँ कि भूमंडलीकरण के नाम पर यदि हम अपनी अर्थव्यवस्था को पूर्णतः बाजारवादी बना दें, तो परिणाम बड़े खतरनाक होंगे। जब उदारवादी नीति की घोषणा संसद में की गई थी, मैंने सरकार को तथा सदन को बताया था कि अर्थव्यवस्था के क्षेत्र में यदि हम बिना किसी रुकावट के विदेशी पूँजी के आगमन की इजाजत दे देते हैं, तो हमें राजनीतिक मामलों में भी उनकी दखलअंदाजी का सामना करने के लिए तैयार रहना होगा।

हमारे सभी मित्र जो अविवेकपूर्ण उदारीकरण तथा भूमंडलीकरण का पक्ष ले रहे हैं, उन्होंने कभी 'एशियन टाइगर' की बड़े पैमाने पर आर्थिक पहल की प्रशंसा की थी। वे भारत से उसका अनुसरण करने और बराबरी करने की अपेक्षा रखते हैं। अचानक 'एशियन टाइगर' का पतन हो गया। उन देशों के नेता खुलेआम यह स्वीकार कर रहे हैं कि उनके साथ धोखा हुआ है और उनकी अर्थव्यवस्था चौपट हो गई है। भारत के अधिकांश राजनीतिक दलों के नेता 'एशियन टाइगर' की ऐसी दशा देखने के बावजूद चिल्ला रहे हैं कि उदारीकरण की प्रक्रिया को हमें तेज करना चाहिए। हम दूसरों के अनुभवों से कुछ भी नहीं सीखना चाहते।

विश्व बैंक की टीम के चेयरमैन श्री विली ब्रैण्डट ने सुझाव दिया कि विकासशील देशों को सिर्फ कच्चे माल का उत्पाद करना चाहिए और परम्परागत उद्योगों में विशिष्टता हासिल करनी चाहिए। तो इस तरह के उदारीकरण का उनका प्रस्ताव है। दूसरे शब्दों में, वे चाहते हैं कि धनी लोग और समृद्ध हो जाएँ और गरीब को उसकी हालत पर मरने के लिए छोड़ दिया जाए। जब आर्थिक सुधार की नीतियों को लागू किया गया था, तब भारतीय उद्योगपति और मध्यम वर्ग के लोगों द्वारा उनकी सराहना की गई। वे पश्चिम की दुनिया के वैभवशाली रहन-सहन के स्तर से प्रतियोगिता करना चाहते थे। अब उन्हें भी यह महसूस हो रहा है कि

ऐसे उपाय उनको लाभ नहीं पहुँचाएँगे बल्कि अन्ततः पश्चिम की बहुराष्ट्रीय इकाइयों का रास्ता और प्रशस्त होगा, ताकि वे अपने लाभ के लिए हमारा शोषण कर सकें। हमें पहले से ही कई तरफ के मतभेद के स्वर सुनाई दे रहे हैं। कुछ समय बाद वे भी इसका विरोध करेंगे। मैं उदारीकरण के सिद्धांत से असहमत नहीं हूँ, बल्कि जिस तरह से इसको लागू किया जा रहा है, मुझे उस पर आपत्ति है। जब कोई नीति शीर्ष के चुनिंदा लोगों के ही लाभ और उन्नति में सहायक होती है, तो इससे धनी और निर्धन के बीच की खाई और समाज में तनाव और बढ़ता है।

बहुराष्ट्रीय इकाइयाँ

मैंने कभी इससे इनकार नहीं किया कि हमें विकसित देशों की मदद नहीं लेनी चाहिए। वर्तमान युग में कोई यह नहीं कह सकता कि किसी देश को दुनिया के बाकी देशों से अलग-थलग रहना चाहिए। कुछ क्षेत्रों में हम दूसरे देशों से तकनीकी ज्ञान की सहायता ले सकते हैं। जरूरत सिर्फ इस बात की है कि हमें अपनी सीमाओं का ज्ञान होना चाहिए। कुछ महत्त्वपूर्ण, या कहिए आधारभूत क्षेत्रों में, हमें सहभागिता से नहीं हिचकना चाहिए। लेकिन एक बात मुझे समझ नहीं आती, कि हर क्षेत्र के लिए, बिना किसी खास उद्देश्य के, हम हर कीमत पर विदेशी विनियोग क्यों करना चाहते हैं। अगर इस निवेश से विलासिता की वस्तुओं को बढ़ावा मिलेगा, तो हमें लंबे दौर में ऐसे विनियोगों को न्यायोचित नहीं ठहराना चाहिए।

यह सिर्फ भारत का ही सवाल नहीं है, पूरे विश्व में बहुत सारे देशों में बहुराष्ट्रीय इकाइयों ने अपनी उपस्थिति दर्ज की है। द्वितीय विश्वयुद्ध के बाद अफ्रीका तथा लैटिन अमेरिका के अधिकांश देशों ने बहुराष्ट्रीय कंपनियों के लिए अपने द्वार खोल दिए। वे सभी आज आर्थिक रूप से दिवालिया और राजनैतिक रूप से संकटग्रस्त हो गए हैं। मैं बहुराष्ट्रीय इकाइयों पर उँगली नहीं उठा रहा, बल्कि वस्तुस्थिति कह रहा हूँ। शुरुआत में वे जिस क्षेत्र में काम करते हैं, वहाँ अपनी संस्कृति को लादने की कोशिश करते हैं। बाद में धीरे-धीरे वे उन पिछड़े तथा अविकसित देशों के सामाजिक तथा राजनीतिक जीवन में हस्तक्षेप करने लगते हैं। कई सारे देशों में उन्होंने न सिर्फ राजनीतिक व्यवस्था को ठेस पहुँचाई है, बल्कि उन देशों की सांस्कृतिक विरासत को भी दूषित कर दिया है। ऐसे हस्तक्षेप से भारत भी नहीं बच सकेगा, इसलिए जब तक बहुत आवश्यक न हो, हमें इन बहुराष्ट्रीय इकाइयों से मदद लेने से बचना चाहिए।

बाजारवादी अर्थव्यवस्था

मुझे यह बात बेहद विचित्र लगती है, जब लोग यह कहते हैं कि अपनी सीमाएँ खोलने और वैश्वीकृत हुए बिना कोई दूसरा चारा नहीं है। हर कोई अपनी सोच व विचार के अनुसार अपना निर्णय लेता है। यह हर मनुष्य का अंतिम अधिकार है। इसे किसी से भी छीना नहीं जा सकता। स्वतंत्रता संग्राम के दिनों में सब कुछ ब्रिटिश सरकार की इच्छा पर निर्भर था। मगर उस समय भी हमारे पास विकल्प था कि कुछ खास मुद्दों पर हम उनसे सहमत न हों। मेरा सवाल यह है कि, क्या 1942 की तुलना में अब हमारे विकल्प और सिमट गए हैं ? अब इसमें शंका की कोई गुंजाइश ही नहीं बची है, कि बहुराष्ट्रीय इकाइयाँ चुनावों में अपना धन, इस उद्देश्य की वजह से, उड़ेलती हैं कि उनके स्वार्थ फले-फूलेंगे। जहाँ भी

बहुराष्ट्रीय कंपनियाँ बड़ी शक्ति बनकर उभरी हैं, वहाँ पहले से ही वे चुनाव में धन देती आई हैं। अगर आप हाल के इतिहास पर नजर डालें, तो पाएँगे कि जहाँ भी इन बहुराष्ट्रीय कंपनियों ने अपने पाँव रखे हैं, वहाँ का लोकतंत्र संकट में आ गया है और ऐसे कठपुतली शासन की बहाली हुई है, जिन्होंने हमेशा इन इकाइयों के ही हितों को लाभ पहुँचाया है। आज हालत यह है कि भारत में बहुराष्ट्रीय कंपनियों का अंबार लगा है। अर्थव्यवस्था में छाई मंदी के कारण अधिकांश भारतीय कंपनियाँ इस हालत में नहीं हैं कि वे राजनीतिक दलों को उपहारस्वरूप थोड़ी राशि भी दे सकें। इस नाजुक परिस्थिति में यदि बहुराष्ट्रीय कंपनियाँ चुनावों में अपना पैसा लाएँगी, तो क्या होगा, इसका अनुमान लगाया जा सकता है। यही सच है और इस पर कोई शंका नहीं होनी चाहिए।

ये बहुराष्ट्रीय इकाइयाँ अपने साथ सिर्फ धन ही नहीं लातीं, बल्कि उनके साथ उनके नैतिक मूल्य, आर्थिक संस्कृति और कार्यशैली—जहाँ धोखाधड़ी जीवन का एक हिस्सा है—भी पीछे-पीछे चले आते हैं। भ्रष्टाचार के क्या आरोप हैं, जिनके बारे में चर्चाएँ हो रही हैं ? बोफोर्स में 65 करोड़, हवाला में 63 करोड़, झारखंड-मुक्तिमोर्चा रिश्वत कांड में 4 करोड़, पशुपालन घोटाले में 200 करोड़। अगर इन सबको मिलाया जाए तो भी 1,000 करोड़ रुपए नहीं होते। लेकिन जो बैंक घोटाला हुआ सिर्फ उसी में 5,000 करोड़ रुपये का गबन हुआ था। पब्लिक सेक्टर इकाई विनिवेश में गबन की मात्रा 3,000 करोड़ रुपये थी। क्या इन बैंक घोटालों और पीएसयू विनिवेश घोटाले पर कोई चर्चा करता है ? न तो मीडिया को इसकी परवाह है और न सार्वजनिक हित में कोई मुकदमा दायर किया जा रहा है कि 5,000 करोड़ रुपये कैसे हवा में उड़ गए ! क्या सिर्फ इसलिए कि इसमें विदेशी बैंक तथा विदेशी हित निहित हैं ? मैं नहीं जानता। ये सारी बहुराष्ट्रीय इकाइयाँ ज्यादातर विकसित देशों में ही अपना धन लगाती हैं जहाँ की आधारभूत संरचना विकसित होती है। किसी अविकसित या पिछड़े क्षेत्रों में ये विनियोग नहीं करना चाहते। जो लोग सोमालिया या कालाहाँडी में भूखे लोगों को अनाज भेजने की बजाय अपने गेहूँ को समुद्र में फेंकना या अपनी फसलों को जला देना पसंद करते हैं, वे हमें यह संदेश देते हैं कि हमें पहले अपनी समस्या का हल निकालना चाहिए। आज तक किसी देश ने अपनी कीमत पर किसी दूसरे देश को सम्पन्न बनाने में सहायता नहीं की है। भारत भी इसका अपवाद नहीं बनेगा। अगर कुछ लोग यह सोचते हैं कि ये बहुराष्ट्रीय कंपनियाँ यहाँ हमें आर्थिक रूप से समृद्ध और धनी बनाने आ रही हैं, तो मुझे उनकी बुद्धि पर तरस आता है।

विदेशी विनियोग

मैं उस विदेशी पूँजी का विरोध करता हूँ, जो उच्च वर्गों की उन्नति की हितैषी है और इसी तक सीमित है। यह बिल्कुल ठीक नहीं कि हम पूरी तरह आयातित वस्तुओं पर निर्भर हो जाएँ। हमें अधिक से अधिक स्वदेश-निर्मित वस्तुओं का उपभोग करना चाहिए और हमें उनके उत्पादन के लिए जरूरी मशीनरी का आयात करना चाहिए। पूर्णनिर्मित वस्तुओं का आयात कर स्वदेश-निर्मित वस्तुओं के उद्योग को पूरी तरह नष्ट कर देने का कोई औचित्य नहीं है। मैं यह नहीं कह रहा हूँ कि हमें अन्तर्राष्ट्रीय सहायता नहीं लेनी चाहिए या हमें विश्व व्यापार से अपने को दूर रखना चाहिए। फैसला हमारी जरूरतों के आधार पर लिया जाना चाहिए

और इसे हम पर लादना नहीं चाहिए।

मेरे अनुसार, विदेशी राष्ट्रों को हमारी और हमारे बाजार की उतनी ही जरूरत है, जितनी हमें उनके विनियोग की। हमारे बाजार के अभाव में वे अपने देश में जितना उत्पादन करते हैं उसकी खपत नहीं कर सकते। विकसित देश जरूरतमंद होते जा रहे हैं। हम जो भी क्षेत्र उनके लिए खोलेंगे उसे स्वीकार करने के अलावा उनके पास कोई दूसरा विकल्प नहीं है।

मैं आधारभूत उद्योगों के विकास, तकनीकी ज्ञान, उर्जा उत्पादन में विदेशी विनियोग से असहमत नहीं हूँ। लेकिन उपभोक्ता बाजार में उनकी जो भागीदारी है, वह बिल्कुल निरर्थक है। मुझे डर है कि कहीं इतिहास की पुनरावृत्ति न हो। सबसे पहले विदेशी हमारे यहाँ व्यापारी बनकर ही आए और धीरे-धीरे हमें वशीभूत कर हम में फूट डाली और फिर सैकड़ों साल तक हम पर शासन किया। कहीं यही सब फिर से न दोहराया जाए। आप बेशक मुझे निराशावादी प्रवृत्ति का कह लीजिए, पर मुझे इसकी जबरदस्त आशंका है कि ये बहुराष्ट्रीय इकाइयाँ सिर्फ बंदरगाहों और हवाई अड्डों पर ही अपने को केन्द्रित करेंगी, वे उसी क्षेत्र में अपना धन लाएँगी, जो उनके तैयार माल को बेचने का बाजार उपलब्ध कराए। वे पिछड़े क्षेत्रों में अपना पैसा लगाने की इच्छुक नहीं हैं। उनके आगमन से पहले से विकसित क्षेत्रों का और विकास होगा और पिछड़े क्षेत्र उसी तरह पिछड़े छूट जाएँगे। नेहरू जी ने बहुत पहले हमें चेतावनी दी थी कि जब धनी तथा निर्धनों के बीच दूरी बढ़ती चली जाएगी, तब हमारे बीच दरार उत्पन्न होगी, जो देश की एकता के लिए घातक सिद्ध होगी।

जब विदेशी बैंकों को भारत में आमंत्रित किया गया था, डॉ. मनमोहन सिंह, जो तब वित्तमंत्री थे, ने मुझे बताया कि सरकार के पास उन्हें रोकने व नियंत्रित करने के कई कानून हैं। मैंने उन्हें चेतावनी दी थी कि सरकार जो कदम उठा रही है वह विनाशकारी सिद्ध होगा। लेकिन क्या हुआ ? बैंक घोटाला सामने आया और जेपीसी की रिपोर्ट में इसमें विदेशी हाथों के संलग्न होने के सबूत और उनके नामों की चर्चा है। लेकिन सरकार उन पर एक अँगुली भी नहीं उठा सकी। हमारा देश भले गरीब हो, लेकिन इसके पास आत्मसम्मान है। वे लोग जो सत्ता में हैं और देश के भाग्य का निर्धारण करते हैं, उन्हें यह याद रखना चाहिए कि मुट्ठी भर लोगों के लाभ के लिए वे हमारे आत्मसम्मान को दाँव पर नहीं लगा सकते हैं। एक दशक से भी ज्यादा समय से हम उदारीकरण तथा भूमंडलीकरण की चर्चा करते आ रहे हैं, पर हमें इनसे क्या मिला सिवाय कोका-कोला, पेप्सी-कोला, कैलोज, केमी साबुन, केंचुकी चिकेन आदि के ? हमारे आयात में वृद्धि हो रही है और निर्यात की मात्रा सिकुड़ती जा रही है। क्या यह किसी अर्थव्यवस्था के शुभ लक्षण हैं ? इस देश में उदारीकरण ने लाखों गरीबों का क्या भला किया है ? मैं अपने कर्त्तव्य से वंचित रह जाऊँगा यदि मैं देश के नागरिकों को यह चेतावनी न दे दूँ कि अमीर तथा गरीब के बीच का फासला तेजी से बढ़ता जा रहा है। देर-सवेर इससे कानून-व्यवस्था की गंभीर समस्याएँ खड़ी होंगी, जिससे स्थितियाँ अराजक हो जाएँगी।

गरीब और अमीर

यह बेहद विचित्र होगा यदि हम झुग्गीवालों या सामाजिक और आर्थिक रूप से शोषित व वंचित व्यक्ति की तुलना समृद्ध और परिपूर्ण लोगों से करें। समाज का एक हिस्सा समृद्ध, शिक्षित, योग्य और बुद्धिमान है। लेकिन मेरा सवाल है कि क्या सिर्फ समाज के इसी तबके

को जीवित रहने का हक है, और जो अशिक्षित, अयोग्य, अज्ञानी और निर्धन हैं, उन्हें नहीं है, क्योंकि समाज इनमें भेदभाव करता है। यह सिर्फ एक आर्थिक सवाल नहीं है, बल्कि मानवता का भी प्रश्न है। हमें उनका तब तक भरण-पोषण करना चाहिए, जब तक वे खुद को इस स्तर तक नहीं ले आते कि अपनी आजीविका खुद कमा सकें। यह सरकार तथा समाज का दायित्व है कि वह हर व्यक्ति को जीवित रहने तथा सम्मान का जीवन जीने में सहायक बने। इस देश में हर बच्चे को अच्छा भोजन, सुरक्षित पीने का पानी, चिकित्सीय सुविधा, वस्त्र, आवास तथा उद्देश्यपूर्ण शिक्षा पाने का हक है। ये सेवाएँ समाज उपलब्ध कराएगा या बाजार की शक्तियाँ इनका निर्धारण करेंगी, इस पर बहस से कोई रास्ता नहीं निकलेगा। अगर ये दोनों पक्ष ऐसा करने में असफल रहते हैं, तो सरकार को इसकी पहल करनी होगी। समाज के समृद्ध लोगों को उन लोगों के लिए, जिन्हें ये नितान्त आवश्यक सुविधाएँ नहीं मिली हैं, बलिदान करना होगा। बहुत पहले से हमारे प्राचीन आचार्य, गुरु, मौलवी और संतों ने अपने आस-पास के जरूरतमंद लोगों के लिए त्याग करने की सलाह दी है। यही हमारी सभ्यता, विरासत और रीति है। देश का भविष्य तभी उज्ज्वल होगा जब गरीबों की जरूरतों को पूरा किया जाएगा। पिछली सरकार के नियमों-कानूनों और नियंत्रणों को, समाज में उपजी घनघोर विषमता के लिए, दोषी करार देने का कोई अर्थ नहीं है।

जनता प्रयोग

1977 में, देश में लोकतांत्रिक व्यवस्था को फिर से बहाल करने के एकमात्र उद्देश्य को लेकर कांग्रेस के विरुद्ध जनता एक होने लगी। जनता पार्टी का एकमात्र उद्देश्य प्रजातंत्र की पुनर्स्थापना थी और वे अपनी इस मंजिल को पाने में सफल हुए। इस तरह, मेरे विचार से जनता का प्रयोग असफल नहीं रहा।

दुर्भाग्य से, जनता पार्टी में हम लोग जनता की ऊँची उम्मीदों और आशाओं को पूरा नहीं कर सके। लोग यह नहीं समझ सके कि एक विशेष आंदोलन राजनीति में एक विशेष भूमिका अदा करता है। एक विशेष लक्ष्य को पाने के लिए जनता पार्टी में जो शक्तियाँ सामने आईं उन्हें इस बात का साफ अंदाजा नहीं था या उनके पास सही योजना नहीं थी कि एक बार अपना लक्ष्य पा लेने के बाद उनका अगला कदम क्या होगा। इसका परिणाम यह हुआ कि हमारी एकता भंग हो गई।

आप जानते ही हैं कि जनता दल के गठन के बारे में मेरे क्या विचार रहे हैं। 1987 में जो एकता बनी थी वह ऊँचे पदों पर भ्रष्टाचार के विरोध में थी। इस बार यह सिर्फ एक पार्टी नहीं बल्कि कई पार्टियों का संयोग थी जो सत्ता में आई और वह भी बाहरी समर्थन की मदद से। इसकी अवनति पूर्वनिर्धारित थी क्योंकि सरकार अपनी शक्तियों के बल पर नहीं, बल्कि बाह्य समर्थन की दया पर जीवित थी। मैं इस सबके विरोध में था। सरकार ने अपना बहुमत खो दिया और गिर गई क्योंकि भाजपा ने अपना समर्थन वापस ले लिया था।

जब तक संसदीय लोकतंत्र की परंपरा जीवित है, इस तरह के प्रयोग को बार-बार दुहराया जाएगा। दुर्भाग्य से हम अपनी विफलता को राष्ट्र की विफलता मानते हैं। एक व्यक्ति की असफलता का मतलब पूरे देश की असफलता नहीं होती। ऐसी असफलताओं के कारण अपना मनोबल गिराने का कोई औचित्य नहीं है।

धर्मनिरपेक्ष, केन्द्रित विपक्ष

मेरा सवाल यह है कि देश की समस्याओं को जाने और समझे बगैर इन समस्याओं का समाधान पाने का दावा हम कैसे कर सकते हैं ? भाजपा के लिए अनुच्छेद 370 एक समस्या है, कुछ लोगों के लिए बाबरी मस्जिद और मेरे लिए भूख, गरीबी, जातिगत भेदभाव और क्षेत्रीय असंतुलन। यही कारण है कि मैं बिना किसी आदर्श आधार के केन्द्रीय बलों के पुनर्संयोजन के प्रति बहुत उत्साहित नहीं हूँ। कोई गठबंधन या समझौता बिना आदर्श आधार के जिन्दा नहीं रह सकता, न ही उसका लोकतंत्र में कोई भविष्य हो सकता है।

यह सच है कि धर्मनिरपेक्ष और केन्द्रित विपक्ष में उथल-पुथल मची है। इन राजनेताओं की दृष्टि में कोई शुद्धता नहीं बची है और न ही ये नेता व्यक्तिगत स्तर पर किसी का सामना करना चाहते हैं। ये दो बाधाएँ हैं जो एकीकरण के मार्ग में आती हैं। जहाँ तक राजनीतिक स्थिति का सवाल है, मुझे लगता है कि कुछ समय के लिए थोड़ी आशंका बनी रहेगी। क्षेत्रीय दल कुछ महत्त्वपूर्ण रास्ता निकाल सकते हैं और कुछ समय के लिए निर्धारक तत्त्व हो सकते हैं। किन्तु राष्ट्रीय स्तर पर कांग्रेस (ई) तथा भाजपा के ही राष्ट्रीय दल के रूप में बने रहने की संभावना है। मैं नहीं मानता कि कांग्रेस के अलावा देश की दूसरी धर्मनिरपेक्ष और समाजवादी शक्तियों की कोई भूमिका नहीं है। राजनीति में कुछ भी स्थायी नहीं होता। किसी व्यक्ति के निर्णय और कार्य को समय और स्थितियाँ तय करती हैं।

कांग्रेस (ई)

राजनीति के नाम पर न तो मैंने कभी किसी व्यक्ति-विशेष के साथ पक्षपात किया और न ही कभी कांग्रेसवाद के विरोध को समर्थन दिया। कभी मैं उन सारे कांग्रेसियों से ज्यादा महत्त्वपूर्ण था, जो आज कांग्रेस में अपनी महत्ता का गुणगान करते हैं। मैंने नीतियों के विरोध में, न कि किसी व्यक्ति-विशेष के विरोध में, पार्टी छोड़ी। आज भी इसकी नीतियों में कोई परिवर्तन नहीं आया है, जिसे देखकर मैं कांग्रेस (ई) में पुनः शामिल होने की इच्छा करूँ। कांग्रेस (ई) में पुनः जाने का एकमात्र उद्देश्य सत्ता में भागीदारी की इच्छा ही हो सकती है। लेकिन मैं सत्ता का भूखा नहीं हूँ।

कांग्रेस देश में सिर्फ एक स्थायी सरकार देने में कामयाब हुई है, लेकिन जनता की समस्याओं का जवाब देने में यह असमर्थ रही है। राजनीति सिर्फ सरकार बनाने का साधन नहीं है बल्कि यह लोगों की समस्याओं के समाधान का भी साधन है। चुनावी सफलता, लोगों की समस्याओं और आशाओं के प्रति कांग्रेस के रवैये से निश्चित होगी, न कि नेहरू-गांधी परिवार के लोगों द्वारा प्रदान किए गए नेतृत्व से। जब तक उनकी यह मानसिकता नहीं बदलेगी, तब तक मुझे नहीं लगता कि सोनिया गांधी या कोई और, जिस दलदल में आज कांग्रेस फँसी हुई है, उससे उसे बाहर निकाल पाएगा। कांग्रेसी ढाँचे की दुर्बल और काँपती काया में, श्रीमती सोनिया गांधी के आगमन से, जान आ गई है। पर मुझे नहीं लगता कि श्रीमती गांधी स्थिति बदल सकती हैं और कांग्रेस को उसके दुश्चक्र से बाहर निकाल सकती हैं, जब तक कि वह पार्टी की नीतियों में प्रत्यक्ष परिवर्तन के लिए सक्रिय दखलंदाजी नहीं करतीं और कांग्रेस की कार्यशैली को और कामों को फिर से जीवंत नहीं बना देतीं।

कांग्रेस पार्टी कभी अप्रासंगिक नहीं हो सकती क्योंकि इसका जन्म आन्दोलन से हुआ है और यह स्वतंत्रता संग्राम की उपज है। कांग्रेस नेतृत्व भले ही आज साधारण व्यक्ति के हितों से विमुख हो गया हो, किन्तु इसकी योजनाएँ व नीतियाँ पार्टी को, देश की सामाजिक व आर्थिक सच्चाई से जोड़ती हैं। कांग्रेस का कमजोर पड़ना देश के लिए घातक होगा। सिर्फ एक धर्मनिरपेक्ष और केन्द्रीकृत राजनीतिक शक्ति, जिसके पास कांग्रेस पार्टी की तरह भारतीय समाज के हर वर्ग की आकांक्षाओं को पूरा करने की इच्छा हो, इस देश की एकता बनाए रख सकती है और अच्छा उदाहरण पेश कर सकती है। अगर कांग्रेस पार्टी उसे चलाने वाले कुछ लोगों की गलत नीतियों और रवैये की वजह से कमजोर होती जा रही है, तो यह स्वागतयोग्य विकास नहीं है। मुझे इस पर बेहद अफसोस है।

नेहरू-गांधी परिवार का करिश्मा

यह एक ऐसा विषय है जिस पर मैंने कभी कोई टिप्पणी नहीं की। यह सिर्फ एक परिवार नहीं है, बल्कि इस परिवार का हर वह सदस्य, जो राजनीति में आता है, एक छाप छोड़ जाता है और वह भी सिर्फ इसलिए नहीं कि वह उस परिवार से संबंधित है। क्या आप बता सकते हैं कि मोतीलाल नेहरू सिर्फ अपने परिवार की वजह से राजनीति में आए ? या, क्या आप कह सकते हैं कि मोतीलाल नेहरू के बेटे होने की वजह से ही पंडित जवाहर लाल नेहरू ने भारतीय राजनीति में सबसे ऊँचे व्यक्तित्व की उपलब्धि हासिल कर ली। श्रीमती इंदिरा गांधी के संदर्भ में भी यही सच है। राजीव गांधी भी इसीलिए राजनीति में आए कि वे कांग्रेस पार्टी की पसंद थे। मैं यह कभी स्वीकार नहीं करूँगा कि वह उस जगह पर सिर्फ इसलिए आ सके कि वे श्रीमती इंदिरा गांधी के बेटे थे। आप इसे इस परिवार का जादू नहीं कह सकते। इसकी बजाय मैं कहूँगा कि यह कांग्रेस पार्टी की विशेषता और जादू है। पार्टी हमेशा इस परिवार के लोगों के व्यक्तित्व पर निर्भर रहती आई है, फिर परिवार को क्यों दोष दिया जाए ? अगर पूरी कांग्रेस पतन की तरफ अग्रसर हो जाए तो क्या परिवार या किसी व्यक्ति-विशेष का करिश्मा इसे बचा पाएगा ? क्या यह करिश्मा पार्टी को 1977 और 1989 में बचा पाया ?

जातिवाद और सम्प्रदायवाद

धर्मनिरपेक्ष दल जो धार्मिक उन्माद और जातीय पहचान की तरफ पुनः अग्रसर हो रहे हैं, वे देश के लिए घातक हैं। जाति तथा संप्रदाय पर आधारित राजनीति ज्यादा घातक है। यह बीमार मानसिकता इसलिए उभर रही है क्योंकि सत्ता पर काबिज होने और इसमें सर्वेसर्वा बनने की चाहत बढ़ रही है। अगर राजनीतिक पार्टियाँ, देश जिन समस्याओं से जूझ रहा है, उन्हें सुलझाने की सीधी-सपाट नीति के साथ काम करती हैं, तो वर्तमान परिस्थिति उपस्थित नहीं होगी। दुर्भाग्य से, भारत की राजनीति के केन्द्र में आधारभूत मुद्दे कभी नहीं रहे हैं। यह स्थिति लोगों को उत्तेजित करती है। राजनीति में लोगों की दूरदर्शिता इतनी कम है कि जरूरी मुद्दों पर ध्यान देने की बजाय वे भावनाओं को आक्रोशित करने वाले मुद्दे—जैसे भाषा, सम्प्रदाय और जाति, के मुद्दे उठाते हैं। जो लोग ऊँचे आदर्शों और नैतिकता की बात करते हैं वही राजनीतिक लाभ पाने के लिए लोगों की क्षेत्रीय, जातिगत और धार्मिक भावनाओं का दोहन करते हैं। इन मुद्दों पर लोगों का ध्यान खींचकर वे इससे अस्थायी लाभ उठाते हैं। इन

जैसे लोगों ने ही देश की ऐसी दुर्गति बना डाली है कि लोग राजनीति से घृणा करने लगे हैं। इस स्थिति के लिए सिर्फ अपना लाभ देखनेवाले राजनेता ही दोषी हैं। लोगों को लुभावने नारों से भ्रम में डाला जा रहा है। इन लुभावने नारों का लोगों के दिमाग पर स्थायी प्रभाव नहीं पड़ सकता। मुझे विश्वास है कि आज न सही, कम से कम कल तो लोगों को पता चल ही जाएगा कि इन नारों की असलियत क्या है और इन पर विश्वास करना कितना घातक है। वह समय तब आएगा जब देश को सचमुच में गंभीर मुद्दों का सामना करना पड़ेगा। मुझे नहीं लगता कि हमारा देश हमारी निष्क्रियता के कारण खत्म हो जाएगा, बल्कि इसे बड़ी कीमत चुकानी पड़ेगी यदि यह गंभीर समस्याओं की तरफ ध्यान देने की बजाय लुभावनी बातों पर अपना ध्यान केन्द्रित करता है।

गठबंधन की सरकार

मेरे विचार से केन्द्र में पार्टियों के गठजोड़ से कोई सफलता हासिल नहीं होगी, बल्कि राज्य-स्तर पर ऐसा गठजोड़ कुछ हद तक कामयाब हो सकता है। जब क्षेत्रीय पार्टी गठबंधन का हिस्सा बनती है, तब तनाव बढ़ जाता है। न्यूनतम योजनाओं पर आपसी सहमति बनाए बिना, बिना किसी विचारधारा, योजना, और नीति के जब सरकार का गठन, सिर्फ देश का प्रशासन चलाने के उद्देश्य से होता है, तो देश की जनता को इससे कोई लाभ नहीं होता। गठबंधन तभी सफल होता है, जब इसका आधार निश्चित ढाँचे के भीतर कुछ योजनाएँ होती हैं, जिनका उद्देश्य गरीबों की समस्याओं को दूर करना होता है। अवसरवादी संधि गठबंधन नहीं बल्कि सत्ता की हिस्सेदारी का प्रयास है।

भाजपा

इस सत्य से इनकार नहीं किया जा सकता कि भाजपा एक शक्तिशाली राजनीतिक दल के रूप में उभरी है। समूचे देश में अपनी उपस्थिति दर्ज करवाने के बावजूद, देश जिन चुनौतियों का सामना कर रहा है, उनसे लड़ने के लिए भाजपा के पास राष्ट्रीय दृष्टिकोण का अभाव रहा है। भाजपा कांग्रेस के विकल्प के रूप में नहीं उभरी है, बल्कि यह सिर्फ कांग्रेस के लिए कड़ी चुनौती है। विकल्प का मतलब है देश की जरूरतों को पूरा करने के लिए नए ढाँचे प्रदान करना। और इसका मतलब है एक दूसरा केन्द्र जिससे लोग आकर्षित हो सकें और देश की एकता को बनाए रखा जा सके। कांग्रेस के कई अच्छे पक्षों और इसकी गौरवपूर्ण विरासत का भाजपा के दृष्टिकोण, संगठन और कार्य में अभाव दिखता है।

मैंने भाजपा को कभी राजनीतिक दल नहीं माना। भाजपा केवल आरएसएस का राजनीतिक चेहरा है। अगर आप भाजपा को समझना चाहते हैं, तो आपको आरएसएस को समझना पड़ेगा, और आरएसएस को हमें गंभीरतापूर्वक लेना पड़ेगा। यह समर्पित योद्धाओं का ऐसा संगठन है, जिन्हें संसदीय प्रजातंत्र से कोई मतलब नहीं है। यह अपने कुछ निश्चित लक्ष्यों के प्रति समर्पित है। अगर भाजपा इन लक्ष्यों को पाने में असफल होती है, तो आरएसएस भाजपा का भी त्याग कर सकता है और पार्टी समाप्त हो सकती है। भाजपा अपनी ऐसी छवि लोगों के सामने लाने की कोशिश कर रही है, जो सच्ची नहीं है। उनका सही चेहरा तो लोगों को बहुत देर से पता चलेगा। मैं समूचे देश को चेतावनी देता हूँ कि

अगर इनकी असलियत सामने नहीं आई, तो संसदीय लोकतंत्र और देश की व्यवस्था के लिए यह बहुत महँगा साबित हो सकता है।

जब भी ऐसी शक्तियों के हाथ में शासन आता है, वे अपने असली चेहरे और असली मकसद लोगों पर प्रकट नहीं होने देतीं। कभी आपने देखा है कि फौजी टुकड़ियाँ अपने असली लक्ष्य को बताती हों ? इस पर मैं अब और कुछ कहना नहीं चाहता। जो समाज पर अपना दीर्घकालिक प्रभाव छोड़ना चाहते हैं, उन्हें छोटे-छोटे मुद्दों पर भी आपसी सौहार्द बनाए रखना पड़ता है। जब भी गंभीर मुद्दों की बात आती है, वे अपना रास्ता नहीं बदलते।

भाजपा और आरएसएस

बहुत पहले एक आरएसएस नेता से मुझे बातचीत करने का मौका मिला। उसने मुझे बताया कि विभिन्न उद्देश्यों की प्राप्ति के लिए आरएसएस की कई शाखाओं का निर्माण हुआ है। उसने बताया कि जनसंघ की उत्पत्ति विधानसभा तथा संसद में आरएसएस के दृष्टिकोण को रखने के लिए हुई। एक कदम और आगे जाकर कहा कि यदि जनसंघ अपने उद्देश्यों को पाने में असफल हुआ, तो आरएसएस उसे त्यागने में नहीं हिचकेगा।

आरएसएस भले भाजपा को खत्म न करे, लेकिन इससे खुद को अलग जरूर कर लेगा। आरएसएस की यह नीति पूर्वघोषित रही है और आज भी इसमें कोई बदलाव नहीं आया है। भाजपा आरएसएस की ऐसी नीतियों के सहारे कितनी दूर तक जा सकती है ? जहाँ भाजपा ने अपने राजनीतिक लाभ के लिए आरएसएस का इस्तेमाल किया, वहीं आरएसएस अपने उद्देश्यों को पूरा करने के लिए भाजपा की सहायता लेना चाहती है। आरएसएस को इसके लिए दोषी करार नहीं दिया जा सकता। सत्ता में आ जाने के बाद इसमें बने रहने के लिए भाजपा आरएसएस की कुछ नीतियों का उल्लंघन भी करने से बाज नहीं आई। इन लोगों ने आरएसएस का इस्तेमाल सत्ता पाने के लिए किया। आज आरएसएस अपना इस्तेमाल किए जाने का विरोध कर रही है। जब तक कि वे इसके उद्देश्यों का पालन करने के लिए सहमत नहीं होते, समस्या तो उभरेगी ही।

आरएसएस ने एनडीए के घटकों की कभी परवाह नहीं की। आरएसएस जानती है कि ये लोग आरएसएस के लक्ष्य को पाने में उनकी मदद नहीं कर सकते। अगर घटक दलों को इसमें कोई भ्रम है, तो वे खुद को धोखा दे रहे हैं। आरएसएस भाजपा के समझौते की प्रवृत्ति को बदलने के लिए बाध्य करेगी और इस प्रक्रिया में घटक दलों को उनके घोषणापत्र से विमुख करने का प्रयास करेगी। अगर ऐसा संभव नहीं हो सकता, तो यह निश्चित है कि यह सरकार के लिए समस्याएँ खड़ी करेगी।

नाभिकीयकरण और पोखरण-2

जो शासन कर रहे हैं, उन्हें इस बात की शाबाशी जरूर दी जानी चाहिए कि उन्होंने कारगिल या कंधार की अपनी असफलता को किस चालाकी से, मीडिया द्वारा, अपनी कूटनीतिक सफलता में बदल दिया है। जब प्रधानमंत्री ने आणविकीकरण का श्रेय लेने का दावा किया, तो मुझे याद है कि प्रधानमंत्री ने कहा कि इस नाभिकीयकरण से देश की सुरक्षा सुनिश्चित होगी, इसके विपरीत हमारी सुरक्षा और संकट में आ गई। परमाणु शक्ति हासिल करके हम

दूसरे को अपने मामलों में दखलअंदाजी का मौका दे रहे हैं। परमाणु क्षमता हासिल करने के एक अकेले फैसले ने हमें सैनिक क्षमता में पाकिस्तान के बराबर ला दिया है। सैन्य क्षमता के दृष्टिकोण से हम पाकिस्तान से पाँच गुना ज्यादा शक्ति रखते हैं। न सिर्फ अंक में बल्कि क्षमता, तकनीकी विकास और युद्ध-सामग्री के आधुनिकीकरण के मामले में भी हम पाकिस्तान से पाँच गुना शक्तिशाली हैं। लेकिन अपनी परमाणु क्षमता का विकास कर हमने खुद को पाकिस्तान के बराबर में ला खड़ा किया है। अब सिर्फ एक ही सवाल बचा है कि कौन पहला वार करेगा। परमाणु युद्ध में सभी पक्ष समान होते हैं। प्रधानमंत्री ने देश से एक वादा किया था कि हम तब तक किसी संधि पर हस्ताक्षर नहीं करेंगे जब तक कि हमें परमाणु-शस्त्र सम्पन्न राज्य के रूप में पहचान नहीं मिलती। अगर हमें परमाणु-शक्ति सम्पन्न राज्य मान लिया जाता है, तो हमें वे सारी सुविधाएँ मिलेंगी जो उन पाँच शक्तियों को प्राप्त हैं, जो सम्पूर्ण परमाणु विकास को नियंत्रित करते हैं। ये पाँच बड़े देश अब इस बात पर सहमत हो गए हैं कि वे अपने सारे परमाणु परीक्षण भूमि के भीतर करेंगे। क्या वे समान लाभ भारत को देंगे ? इस परिप्रेक्ष्य में, मेरा सवाल है कि भारत के लिए सीटीबीटी पर हस्ताक्षर करना सही होगा या इन पाँच बड़ी शक्तियों द्वारा निर्धारित शर्तों को स्वीकारना उचित होगा ?

कारगिल

कारगिल विजय पर चर्चा हो रही है। लेकिन कोई यह नहीं पूछ रहा है कि नियंत्रण रेखा पार करके इतनी बड़ी संख्या में घुसपैठिये भारत में कैसे आ गए और सुविधाजनक स्थिति में खुद को युद्ध के लिए तैयार भी कर लिया ! इतना सब कुछ हो गया और सरकार को इसकी तनिक भनक भी नहीं लगी। क्या किसी ने भी इस प्रश्न को सरकार या जनता के सामने ईमानदारीपूर्वक रखा ? सरकार लगातार सफाई दे रही है कि उसे सीमा पर हो रही गतिविधियों की कोई जानकारी नहीं है। क्या किसी भी सरकार को ऐसी चूक के लिए माफ किया जा सकता है ? मुझे कतई विश्वास नहीं होता कि हमारी खुफिया एजेंसी और सुरक्षा बल सीमापार के इन घुसपैठियों की गतिविधियों से अनजान रह गए या वे प्रधानमंत्री कार्यालय या रक्षा मंत्रालय को इसकी सूचना देने से चूक गए। हमें अभी भी उनसे स्पष्टीकरण चाहिए कि क्यों और कैसे वे सीमा की स्थितियों पर नजर रखने के अपने कर्त्तव्य में विफल हो गए और परमाणु परीक्षण के छह महीने के भीतर ही ऐसी स्थिति कैसे आ गई। कोई भी लुभावने नारे देकर लोगों का विश्वास हासिल कर सकता है और सदन में बहुमत की व्यवस्था करके सरकार बना सकता है। किन्तु देश को चलाना बिल्कुल दूसरी बात है।

नॉनअलाइनमेंट

नीति में बदलाव बहुत तेजी से हो रहा है। पिछले 45 वर्षों से, भले ही नीतियों को लागू करने में कई गलतियाँ की गईं, किन्तु जहाँ तक नीतियों का सवाल है वे इस भाव पर आधारित थीं कि भारत, लोगों के उत्साहपूर्ण सहयोग से अपने प्रचुर प्राकृतिक साधनों का इस्तेमाल करके, अपनी स्थिति को बेहतर बनाएगा। यह आत्मविश्वास पर आधारित नीति थी। मेरी चिन्ता का कारण यह बदलाव नहीं, बल्कि अपनी शक्ति में विश्वास की कमी है। शुरुआती

चार दशकों के क्रमवार प्रधानमंत्री इस बात में विश्वास करते थे कि विशाल देश होने के कारण भारत को अपने मामलों और समस्याओं से खुद ही निपटना चाहिए। साथ-ही-साथ हमें अपने नैतिक अधिकारों का दृढ़ता से प्रयोग कर विश्व की राजनीति को प्रभावित करना चाहिए। विश्व में घटी कुछ खास घटनाओं के कारण अचानक सरकार में उपस्थित लोगों ने ठंडे रुख का रास्ता अख्तियार कर लिया है। मुझे यह नहीं समझ में आता कि हमें अपनी नॉनअलाइनमेंट की नीति को क्यों छोड़ देना चाहिए !

संविधान का पुनरवलोकन

जब भी जरूरत पड़ी, हमने संविधान में संशोधन कर दिया। संविधान के अंदर ऐसा प्रावधान है कि बदलती जरूरतों के अनुसार इसमें संशोधन किए जा सकें। अगर संविधान का पुनरवलोकन भी करना हो, तो इसके पीछे कोई उद्देश्य होना चाहिए। भारतीय संविधान का निर्माण जनता ने किया है, न कि विशेषज्ञों द्वारा इसे निर्मित किया गया है। संविधान सभा एक निर्वाचित इकाई थी। आप उस संविधान के साथ हेर-फेर कैसे कर सकते हैं, जो लोकतांत्रिक रूप से चुनी गई इकाई द्वारा निर्मित हो। वह सरकार जिसे संविधान संशोधन के लिए पर्याप्त अंक भी नहीं मिल सकें, इस पर पुनर्विचार करने जा रही है। सरकार सिर्फ एक ही काम कर सकी है, वह यह कि संसद से एक कमेटी बनाने का प्रस्ताव पारित करवा लिया है, जो संविधान के विशेष भागों पर ध्यान देगी, जो आज की जरूरत को पूरा करने के लिए अपर्याप्त है।

विदेशी नागरिकता

मैंने इसे मुद्दे के रूप में कभी नहीं उठाया। सिर्फ अपने विचार दिये और आज भी मैं उस पर कायम हूँ। दुनिया के किसी भी देश में ऐसे नागरिक को सरकार या देश का मुखिया नहीं बनाया जाता है। कुछ लोगों ने संविधान में ऐसा प्रावधान रखा है और कुछ प्रथा के रूप में इसका अनुसरण करते हैं। अगर भारत इसका अकेला अपवाद बनना चाहता है, तब मुझे कुछ नहीं कहना।

स्वाभाविक नागरिक को ऊँचे पद नहीं देने के पीछे कुछ तार्किक कारण हैं। विदेशी मूल के लोगों की जन्म लेने से प्राप्त नागरिकता और विदेश में जन्मे स्वाभाविक नागरिक में अन्तर है। जन्म से नागरिक हाने की नागरिकता को किसी सरकार द्वारा नहीं छीना जा सकता है, जबकि स्वाभाविक नागरिकता को कोई सरकार कभी भी छीन सकती है। देश में जन्म लेने से, जो उस देश की नागरिकता प्राप्त करता है, वह जब देशद्रोह करता है तब उसे सिर्फ दंडित किया जाता है, उससे उसकी नागरिकता नहीं छीनी जाती है। स्वाभाविक नागरिकता के मामले में, इनकी नागरिकता छीन ली जा सकती है और उन्हें देश से बाहर निकाल दिया जा सकता है। यही कारण है कि श्रीमती सोनिया गांधी को किसी महत्त्वपूर्ण पद के लिए चुने जाने का मैं विरोध करता हूँ। इसके पीछे मेरा कोई निजी कारण नहीं है। लोग अपने राजनीतिक स्वार्थ की पूर्ति के लिए उनकी राष्ट्रीयता का इस्तेमाल करना चाहते हैं और देश के हित को ध्यान में रखते हुए इस पर किसी तर्क-वितर्क से बचना चाहते हैं।

अध्यक्षीय ढाँचे की सरकार

इसकी चर्चा बहुत पहले से की जा रही है। जब संविधान का निर्माण किया जा रहा था, तब इस बात पर बहस छिड़ी हुई थी कि भारत में अध्यक्षात्मक सरकार होनी चाहिए या ब्रिटेन की तरह संसदीय सरकार। इन दोनों के अपने गुण तथा दोष हैं। उस समय यह निश्चित किया गया कि चूँकि अध्यक्षात्मक सरकार में तानाशाह शासक होने की गुंजाइश है, संसदीय सरकार भारतीय ढाँचे के अनुसार उचित है, जिसमें सरकार के सदस्य जनता के प्रति जवाबदेह होते हैं। संविधान के निर्माता के अनुसार जवाबदेही स्थायित्व से ज्यादा महत्त्वपूर्ण है। यही कारण है कि हमने ब्रिटेन की संसदीय सरकार की प्रणाली को अपनाया। आपको जरूर याद होगा कि डॉ. राजेन्द्र प्रसाद संविधान सभा के अध्यक्ष थे और पंडित जवाहरलाल नेहरू प्रधानमंत्री। संविधान सभा विश्वासपात्र लोगों से बनी थी। संविधान का निर्माण करने वालों के दिमाग में जवाबदेही ही सर्वोच्च प्राथमिकता थी।

ऐसा नहीं है कि हमारा संविधान असफल हो गया है, बल्कि आज की राजनीति के चलन से यह दिखता है कि यह अपने उद्देश्यों से भटक गया है। इन सबके बावजूद जवाबदेही ज्यादा महत्त्वपूर्ण है और जिस संसदीय ढाँचे की सरकार का हम अनुसरण कर रहे हैं, वह सबमें उत्तम है।

सोने की हेराफेरी

'सुरक्षित' सोने और 'जब्त' सोने में अन्तर है। मेरी सरकार ने 'सुरक्षित' सोने को नहीं, बल्कि 'जब्त' सोने को बंधक रखा, जिसको गैरकानूनी ढंग से भारत में लाया गया था। उस समय तक मेरी सरकार ने अपना इस्तीफा दे दिया था और मैं केवल कामचलाऊ प्रधानमंत्री के रूप में काम कर रहा था। उस समय एक अधिकारी ने मेरा इस बात की ओर ध्यान दिलाया कि ऋणों पर जो ब्याज देना है उसका समय निकट आ गया है। कोई भी वादाखिलाफी हमारे देश की विश्वसनीयता को संदेह के घेरे में ला खड़ा करेगी। कामचलाऊ सरकार होने के कारण हम इस स्थिति में नहीं थे कि इस समस्या से निपटने के लिए हम कोई नीतिगत फैसला ले सकें। हमें बजट पेश करने की भी अनुमति नहीं थी, जिससे इस आकस्मिक जरूरत को पूरा किया जाता। हमारे पास इससे निकलने का क्या रास्ता था ? उस समय हमारे दिमाग में सिर्फ देश के सम्मान तथा विश्वसनीयता का प्रश्न चक्कर काट रहा था। हमारे पास जब्त किया हुआ सोना था। काफी सोच-विचार के बाद हमने अपने वादे को पूरा करने के लिए इसे देने का फैसला किया। ऐसा करके हमने देश के उस सम्मान और विश्वास को बचाया है, जिसे लोग सरकार पर दोषारोपण करते समय आराम से भूल जाते हैं।

मीडिया की भूमिका

जब राजनीतिज्ञों को भ्रष्टाचारी घोषित किया जाता है तब मीडिया और बुद्धिजीवियों को इसकी खास परवाह नहीं होती। भ्रष्टाचार का अपराधी साबित होने के पहले ही नेताओं को कलंकित करने का जो अभियान है, वह देश को तथा इसके लोकतंत्र को पतन की ओर ले जाएगा, जिसकी क्षतिपूर्ति असंभव होगी और देश में वैमनस्यता फैलेगी।

इससे भी ज्यादा परेशान करने वाली बात यह है कि संबंधित मुकदमे पर न्यायिक प्रक्रिया शुरू होने के पहले ही मीडिया उसे अपराधी घोषित कर देती है। जाँच आयोग के सबूत इकट्ठा करने और कोर्ट के अपना फैसला सुनाने के पहले ही प्रेस उस राजनेता के भविष्य का अंतिम फैसला कर देती है। यदि प्रेस अपने इन आरोपों के साथ भ्रष्टाचार के पर्याप्त सबूत भी लाए तो मुझे ज्यादा खुशी होगी। हो यह रहा है कि मीडिया सुनी-सुनाई बात के आधार पर राजनीतिज्ञों के चरित्र को तहस-नहस कर डालता है।

इसके अलावा प्रेस की प्रवृत्ति यह भी रही है कि वह देश में क्रियाशील दलों और राजनीतिक गतिविधियों को भी प्रभावित और निर्देशित करने लगती है। प्रेस के इस खास हिस्से के इस रवैये के कारण कई राजनेताओं की बलि चढ़ गई। हारकर इन्होंने इनके द्वारा निर्धारित रास्तों पर अपने कदम डाल दिए।

यह जानने के बावजूद कि जनता इसे पसंद नहीं करेगी, मैंने अपने अन्तःकरण का अनुसरण किया और पिछले दस सालों में खुद को इस संकटपूर्ण स्थिति में ला खड़ा किया है। सिर्फ जनता की सराहना और प्रशंसा पाने के लिए मैं अपने अन्तःकरण की कीमत पर देश के हित को अनदेखा नहीं कर सकता। मुझे सच कहने में कभी शर्म महसूस नहीं हुई। मैं इस बात से जरूर सहमत हूँ कि कोई भी हमेशा ही सही नहीं हो सकता। मैं इस बात से बिल्कुल सहमत हूँ कि व्यक्ति जो महसूस करता है उसे कहने की हिम्मत उसमें जरूर होनी चाहिए और इसकी कीमत अदा करने के लिए भी उसे हमेशा तैयार रहना चाहिए।

अपनी सीमाओं को लाँघता हुआ मीडिया

मुझे आश्चर्य होता है कि कई ऐसे जरूरी मुद्दे जिन पर समूचे देश का ध्यान होना चाहिए उन्हें प्रेस द्वारा अनदेखा कर दिया जाता है और मामूली आरोपों को बहुत प्रचारित किया जाता है। प्रेस को अधिकार है कि भ्रष्टाचार के दोषी राजनेता की वह निन्दा करने के लिए जनमत का निर्माण करे। मगर मुझे इसमें कोई औचित्य नजर नहीं आता कि मुकदमे की सुनवाई होने के पहले ही किसी को मामूली आरोप के आधार पर दोषी साबित करके उसे बदनाम किया जाए। यह स्वस्थ परंपरा नहीं है। पूरी संसदीय व्यवस्था और राजनेताओं के बारे में कोर्ट तथा प्रेस द्वारा जिस तरह की टिप्पणी की जा रही है, यह हमारे देश और लोकतांत्रिक संस्था को और कमजोर ही करेगा। हम यह नहीं समझ पाते कि राजनीतिक व्यवस्था पतन की ओर जाएगी, तो प्रेस तथा न्यायपालिका भी स्वतः कमजोर हो जाएगी। इसमें कोई शक नहीं है कि राजनीतिक व्यवस्था में कई खामियाँ हैं। लेकिन यह सिर्फ राजनीति में ही नहीं, बल्कि लोकतंत्र के सारे स्तम्भों पर भी लागू होता है, समाज भी इससे प्रभावित हुए बिना नहीं रह सकता। सभी स्तरों पर कुछ रोक तो लगाई ही जानी चाहिए। हम राजनेताओं से संयम की उम्मीद करते हैं। मीडिया, न्यायपालिका यहाँ तक कि वाणिज्य और उद्योग मंत्रालय सोचता है कि वे गुणों की साक्षात मूर्ति हैं और उन्हें किसी भी व्यक्ति, संस्था, और जिस तरह से इस देश का संसदीय लोकतंत्र काम करता है, उसके बारे में कुछ भी कहने का पूरा अधिकार है। यह बेहद खतरनाक संकेत है। यह हमें पतन की ओर ले जाएगा। कई बार ऐसा हुआ है कि राजनेता उस तरह का आचरण करते हैं जैसे आचरण की उनसे अपेक्षा नहीं की जाती। इसको अनदेखा नहीं किया जा सकता है। कभी-कभी किसी राजनीतिक व्यक्तित्व को नष्ट

करना बहुत आसान होता है, पर भारत जैसे देश का निर्माण बेहद मुश्किल। राष्ट्रीय स्तर का नेता कई सालों के अथक परिश्रम और कठोर सार्वजनिक जीवन के बाद प्रसिद्ध होता है। मीडिया के लोग इसे देशप्रेम के प्रति अपना कर्त्तव्य समझते हैं कि मामूली आरोप के आधार पर राजनेता की निन्दा हो, भले ही उसके ऊपर लगाए गए इल्जाम न्यायालय में अभी साबित भी न हुए हों।

हम भारतीय किसी भी षड्यंत्र के बहकावे में आसानी से आ जाते हैं। आज के युग में मीडिया शक्तियों द्वारा केन्द्रित होता है, जो भारत के दुश्मन भी हो सकते हैं। अगर ऐसा होता है तो बाहरी शक्तियाँ हमारे देश की राजनीतिक व्यवस्था की विश्वसनीयता को क्षति पहुँचाने के लिए मीडिया का इस्तेमाल कर सकती हैं। मुझे इसकी चिंता है। मैं तुरंत किसी निष्कर्ष पर नहीं पहुँचना चाहता। मुझे बस इस बात की चिन्ता है कि हमारा मीडिया इन शक्तियों के षड्यंत्र का शिकार न हो जाए।

भ्रष्टाचार

योजनाओं का लाभ साधारण जनता तक नहीं पहुँचने के पीछे सबसे बड़ा कारण भ्रष्टाचार है। इसका इतना फैलाव सिर्फ एक गलतफहमी के कारण हुआ है कि पैसा देकर हम कुछ भी हासिल कर सकते हैं। जब यह महसूस किया जाएगा कि पैसा एक निश्चित सीमा से आगे नहीं जा सकता, तभी भ्रष्टाचार पर रोक लग सकती है। पैसा इतना शक्तिशाली कभी नहीं रहा, जितना आज है। मुझे शंका है कि भ्रष्टाचार का हल उदारीकरण में नहीं है, यह सिर्फ इसमें वृद्धि करेगा...

भ्रष्टाचार आसमान से नहीं टपका, बल्कि यह व्यवस्था की उपज है। अगर पैसे की ताकत से व्यवस्था को प्रदूषित कर दिया जाए, तो वे लोग जो पैसे से ताकत हासिल करना चाहते हैं, फैसला लेने वाले लोगों को हर संभव प्रभावित करना चाहेंगे। अगर हम भ्रष्टाचार को जड़ से खत्म करना चाहते हैं, तो हमें व्यवस्था को बदलना होगा। वर्तमान व्यवस्था में चीजें इसी तरह चलती रहेंगी। इससे इनकार नहीं किया जा सकता कि भ्रष्टाचार ने समाज में एक विशिष्ट जगह बना ली है। सिर्फ इसलिए कि कुछ राजनेता भ्रष्टाचार में लिप्त हैं, पूरे देश और समूची राजनीतिक व्यवस्था को हम भ्रष्टाचारी नहीं कह सकते। मुझे यह सुनकर बड़ी शर्म आती है, जब कहा जाता है कि देश जिन समस्याओं से जूझ रहा है, उनमें सबसे बड़ी समस्या भ्रष्टाचार ही है और घोषणा की जाती है कि भ्रष्टाचार के निवारण के लिए हमें युद्धस्तर पर प्रयास करने चाहिए। हम अन्य देशों के सामने खुद को भ्रष्टाचारी घोषित करते हैं। यदि सरकारी तंत्र की सारी व्यवस्था भ्रष्ट हो और सारे नेता भी भ्रष्ट हों फिर भी इनकी संख्या पाँच करोड़ से ज्यादा नहीं होगी। क्या सिर्फ पाँच प्रतिशत लोगों के भ्रष्ट होने से किसी देश पर भ्रष्टाचारी होने की मुहर लग जाती है ? अगर सत्ता में उपस्थित लोग ही अपने हाथ उठा दें और चिल्लाएँ कि हमारा देश भ्रष्टाचार में डूब गया है, तो फिर वे कुर्सी पर विराजमान किसलिए हैं ? यह प्रशासन का हिस्सा है न कि कोई राष्ट्रीय एजेंडा।

मैं ऐसा नहीं कह रहा कि जो भ्रष्टाचार में लिप्त हैं उन्हें दंड नहीं दिया जाए। जो भ्रष्टाचारी हैं उन्हें दंडित करने के लिए कई सभ्य और कानूनी तरीके हैं। अगर कानून इस समस्या से निपटने के लिए पर्याप्त नहीं है, तो उन्हें और कठोर बनाने की जरूरत है। ऐसा

करने की बजाय हम भ्रष्टाचार को अपने दुश्मनों को रास्ते से हटाने का माध्यम बना रहे हैं। ऐसा करके हम कार्यपालिका और राजनीतिक व्यवस्था को पतन की ओर ले जा रहे हैं। अगर कार्यपालिका ही अपनी विश्वसनीयता खो बैठती है तब प्रेस और न्यायपालिका भी अपनी शक्ति खो बैठेंगी। एक नेता को स्थापित होने में कई साल लग जाते हैं, किन्तु यदि वह भ्रष्टाचारी साबित हो जाए, तो मिनटों में उसकी समूची उपलब्धि शून्य में बदल जाती है।

भ्रष्टाचार बेशक एक समस्या है और इससे अच्छी तरह निपटा जाना चाहिए। पर इसी से यह राष्ट्रीय मुद्दा नहीं बन जाता। समस्या और मुद्दे में फर्क होता है। समस्याओं से निपटना होता है जबकि मुद्दों को सुलझाना पड़ता है। मैंने पहले भी कहा है कि राष्ट्र के सामने भ्रष्टाचार और सामाजिक न्याय मुख्य मुद्दा नहीं है बल्कि इससे भी महत्त्वपूर्ण मुद्दा है—गरीबी, अशिक्षा और बेरोजगारी।

राजनीतिक दलों को दान

हर कोई जानता है कि राजनीतिक दलों द्वारा चुनावी कोष इकट्ठा किया जाता है और यह कोष रोज मजदूरी कमाने वाले या गरीब किसान से पाँच या दस रुपया लेकर इकट्ठा नहीं किया जाता। पार्टी जितनी बड़ी होती है, दान की राशि भी उतनी ही ज्यादा होती है और ये बड़े-बड़े उद्योगपतियों और व्यापारियों द्वारा दी जाती है। अगर उद्योगपतियों द्वारा दान लेने को भ्रष्ट रास्ता करार दिया जाता है, तो हमें इस बात पर स्पष्ट होना होगा कि हम किस तरह का चुनाव करवा रहे हैं, किस तरह के सुधार हम चाहते हैं और ऐसी व्यवस्था का निर्माण करें जहाँ ऐसी चीजें घटित न हों। हमें तब कानून में परिवर्तन लाना होगा। मैं यह समझने में खुद को असमर्थ पाता हूँ कि स्वतंत्रता-प्राप्ति के समय से ही जो साधारण प्रक्रिया बन गई है उसका पालन करने पर नेताओं को भ्रष्टाचारी कैसे साबित किया जा सकता है। अगर भ्रष्टाचार की नई परिभाषा गढ़ी जा रही है, तो मैं सिर्फ इतना कहूँगा कि हम खुद को ही धोखा दे रहे हैं।

क्षेत्रीय दल

जब राष्ट्रीय दल जनता की अभिलाषाओं को पूरा करने में असमर्थ रहे तब क्षेत्रीय दल हमारे सामने आए। पर क्षेत्रीय दल न तो राष्ट्रीय समस्याओं का हल है और न ही उस क्षेत्र की समस्याओं का, जहाँ की वे पार्टियाँ हैं। आप किसी क्षेत्रीय समस्या का समाधान नहीं कर सकते, जब तक कि उसे पूरे राष्ट्र के परिप्रेक्ष्य में नहीं देखा जाता। इन क्षेत्रीय दलों के विकास को भारतीय राजनीति का अस्थायी दौर कहा जा सकता है।

'न्यूजक्राइब' के वैद्यनाथन से बातचीत पर आधारित

इंसान जो मुझे बहुत प्यारा था

1946 ई. में जब जेपी जेल से रिहा होकर निकल रहे थे तभी मैंने उन्हें पहली बार देखा था। इलाहाबाद विश्वविद्यालय से एम. ए. पास करने के तुरंत बाद मैं 1951 में उनसे व्यक्तिगत रूप से मिला। वे एक समाजवादी नेता के रूप में इलाहाबाद जिले के दौरे पर गए थे। उस समय इलाहाबाद में समाजवादी पार्टी बेहद कमजोर स्थिति में थी। समाजवादी पार्टी के केन्द्रीय कार्यालय द्वारा मुझे जेपी के कार्यक्रम का प्रबन्ध करने का निर्देश दिया गया था। जेपी उस दिन बहुत व्यस्त रहे। जब रात में कार्यक्रम खत्म हो गया, तो उन्होंने किसी से कहा कि वे उस व्यक्ति से मिलना चाहते हैं, जिसने सारे कार्यक्रम का आयोजन किया था, यह उनसे मेरे निजी संबंधों की शुरुआत थी। उसके बाद धीरे-धीरे हमारे संबंध अंतरंग होते चले गए। बाद में कई बार उनसे मेरे मतभेद भी हुए। किन्तु मेरा उनसे निजी लगाव इतना ज्यादा था कि खुद को उनके पास जाने से मैं कभी रोक नहीं पाया। कई राजनीतिक मुद्दों पर मेरे साथ मतभेद होने के बावजूद मेरे प्रति उनका प्यार और लगाव कभी कम नहीं हुआ।

अतीत की घटनाओं को याद करना बहुत पीड़ादायक होता है। किन्तु जब जेपी और प्रभावती सिताबदियारा में एक साथ रहते थे, उस समय की कुछ मीठी यादें भी हैं। जब भी जेपी वहाँ जाते मैं एक समाजवादी कार्यकर्ता के नाते पहले से विराजमान रहता। मुझे याद है कि वे हर कार्यकर्ता का व्यक्तिगत रूप से ख्याल रखते थे। अगर ठंड है, तो रात में वह हर व्यक्ति के पास जाकर देखते थे कि ठंड से बचने के लिए उसके पास पर्याप्त कंबल या रजाई है कि नहीं। अगर कोई बीमार पड़ जाता तो उसके इलाज का प्रबंध करते थे और हमेशा उसके स्वास्थ्य के बारे में पूछताछ करते रहते थे। मुझे इस संदर्भ में एक घटना याद आ रही है। बलिया जिले में 1942 की क्रांति के हीरो महानन्द मिश्रा अपनी आँख की बीमारी से परेशान थे। जेपी बलिया में ही थे। उनके दोस्तों ने जेपी से कहा कि महानन्द मिश्रा को अच्छे इलाज की जरूरत है। जेपी उन्हें अपने साथ पटना ले आए। 1942 में दी गई यातना के कारण महानन्द मिश्रा की टाँग बेहद कमजोर हो गई थी। वे बहुत धीरे-धीरे चल पाते थे। इसी वजह से पटना रेलवे स्टेशन पर वे जेपी से पीछे रह गए। जेपी स्टेशन से बाहर निकलने लगे तब उन्हें याद आया कि मिश्रा भी उनके साथ थे। अब वे वापस स्टेशन पर जाकर उन्हें खोजने लगे। स्टेशन पर खड़े लोग यह देखकर आश्चर्यचकित थे कि वे व्यग्रता से किसको ढूँढ़ रहे हैं और फिर मिश्रा जी के मिल जाने पर उन्होंने उनका हाथ पकड़कर उनसे पीछे छूट जाने का कारण पूछा। उसी समय वे यह जान सके कि श्री मिश्रा की टाँग बहुत कमजोर है। उन्होंने अपने पार्टी सहयोगियों से श्री मिश्रा का विशेष

खयाल रखने को कहा।

मुझे एक दूसरी घटना याद आ रही है। मेरा एक दोस्त था मुस्तफा–1942 की क्रांति का एक वीर था। देश के विभाजन के बाद उसके ज्यादातर रिश्तेदार पाकिस्तान चले गए। बहुत ऊँचे पद का लोभ दिए जाने के बावजूद वह युवक पाकिस्तान नहीं गया। विश्वविद्यालय में वह सबका हीरो था। परीक्षा पास करने के बाद नौकरी पाना चाहता था। लेकिन उसे कोई नौकरी नहीं मिल सकी। मैं मुस्तफा को लेकर जेपी के पास गया। जेपी यह जानकर दुखित हुए कि मुस्तफा बेरोजगार है। उन्होंने कहा कि यदि स्वतंत्र भारत में मुस्तफा जैसे लड़के को नौकरी नहीं मिल सकती है तब तो स्वतंत्रता मिलने का कोई अर्थ ही नहीं है। उन्होंने लाल बहादुर शास्त्री को एक पत्र लिखा जो उस समय रेल मंत्री थे। श्री शास्त्री ने आवेदन पत्र को रेल अधिकारियों के पास भेज दिया, किन्तु छः महीनों तक कोई कार्यवाही नहीं हुई। जेपी आजमगढ़ जिले में अपने चुनावी दौरे पर थे। मैं और मुस्तफा उनसे वहाँ जाकर फिर मिले। जेपी ने तुरंत रफी साहब को पत्र लिखा। मुझे उस पत्र के शब्द अच्छी तरह याद हैं, "मेरे प्यारे रफी साहब, अगर आप मुस्तफा जैसे व्यक्ति को नौकरी नहीं दिला सकते, तो हमें खुद पर शर्म आनी चाहिए। अगर आप कुछ नहीं कर सकते तब मैं भाई साहब (उनका मतलब जवाहरलाल नेहरू) से कहता हूँ।" रफी साहब ने मुस्तफा की नौकरी का इंतजाम कर दिया। यह एक लंबी कहानी है। किन्तु यही घटना दिखाती है कि जेपी एक साधारण इंसान के प्रति भी कितने चिंतित रहते थे।

जब आपातकाल की घोषणा हुई और जेपी को गिरफ्तार कर लिया गया, मैं संसद मार्ग पुलिस स्टेशन गया, जहाँ उन्हें ले जाया गया था। वहीं पर मैंने जाना कि मेरे खिलाफ भी गिरफ्तारी का वारंट जारी किया गया था। मैंने जेपी को बताया, तब वे मुस्कराए और कहा, "तुम्हें भी गिरफ्तार किया जा रहा है? ये लोग पागल हो गए हैं?" यू.एन.आई. के एक संवाददाता ने उनकी प्रतिक्रिया पूछी। उन्होंने कहा "विनाशकाले विपरीत बुद्धि।" मैं जेल से रिहा होकर जब जेपी से मिलने गया, तो उन्होंने आखों में आँसू भरकर कहा कि "मैंने जेल के अधिकारियों से प्रार्थना की है कि तुम्हें चंडीगढ़ स्थानान्तरित किया जाए। मैं यहाँ बहुत अकेला महसूस कर रहा हूँ और मुझे तुम्हारे साथ की जरूरत है।" किन्तु जेल के अधिकारियों ने उनकी प्रार्थना को ठुकरा दिया। उन्होंने 1932 में लाहौर किले के अपने दिनों को याद करते हुए कहा कि "ब्रिटिश सरकार ने मुझे और राममनोहर लोहिया को मिलने की इजाजत दे दी थी। तुमसे इनको क्या परेशानी है, जो मुझे तुम्हारे साथ रहने की इजाजत नहीं दे रहे हैं ?" मुझे एक और घटना याद आ रही है। जनता सरकार के बनने के तुरंत बाद की बात है। जेपी कुछ नाराज दिख रहे थे। उन्होंने मुझे एक सूचना भिजवाई कि मैं मंत्री क्यों नहीं बना। मैं बम्बई गया और उनको सरकार में शामिल होने के बारे में अपने विचार बताए। वे मेरे इस दृष्टिकोण से सहमत नहीं थे। फिर तुरंत कहा कि तुमने अच्छा किया है। उसके बाद उन्होंने अपने किसी साथी को सुझाया कि चन्द्रशेखर को जनता दल का अध्यक्ष बनाना चाहिए। मैंने यह बात जानी तो अपने एक मित्र ब्रह्मानन्द को साथ लेकर मैं जेपी के पास गया और उनसे अनुरोध किया कि वे ऐसी सलाह किसी को न दिया करें। इसके अलावा मैंने उनको बताया कि यदि उनकी सिफारिश पर मुझे जनता दल का अध्यक्ष बना दिया जाएगा तब मैं अवश्य लज्जित महसूस करूँगा। और यदि आपका अनुरोध नहीं माना गया

तब ये आपका अपमान होगा। जेपी ने कहा, "क्यों वे मेरा अनुरोध नहीं मानेंगे?" मुझे याद है कि मैंने और ब्रह्मानन्द ने उन्हें एक कहानी सुनाई कि 1947 में जब आजादी मिली तब गांधी जी ने जवाहरलाल नेहरू को सलाह दी कि आचार्य नरेन्द्र देव को कांग्रेस का अध्यक्ष बना दिया जाए। लेकिन जवाहरलाल नेहरू ने उनकी सलाह नहीं मानी। मैंने जेपी को बताया कि न तो आप महात्मा गांधी हैं, न मैं आचार्य नरेन्द्र देव और न ही वर्तमान नेता जवाहरलाल नेहरू हैं। यह राजनीति का खेल है और आपको इससे अलग ही रहना चाहिए। उस दिन से मैंने चाहे वह जनता पार्टी के अंदर का हो या बाहर का किसी भी राजनीतिक मुद्दे से जेपी को बाहर रहने का आग्रह किया। लेकिन दुर्भाग्यवश किसी न किसी के द्वारा उनका नाम ले ही लिया जाता था। लेकिन जेपी से मैं जब भी मिला, वे इसी बात पर चिंतित रहते थे कि समाज के गरीब वर्ग के लिए कुछ किया जा रहा है या नहीं। पिछली बार जब मैं उनसे मिला तब वे देश में अकाल आने से आई भयानक विपदा पर बहुत चिंतित थे। उन्हें हमेशा यह लगता था कि आज जब देश पर कोई भयंकर संकट आया है, वे लोगों की कोई मदद नहीं कर पा रहे हैं। उन्होंने कभी जनता पार्टी के क्रियाकलापों पर बात नहीं की बल्कि हमेशा राष्ट्र की समस्याओं पर विचार-विमर्श करते रहे।

मैं पिछली बार जब उनसे मिला तब उनका स्वास्थ्य बहुत अच्छा था। इलाज के लिए बंबई जाने के पहले भी उनका स्वास्थ्य ऐसा ही था। मैंने तो यही सोचा था कि जेपी अभी लंबे समय तक हमारे साथ रहेंगे। उनके सारे सहयोगी अब आश्वस्त थे कि जेपी को कोई खतरा नहीं है। लेकिन अचानक हुई उनकी मृत्यु ने हम सभी को गहरा सदमा पहुँचाया। कभी-कभी मुझे महसूस होता है कि पिछले तीन-चार सालों में वे जितनी पीड़ा और यंत्रणा से गुजरे वह जेपी जैसे व्यक्ति के लिए बहुत था। वे शांतिपूर्वक मृत्यु को प्राप्त हुए, यह हमारे लिए संतोष की बात है। जेपी ने भारत के इतिहास में जो योगदान दिया है, उसे भुलाया नहीं जा सकता। यह देश उन्हें हमेशा 'प्रजातंत्र का सिपाही' के रूप में याद करेगा।

महात्मा गांधी के बाद जेपी ने ही हमारी जनता को नई प्रेरणा दी और उन्हें यह महसूस कराया कि वही देश के असली मालिक हैं। वही इस देश के भविष्य का निर्णय करने वाले हैं। इस देश के भविष्य का निर्माण हमारे युवक, किसान तथा कठोर परिश्रमी जनता करेगी न कि कुछ नेता। जेपी आशा और आत्मविश्वास के इस संदेश को सभी सहयोगियों और संपर्क में आने वाले लोगों को देते थे। वे पूरे देश को प्रेरित कर सकते थे। मुझे आशा है कि आनेवाली पीढ़ी उनके इन सपनों और आदर्शों को पूरा करेगी।

संडे, 14 अक्टूबर, 1979

कांग्रेस में वाम

अपने जन्म के समय कांग्रेस का गठन एक समाजवादी पार्टी के तौर पर नहीं हुआ था। जैसे-जैसे वक्त गुजरता गया और इसके संगठन का दायरा ग्रामीण भारत तक पहुँचा, यह स्पष्ट हो गया कि पार्टी उन करोड़ों लोगों को, जिनकी अपनी कोई आवाज नहीं, उसी सूरत में प्रेरित कर सकती है और उनका विश्वास पा सकती है, जब यह समाज के सबसे गरीब और पिछड़े वर्गों के उत्थान के लिए कमर कस ले।

गांधी का आग्रह

गांधी जी ने 1931 में यह बात आग्रहपूर्वक कही कि राजनीतिक स्वतंत्रता का सही मायने में तभी कोई मतलब हो सकता है, जब श्रमजीवी जनता का स्वार्थी तत्त्वों के हाथों शोषण खत्म करने के लक्ष्य को राजनीतिक स्वतंत्रता से जोड़ा जाए। इस दिशा में कराची प्रस्ताव मील का पत्थर था। इसके बाद आय और संपत्ति की विषमता में कमी, एकाधिकारवादी शोषण की समाप्ति, ग्रामीण अंचलों में सामंती व्यवस्था का समापन और सबसे गरीब तबके के आर्थिक हितों की सुरक्षा पर भारतीय राष्ट्रीय कांग्रेस के सभी महत्त्वपूर्ण सम्मेलनों में विशेष ध्यान दिया गया।

कभी-कभार होने वाले किसान सम्मेलनों में भले ही सामंती व्यवस्था के खात्मे की जरूरत पर जोर दिया जाता रहा, लेकिन 1934 में कांग्रेस समाजवादी पार्टी का गठन भारतीय राष्ट्रीय कांग्रेस के इतिहास में महत्त्वपूर्ण परिवर्तन था। यहाँ से एक नए अध्याय का श्रीगणेश हुआ, जिसमें अखिल भारतीय कांग्रेस के तमाम सत्रों में कांग्रेस वाम ने आर्थिक सवालों पर विशेष ध्यान देना शुरू किया।

कांग्रेस पार्टी मजबूती से इस दिशा की ओर बढ़ी। कहा जा सकता है कि राष्ट्र के संघर्ष को स्पष्ट सामाजिक रुख देने में कांग्रेस वाम की भूमिका बहुत महत्त्वपूर्ण रही। इस पर भी जोर देने की जरूरत है कि सोवियत क्रांति का प्रभाव और भारतीय साम्यवादी दल का संगठन और पार्टी के बाहर के तमाम बुद्धिजीवियों ने कांग्रेस और इसके नेतृत्व पर महत्त्वपूर्ण प्रभाव डाला।

यह दुर्भाग्यपूर्ण है कि स्वतंत्रता प्राप्ति के बाद के युग में कांग्रेस के भीतर-बाहर, दोनों ही क्षेत्रों में इसका वाम अपनी अपेक्षित भूमिका अदा करने में नाकाम रहा। आजादी के तुरंत बाद जनता की इच्छाओं को पूरा करने के लिए आर्थिक-सामाजिक ढाँचे में बदलाव और स्थायित्व लाने की बजाए मौजूदा सामाजिक ढाँचे को बनाए रखने की कोशिश की गई।

निकाल बाहर किया

देश की एकता बनाए रखने के लिए राजनीतिक प्रगति के नाम पर तमाम बुनियादी मुद्दों को पार्श्व में धकेल दिया गया। कांग्रेस को एक समान विचारधारा वाली पार्टी बनाने के नाम पर वामपंथी तत्त्वों को धीरे-धीरे पार्टी से निकाल बाहर किया गया। वामपंथी इस विश्वास के साथ अलग हो गए कि अपनी प्रगतिवादी नीतियों और संक्षिप्त कार्यक्रमों के आधार पर वे कांग्रेस से बाहर रहकर भी राष्ट्र के जीवन पर सच्चा असर डाल सकेंगे।

इसका नतीजा यह रहा कि कांग्रेस में वाम कमजोर पड़ गया और जो बचा-खुचा वाम कांग्रेस में रहा, वह उस समय पार्टी में हावी यथास्थितिवादी प्रवृत्तियों का आसानी से शिकार हो गया।

कांग्रेस से कतरे गए वाम ने न्यूनतम प्रतिरोध का रास्ता चुना, क्योंकि पार्टी के भीतर उनकी कोई आवाज नहीं थी। अपने असंतोष को लेकर मुखर होने की जगह उन्होंने अंतर्राष्ट्रीय सामाजिक शक्तियों के साथ संपर्क स्थापित करने और उनकी मंजूरी लेने को ऊँची प्राथमिकता देना शुरू कर दिया। इस तरह क्रांतिवादी नीतियों के घरेलू क्रियान्वयन की जरूरत पर जोर देने की जगह तमाम प्रगतिवादी कांग्रेसी वाम के लिए अंतर्राष्ट्रीय मुद्दे ज्यादा महत्त्वपूर्ण हो गए।

कोई विकल्प नहीं

सचमुच आवश्यक राष्ट्रीय मुद्दों से यह अलगाव जनता और कांग्रेस में समाजवादियों के बीच एक खाई पैदा करने के लिए खास तौर पर जिम्मेवार रहा। वक्त के साथ जनता और उनकी समस्याओं से संपर्क टूट जाने से अलग-थलग पड़ गए कांग्रेस वाम के पास राजनीतिक संरक्षणवाद की बर्बाद हो चुकी व्यवस्था से उन्हें सत्ता में जो कुछ भी भागीदारी मिल सकती थी, उससे चिपके रहने के अलावा उनके सामने कोई दूसरा विकल्प नहीं था।

यह प्रवृत्ति काफी लंबे समय तक चलती रही और परिस्थितियों के दबाव में कांग्रेस में बड़ी संख्या में वामपंथी एक-एक कर बलि का बकरा बनते गए। तमाम मामलों में अच्छी तरह संरक्षित और सुरक्षित निहित तत्त्व कांग्रेसी वाम को और खासकर कुछ लोगों को अप्रिय स्थिति में डालने तथा ज्यादा तकलीफदेह माहौल पैदा करने में कामयाब रहे।

चौथे चुनाव परिणामों ने कांग्रेस पार्टी में नई स्थितियों को जन्म दिया। सत्ता पाने में तमाम राज्यों में पार्टी की नाकामयाबी और संसद में इसकी संख्या बल में कमी ने पार्टी नेतृत्व को पुनर्विचार के लिए मजबूर किया। इंदिरा गांधी को प्रधानमंत्री की कुर्सी तक पहुँचानेवाले चुनाव ने पार्टी में इस नई सोच की प्रक्रिया को युगांतरकारी परिवर्तन जैसी परिघटना के चलते और मजबूत किया। अपने वायदे को सम्मान देने, उसे पूरा करने में साबित हो चुकी उनकी नाकामी ने राष्ट्रीय आंदोलन में उल्लेखनीय कार्य करने वाले कुछ शीर्ष कांग्रेसी नेताओं को हाशिए पर डाल दिया। नई पीढ़ी, जिसे स्वतंत्रता आंदोलन में सक्रिय तौर पर शामिल होने का मौका नहीं मिला था, भविष्य-निर्माण की अपनी स्पष्ट दृष्टि और आगे बढ़ने की तेज ललक की वजह से अगली कतार में आ गई। राष्ट्रीय आर्थिक मुद्दों के मामले में कांग्रेस के कार्यक्रम को तेजी से लागू करने की दबावकारी माँग ने पार्टी के भीतर नए तनाव पैदा कर दिए।

1967 में अखिल भारतीय कांग्रेस कमेटी के सम्मेलन में इस नई जागरूकता को अभिव्यक्ति मिली, जब पार्टी ने कुछ निश्चित आर्थिक कार्यान्वयन पर जोर देने के लिए एक प्रस्ताव पारित किया, जो देश में विकास के लिए और खासकर संसदीय लोकतांत्रिक प्रक्रिया के जरिए आम आदमी की जरूरतों को पूरा करने के लिए कहीं ज्यादा जरूरी था। इस प्रस्ताव से कांग्रेसी वाम को एक नया मौका मिला था।

1967 के आम चुनावों के बाद संसद में कांग्रेस पार्टी के चरित्र में तमाम युवा चेहरों के वहाँ पहुँचने की वजह से स्वागत-योग्य परिवर्तन आया। पार्टी कार्यक्रमों को लागू करने में असामान्य देरी पर पार्टी के भीतर मौजूद वाम को बेचैनी होने लगी।

पुनरेंकीकरण बिंदु

अखिल भारतीय कांग्रेस कमेटी के 1967 के सम्मेलन का प्रस्ताव परीक्षा का मामला था, जिसमें कांग्रेस सरकार को लागू करने के लिए 10 विशेष कार्यक्रम थे। यह सभी वाम रुझान वाले कांग्रेसियों के लिए पुनरेकीकरण बिंदु बन गया। पार्टी के भीतर मौजूद वाम तत्त्व पार्टी के प्रत्येक मंच पर इस दस सूत्री कार्यक्रम को शुरू करने पर जोर देने लगे।

आय और संपत्ति की मौजूदा विषमता को कम करने की खातिर, रोजगार की तलाश कर रहे लाखों लोगों को काम देने, एकाधिकार खत्म करने और शानो-शौकत की जिंदगी जीने पर प्रतिबंध लगाने में कांग्रेस की भूमिका पर जोर देने के लिए इस मौके का उपयोग किया गया।

तत्कालीन कांग्रेस अध्यक्ष कामराज और प्रधानमंत्री श्रीमती इंदिरा गांधी को जून 1967 में कांग्रेस पार्टी के 118 सदस्यों की तरफ से संसद में पेश किया गया मेमोरेंडम कांग्रेस पार्टी में संघर्ष का एक दूसरा दौर था और इसने संगठन में वाम की भूमिका को उजागर कर दिया। यह पहला मौका था, जब संसद में कांग्रेस पार्टी के एक संवेदनशील वर्ग ने कांग्रेस कार्यक्रमों के कार्यान्वयन के साथ अपने को जोड़ा।

इससे सुविधा की राजनीति की जगह, जो लंबे समय से कांग्रेस पार्टी में काम करने का तरीका रही थी, प्रतिबद्धता की राजनीति के लिए एक आंदोलन की शुरुआत हुई। यह परिस्थिति में ही छुपा था कि ऐसी किसी भी कोशिश को उन लोगों की तरफ से सशक्त प्रतिरोध झेलना पड़ेगा, जिनकी सोच बदलते वक्त से मेल नहीं खाती थी और जो पार्टी के शानदार अतीत से ही चिपके रह कर संतुष्ट थे।

व्यापक पकड़

पार्टी और सरकार की सबसे ऊपरी सतह पर ऐसे लोगों की पकड़ इतनी मजबूत थी कि कांग्रेसी वाम का विरोध-पत्र आरंभ में नक्कारखाने में तूती की आवाज जान पड़ा। लेकिन सुयोग से लगातार प्रतिरोध को आम आदमी और खासकर कांग्रेस कार्यकर्ताओं का व्यापक समर्थन मिला। संसद में आर्थिक तथा सामाजिक परिणामों और कांग्रेस की आल इंडिया कमेटी के मुद्दे इस प्रयास से काफी हद तक प्रभावित हुए हैं।

हर अगले सम्मेलन के अवसर पर मत-भिन्नता ज्यादा मुखर हुई और कांग्रेस के भीतर ध्रुवीकरण जोर पकड़ने लगा। इसका नतीजा यह हुआ कि संघर्ष और टकराव रोजमर्रा में

शामिल हो गए और दो विरोधी विचारों पर जनता और प्रेस, हर कहीं व्यापक स्तर पर बातचीत होने लगी।

कांग्रेस पार्टी में टूट इन टकरावों का नतीजा तो थी ही, साथ ही आर्थिक कार्यक्रमों को लागू करने पर वाम के जोर और उन लोगों के प्रतिरोध का भी नतीजा थी, जो लंबे समय से सत्ता का भोग करते आए थे और यथास्थिति और निश्चित स्वार्थी तत्त्वों के पैरोकार बने हुए थे।

कई लोगों ने पार्टी के भीतर के इन मतभेदों के राजनीतिक निहितार्थ को नहीं समझा और समूचे टकराव को व्यक्तित्वों के बीच टकराव के तौर पर देखा। कुछ ने निजी संपर्कों के आधार पर (इस या उस गुट से) जुटने का निर्णय किया, जबकि कुछ दूसरे लोग किनारे खड़े तमाशा देखते रहे और प्रभावी हो रही जमात में घुस गए। टूट हो जाने के बाद भी पार्टी के भीतर एक निश्चित नजरिया नहीं बन पाया और कांग्रेस जैसे राजनीतिक संगठन में यह संभव भी नहीं था।

कांग्रेस ने कुछ कड़े फैसले किए, जैसे 14 निजी व्यावसायिक बैंकों का राष्ट्रीयकरण और पुराने देशी नरेशों के निजी खजाने का सरकारीकरण। इन सुधारों के समर्थन में बड़े पैमाने पर जनसंगठन सामने आए, लेकिन दोनों फैसलों को उच्चतम न्यायालय ने दरकिनार कर दिया। बैंकों के राष्ट्रीयकरण को एक नए कानून के जरिए वैध बनाया गया।

लेकिन पुराने समय के शाहजादों के निजी खजानों और विशेषाधिकारों को समाप्त करने के राष्ट्रपति के आदेश को रद्द किए जाने के बाद यह बात उठी कि पार्टी को इन मुद्दों पर नया जनादेश लेना चाहिए। इसी के बाद मध्यावधि चुनाव में उतरने का फैसला किया गया।

चुनावों में जनता के सामने जाने के पहले उन नीतियों के मूल चरित्र को स्पष्ट कर लिया जाना जरूरी था, जिन पर जनादेश लेना था। दूसरे, पार्टी को उन व्यक्तियों की प्रवृत्तियों के बारे में भी तय करना था, जिन्हें उम्मीदवारों के तौर पर चुनावी अखाड़े में उतारा जाना था। और आखिरकार उन राजनीतिक शक्तियों की स्पष्ट समझ की भी जरूरत थी जो चुनावों के दौरान और उसके बाद कांग्रेस की मित्र हो सकती थीं।

अस्पष्ट नारे

दुर्भाग्य से इन महत्त्वपूर्ण और निर्णायक सवालों के स्पष्ट जवाब तैयार करने की कोशिश नहीं की गई। जनता की भावनाओं को भड़काने के लिए चुनाव-अभियान का स्वर बहुत ऊँचा रखा गया, लेकिन अस्पष्ट और पिलपिले नारों में इसका दम टूट गया। जो कुछ भी जनता के सामने पेश किया गया, वह बस इतना ही था कि गरीब और पद-दलित लोगों के लिए तैयार नीतियों के पक्ष और स्वार्थी तत्त्वों व सामंती अवशेषों के खिलाफ जनादेश माँगा जा रहा था।

कुल मिलाकर परिणाम यह रहा कि भले ही कांग्रेस पार्टी बहुत अच्छे बहुमत के साथ सत्ता में वापस आई, लेकिन आर्थिक नीतियों के बारे में अस्पष्टता बनी रही और आर्थिक सत्ता का सवाल हाशिये पर रहा।

क्या बड़े व्यावसायिक घरानों को अर्थव्यवस्था पर अपनी पकड़ मजबूत करने की इस

बहाने छूट दे दी जाए कि दूसरे तरीके से निवेश की दर में कमी आएगी? या निजी एकाधिकारवादियों को न सिर्फ बर्दाश्त किया जाए, बल्कि उन्हें इस आधार पर ज्यादा अच्छी तरह से स्थापित होने की छूट भी दी जाए कि सार्वजनिक क्षेत्र का पिछला कार्य-संपादन बहुत निराशाजनक रहा है। आवश्यक सामाजिक-आर्थिक परिवर्तन लाने में बाधा बन कर खड़ी वैधानिक तकनीकों को ऐसे ही बने रहने दिया जाए? राष्ट्र के भाग्य-निर्धारण में क्या संसद की आवाज ही आखिरी तौर पर कारगर रहेगी या उच्चतम न्यायालय के चंद न्यायाधीश हमारी संसद के कार्यों के दायरे को निर्धारित करेंगे?

दुस्साध्य कार्य

ये चंद बुनियादी सवाल हैं, जिन पर जनता का आदेश लिया जाना था। यह वाम के लिए बड़ी परीक्षा का सवाल था। स्पष्ट वाम रुझानवाले किसी भी व्यक्ति के लिए अपनी राय कायम करना मुश्किल तो नहीं, हाँ, कठिन जरूर था। ये लोग जनता को एक बेहतर विकल्प देने के लिए प्रतिबद्ध थे। जो पुराने कैडर थे, उनके लिए भी और नए लोगों के लिए भी पुराने ढर्रे से अलग हट कर साहसिक और नई पहलकदमी करने की जरूरत थी, जो वांछित मंजिल तक ले जा सके।

इससे इन्कार नहीं किया जा सकता कि संसद में कांग्रेस पार्टी में तमाम नए चेहरे पहुँचे, जिन पर समाजवादी नीतियों के समर्थन का भरोसा किया जा सकता था, लेकिन कुल मिलाकर पार्टी का चरित्र पहले जैसा ही बना रहा, उसमें कोई रद्दोबदल नहीं हो सका। इन परिस्थितियों में कांग्रेस वाम का दायित्व बहुचर्चित नीतियों और कार्यक्रमों को लागू करने के लिए बराबर बनाए जा रहे दबाव की अगुवाई करना था।

यह दुर्भाग्यपूर्ण रहा कि अतीत की गलतियाँ दुहराई जाती रहीं। कांग्रेस वाम ने एक बार फिर वही ढर्रा पकड़ लिया, जिस पर वह पहले आम चुनाव के बाद चल रहा था।

आज की कांग्रेस पार्टी को लगभग वही सब फायदे मिल रहे हैं जो 1952 में मिले थे। पार्टी की विश्वसनीयता है। पार्टी नेतृत्व को राष्ट्रव्यापी विश्वास हासिल है और संसद में इसका पूर्ण बहुमत है। (और चाहिए भी क्या?) दूसरी ओर खास सुधार कार्यक्रमों को लेकर अस्पष्टता व अनिश्चितता और स्पष्ट तरीके से तैयार की गई नीतियों का अभाव है।

कोई व्यक्ति यह भी समझ सकता कि कांग्रेस में वाम, जिसको आर्थिक कार्यक्रमों के द्रुत, मौलिक और ठोस परिवर्तनों और कठोर क्रियान्वयन के लिए कमर कसनी चाहिए थी, धीरे-धीरे उस स्थिति में पहुँचती जा रही है, जहाँ यह स्थायित्व का उत्साही समर्थक बन कर लाभ उठा सकती है और उठाती है। समस्याओं के 'यथार्थवादी दृष्टिकोण' अपनाने के लिए बहाने गढ़े जा रहे हैं।

यह देखना पीड़ादायी है कि प्रगतिवादी नीतियों को आगे बढ़ाने की जिन शक्तियों से उम्मीद थी, वे ही चौकसी की गुहार लगाने के लिए तैयार थीं। कांग्रेस वाम का ऐसा रुझान एक खास किस्म की सोच का नतीजा है, जो सोच सरकारी सुविधाओं के पालने में बैठ कर सामाजिक क्रांति करने तक सीमित थी। यह संबद्ध व्यक्तियों को निजी उपलब्धि और संतुष्टि का एहसास देने में मदद कर सकता है, लेकिन अगर कांग्रेस वाम व्यवस्था का रक्षक बन जाता है, तो यह परिवर्तन की प्रक्रिया को कभी विकसित नहीं कर सकेगा। आगे नहीं

बढ़ सकेगा।

भारत के लोगों ने कांग्रेस में अपना विश्वास व्यक्त किया, जिनके लिए यह वाम (पंथी) राजनीतिक पार्टी है। उनकी आशाएँ ज्यादा हैं और कांग्रेस में वाम से कहीं ज्यादा। लेकिन जनता के मोहभंग की प्रक्रिया कांग्रेस वाम की गलतियों और असफलताओं से बढ़ेगी न कि उन लोगों की वजह से जो किसी भी तरह कांग्रेस में बने हुए हैं। कांग्रेसी वाम का उत्तरदायित्व पार्टी और इसके नेतृत्व को इसकी नीतियों और जिम्मेवारियों की ओर से चौकस रखना है।

विस्फोटक स्थिति

यह दयनीय है कि कांग्रेस नेतृत्व का रुझान अपनी पुरानी परंपरा की ओर है। पड़ोसी देशों में हो रही घटनाएँ और तेजी से बदल रहा विश्वव्यापी राजनीतिक परिदृश्य निगाह से ओझल हो रहा है। हमारे युवा विचलित हैं। अपनी समस्या को सुलझाना उनकी प्राथमिकता है। बढ़ती बेरोजगारी और गरीबी विस्फोटक स्थिति को जन्म दे रही है। जितने लंबे समय तक ये स्थितियाँ बनी रहेंगी, कांग्रेस के भीतर स्वयं का गुणगान करने की प्रवृत्ति में कोई अंतर नहीं पड़ने वाला। हमारे सामाजिक जीवन की इन सच्चाइयों की ओर से नेतृत्व को समर्थ करने में मुखर होने के लिए जूझना चाहिए और यह हमेशा मंजूर करना चाहिए कि राजनीतिक जीवन में मित्रता और चाटुकारिता के बीच विभाजक रेखा हुआ करती है।

22 जुलाई, 1971

भारतीय राजनीति में सामाजिक विरोध की प्रथा

वर्तमान व्यवस्था में परिवर्तन लाए बिना विकास सम्भव नहीं है। सामाजिक बदलाव अपने आप नहीं आता। विकास का मूलमंत्र परिवर्तन है। इसके लिए आवश्यक है कि जागरूक और प्रबुद्ध वर्ग, लोगों में चेतना लाने का काम करें। इस तरह के प्रयास के बिना समाज पूरी तरह निर्जीव और अंततः खत्म हो जाता है। आवश्यक प्रोत्साहन नई अवधारणा से आता है, जो वर्तमान व्यवस्था को चुनौती पेश करती है। किसी भी सामाजिक परिवर्तन के लिए एक अवधारणा और प्रोत्साहन की आवश्यकता होती है, जो पुरानी और अप्रचलित व्यवस्था को खत्म करती है। लेकिन संगठन की मदद के बिना इसकी कल्पना अँधेरे में तीर मारने की तरह है। सामाजिक प्रतिरोध के संगठित आन्दोलनों ने इतिहास में इच्छित परिवर्तन लाने में महत्त्वपूर्ण भूमिका अदा की है।

प्रतिरोध के आन्दोलन के अनेक रूप हैं। बुद्धिजीवियों तथा शिक्षित वर्गों द्वारा जो विरोध होता है, वह युवा पीढ़ी, गरीब तबकों, किसानों तथा मजदूरों द्वारा किए जा रहे विरोध से बिल्कुल अलग़ होता है। जहाँ एक वर्ग अपना विरोध कला, साहित्य, धर्म, संस्कृति और नई जीवन शैली के जरिए प्रदर्शित करता है और सिर्फ चेतना जगाने की कोशिश करता है, वहीं दूसरी ओर दूसरा वर्ग बिना किसी माध्यम के सीधी कार्रवाई द्वारा स्थापित व्यवस्था को चुनौती देता है। इसीलिए प्रबुद्ध वर्गों का आन्दोलन धीमा और नियंत्रित रहता है, जबकि निचले तबके का आन्दोलन वर्तमान व्यवस्था को खत्म करने के लिए हिंसा पर उतारू हो जाता है।

कभी-कभी बतौर कार्रवाई व्यक्त की गई असहमति सीधे तौर पर हिंसात्मक चुनौती के रूप में सामने आती है। इस तरह का विरोध महान दार्शनिक सुकरात के समय से ही प्रचलन में है। विरोध के इस रूप का प्रतिबिम्ब यूरोप के प्रोटेस्टेंट और यहूदी आन्दोलन में भी देखा गया।

सामाजिक परिवर्तन के प्रकार

सामाजिक परिवर्तन के मुख्यतः दो प्रकार हैं : हिंसात्मक रास्ता और संवैधानिक रास्ता। लोकतंत्र की स्थापना के लिए भी हिंसा के रास्ते अपनाए गए हैं। अमेरिकी और फ्रांसीसी क्रांति के इतिहास को भुला पाना आसान नहीं है। यह कोई भी अस्वीकार नहीं कर सकता है कि अमेरिका में चल रहे गृहयुद्ध और हाल में दुनिया के विभिन्न हिस्सों में हुए बलवे एक प्रकार से जनता के प्रजातांत्रिक अधिकार को स्थापित करने और शांति बहाल करने के प्रयास के बतौर नहीं हैं। भारत में हम मानते हैं कि सामाजिक परिवर्तन शांतिपूर्ण

प्रजातांत्रिक तरीके से होगा। लेकिन इस शांतिपूर्ण आकांक्षा को पाने के लिए हमें कष्टपूर्ण संघर्ष की धाराओं से गुजरना पड़ा है। बहुत-सी क्रांतियाँ व्यक्तियों एवं समूहों द्वारा अंग्रेजी शासन के खिलाफ की गईं, जिनमें अनेकों बलिदान दिए गए।

राष्ट्र के सामने वर्तमान समस्याओं का वर्णन करने से पहले मैं आपको संक्षिप्त रूप में स्वतंत्रता आन्दोलन का इतिहास बताना चाहता हूँ।

1857 की क्रांति हमारे इतिहास में एक अद्वितीय घटना है। भारतीय राजनीतिक क्षितिज पर महात्मा गांधी के आने से पहले बहुत सारी क्रांतियाँ विदेशी शासन के विरोध में उभरीं और शहीद हो गईं। इस तरह के बलिदान की बहुत-सी घटनाओं ने भारतीयों को जाग्रत किया। इस शताब्दी के दूसरे दशक में तिलक ने वर्धा में अंग्रेज शासकों को खुली चुनौती देते हुए घोषणा की कि 'स्वराज हमारा जन्मसिद्ध अधिकार है और इसे मैं लेकर रहूँगा।' एक साल बाद 1919 में देश ने जलियाँवाला बाग का दुखद कांड देखा।

1920 में लाला लाजपत राय ने बम्बई में युवाओं में जोश भरते हुए कहा : "जागो, युवा भारत। तुम किसी से कम नहीं हो। भारतीय युवाओ, तुम्हारी मातृभूमि की दुर्दशा हुई पड़ी है। ऐसा तुम्हारे कमजोर आत्मविश्वास और तुम्हारी मानसिक और चारित्रिक कमजोरी के कारण है। तुम अपने दिमाग को जगाओ और अपने आपमें आत्मविश्वास और आत्मनिर्भरता का बीजारोपण करो।"

1929 के लाहौर के कांग्रेस अधिवेशन में पंडित जवाहरलाल नेहरू ने अपने अध्यक्षीय भाषण में कहा : "एक-एक ईंट जोड़कर हमारे राष्ट्रीय आन्दोलन की नींव पड़ी है और न जाने कितनी शहादतों के साथ देश आगे बढ़ा है। पुराने बहादुर जवान तो अब हमारे साथ नहीं हैं, लेकिन उनका साहस हमारे साथ है और भारत अब भी जतिनदास जैसे शहीदों को पैदा कर सकता है।"

अप्रैल, 1909 में भगतसिंह और बटुकेश्वर दत्त ने सेंट्रल एसेम्बली में पर्ची फेंक कर भारतीय युवा क्रांतिकारियों के साहस का परिचय दिया। पर्ची में उन्होंने कहा था : "हम लोग मानव जीवन को अतिमहत्त्वपूर्ण मानते हैं और मनुष्य के लिए शांति और स्वतंत्रता का सपना देखते हैं। हमने बाध्य होकर व्यापक मनुष्यता के पक्ष में चंद मनुष्यों का खून बहाया है।" संग्राम में दिया गया व्यक्तिगत बलिदान सभी के लिए स्वतंत्रता और मनुष्य के द्वारा मनुष्य के शोषण को समाप्त करने के लिए अवश्यंभावी है। भगत सिंह ने अपनी मृत्यु के पहले पंजाब के गवर्नर को लिखे पत्र में कहा : "आपके खिलाफ युद्ध की घोषणा कर दी गई है और यह तब तक जारी रहेगा, जब तक समाज से शोषण करने वालों का अंत नहीं होगा। हम पूरे जोश-खरोश और साहस के साथ लड़ाई लड़ेंगे।"

करो या मरो

अहिंसा गांधी का मूलमंत्र था। उन्होंने 1942 में 'करो या मरो' का नारा दिया। उन्होंने ब्रिटिश राज की चुनौती को खुलेआम स्वीकार किया। कांग्रेस कार्यकारिणी समिति ने अपने 'भारत छोड़ो' प्रस्ताव में कहा कि समिति पारित करती है कि स्वतंत्रता के लोकतांत्रिक अधिकार के लिए पूरे देश में अहिंसा के माध्यम से जनसंघर्ष चलाया जाए ताकि देश पिछले 20-22 वर्षों में प्राप्त अहिंसा की शक्ति का प्रयोग कर सके।

1943 में आजाद हिन्द फौज को दिए अपने भाषण में सुभाष चन्द्र बोस ने कहा कि "आजाद सेना का सदस्य बनने में गुलाम जनता को सम्मान और गौरव का एहसास होता है और इसके लिए भी मैं पूरी तरह सजग हूँ कि यह अपने गर्वबोध के साथ सामाजिक दायित्व का निर्वाह कर सके। मैं आपको विश्वास दिलाता हूँ कि इस अँधेरे, उजाले, खुशी और गम में और विजय की इस घड़ी में मैं आपके साथ हूँ। वर्तमान में मैं आपको भूख-प्यास और मृत्यु में आपके साथ चलने के सिवा और कुछ भी नहीं दे सकता। लेकिन अगर आप जीवन और मृत्यु में मेरे साथ चलें, तो मैं आपको विश्वास दिलाता हूँ कि आपको आजादी और विजय दिलाऊँगा।"

हमारे स्वतंत्रता आंदोलन के नेताओं और शहीदों द्वारा बार-बार यह याद दिलाया गया है कि हमारी स्वतंत्रता निश्चित है। गांधी जी के स्वराज्य आंदोलन का मुख्य उद्देश्य विदेशी शासन से मुक्ति और पूर्ण आर्थिक आत्मनिर्भरता था। इसमें से एक की भी अनुपस्थिति हमें परतंत्र बनाए रखेगी।

आचार्य नरेन्द्र देव ने अखिल भारतीय कांग्रेस कमेटी के चौथे दशक के शुरू में कहा था : "कांग्रेस द्वारा प्रतिपादित स्वराज का मतलब जनसमूह के लिए स्वराज है। यह स्वराज तब तक वास्तविक रूप नहीं ले सकता, जब तक कि राजनीतिक स्वतंत्रता के साथ आर्थिक स्वतंत्रता को नहीं जोड़ा जाएगा। यह भी सच है कि भारत की मूल समस्या गरीबी है और यह हमारे विवेक, सोच और संसाधन को चुनौती देती है। कांग्रेस इस तरह की समस्या से अवगत है और इस चेतना के कारण ही आर्थिक स्वतंत्रता के विचार का जन्म हुआ।"

ठीक ऐसे ही विचार जवाहरलाल नेहरू ने 15 अगस्त 1947 के अपने चर्चित भाषण में यह कह कर व्यक्त किए कि भारत की सेवा का मतलब करोड़ों वंचित जनसाधारण की सेवा करना है। इसका मतलब गरीबी, अज्ञानता, बीमारी और अवसर की असमानता को खत्म करना है। जब तक उनके दुखों को हम खत्म नहीं करेंगे, हमारा काम अधूरा है।

स्वतंत्र भारत की दबी-कुचली सामान्य जनता की मुख्य आवश्यकताओं की पूर्ति आजादी के 27 वर्ष बाद भी एक सपना ही है। मैं यह महसूस करता हूँ कि मनोवांछित फल पाने के लिए क्रांति का यह रास्ता कठिन और दूभर है, लेकिन कहीं न कहीं से शुरुआत जरूर होनी चाहिए। आज हम निरंतर बढ़ती हुई असमानता और शोषण देख रहे हैं। ऐसे माहौल में सुचारु जीवन की कल्पना करना संभव नहीं लगता। अगर वर्तमान स्थिति के खिलाफ विरोध न किया गया, तो भविष्य के लिए कोई आशा नहीं बचेगी। इन परिस्थितियों में, जहाँ लाखों जनता गरीबी और बिना छत के गुजर-बसर कर रही है, शांति की आशा करना संभव नहीं है।

तीव्र घटनाक्रम ने जनता के असंतोष को बढ़ाया है। वे अब अपनी माँगों की अविलंब पूर्ति चाहते हैं। युवाओं को कोई भविष्य नहीं दिखता। वे विकास की आशा देखना छोड़ चुके हैं। उनकी निराशा का एक खतरनाक बिंदु पर तेजी से पहुँचना स्वाभाविक है। ऐसे में उनके लिए संवैधानिक उपायों द्वारा सामाजिक और प्रशासनिक व्यवस्था में परिवर्तन लाना कोई अर्थ नहीं रखता।

स्वतंत्रता प्राप्ति के बाद बड़ी संख्या में अनुसूचित जाति एवं जनजाति के नौजवानों ने विश्वविद्यालय में प्रवेश किया। मैंने क्रांति से बहुत कुछ सीखा है, भले ही वह पूर्ण नहीं है, लेकिन उनके बौद्धिक नेताओं से सामाजिक परिवर्तन की शक्तियों को जाना है। ये नेता आर्थिक जीवन, मनुष्य के मनुष्यों द्वारा शोषण के बारे में जानते हैं। वे यह भी महसूस करते हैं कि देश की उत्पादक शक्ति मजदूर हैं, जो फैक्टरियों एवं खेतों में काम करते हैं। वे भाग्यवादिता के नाम पर अशक्त होने के लिए तैयार नहीं हैं। वे अत्यधिक कठिन परिस्थितियों में आशा और जोश के साथ जीवन के लिए तत्पर हैं। इन परिस्थितियों की झलक उन लोगों में देखी जाती है, जो संवेदनशील हैं और मानव-मस्तिष्क की क्षमता को जानते हैं। पर उनकी इस क्षमता को आसानी से नजरअंदाज कर दिया जाता है। जाहिर है कि विकास के लिए सचेत प्रयत्न के अभाव में उनके जीवन में निराशा और सामान्य उथल-पुथल स्वाभाविक है।

बढ़ती हुई निराशा के कारण सचेत नौजवानों के बीच आन्दोलन की सुगबुगाहट होना लाजिमी है। नई सामाजिक व्यवस्था की चाहत उनको बलिदान के लिए प्रेरित करती है। जब वे महसूस करते हैं कि समाज के सम्पन्न वर्ग उनकी आकांक्षाओं को तरजीह नहीं देते, तब वे हिंसा अपनाने को बाध्य होते हैं। यह अत्यंत दुखद है कि सत्ता में बैठे लोग कई बार शांतिपूर्ण और अहिंसक विरोध को नजरअंदाज करते हैं। सत्ताधारी वर्ग सिर्फ धमकी और हिंसा की भाषा ही समझता है। कानून-व्यवस्था को बनाए रखने तथा अन्याय के प्रति आवाज उठाने की बातें दबे-कुचलों के मन में घृणा उत्पन्न करती हैं।

जब ये धमकियाँ वास्तविक रूप लेती हैं और हिंसा भड़क उठती है, तब सत्तारूढ़ व्यक्ति भयभीत हो जाता है। जब कभी दबे-कुचले लोग जीवन की परिस्थितियों को बदलने के लिए आक्रामक होते हैं, तब कानून-व्यवस्था द्वारा गम्भीर खतरे का शोर मचाया जाता है। लेकिन सभी को गरीबों की भावना को समझना चाहिए कि वे कैसे पीढ़ियों से अपने को हर साधन से वंचित महसूस कर रहे हैं। जब से वे जागृत हुए हैं, अपनी अँगुली उठाकर सम्पन्न वर्गों का ध्यान अपनी दयनीय स्थिति की ओर आकर्षित कर रहे हैं, लेकिन इसका जवाब उन्हें क्रोध और कभी-कभी कड़ी धमकियों द्वारा मिलता है। इन परिस्थितियों में उनके जीवन और सम्पत्ति को हमेशा हिंसा का भय रहा है। वे अपने को असुरक्षित महसूस करते हैं। उनके लिए कोई कानून-व्यवस्था नहीं है। अगर वे सीधे रूप से हिंसा से प्रताड़ित नहीं होते हैं, तब भी उनकी शांति को खतरा बना रहता है। वे लोग जो बहुसंख्यक हैं, पीढ़ी दर पीढ़ी अपमान झेलते आए हैं। वे अपनी इस स्थिति को स्वीकार कर चुके हैं। व्यावहारिक रूप से आज की स्थिति भी वही है। कानून-व्यवस्था की अवधारणा पूरी तरह समाज के सम्पन्न वर्गों के लिए है। अन्याय के विरोध में जब मामूली हिंसा होती है, तो उसे तुरंत कानून-व्यवस्था के खत्म होने की संज्ञा दी जाती है। जागरूक जनता द्वारा परिवर्तन के लिए उठाई गई आवाज के सामने सत्तारूढ़ व्यक्ति अपने को असुरक्षित महसूस करना प्रारम्भ कर देते हैं।

समाज में आर्थिक और सामाजिक प्रतिष्ठा से वंचित व्यक्तियों पर हिंसा और बिगड़ती हुई कानून-व्यवस्था का कोई असर नहीं पड़ता। यह दुर्भाग्य की बात है कि कानून-व्यवस्था का तंत्र, जो नागरिकों को सुरक्षा प्रदान करने के लिए बना है, वह गिने-चुने लोगों को शोषण और हिंसा करने का अवसर प्रदान करता है। इस संदर्भ में गंभीरता से विचार किया जाना चाहिए कि दबे-कुचले और अत्याचारी, दोनों के लिए हिंसा की नैतिकता अलग-अलग है। अत्याचारी के द्वारा की गई हिंसा कानूनी मापदंड के विपरीत ज्यादा सहानुभूति पाती है, जबकि पीड़ित व्यक्ति द्वारा की गई हिंसा समाज में ज्यादा तनाव बढ़ाती है। समाज के गिने-चुने लोगों द्वारा समाज की कीमत पर अपने स्वार्थ की पूर्ति करना ही इस तरह की परिस्थिति बनने का कारण है।

इससे कोई इंकार नहीं कर सकता कि विश्व-इतिहास में कई अवसरों पर उत्पीड़ितों की हिंसा ने मानव को स्वतंत्रता दिलायी है, जबकि अत्याचारियों के द्वारा की गई हिंसा ने गरीबों के दुःख-दर्द को बढ़ाया है। क्रांति इस तथ्य की गवाह रही है कि अत्याचारी की हिंसा और उसके विरोध में निहित नैतिकता और राजनीतिक अंतर को नजरअंदाज नहीं किया जा सकता। कई बार उत्पीड़ित वर्ग हिंसा न करने के फैसले को कायम रखने में असफल रहते हैं। छठे दशक की शुरुआत में अमेरिका में ब्लैक पैंथर द्वारा किया गया आन्दोलन इसी अनिवार्यता का परिणाम है। गोरों द्वारा की गई हिंसा को नजरअंदाज कर दिया गया, जबकि कालों द्वारा अन्याय के खिलाफ मामूली विरोध करने के लिए उन्हें दंडित किया गया। इसका परिणाम यह हुआ कि भूमिगत हिंसात्मक आंदोलनों का जन्म हुआ। कालों ने हमेशा अपनी आत्मरक्षा के लिए हिंसा का रास्ता अपनाया। उनके एक नेता का मानना है कि 400 वर्षों से शोषण के शिकार लोगों का यह अधिकार है कि वे अपनी रक्षा के लिए खड़े हों और समाज में शांति और अहिंसा स्थापित करने के लिए कोई भी कदम उठाएँ। उन्हीं के रास्ते पर कुछ नौजवानों ने हाल ही में अपने आप को दलित पैंथर्स के रूप में संगठित किया है। उनके मन में अवमानना और शोषण के खिलाफ बदला लेने की जबरदस्त भावना है। यह उनके लिए अति-न्यायसंगत है कि वे समाज के द्वारा किए जा रहे लगातार शोषण के विरुद्ध विद्रोह करें।

यह माना जाता है कि सामाजिक परिवर्तन तब तक संभव नहीं है, जब तक कि वर्तमान सामाजिक व्यवस्था को उखाड़ नहीं फेंका जाता। गुरिल्ला युद्ध इसी सोच का नतीजा है। कई देशों में इस युद्ध की विधि को अपनाने से सफलता मिली है, यद्यपि इससे बड़ी संख्या में खून-खराबा हुआ है। गुरिल्ला युद्ध का प्रयोग सर्वप्रथम स्पेनवासियों ने फ्रांस की क्रांति (1808-14) में किया था। जब नेपोलियन के नेतृत्व में फ्रांस ने स्पेन पर आक्रमण किया, तो स्पेन की सेना आसानी से पराजित हो गई। लेकिन बाद में स्पेन के निवासियों ने गुरिल्ला युद्ध के द्वारा फ्रांस को पराजित कर दिया।

प्रथम विश्वयुद्ध के दौरान तुर्क सेना के कब्जे के विरुद्ध एक अंग्रेज विद्वान टी ई लॉरेन्स ने अरब कबीले का नेतृत्व किया। गुरिल्ला युद्ध के सिद्धान्त को जन्म देने वाले प्रथम व्यक्ति यही थे। उनका सिद्धान्त रूस और चीन में काफी प्रचलित हुआ। माओत्से-तुंग को आधुनिक गुरिल्ला युद्ध का प्रणेता माना जाता है। उन्होंने इस युद्ध की व्यापकता पर जोर दिया और

माना कि जब तक राजनीतिक उद्देश्य और जनता की इच्छा एक-दूसरे के अनुरूप नहीं होगी, उन्हें जनता से सहानुभूति और सहायता नहीं मिल सकती।

माओत्से-तुंग के तरीके में मामूली फेरबदल कर वियतनाम में हो ची मिन्ह, क्यूबा में फिदेल कास्त्रो, चे ग्वेरा ने इस सिद्धान्त का काफी हद तक पालन किया। इन क्रांतिकारियों को मानव के शोषण को खत्म करने के लिए प्रेरित किया गया। इन लोगों ने जनता की सेवा में खुद को अर्पित कर दिया। लेकिन सत्तारूढ़ लोग इन्हें जनता का दुश्मन मानते थे। यह कोई नहीं कह सकता कि इन देशों के लोगों को हिंसा प्रिय थी, बल्कि वे उतने ही शांतिप्रिय थे, जितने कि दूसरे। सवैधानिक शक्तियों और भरपूर सैन्य बल के बावजूद जनता की पुकार को नहीं दबाया जा सका। वर्तमान निराशाजनक परिस्थिति तथा भविष्य की आशा ने इन क्रांतियों को समर्थन और बल दिया।

हमारे देश में नक्सली आन्दोलन नौजवानों की निराशा और वर्तमान सामाजिक व्यवस्था की बिगड़ती हुई स्थिति के विरुद्ध आवाज है। प्रजातांत्रिक तरीकों में कोई सुधार नहीं देखते हुए उन्होंने समाज में व्याप्त समस्या और पीड़ा को खत्म करने का अतिवादी तरीका अपनाया। हमारे देश में जहाँ एक ओर प्रजातांत्रिक व्यवस्था अपनी इच्छा और आकांक्षाओं को व्यक्त करने का अवसर देती है, वहीं नौजवान इन संस्थाओं की प्रासंगिकता और गरीबों की दयनीय स्थिति सुधारने के इनके दावे को अपने अतिवादी तरीके से चुनौती दे रहे हैं। इन लोगों की निराशा और आक्रोश भूमि-सुधार को गलत ढंग से लागू करने का नतीजा है। प्रशासन के सभी जिम्मेदार लोगों को मालूम है कि जमीन के सवाल को लेकर हमारे देश में कभी भी आन्दोलन हो सकता है। बहुत पहले जवाहरलाल नेहरू ने यह स्वीकार किया था कि हमारे गाँवों की झोपड़ी में, जहाँ बेहद गरीब किसान रहते हैं, अगर जल्दी सहायता नहीं पहुँचाई गई, तो यहाँ की शीतल हवाएँ तेज आँधी में परिवर्तित हो सकती हैं। हमारी सभी राजनीतिक समस्याएँ और वार्त्ताएँ भारत में बढ़ती हुई भूमि समस्या को बिना ध्यान में रखे होती हैं। अब अगर यह समस्या गाँवों के विशाल जनसमूह को आन्दोलन के लिए प्रेरित करती है, तो इसमें दोष उन लोगों का नहीं है, बल्कि जो इन सभी समस्याओं का हल निकालने में विफल रहे हैं, उनका है।

यह दुख की बात है कि प्रजातांत्रिक व्यवस्था में इन आन्दोलनों को निर्ममता से दबा दिया जाता है। उनसे सम्पर्क साधने और उनकी राय जानने की कोई कोशिश नहीं की जाती है कि उनके लिए कैसी व्यवस्था की जाए ताकि वे अतिवादी रास्ता न अपनाएँ। सैनिक शक्ति इन आन्दोलनों को कुचल सकती है, लेकिन मानव-इतिहास गवाह है कि राज्य की आक्रामक शक्ति इन आन्दोलनों को सदा के लिए नहीं दबा सकी है। अगर हजारों युवक एवं युवतियाँ इसके लिए बलिदान देते हैं, तो इस अतिवादी तरीके को हल्के रूप में नहीं लेना चाहिए।

यह बड़े ही दुख की बात है कि प्रशासन सहानुभूति और आपसी समझदारी से इस समस्या का हल निकालने के बजाय आसान और बर्बर तरीका अपना कर परिस्थिति पर काबू पाना चाहता है। ये बर्बर तरीके समस्याओं को और जटिल बना देते हैं। मजदूरों द्वारा अपनी बेहतर स्थिति एवं कार्य करने के अच्छे माहौल के लिए हड़ताल की जाती है, पर उन्हें बड़ी मुश्किल से लोगों की सहानुभूति मिलती है। यह अच्छी बात है कि आजकल

समाज में शोषण के विरुद्ध आवाज उठाई जा रही है और शोषित के प्रति समर्थन की भावना भी समाज के सभी मंचों पर उठ रही है। पिछले साल रेलवे कर्मचारी अन्याय के खिलाफ हड़ताल पर गए और अपनी आवाज बुलन्द की। इनके साथ बड़ी कड़ाई से निपटा गया, लेकिन यह क्रांतिकारी नौजवानों के साथ की गई कड़ाई से कम थी।

लेकिन युवा क्रांतिकारियों की सुरक्षा में कुछ भी कहा-सुना नहीं गया और उनको खत्म करने के लिए देखते ही गोली मार देना और बड़ी संख्या में बिना सुनवाई के कैद कर देना—जैसे बर्बर तरीके अपनाए गए। उनके खिलाफ यह आरोप लगाया गया है कि यह समाज की स्थापित जीवन-धारा को चुनौती देते हैं। विपक्ष द्वारा संसद में उठाए गए विरोध को यह कह कर दबा दिया गया कि वर्तमान सामाजिक संरचना में इससे कोई खास बदलाव नहीं आ सकता। हमारा संचार माध्यम भी एकपक्षीय जिम्मेदारी अदा करता है और हमेशा स्थापित व्यवस्था के पक्ष में रहता है। यह कभी भी दबे-कुचले लोगों पर हो रहे बर्बर अन्याय का विरोध नहीं करता है। इससे वर्तमान व्यवस्था का विरोध कर रहे लोगों में अलगाव की प्रवृत्ति और प्रखर व धारदार होगी। इसकी साफ झलक हमारे क्रांतिकारी कदमों में दिखती है।

स्वराज की अवधारणा

स्वराज के बारे में एक बार महात्मा गांधी ने कहा था कि स्वतंत्रता कोई शस्त्र नहीं है, जिससे शासन हासिल किया जाए बल्कि इसका अर्थ लोगों को शक्ति प्रदान करना है, जिससे शासन में बैठे लोगों के द्वारा सत्ता के दुरुपयोग का विरोध किया जा सके। अगर आज रूढ़ अर्थों में स्वतंत्रता की माँग को स्वीकार कर लिया जाए, तो वर्तमान शासन को प्रतिरोधात्मक आंदोलन का सामना करना होगा।

विकास की प्रक्रिया लोगों को एक नई शक्ति प्रदान करती है। यह शक्ति वर्तमान में स्थापित राजनीतिक, सामाजिक और आर्थिक संरचनाओं के साथ सामंजस्य स्थापित करती है। अगर सामंजस्य स्थापित करने का कोई प्रयास नहीं किया गया, तो टकराव और प्रतिरोधात्मक आंदोलन अवश्यंभावी होगा। देश के किसी निश्चित क्षेत्र में जब कभी समस्या का सामना करने के लिए हिंसक या अहिंसक आंदोलन होता है, तब यह आंदोलन देश के कुछ धर्मों की कुछ समस्याओं तक सीमित रह जाता है। भेदभाव से पीड़ित व्यक्ति अक्सर इन आंदोलनों को प्रश्रय देते हैं।

विचारों की अभिव्यक्ति की स्वतंत्रता मिलने के बाद जब तिरस्कृत जनता अपने अधिकारों की बात करती है, तब इनके शोषण से लाभान्वित होने वाले व्यक्ति इसका विरोध करते हैं। इसी का परिणाम है कि सम्पन्न वर्ग गरीबों का शोषण कर फल-फूल रहे हैं। इस बात से इनकार नहीं किया जा सकता कि राजनीतिक और प्रशासनिक व्यवस्था में साधन-सम्पन्न वर्गों का व्यवहार भेदभावजनक होता है, जिसके कारण असंतोष बढ़ता है। हर स्तर पर बढ़ते भ्रष्टाचार, बेरोजगारी तथा दोषपूर्ण शिक्षा-नीति की बात करना नौजवानों में निराशा की भावना को बढ़ाता है। अगर इन समस्याओं का समाधान नहीं किया गया, तो आंदोलन का होना निश्चित है। भारत जैसे देश में, जहाँ जनता ज्यादा सहनशील है, वर्तमान व्यवस्था को उखाड़ फेंकने की कोई कोशिश नहीं हुई है। देश के एक कोने से

लेकर दूसरे कोने तक आंदोलन की छिटपुट घटनाएँ होना कोई अच्छी बात नहीं है।

लोगों के मन में यह प्रश्न उठता है कि इतनी बड़ी संख्या में आंदोलन क्यों हो रहे हैं? डॉ. राम मनोहर लोहिया ने इसका उत्तर देते हुए कहा है : "अगर कोई विदेशी शासन के खिलाफ चलाए जा रहे अवज्ञा आंदोलन के क्रम में भारतीयों को मिले प्रशिक्षण को भूल जाए, तो इस प्रश्न का उत्तर कोई नहीं पा सकता। वे विद्वान, जो यूरोपियन अनुभवों की बात करते हैं, इन परिस्थितियों को कभी भी समझ नहीं पाएँगे।" इस वक्तव्य का सार यह है कि भारत की जनता को स्वतंत्रता संघर्ष का अनुभव है। अन्याय के खिलाफ लड़ना वे अपना कर्त्तव्य समझते हैं। जब उनको अनुभव होता है कि अधिकारी अपेक्षित तरीके से काम नहीं कर रहे हैं, तब वे आसानी से इसके विरुद्ध लड़ाई में सम्मिलित हो जाते हैं। यह सिर्फ व्यवस्था की निंदा या सरकार को गिराने का प्रयास ही नहीं है, बल्कि यह सरकार के प्रति विरोध की भावना के पनपने का प्रतीक है।

अगर जनता की शक्ति को व्यवस्थित तरीके से एकजुट किया जाए, तो एक नया भारत बनाया जा सकता है। लेकिन अगर इस शक्ति को दबाया गया और जनता को सरकार की शक्ति के आगे झुकाया गया, तो यह सरकार के लिए विनाशकारी सिद्ध होगा। अगर प्रशासन इनकी तरफ संवेदनशील नहीं होगा, तो इसका परिणाम गंभीर गृहयुद्ध हो सकता है। इन परिस्थितियों में स्वतंत्रता संघर्ष की धरोहर की अवमानना, शांतिपूर्ण तथा व्यवस्थित सामाजिक परिवर्तन की सभी संभावनाओं का नाश होगा।

विरोधात्मक आन्दोलन

कोई भी विरोधात्मक आंदोलन निश्चित रूप से सत्ताधारियों को उद्वेलित करता है। आज देश का वातावरण बढ़ते हुए विरोध के कारण सुलग रहा है, जिसके नतीजे गंभीर होंगे। विरोधात्मक आंदोलन की समीक्षा करते समय सत्ता के भागीदारों एवं सत्ता से बाहर के लोगों की भावनाओं के अंतर को समझना होगा। अगर हम दोनों समझने में नाकामयाब रहे, तो निश्चित रूप से हम गलत परिणामों पर पहुँचेंगे।

इस संदर्भ में श्री जयप्रकाश नारायण के शब्दों को उद्धृत करना उपयोगी होगा। वे कहते हैं : "नई शक्ति सत्ता को बाध्य करने के लिए बनी है। इसे अगर सही तरीके से और सही दिशा में संगठित करें, तो यह कानून, विकास और समाज कल्याण के कार्यक्रमों को लागू करने में महत्त्वपूर्ण भूमिका निभाएगी। इस सामाजिक परिवर्तन और पुनर्निर्माण में जनता एवं युवाओं को भागीदार होना चाहिए।" श्री जयप्रकाश नारायण प्रतिरोधात्मक आन्दोलन का नेतृत्व कर रहे हैं–अगर ये भावनाएँ उन नेताओं द्वारा व्यक्त की जा रही हैं, जो वर्तमान व्यवस्था को चुनौती देते हैं, तब इस भावना को समझने तथा इससे सामंजस्य स्थापित करने से ज्यादा स्वागत-योग्य बात और कोई नहीं होगी। यह अति आवश्यक कदम होगा। प्रतिरोधात्मक आन्दोलन चलाने वालों की भाषा निश्चित रूप से शासन चलाने वालों से भिन्न होती है। शासन चलाने के जिम्मेदार व्यक्ति को हमेशा देश के सभी वर्गों की सहायता लेने के लिए अपने विकल्प खुले रखने चाहिए। हालाँकि कभी-कभी ऐसा करना बेहद असुविधाजनक होता है।

यह दुख की बात है कि इस देश में प्रत्येक प्रतिरोधात्मक आन्दोलन व्यवस्था को चुनौती

के रूप में माना जाता है और इसी के अनुरूप उसका समाधान करने का प्रयास किया जाता है। हाल ही में जयप्रकाश नारायण ने अपने वक्तव्य में जिम्मेदार सेना और पुलिस को सरकार के अनैतिक आदेशों को न मानने की सलाह दी थी। इस पर बहुत शोरगुल मचाया गया। कुछ दोस्तों द्वारा इसे देशद्रोह की संज्ञा दी गई, लेकिन यह उचित होगा कि जयप्रकाश नारायण के इस विचार को दूसरे देशों के प्रतिरोधात्मक आंदोलन द्वारा व्यक्त किए गए संदेशों के संदर्भ में देखा जाना चाहिए। विश्वयुद्ध के दौरान बर्ट्रेंड रसेल ने अंग्रेजी जनता का आह्वान किया था कि वे सेना में न जाएँ। ठीक यही बात मार्टिन लूथर ने कही, जब अमरीका में भारत-चीन के लोगों को कुचलने के लिए लोग सेना में भरती होने जा रहे थे। फ्रांस के मजदूरों ने भी अपने सहकर्मियों के सेना में भर्ती होकर अल्जीरिया जाने का विरोध किया था। इन वक्तव्यों को ईमानदार असहमति की आवाज माना जाता है। किसी ने यह नहीं सोचा कि ये नेता प्रजातंत्र को खत्म करने और देशद्रोह का संदेश देने का प्रयास कर रहे हैं। ये विरोधी अपने किसी उद्देश्य या कर्त्तव्य से प्रेरित हो सकते हैं। इससे कोई इनकार नहीं कि सामान्य मनुष्य का दुःख-दर्द और शोषण अगर यूँ ही चलता रहा, तो इससे हमारी जनता के सभी वर्गों की भावनाओं को जरूर ठेस पहुँचेगी। हमारी सेना और पुलिस गरीबी की समस्या में उलझी हुई है और यदि यह स्थिति एक हद के बाहर तक जारी रही, तो निश्चित रूप से उनके मनोबल को क्षति पहुँचेगी।

जेपी के नेतृत्व में हुए आंदोलन ने बेहद आशा जगाई है। इसकी दिशा और महत्ता स्थापित होनी बाकी है। करिश्माई नेतृत्व, जनता का उत्साह और प्रशंसनीय उद्देश्यों से कुछ लक्ष्यों की ही प्राप्ति हो सकती है। भले ही यह विरोध व्यक्त करने तक सीमित हो। यह विरोधी दल को सत्ताधारी पार्टी को नियंत्रित करने का अवसर प्रदान कर सकती है। यह सत्ताधारियों को पदच्युत करने और विरोधियों में एकजुटता लाने में सफल हो सकती है। आज परिस्थिति की यही विडम्बना है कि शोषण और गरीबी का प्रश्न अब भी अनुत्तरित रह जाएगा।

लेकिन आन्दोलन की यह कमजोरी ही इसकी शक्ति है। इसे समाज के सभी वर्गों का समर्थन प्राप्त हो सकता है। प्रशासन को इसे कुचलने में दिक्कत हो सकती है। तेज कानून-व्यवस्था इस आन्दोलन के खिलाफ कड़ी कार्रवाई के लिए समर्थन तो हासिल कर सकती है, लेकिन उन तत्त्वों को आसानी से खत्म नहीं कर सकती, जो वर्तमान सामाजिक व्यवस्था और उनके आर्थिक संबंधों के बीच बनी खाई को चुनौती देते हैं। बिना व्यवस्था को गंभीर क्षति पहुँचाए विरोध की कार्रवाई की जा सकती है। प्रत्येक विरोधात्मक आंदोलन जनता की पीड़ा में निहित है और जब तक जनता की ये पीड़ाएँ खत्म नहीं हो जातीं, ये आन्दोलन जारी रहेंगे। सत्ताधारियों के लिए एक ही रास्ता खुला है कि वे जनता की पीड़ा दूर करें या समस्याओं का समाधान बातचीत के द्वारा खोजें। इन प्रयासों की अनुपस्थिति में सड़क पर आन्दोलित जनता को काबू में करने की प्रवृत्ति बेकार साबित होगी। यह ध्यान देने योग्य बात है कि अभी तक इस तरह की बातचीत और समझौता संभव नहीं हो पाया है। समझ और सद्भाव की घोषणा दोनों तरफ से की गई है, फिर भी दोनों तरफ के सामाजिक उद्देश्य के प्रति सोच में कोई अंतर नहीं आया है। प्रायः यह निःसहाय वर्तमान शासन-व्यवस्था के आन्तरिक द्वन्द्व को झलकाती है। इन परिस्थितियों से निराश होने का

कोई कारण नहीं है। हमारी जनता में समय के साथ चलने और अन्याय के विरोध में खड़े होने की अद्भुत क्षमता है। एकजुट कार्रवाई के द्वारा वे इस तरह का वातावरण तैयार करेंगे, जिसमें प्रजातांत्रिक मूल्यों के अलावा इसके हल का और कोई विकल्प नहीं रह जाएगा। प्रत्येक संघर्ष उनकी दृढ़ता को मजबूत करेगा और एक नई शक्ति देगा जिससे अंततः विजय और उन्नति का रास्ता प्रशस्त होगा।

कारगिल राष्ट्र के लिए चुनौती

राष्ट्र को आज कारगिल में चुनौती का सामना करना पड़ रहा है। इसका सामना हमें संकल्प और एकता के साथ करना पड़ेगा, इसमें भ्रम की कोई गुंजाइश नहीं है। यह दुर्भाग्य की बात है कि इस समय बहुत से संवेदनशील मुद्दों पर अनावश्यक चर्चा हो रही है। इनमें से एक विवाद हमारी सीमाओं पर सतर्कता और गुप्तचर व्यवस्था की विफलता को लेकर भी है। इस विवाद का कुछ औचित्य हो सकता है किन्तु यह ऐसा प्रश्न नहीं है, जिसके ऊपर इस नाजुक अवसर पर बहस हो। इन मुद्दों पर अपने क्षेत्र से घुसपैठियों को बाहर करने के बाद भी चर्चा हो सकती है।

हमें यह नहीं भूलना चाहिए कि सीमा पर जो कुछ घटित हो रहा था, उसके बावजूद देश को यह विश्वास दिलाने की कोशिश की गई थी कि वर्तमान नेतृत्व के अन्तर्गत हम पाकिस्तान के साथ अपने सम्बन्धों के मामले में नया इतिहास रचने जा रहे हैं। शान्ति तथा आपसी भाईचारे के नए युग की शुरुआत की पहल प्रधानमन्त्री की लाहौर बस यात्रा से दिखाई गई। यह दावा किया गया कि लाहौर घोषणा, भारतीय कूटनीति की सफलता का कीर्तिमान है, किन्तु हमारे पड़ोसी के गन्दे इरादे और उसके बाद की घटनाओं ने हमारे दावे की कलई खोल दी।

हमारी राष्ट्रीय सुरक्षा परिषद और सुरक्षा मामलों के उसके राष्ट्रीय सलाहकार के कामकाज और तौर-तरीके से किसी को भी स्वाभाविक रूप से चिन्ता हो सकती है। परमाणु विस्फोट के बाद हमें वास्तविक नियन्त्रण रेखा के उस पार की सम्भावित शत्रुतापूर्ण कार्रवाई के मद्देनजर अपनी रणनीति का आकलन करना चाहिए था। हमारे राजनीतिक तथा रक्षा विशेषज्ञों से यह आशा की जाती थी कि वह कम-से-कम इस बात का ध्यान रखते कि पाकिस्तान बदली हुई परिस्थितियों में कश्मीर मुद्दे को जीवित रखने और उसे अन्तर्राष्ट्रीय रूप देने के लिए कदम उठा सकता है। हमें यह समझने का प्रयास करना चाहिए कि कश्मीर मुद्दे को जीवित रखना और उसे अन्तर्राष्ट्रीय रूप देना पाकिस्तान के राजनीतिक नेतृत्व की विवशता है, क्योंकि भारत के विपरीत वहाँ की राजनीति सशस्त्र सेना और धार्मिक कट्टरपन्थी शक्तियों से प्रभावित होती रहती है। इस सन्दर्भ में कश्मीर में कुछ गड़बड़ी पैदा करना उनकी सुविचारित रणनीति और राजनीतिक विवशता हो सकती है।

वर्तमान परिस्थितियों में घाटी में गड़बड़ी पैदा करना असम्भव था, इसलिए उसने समुद्र की सतह से 16 हजार फुट की ऊँचाईवाले कारगिल तथा सियाचिन क्षेत्र को चुना। भौगोलिक दृष्टि से यह कोई बहुत अच्छी जगह नहीं है। उनके लिए यह सम्भव था कि वह इसके सामरिक दृष्टि से कुछ महत्त्वपूर्ण स्थानों पर कब्जा कर ऐसी स्थिति पैदा करें, ताकि वह अपने

इस अल्पकालिक जोखिम भरे काम से दुनिया का ध्यान अपनी ओर आकृष्ट कर सकें और पाकिस्तान की जनता में अपने लिए सद्‌भावना पैदा करें। भारतीय सेना के जवान और अधिकारी न केवल जोखिम भरी इस चुनौती का सामना कर रहे हैं, बल्कि अपने साहस और संकल्प से उन्होंने इस विश्वासघात को विफल करने की पहल भी अपने हाथ में ले ली है।

हमारे जवान और सैनिक अधिकारी एक ऐसे युद्ध में लगे हुए हैं, जो उनके ऊपर थोपा गया है, लेकिन राष्ट्र को यह विश्वास है कि रण-कौशल, पेशागत योग्यता तथा क्षमता, अपने कार्य के प्रति प्रतिबद्धता, साहस और देशभक्ति के मामले में भारत की सशस्त्र सेनाओं की किसी और से तुलना नहीं की जा सकती। पूरा देश उनके साथ है और आवश्यक शस्त्र तथा रक्षा उपकरणों की आपूर्ति और इन सबसे बढ़कर देशवासियों का प्यार मिलने पर वह इस चुनौती का सामना सफलता के साथ कर सकेंगे।

रक्षा मामलों में देश के लोगों, विशेषकर राजनीतिक नेतृत्व को अपने आचरण में अधिक परिपक्वता तथा संयम का परिचय देना होगा। यह ठीक है कि विपक्ष को इस स्थिति का राजनीतिक लाभ नहीं उठाना चाहिए, लेकिन सत्तारूढ़ लोगों को भी परस्पर विरोधी वक्तव्य देकर समस्या को और जटिल बनाने तथा लोगों में भ्रम पैदा करने का प्रयास नहीं करना चाहिए। हाल में जिम्मेदार क्षेत्रों में कुछ ऐसी टिप्पणियाँ की गईं जिनसे किसी को लाभ नहीं हो सकता। इस समय यह सलाह उपयोगी होगी कि बातें कम की जाएँ, सुना अधिक जाए और प्रिंट तथा इलेक्ट्रॉनिक मीडिया में अपने व्यक्तित्व को उभारने तथा आत्मप्रशंसा प्राप्त करने की लालसा छोड़ी जाए।

इस समय पाकिस्तान के नेतृत्व को यह समझाया जाना चाहिए कि परमाणविक क्षमता प्राप्त कर लेने के बाद, भारत तथा पाकिस्तान के सम्बन्धों के निर्धारण के बारे में हमारा दृष्टिकोण बदलना चाहिए। हमें निकट सम्बन्ध स्थापित करने के लिए पहल करनी चाहिए, लेकिन इसकी शुरुआत दुस्साहसिक कदमों तथा युद्धोन्माद का वातावरण फैलाने से नहीं हो सकती। इसके खतरनाक और घातक परिणाम हो सकते हैं। वास्तविक नियन्त्रण रेखा को सन्दिग्ध ढंग से बदलने का कोई भी प्रयास विफल होगा और अपने पीछे ऐसा अविश्वास छोड़ जाएगा जो उपमहाद्वीप के लोगों के भविष्य को बेहतर बनाने के लिए आपसी समझदारी तथा सहयोग का वातावरण तैयार करने की पहल को विफल कर देगा।

यंग इंडियन, जून 26, 1999

लोगों को बेवकूफ बनाना छोड़ो

अब वक्त आ गया है जब ऊँची कुर्सियों पर बैठे लोग राष्ट्र को बुद्धू बनाना छोड़ें। मेरी हैरानी की उस वक्त कोई सीमा नहीं रही, जब मैंने लालकिले से प्रधानमन्त्री को कहते सुना कि "दस साल पहले पेट्रोल का आयात करने के लिए इस देश ने सोना गिरवी रखा था। लेकिन आज हमारे पास तीन हजार करोड़ डालर हैं। यह हमारी गाढ़ी मेहनत की कमाई है। हमारे व्यवसायियों ने, हमारे उद्योगपतियों ने, हमारे निर्यातकों ने इसे कमाया है और इस धन का अधिकांश उन लोगों के पास से आया है, जिन्होंने आर्थिक विकास को नजदीक से देखा है और पूँजी को पर्याप्त सुरक्षित समझकर निवेश किया है। अप्रवासी भारतीयों का इसमें महत्त्वपूर्ण योगदान है।"

सच्चाई से मुख नहीं मोड़ा जा सकता। उन्होंने सिर्फ वह बात दोहराई जिसे दो पूर्व प्रधानमन्त्रियों ने कहा था। यह महज तथ्यों को तोड़-मरोड़कर वास्तविकता को छिपाने का प्रयास है। यह जान-बूझकर किया जा रहा है, जिससे विदेशी शक्तियों के हमारे आर्थिक मामलों में निर्णय लेने के अधिकार को न्यायोचित ठहराया जा सके। विदेशी आर्थिक शक्तियों के आसरे अपना काम चलाने की जो बुरी मनोवृत्ति एक दशक पहले हमारी सोच में आ गई है, उसे सही दिशा में उठाया गया बड़ा कदम बताने की कोशिश की जा रही है। यह दुर्भाग्यपूर्ण है कि आर्थिक विकृतियों के शुरुआती लक्षण और आते हुए गहरे संकट का अहसास हो जाने के बाद भी सत्ता में बैठे लोग उन्हीं पाठों का रट्टा लगाए जा रहे हैं, जो विश्व की आर्थिक ताकतों ने उन्हें पढ़ाए हैं।

यह सवाल उठाया जा सकता है कि हमारी विदेशी मुद्रा का भंडार इसलिए है कि हमने आयात के मुकाबले निर्यात ज्यादा किया है। सच्चाई यह है कि पिछले दो दशकों में भारत ने किसी भी साल आयात से एक पैसे का भी ज्यादा निर्यात नहीं किया है। अस्सी के दशक के व्यापार घाटों ने तो देश को भारी अन्तर्राष्ट्रीय कर्ज में डुबो दिया है। नब्बे के दशक में निर्यात की वृद्धि की रफ्तार थोड़ी तेज हुई थी, पर 1996 में इसमें भारी गिरावट आई और इस साल तो स्थिति चिन्ताजनक है। 1995-96 में व्यापार घाटा 16,300 करोड़ रुपए का था और 1996-97 में यह 20,000 करोड़ रुपए के करीब पहुँच गया था। ऐसे में यह जोर देकर कहना कि विदेशी मुद्रा का भंडार हमारे उद्योगपतियों, व्यापारियों और निर्यातकों की मेहनत की कमाई है, पूरी तरह सही नहीं है। हमें यह कहने में हिचक क्यों होनी चाहिए कि आज भी हमारा निर्यात उच्च तकनीकवाले सामानों का न होकर, खेती के सामानों, समुद्री उत्पादों, लघु उद्योगों के उत्पाद, हस्तशिल्प और अन्य परम्परागत वस्तुओं तथा सेवाओं का भी है, जिनका हिस्सा हमारे कुल निर्यात में तीन-चौथाई से भी अधिक है।

चूँकि 'विदेशी मुद्रा के इस भंडार' में व्यापार मद से तो कुछ आ नहीं रहा है, तो साफ है कि यह पैसा विदेशी निवेशों और ऋण के रूप में आया है। यह पूर्णतः पूँजीगत खाते का हिस्सा है। 1994-95 में चालू खाते का घाटा करीब 10,600 करोड़ रुपए था और कुल 27,700 करोड़ रुपए की विदेशी मुद्रा भिन्न-भिन्न मदों से आई थी। इस पूँजीगत खाते के अधिशेष में विदेशी निवेश का हिस्सा 15,000 करोड़ रुपए था और 9500 करोड़ रुपए विदेशी अनुदान, व्यावसायिक ऋण और लघुकालिक ऋण के रूप में आए थे। अधिकांश लोगों को यह नहीं मालूम है कि उदारीकरण के दौर में जो विदेशी पूँजी आई है उसका दो-तिहाई हिस्सा पोर्टफोलियो निवेश का है। और, यह पूँजी मुख्यतः आज लाभ में चल रही, अच्छी स्थिति वाली या अर्थव्यवस्था के महत्त्वपूर्ण क्षेत्रों में काम कर रही कम्पनियों के शेयरों की खरीद में लगी है और विदेशी निवेशकों का यह पैसा विदेशी संस्थाओं के माध्यम से बाजार में आया है। ऐसे में यह जानना आश्चर्यजनक है कि सरकार भारतीय स्टेट बैंक, महानगर टेलिफोन निगम लिमिटेड, भारत पेट्रोलियम कार्पोरेशन, सेल और भेल जैसी सार्वजनिक क्षेत्र की जमी-जमाई प्रतिष्ठित कम्पनियों का शेयर विदेशियों को बेचना अपनी उपलब्धि बता रही है। विदेशी संस्थागत निवेशक निजी क्षेत्र की भी टेल्को, हिंडाल्को, ईस्ट इंडिया होटल, आई.टी.सी., बजाज आटो और एच.डी.एफ.सी. जैसी कम्पनियों को ही पसन्द करते हैं। विदेशी संस्थागत निवेशक तीसरी दुनिया में अपने निवेश से सबसे ज्यादा कमाई करने के लिए ही जाने जाते हैं। भारत में भी यह निवेश मुनाफे और पूँजीगत प्राप्तियों के लिए ही है, यह बहुत स्पष्ट है।

विदेशी मुद्रा भंडार का एक और महत्त्वपूर्ण हिस्सा है व्यापारिक ऋण, और ये अपने साथ अर्थव्यवस्था पर सूद की ऊँची दर का बोझ भी लाद देते हैं। ऋणदाता सिर्फ सूद ही नहीं लेते, कर्जदार देश से अपनी मनचाही शर्तें, जिनमें अक्सर उनका व्यावसायिक लाभ छुपा होता है, भी मनवाते हैं। ऐसे में यह उल्लेख करना भी जरूरी है कि विदेशी मुद्रा का 'भंडार' मिलते ही अस्सी के दशक में हमने किस तरह उसका गैरजिम्मेदाराना उपयोग किया। ऋण के पैसे से हमने अपने राजस्व मद का खर्च भी चलाया। ऐसे में इस 'सुविधाजनक' तरीके का परिणाम देश के लिए क्या हुआ या क्या हो सकता है, हर किसी की समझ में यह आ जाएगा। कठोर निर्णय लिए जाने जरूरी थे, लेकिन लिये नहीं गए। लोगों को बेवकूफ बनाया गया। आत्मनिर्भरता, सादगी और स्वदेशी की नीति का मजाक उड़ाया गया। इसे राजनीतिक नाटकबाजी करार दिया गया। कुछ लोगों के चमक-दमकवाले और पश्चिम की तरह के जीवन के लिए सारे साधन जुटाना सत्ता में बैठे लोगों का नया ध्येय बन गया। परिणाम हुआ कि विश्वबैंक और अन्तर्राष्ट्रीय मुद्रा कोष अपने इस उद्देश्य में सफल हो गए कि भारत योजनाबद्ध विकास के रास्ते से हटे। और इस प्रकार हमने आर्थिक निर्णयों के मामले में अपनी सम्प्रभुता गँवा दी है। लोगों की उम्मीदों और जरूरतों को नजरअन्दाज किया गया और सारा ध्यान सिर्फ विदेशी पूँजी को आकर्षित करने पर लगाया गया। राष्ट्रीय संसाधनों का सही उपयोग कैसे हो यह बात भुला दी गई।

पोर्टफोलियो निवेश जिस तेजी से आता है, उसी तेजी से वापस भी हो जाता है और भारत के लिए यह काफी बड़ा खतरा है कि कहीं यह एकाएक वापस न चला जाए। और बहुत कम समय में ही विदेशी निवेश कम्पनियाँ भारतीय शेयर बाजार में अपनी स्थिति काफी

मजबूत बना चुकी हैं। और उनके इशारों पर बाजार तेज होता है, गिरता है। विदेशी निवेश संस्थाओं की संख्या 400 के आस-पास होगी, पर यह संख्या बेमानी है। कुछ ही संस्थाएँ सक्रिय हैं और ज्यादा पूँजी लगाए हुए हैं। सरकार भी मानती है कि 25 संस्थाएँ ही 60-65 फीसदी खरीद-बिक्री करती हैं। नीति-निर्माताओं ने अभी इस स्थिति की गम्भीरता के बारे में नहीं सोचा है, जब कुछ चुनिन्दा विदेशी वित्तीय संस्थाएँ देश के संगठित क्षेत्र के संचालन में अगुवा भूमिका हथिया लेंगी। आज ही बाजार में जो रोज भारी गिरावट या तेजी आती है और जिस तरह से निगरानीवाली सारी संस्थाएँ तथा लोग सोए पड़े रहते हैं, उससे आम निवेशकों का बाजार से भरोसा उठने लगा है। 'स्कैम' की संख्या बढ़ गई है और नित नए 'स्कैम' की स्थितियाँ बन रही हैं।

यह उम्मीद की जा रही थी कि विदेशी पूँजी के आने से भारतीय उद्योगों का उत्पादन, उत्पादकता और प्रतिद्वन्द्विता बढ़ेगी। इस मामले में भी देश को भारी निराशा हाथ लगी है। विदेशी मुद्रा आई है, पर इससे न तो उत्पादन की क्षमता बढ़ी है, न रोजगार के अवसर। उदारीकरण के दौर में बढ़ी विदेशी कम्पनियों ने भी जितनी विदेशी मुद्रा खर्च की है उससे काफी कम कमाकर दिया है। ऐसा लगता है कि, जो भी पूँजी आई है, वह मुख्यतः बहुराष्ट्रीय कम्पनियों द्वारा अपनी सहयोगी भारतीय कम्पनियों पर अपनी पकड़ बढ़ाने, ऐसी स्थापित कम्पनियों के शेयर खरीदकर पूरी कम्पनी को ही हथियाने और नई उत्पादक तकनीकों को लाने की जगह सिर्फ पुर्जे जोड़कर सामान तैयार करने जैसे कामों पर ही खर्च ही गई है।

पोर्टफोलियो निवेश, जो कुल विदेशी निवेश का सबसे बड़ा हिस्सा है, उत्पादन क्षमता में कोई सीधी या तत्काल वृद्धि नहीं करता। पूँजी पुराने उत्पाद को ही नए नामों से, जैसे मिंट को नेस्ले के 'पोलो' और लैमनचूस को कैडबरीज के 'गुगली' नाम से बेच रही है। यह धारणा कि उत्पादन क्षमता बढ़ रही है, सिर्फ जी बहलाने का खयाल भर है।

बहुराष्ट्रीय निगमों के हाथ में प्रत्यक्ष या परोक्ष रूप से पहुँच चुके उद्योगों की सूची दिन-ब-दिन बढ़ती जा रही है। पारले, क्वालिटी, टॉमको, लॅक्मे, किसान, मिल्कफूड, डीसीएम डैवू, एसआरएफ निप्पोनडेंसो, ड्यूक ऐंड संस, मोटरोला, ब्लू स्टार, कैल्विनेटर, महाराजा, इंटेल जैसी कम्पनियों का किस्सा तो सभी जानते हैं। हाल में एबीएस इंडस्ट्रीज और श्रीराम फाइनेंस का उदाहरण नया है। ईरान तक बहुराष्ट्रीय कम्पनियों को चुनौती देनेवाली भारतीय कम्पनी एशियन पेंट्स की भी यही हालत होने जा रही है। गुजरात गैस, कार्वी कंसल्टेंट्स और टाटा आईवीएम के साथ भी कुछ ऐसा ही होनेवाला है। भारतीय उद्यम अपनी वित्तीय ताकतों से बहुराष्ट्रीय कम्पनियों की वित्तीय और विपणन शक्ति का मुकाबला नहीं कर सकता। वे क्वालिटी और उपयोगिता के मामले में नहीं पिटतीं पर पैसे और विपणन में विदेशी कम्पनियों की ताकत बहुत ज्यादा है।

इधर एक और गड़बड़ हो रही है जिससे सुरक्षित पूँजी का भंडार बड़ा दिखता है। पूँजीगत खातों की देनदारियों को चालू खाते के घाटों के साथ जोड़ने से एकदम अलग तस्वीर, जो बहुत हद तक भ्रम है, दिखती है। ऐसे में अचरज नहीं कि ऊँची कुर्सियों पर बैठे लोगों को यह भ्रम हो जाए कि हमारे निर्यात बहुत कमाई करने लगे हैं। विनिमय दर तय करने की कुंजी विदेशी निगमों के हाथ में पहुँच चुकी है। अब भारतीय निर्यात विश्व की प्रतिद्वन्द्विता में नहीं ठहर सकते। भारत ने क्षणिक स्थायित्व बोध के लिए अपनी वास्तविक कमाई को

खुद ही बलि चढ़ा दिया है। परिणाम यह हुआ है कि निर्यात बढ़ाने के नाम पर फिर से रुपए के अवमूल्यन की माँग की जाने लगी है।

यह बात भले ही अजीब लगे पर इस विदेशी मुद्रा के विशाल भंडार का प्रबन्ध भी सरकार को भारी पड़ रहा है। दो उपाय बताए गए हैं—'इस पूँजी से ऐसी पूँजीगत वस्तुओं का आयात किया जाए जो औद्योगिक विकास में मददगार हों' और 'भारत के लोगों को विदेशों में निवेश की आजादी मिले।' अगर यह भंडार विदेशों में निवेश करने के लिए बना है, तो यह काम कौन करेगा और भारतीय संयुक्त उद्यमों का विदेशों में कैसा कारोबार रहा है ? और क्या विदेशी पूँजी को ही मर्ज की दवा मानने के बुनियादी दर्शन की यह ठीक उल्टी स्थिति नहीं है ? विदेशों में निवेश से पहले हमें अपने प्रचुर प्राकृतिक और मानव संसाधनों का उपयोग करने की बात सोचनी चाहिए। और साथ ही यह भी सोचना चाहिए कि वे पूँजीगत वस्तुएँ क्या हैं जिन पर इस भंडार को खर्च करने की बात कही जा रही है ? कहीं उनका उपयोग नए उपभोक्ता सामानों के उत्पादन के लिए तो नहीं होगा ?

विदेश व्यापार, विदेशी मुद्रा जैसी बातों पर देश को वस्तुस्थिति से अवगत कराया जाए, यह बहुत जरूरी है। अजीबोगरीब बयान देने की जगह लोगों को विश्वास में लिया जाना चाहिए। भारत में बहुराष्ट्रीय कम्पनियों और विदेशी पूँजी निवेश संस्थानों के कामकाज, खासकर उनके विदेशी मुद्रा के खातों का वस्तुगत मूल्यांकन किया जाना चाहिए।

यह दुर्भाग्यपूर्ण है कि ऊँची कुर्सियों पर बैठे लोग अपनी अज्ञानी जनता को भावनात्मक मुद्दे उठाकर बहकाते हैं। प्रधानमन्त्री ने सोना गिरवी रखने की बात कही है। सोना किसी भी देश के लिए संकट की घड़ी में काम आकर ही उपयोगी होता है। कुछ अमीरों के लॉकर में पड़ा रहकर यह राष्ट्र के किसी काम का नहीं रहता। इसका प्रदर्शन सामाजिक तनाव पैदा करता है। मुश्किल पड़ने पर सोना बन्धक रखना और हालत ठीक होने पर उसे वापस लेना तो उस स्थिति से बेहतर है जिसमें हम अपना दूसरों के हवाले कर देते हैं। यह दुर्भाग्यपूर्ण है कि दो पूर्व प्रधानमन्त्रियों ने भी सोना बन्धक रखने की बात कही थी। यह आर्थिक मामलों में उनकी सोच और समझ का स्तर ही दिखाता है।

यंग इंडियन, 30 अगस्त, 1997.

जलते प्रश्न : जवाब चाहिए

वर्ष 1983 में मैंने कन्याकुमारी से राजघाट (दिल्ली) तक की पदयात्रा की थी। यात्रा के दौरान मुझे देश के अलग-अलग हिस्सों में जाने और सुदूर इलाकों को देखने का मौका मिला था। उस यात्रा से मुझे यह भी अवसर मिला कि मैं आम आदमी की समस्या को नजदीक से समझ सकूँ तथा जिन मुसीबतों के बीच वे जिन्दगी गुजार रहे हैं, उसे देख सकूँ। साथ ही उन आदमियों में एक बेहतर भविष्य के प्रति जो आशा और विश्वास था उसे भी मैं महसूस कर सकूँ। एक सुखी और सम्पन्न भारत बनाने के लिए साथ मिलकर कड़ी मेहनत करने की जो सहयोगी भावना उनके अंदर दिखी वह प्रशंसनीय थी। उनमें केवल यह विश्वास जाग्रत करने की आवश्यकता थी कि वे जो परिश्रम कर रहे हैं, वह उनके लिए एक सुखी भविष्य का मार्ग प्रशस्त करेगा।

पदयात्रा के अनुभवों से मैंने अपने को जनता के बहुत निकट महसूस किया तथा उसने मुझे एक वृहत्तर राष्ट्रीय दृष्टि भी प्रदान की। वह यात्रा आज भी मेरे लिए प्रेरणा का एक स्रोत है और उससे मुझे राष्ट्रीय समस्याओं को एक व्यावहारिक दृष्टिकोण से देखने में मदद मिलती है।

बहुधा लोगों ने मुझे गलत समझा है। लेकिन बाद की घटनाओं ने मेरे इस विश्वास को और पुख्ता किया है कि देश की समस्याएँ मेहनतकश जनता के स्वैच्छिक सहयोग से ही हल की जा सकती हैं। भारत जैसे बड़े देश का विकास मुटठी-भर लोगों के भरोसे नहीं किया जा सकता, चाहे वे कितने ही शक्तिशाली और धनी क्यों न हों। भारतीय जनता विदेशों और विदेशी कम्पनियों के भरोसे न तो सम्पन्नता प्राप्त कर सकती है और न अपना जीवन-स्तर ऊपर उठा सकती है। धनी देश, बहुराष्ट्रीय कम्पनियाँ तथा विश्व बैंक और अन्तर्राष्ट्रीय मुद्राकोष जैसी संस्थाएँ उसी सीमा तक भारत की मदद करेंगी, जिस सीमा तक उन्हें स्वयं लाभ हो। अन्तर्राष्ट्रीय व्यापार विशुद्ध व्यापार होता है, वह कोई सामाजिक सेवा नहीं है। अपने देश के लोग थोड़े में ही सन्तोष करते हैं और उनमें कठिन परिश्रम की अद्भुत क्षमता है। हमारे पास अपार प्राकृतिक सम्पदा है और हमारा पर्यावरण सर्वोत्तम है। जरूरत इस बात की है कि हम इनका सही ढंग से इस्तेमाल करें।

आज देश की अधिकांश जनता की बुनियादी जरूरतें पूरी नहीं होती हैं और वह एक बदहाल जिन्दगी जीती है। उसे न तो पीने का साफ पानी मिलता है और न उसके लिए बुनियादी शिक्षा और स्वास्थ्य सेवाओं की व्यवस्था है। अधिकांश लोग कुपोषण के शिकार हैं–खासतौर से बच्चे और गर्भवती माताएँ। कुल मिलाकर देश के विकास की यही तस्वीर उभरती है। जनता से जो वायदे किए गए थे वे पूरे नहीं हुए हैं और आज उनकी आशा का

दीप बुझा हुआ है। जब तक पीड़ित, शोषित और उपेक्षित जनता में वर्तमान अन्यायपूर्ण सामाजिक-आर्थिक ढाँचे को बदलने के लिए पर्याप्त राजनीतिक जागरूकता नहीं पैदा की जाती तब तक गरीबी उन्मूलन और अन्यायपूर्ण सामाजिक-आर्थिक ढाँचे को बदलने की बात एक सपना ही रहेगी। इस उद्देश्य की प्राप्ति के लिए आवश्यक है कि वर्तमान समस्याओं पर खुली बहस हो, ताकि गलतियों को सुधारने और एक नया रास्ता तलाशने की दिशा में हम आगे बढ़ सकें। काम बहुत बड़ा है और थोड़े से चुने हुए लोग ही इसको अंजाम नहीं दे सकते। आज एक ऐसी नई पहल की जरूरत है, जिसमें दृष्टि साफ हो और हमारी जनता के त्याग की भावना, सादा जीवन तथा हमारे राष्ट्र की शानदार परम्पराओं और स्वाभिमान की भावना निहित हो।

हाल के दिनों में राष्ट्रीय और जागतिक पैमाने पर महत्त्वपूर्ण समाजार्थिक तथा राजनीतिक परिवर्तन हुए हैं। उच्चतर विकास के तर्क के आधार पर जिन आर्थिक नीतियों को स्वीकार किया गया था, जिन्हें आज भी जोर-शोर के साथ लागू किया जा रहा है, वे मृगमरीचिका ही साबित हुई हैं। इस बात के लक्षण साफ दिखाई दे रहे हैं कि भविष्य और भी अन्धकारमय हो सकता है। पिछला एक दशक कई मायने में निराशाजनक और दुःखद रहा है। ऐसे वातावरण में मानसिक सन्तुलन बनाए रखना कठिन काम था। आशा की जाती थी कि जिन दूसरे देशों ने ढाँचागत समायोजन की नीति अख्तियार की थी उनके अनुभवों को सामने रखकर हम इन नीतियों का लेखा-जोखा लेंगे। हमने अगर उनके अनुभवों से कोई शिक्षा नहीं भी ली तो अपेक्षा थी कि हम अपने अनुभवों से ही कुछ सीख लेंगे। परंतु जाहिरा तौर पर ऐसा कुछ भी दिखाई नहीं देता है।

राज-शक्ति का इस्तेमाल समाज के दबे और उपेक्षित लोगों के हित में किया जाना चाहिए, न कि उन चन्द मुट्ठी-भर लोगों के हित-संवर्धन के लिए जो पहले से ही सुखी और सम्पन्न हैं तथा जीवन की सभी सुविधाओं का उपभोग कर रहे हैं। आज जो आर्थिक नीतियाँ चलाई जा रही हैं, उनसे केवल प्रभावशाली और शक्तिसम्पन्न भारतीयों तथा विदेशी निजी कार्पोरेशनों को ही लाभ मिल रहा है। आर्थिक शक्ति के थोड़े से लोगों के हाथों में केन्द्रित होने से समाज में निश्चित रूप से तनाव बढ़ेगा। जनता में यह धारणा बलवती हो रही है कि सरकार कुछ बड़े औद्यागिक घरानों और अन्तर्राष्ट्रीय वित्तीय संस्थाओं द्वारा रिमोट-कंट्रोल से चलाई जा रही है। जिस तरह हमारी आर्थिक नीतियों में दखलन्दाजी की जा रही है, निश्चित रूप से उसका असर हमारे राजनीतिक दृष्टिकोण पर भी पड़ेगा।

जब अर्थव्यवस्था में विदेशी प्रभाव बढ़ेगा तो उसकी तार्किक परिणति शक्तिशाली राष्ट्रों द्वारा राजनीतिक हस्तक्षेप में होगी। आज हमारे सामने एक नई तरह की चुनौती है : देश के बड़े औद्योगिक और व्यापारिक घरानों ने बहुराष्ट्रीय कम्पनियों से हाथ मिला लिया है। देश के बड़े औद्योगिक घरानों, बहुराष्ट्रीय कम्पनियों और विश्व बैंक, अन्तर्राष्ट्रीय मुद्रा कोष और विश्व व्यापार संगठन के गठजोड़ का असर आसानी से समझा जा सकता है।

अब समय आ गया है कि हम उन प्रभावों की प्रकृति का लेखा-जोखा करें जिन्होंने देश को पूर्व निर्धारित रास्ते से हटाया है। हमें इस बात का विश्लेषण करने की आवश्यकता है कि उदारीकरण से किन लोगों को लाभ हुआ। इतना तो तय ही है कि आम जनता, लघु तथा कुटीर उद्योग तथा किसान इससे लाभान्वित नहीं हुए हैं। यह आशा भी दुराशा ही साबित

हुई है कि नई आर्थिक नीतियों से रोजगार बढ़ेंगे। इन नीतियों के लाभ और हानि दोनों पर ही बहस की जरूरत है। एक सार्थक बहस के लिए यह भी जरूरी है कि वस्तुस्थिति से सम्बन्धित आँकड़ों को इकट्ठा कर उनका ठीक-ठाक विश्लेषण किया जाए।

इस काम को कौन करेगा ? जाहिर है कि यह काम उन्हीं लोगों के सुपुर्द नहीं किया जा सकता जो उन नीतियों को शंकास्पद प्रभावों के अंदर चला रहे हैं। उदाहरण के लिए, एक लम्बे अर्से तक यह सरकार की जिम्मेदारी थी कि वह अलग-अलग औद्योगिक घरानों की कम्पनियों की सूची प्रकाशित करे और उनकी कुल परिसम्पत्ति किस सीमा तक निजी एकाधिकार और आर्थिक सत्ता के केन्द्रीकरण को दर्शाती है, इसे बताए। आज कोई भी ऐसा कानूनी और प्रशासनिक ताना-बाना नहीं है जो इस प्रकार की सूचना दे और इन समस्याओं पर विचार करे। यह तो कोई भी दावा नहीं कर सकता कि बड़े औद्योगिक घराने नहीं हैं। इस वास्तविकता से हम अपना मुँह क्यों मोड़ते हैं ? स्वाभाविक है कि सरकार ऐसे औद्योगिक घरानों की सूची छापकर अपने को संकट में नहीं डालना चाहती।

इसी कारण यह बात समझ में आती है कि नई आर्थिक नीतियों का लेखा-जोखा तैयार करने की माँग को सरकार क्यों नकारती रही है। राष्ट्रीय प्रश्नों पर सोच-विचार का अभाव चिन्ता का विषय है। उल्टे अगर कोई प्रासंगिक प्रश्न उठाए जाते हैं तो यह समझा जाता है कि अड़ंगा लगाया जा रहा है, राष्ट्रीय प्रश्नों पर किसी भी बड़े पैमाने पर बहस की उपेक्षा की जा रही है। संसद, विधान सभाएँ, अखबार और इलेक्ट्रॉनिक मीडिया सभी महत्त्वहीन मुद्दों पर ही अपने को उलझाए रखते हैं। आज इस बात की सख्त जरूरत है कि बुनियादी प्रश्न उठाए जाएँ : उदारीकरण की नीति से कैसा भारत बनेगा ? क्या देश में एक सन्तुलित विकास होगा या क्षेत्रीय असन्तुलन बढ़ेगा और अधिक विकसित राज्य तेजी से विकास करेंगे और पिछड़े राज्य और पिछड़ते जाएँगे ? किसी क्षेत्र में निवेश और सार्वजनिक पूँजी लगाने का सीधा रिश्ता उस क्षेत्र-विशेष की क्षमता बढ़ाने से जुड़ा हुआ है। 1991 में जो नई आर्थिक नीतियाँ लागू की गईं, उनमें पहले ही यह तय कर दिया गया कि आगे आनेवाले वर्षों में नए उद्योग किन इलाकों में लगेंगे। आधे से ज्यादा औद्योगिक निवेश देश के केवल तीन राज्यों में होना है। उड़ीसा, बिहार, उत्तर प्रदेश और मध्य प्रदेश जैसे राज्यों का हिस्सा इसमें नगण्य है। इसके लक्षण साफ दिखाई दे रहे हैं कि आगे आनेवाले दिनों में क्षेत्रीय असन्तुलन और बढ़ेगा। नई आर्थिक नीति में सार्वजनिक क्षेत्र में निवेश समाप्त कर दिया गया है। क्या बढ़ता हुआ क्षेत्रीय असन्तुलन देश की एकता के लिए खतरा नहीं बनेगा ? हम कुछ ऐसे प्रश्नों की ओर इंगित कर रहे हैं, जिनसे यह पता लगेगा कि नई सरकार किस तरह नीतियों में परिवर्तन कर रही है।

आजकल यह प्रयास तेजी पर है कि सार्वजनिक क्षेत्र आम आदमी पर एक बोझ की तरह है। सार्वजनिक क्षेत्र के प्रशासनिक ढाँचे और उसकी कार्य-प्रणाली में परिवर्तन की आवश्यकता से इनकार नहीं किया जा सकता। अनावश्यक सामानों के उत्पादन के लिए सार्वजनिक क्षेत्र में पैसा लगाने का कोई औचित्य नहीं था। लेकिन इस तथ्य से कोई भी इनकार नहीं कर सकता कि सार्वजनिक क्षेत्र का इस्तेमाल कुछ औद्योगिक घरानों के हित-संवर्धन, कुछ व्यक्तियों को विशेष सुविधा देने तथा राजनीतिक उद्देश्यों की प्राप्ति के लिए उनके साधनों का इस्तेमाल करने के लिए किया गया। सार्वजनिक उद्यमों का प्रबन्धन

बजाय अनुभवी, समझदार और निष्ठावान व्यक्तियों के हाथों में देने के नौकरशाहों के हाथ में सौंप दिया गया। इन उद्यमों की कीमतें भी इस हिसाब से तय की गई कि कुछ उभरते हुए उद्योगपतियों का हित-संवर्धन कर सकें। यह दुर्भाग्यपूर्ण था कि कुछ मजदूर संगठन दूरगामी हितों को नजरन्दाज कर सिर्फ अपने ही स्वार्थों के लिए केन्द्रित रहे। ज्यादा समझदार मजदूर यूनियनों से अधिक सकारात्मक दृष्टिकोण अपेक्षित था। यह दिखाने की कोशिश की गई है कि वे सार्वजनिक उद्यमों के दुश्मन हैं और जोर-शोर से इन आरोपों का प्रचार भी किया गया, परन्तु कभी भी उन पर शान्त वातावरण में कोई बहस नहीं चलाई गई। अगर किसी एकाधिकार व्यवसाय में घाटा हो रहा है, तो इसका एकमात्र कारण उस व्यवसाय का कुप्रबन्धन ही हो सकता है। ऐसी स्थिति में किसी की जिम्मेदारी तय करने का कोई प्रयास नहीं किया गया, बल्कि उल्टे मजदूर वर्ग को दोषी ठहराने और उन्हें हतोत्साहित करने का काम ही किया गया।

आम धारणा यह है कि सरकार पहले किसी सार्वजनिक उपक्रम की बदनामी का अभियान चलाती है और फिर उसे समाप्त करने का प्रयास करती है। सार्वजनिक उपक्रमों के निजीकरण का आधार पहले उनमें भारी घाटे के नाम पर तैयार किया जाता था और अब सरकार ने उसके शेयरों के विनिवेश के जरिए मुनाफा देनेवाली कम्पनियों के स्वामित्व को भी दूसरों को सौंपना शुरू कर दिया है। सार्वजनिक उपक्रमों का निजीकरण संसाधन जुटाने के लिए किया जा रहा है, ताकि अर्थव्यवस्था के कुप्रबन्धन को छिपाया जा सके। राजस्व बढ़ाने और घाटे को पूरा करने के लिए सार्वजनिक सम्पत्ति को बेचने के कार्य को कभी भी तर्कसंगत नहीं कहा जा सकता है। इस मामले में अगर ईमानदार और पारदर्शी दृष्टिकोण अपनाया जाए, तो अधिक अच्छा होगा। सरकार को इस सम्बन्ध में अपनी नीतियों को उचित ठहराने के लिए दुष्प्रचार का सहारा नहीं लेना चाहिए। इस प्रकार की नीति को राष्ट्रहित में नहीं माना जा सकता।

कुछ समय से सरकारी तन्त्र को घटाने की बात की जा रही है। इसके लिए भी निजीकरण का सहारा लिया जा रहा है और विभिन्न स्तरों की शिक्षा को, जिसमें प्राथमिक शिक्षा भी शामिल है, निजी हाथों में सौंपा जा रहा है। इससे निजी स्कूलों की बाढ़ आ गई है और उनके ऊपर कोई कायदा-कानून लागू नहीं हो रहा है। इन स्कूलों में शिक्षा के स्तर पर भी ध्यान नहीं दिया जा रहा है। कुछ ऐसी शिक्षण संस्थाएँ खुल गई हैं, जो शहरी क्षेत्रों में तकनीकी शिक्षा प्रदान कर रही हैं। प्राइवेट मेडिकल तथा इंजीनियरिंग कॉलेजों को खोलने की सरकार की अनुमति से ऐसी स्थिति आ गई है, जिसमें इस प्रकार की शिक्षा मध्यम तथा निम्न आय वर्ग के मेधावी छात्रों के लिए उनकी पहुँच से बाहर हो गई है। इस प्रकार के कॉलेज मोटी फीसें वसूलते हैं, लेकिन इनमें शिक्षा का स्तर निर्धारित न्यूनतम मानदंड के भी बराबर नहीं होता। इसी प्रकार सरकार द्वारा स्वास्थ्य सेवाओं पर खर्च की जानेवाली रकम में कमी कर देने से निजी अस्पताल तथा निजी डिस्पेंसरियाँ खुलने लगी हैं, लेकिन उनमें गरीब लोगों का इलाज नहीं हो पाता। इसके साथ ही दवाइयों की कीमतें अधिक बढ़ने लगी हैं और प्राइवेट डॉक्टरों ने अपने पेशे की नैतिकता को ताक पर रखकर मरीजों का दोहन शुरू कर दिया है।

शिक्षा के कार्यक्रमों के लिए देश को विदेशी सहायता की जरूरत नहीं है। स्कूल खोलने

के लिए न तो विदेशी मुद्रा की जरूरत होती है और न ही विशेष तकनीक की। हमारे देश में बेरोजगार युवकों की संख्या बहुत अधिक है, जिनका उपयोग निरक्षर लोगों को साक्षर बनाने के लिए किया जा सकता है और इस प्रकार के साक्षर लोगों का इस्तेमाल उत्पादक कार्यों के लिए किया जा सकता है। साक्षरता के इस कार्यक्रम की सफलता इस बात पर निर्भर करेगी कि इसमें भाग लेने के लिए कितने युवक तैयार होते हैं। इस कार्यक्रम की सफलता इसके ऊपर होनेवाले खर्च या इसके लिए विदेशी सहायता से नहीं आँकी जा सकती। लोगों को साक्षर बनाने तथा उन्हें स्वास्थ्य सुविधाएँ उपलब्ध कराने के क्षेत्र ऐसे हैं, जिन्हें निजी क्षेत्र के भरोसे नहीं छोड़ा जा सकता।

देश की नई आर्थिक नीतियों का सबसे अधिक असर वित्तीय क्षेत्र पर दिखाई देता है। इसके परिणामस्वरूप पिछले कुछ वर्षों से प्रभावी प्रत्यक्ष कर की दरों और उत्पाद तथा सीमा शुल्क की दरों में कमी आई है। इससे राजस्व में कमी आई है और इस कमी का असर सामाजिक सेवाओं पर होनेवाले खर्च के ऊपर पड़नेवाला है। किसी सरकार के राजस्व की स्थिति से इस बात का निर्धारण होता है कि वह बुनियादी सुविधाओं के लिए कितनी राशि उपलब्ध करा सकती है।

आज के सन्दर्भ में राजसहायता (सब्सिडी) एक बदनाम शब्द बन चुका है। लेकिन सब्सिडी के विरुद्ध नई दलीलें दी जा रही हैं, जो न केवल अतर्कसंगत, बल्कि अत्यन्त अनुचित भी हैं। सार्वजनिक क्षेत्र के कम कीमतवाले उत्पादों का इस्तेमाल औद्योगिक घराने तथा निजी व्यवसायवाले करते हैं लेकिन इसकी कभी चर्चा नहीं होती। दूसरी तरफ निगम क्षेत्र जो अपना मुनाफा बढ़ाने की स्थिति में होता है, विभिन्न प्रकार की रियायतें प्राप्त कर लेता है। वह आयकर की अपनी देनदारियों को भी कम कर लेता है। उसके लिए यह एक प्रकार की अप्रत्यक्ष सब्सिडी है। यह एक ऐसी सब्सिडी है, जिसे कम करने पर विचार किया जाना चाहिए था, लेकिन इस ओर ध्यान न देकर हम खाद्य तथा कृषि सब्सिडी को घटाने की आए दिन बात करते हैं। खाद्य तथा कृषि क्षेत्र की सब्सिडी का लाभ गरीब लोग उठाते हैं। किसी भी सरकार को निर्धनतम व्यक्तियों को दी जानेवाली सब्सिडी को घटाने या उसे समाप्त करने का कोई नैतिक अधिकार नहीं है। इसे न्यायोचित नहीं ठहराया जा सकता। समाज के विभिन्न वर्गों को किस रूप में सब्सिडी मिल रही है, इसके ऊपर सार्वजनिक बहस होनी चाहिए।

हमें यह स्वीकार करना चाहिए कि भारत आज भी गाँवों का देश है। कृषि एक पेशे के अलावा एक जीवन-पद्धति भी है। किसान स्वाभिमानी होते हैं। यह सुझाव जिस पर आजकल गम्भीरता से विचार हो रहा है कि बड़े व्यावसायिक घरानों और बहुराष्ट्रीय कम्पनियों को बड़े फॉर्म बनाकर मशीनों से खेती करने की इजाजत दी जाए, खतरनाक है। जो नीति-निर्धारक हैं उन्हें यह बात अच्छी तरह समझनी चाहिए कि बड़े यन्त्रीकृत फॉर्म बनाकर छोटे काश्तकारों को खेतों से बेदखल करने से बेरोजगारी बढ़ेगी और वे शहरों की ओर रोजी की तलाश में भागेंगे। देश के शहर पहले से ही जनसंख्या के भारी दबाव में हैं। गाँव से जो नए लोग शहरों में आएँगे वे नई मलिन बस्तियों को ही जन्म देंगे। असन्तोष के साथ-साथ कानून और व्यवस्था की भी समस्याएँ पैदा होंगी। ऐसा समझा जाता है कि प्रभावशाली अन्तर्राष्ट्रीय संस्थाएँ अब यह तर्क दे रही हैं कि भारत को अपना खाद्यान्न भंडार बनाने की

जरूरत नहीं है क्योंकि खाद्यान्नों का आवागमन अन्तर्राष्ट्रीय पैमाने पर खुल जाएगा। यह सुझाव किसानों तथा राष्ट्रीय हितों के विरुद्ध है। खाद्यान्न किसी और वस्तु की तरह नहीं हैं। जरूरत पड़ने पर हम भीख का कटोरा लेकर किसी के दरवाजे पर खड़े होना नहीं चाहते! और जब भारत जैसा बड़ा देश बड़े पैमाने पर खाद्यान्नों का आयात करना चाहेगा तो निश्चित है कि अन्तर्राष्ट्रीय बाजार में कीमतें उछाल लेंगी। किसान बोझ नहीं, बल्कि शक्ति के स्रोत हैं। सारी दुनिया में किसानों को राजनीतिक और आर्थिक रूप से समर्थन देना एक सही नीति समझी जाती है और सरकारें उन्हें बड़ी मात्रा में सब्सिडी देती हैं। अगर कभी ऐसी नौबत आती है कि अधिक उत्पादन के कारण खाद्यान्नों की कीमतें गिरने लगती हैं, तो सरकारें खाद्यान्न खरीदकर उन्हें नष्ट कर देती हैं, परन्तु कीमतों को गिरने नहीं देतीं।

विकासशील देशों को सब्सिडी कम करने की सलाह दी जा रही है, जबकि विकसित देश अपने कुल खर्च का आधा भाग सब्सिडी पर खर्च कर रहे हैं। पिछले दशक (1990 से 97) में इन देशों ने सब्सिडी पर 56 से 60 प्रतिशत की रकम खर्च की।

पिछले एक दशक से देश के इनफॉर्मेशन टेक्नॉलॉजी उद्योग की क्षमता की चर्चा बड़े जोर-शोर से हो रही है। सरकार तथा उद्यमियों के उच्च क्षेत्रों में इसका बड़ा प्रचार हो रहा है, लेकिन बुनियादी सवाल यह है कि क्या भारत अपने विकास की जरूरतों को पूरा करने के लिए अपने मानव संसाधन को भी विकसित कर पाएगा। किसी समय मेडिकल, इंजीनियरिंग तथा टेक्निकल कॉलेजों को खोलने और उच्च शिक्षा के विस्तार को देश के विकास का आधार तैयार करने के लिए आवश्यक समझा जाता था। आज देश तकनीकी विशेषज्ञों तथा मजदूरों को बाहर भेजकर विदेशी आय अर्जित कर रहा है। कुछ राज्यों ने इसे आगे बढ़ाने का काम किया है, लेकिन यह देश आज तक अपनी उत्पादित वस्तुओं का निर्यात कर विदेशी आय अर्जित करता रहा है। आज मजदूरों का ही निर्यात कर विदेशी आय कमाने की उल्टी गंगा बहाई जा रही है।

पिछले दशक में, दुर्भाग्यवश तैयार माल के उद्योगों में पूँजी निवेश की गति बहुत धीमी हुई है। इसके अतिरिक्त मशीन-निर्माण और मानवीय संसाधनों में विनियोजन किए जाने से विदेशी मंडियों के लिए सामान तैयार हुआ है—इससे दीर्घकाल में काफी उथल-पुथल होना अवश्यंभावी है। इस दुष्परिणाम के संकेत अभी से मिलने लगे हैं। परिणामस्वरूप समाज में दो वर्ग बन जाएँगे—एक वर्ग तो देश की घरेलू अर्थव्यवस्था पर पूरी तरह निर्भर हो जाएगा और दूसरा वर्ग विदेशी मंडियों पर पूर्णतः निर्भर रहेगा। इससे आय और सम्पत्ति की विषमताएँ पैदा हो जाएँगी। विकासशील देशों की अर्थव्यवस्था में समय-समय पर उतार-चढ़ाव होने के अतिरिक्त इनका देश की तकनीकी सेवाओं पर बुरा असर पड़ेगा, विकासशील देशों में भी दूसरे देश के लोगों के प्रवेश पर सामाजिक और आर्थिक आधार पर रोक लगाने की प्रक्रिया शुरू हो जाएगी। आज भी तथाकथित योग्यता-प्राप्त जनशक्ति को किस प्रकार के रोजगार समृद्ध देशों में उपलब्ध हैं, यह नहीं कहा जा सकता। उन्हें इन देशों में जाकर गुजर-बसर करने के लिए दूसरी तरह के काम करने पर मजबूर होना पड़ता है। अनेक नवयुवकों की इस तरह की स्थिति की कहानी सुनने को मिलती है। एक बार रोजगार के अवसर कम हो जाने पर हमारे देश की जनशक्ति जिसका बाहुल्य है, उसमें निराशा की भावना पैदा हो जाएगी और देश की सामाजिक समस्याएँ सामने आएँगी। सूचना प्रौद्योगिकी में प्रवेश करने की अन्धी

दौड़ की वास्तविकता समझनी चाहिए और इस दिशा में दीर्घकालीन दृष्टिकोण अपनाना चाहिए।

सरकारी आँकड़े औद्योगिक उत्पादन की वृद्धि में गिरावट को छिपाने में सफल नहीं हुए हैं—इसलिए विदेशी पूँजी-निवेश को प्रवेश की छूट देने का कोई औचित्य नहीं है। जहाँ हमारे देश में रोजगार के नए अवसर उपलब्ध नहीं हो रहे हैं, वहाँ हजारों योग्य नवयुवक बेहतर रोजगार के नाम पर अपनी लगी हुई नौकरियों को छोड़ रहे हैं। उदारीकरण की प्रक्रिया से निःसन्देह थोड़े से औद्योगिक घरानों, बहुराष्ट्रीय कम्पनियों और मुट्ठी-भर नए उद्यमियों को फायदा हुआ है। इन पूँजीपतियों ने जो तरीके अपनाए हैं, वे भी सन्देह के घेरे में हैं। उदार विदेशी विनियम नीति ने अनेक बहुराष्ट्रीय कम्पनियों को देश के घरेलू उद्योगों को अपने नियन्त्रण में लेने में मदद की है। बहुराष्ट्रीय कम्पनियों की बढ़ती हुई संख्या का पूरा नियन्त्रण कुछ सहायक उद्योगों पर होता जा रहा है और उनके कामकाज पर किसी का कोई नियन्त्रण नहीं है। इस नई पद्धति से विदेशी विनियम प्रतिबन्ध नियम के माध्यम द्वारा जो उपलब्धि हुई थी, वह भी खत्म हो गई है। विदेशी विनिवेश के स्तर पर जो लक्ष्य रखा गया था वह भी पूरा नहीं हो सका है। इस स्थिति की समीक्षा किसी भी स्तर पर करने का प्रयास भी नहीं किया गया है।

इस तरह के घोटाले लगातार होने के कारण शासन-पद्धति में विश्वास भी खत्म हो रहा है। शेयर-बाजार के घोटाले से स्पष्ट रूप से यह सिद्ध हो गया है कि नीति तैयार करनेवालों ने पिछले घोटालों से कोई सबक नहीं लिया है, घोटाले पूँजी-बाजार में खुली छूट देने के सन्दर्भ में हुए हैं। इसके बाद लाखों पूँजी-विनियोजक इस क्षेत्र में बेईमान लोगों के धोखों में आ गए और उन्हें अपनी रोजी-रोटी भी खोनी पड़ी है और कुछ को तो खुदकुशी भी करनी पड़ी। दुर्भाग्यवश प्रशासन ने इस बारे में पश्चात्ताप नहीं किया है। लोगों को उत्पादक कार्यों में लगाने के बजाय एक ऐसा वातावरण पैदा कर दिया गया है, जिसमें प्रलोभन, भ्रष्टाचार को प्रोत्साहन मिलता है और ऐसी बदतर स्थिति पैदा हुई है, जो भारतीय अर्थव्यवस्था की जड़ों को खोखला करने एवं विदेशी लोगों के जाल में समूचे देश को फँसाने की ओर ले जा रही है। विदेशी दबाव और उसके परिणामों को समझे बिना अपनाई गई नीतियों का ही यह परिणाम है और ये नीतियाँ भी आवश्यक प्रशासनिक योग्यता के बिना विदेशी ताकतों का अनुग्रह प्राप्त करने के लिए लागू की गई प्रतीत होती हैं।

आज दुनिया में एकीकरण और क्षेत्रीय गठबन्धन की प्रवृत्ति है। पूरा पश्चिमी यूरोप आज यूरोपीय यूनियन में संगठित है। नाफ्टा भी बन गया है। इसी तरह भारत ने दक्षिण एशिया के देशों को ऐक्यबद्ध करने के लिए सार्क की स्थापना में अहम भूमिका अदा की थी। सार्क के ढाँचे के बाहर पाकिस्तान से बातचीत इस परिप्रेक्ष्य में दुर्भाग्यपूर्ण है। हमें चाहिए कि हम सार्क को मजबूत करें और क्षेत्रीय सहयोग बढ़ाने में मददगार हों।

भूमंडलीय और उदारीकरण की नीति के ये कुछ दुष्परिणाम हैं। देश की अर्थव्यवस्था में राज्य की भूमिका कम करने के स्थान पर शासन को ज्यादा प्रभावी पार्ट अदा करना होगा। यदि देश की जनता की समस्याओं का समाधान करना है, तो राज्य सरकारों को सामाजिक-आर्थिक परिवर्तन के साधन के रूप में काम करना होगा। राज्य को सभी स्तरों पर प्रभावी हस्तक्षेप करना होगा। वर्तमान बढ़ती हुई प्रशासनिक पद्धति समुचित दृष्टिकोण के बिना न

तो समाज की समस्याओं का समाधान कर सकती है और न उन लोगों के हितों की रक्षा कर सकती है, जिन्हें राज्य की सहायता और सुरक्षा की आवश्यकता है। भारत की शासन-पद्धति को इसलिए पुनर्गठित करने की आवश्यकता है। समुचित प्रशासनिक सुधार सभी स्तरों पर अर्थात् केन्द्रीय, राज्य, जिला और तालुका स्तर पर लागू करने की आवश्यकता है। सार्वजनिक हस्तक्षेप के उद्देश्यों को स्पष्ट रूप से रखा जाना आवश्यक है और प्रशासनिक पद्धति को उद्देश्यों के साथ पारदर्शी बनाना जरूरी है।

भारत एक विशाल राष्ट्र है—इसमें आय, सम्पत्ति और उपयोग की विषमताएँ व्यापक रूप से बनी हुई हैं। इसके अतिरिक्त क्षेत्रीय असन्तुलन भी है। इन समस्याओं का हल अपने स्वयं के दृढ़ संकल्प और साधनों के माध्यम से ही किया जा सकता है। विदेशी ताकत हमारे देश की समस्याओं के टिकाऊ समाधान का प्रावधान नहीं कर सकती। राष्ट्र के समक्ष लक्ष्य देश की जनता के सन्दर्भ में निश्चित किए जाने की जरूरत है। सकल राष्ट्रीय उत्पाद में वृद्धि की दर के लक्ष्य नए रोजगार के अवसर उत्पन्न करने के साथ-साथ निश्चित किए जाने चाहिए। सभी सरकारी कार्यक्रमों का केन्द्र-बिंदु जनहित, विशेषतया कम सुविधाप्राप्त जनता होनी चाहिए। जब तक दलित, महिलाएँ और समाज के दूसरे कमजोर वर्गों को मुख्यधारा में नहीं लाया जाता, प्रतिव्यक्ति आय के आधार पर मापे गए विकास के कोई मायने नहीं हैं। सकल आँकड़ों से असली स्थिति सामने नहीं आती।

आज इस बात की सख्त जरूरत है कि राष्ट्रीय राजनीति में जो घुन लग गया है उसे निकालने और देश की अधिसंख्यक जनता को एक सुखी और सम्मानपूर्ण जीवन का अवसर उपलब्ध कराने के प्रभावी विकल्प के लिए विचार-विमर्श और चर्चा आरम्भ की जाए। हमें एक ऐसा अध्ययन समूह बनाना चाहिए जिसके साथ विचारवान लोग, पत्रकार, बुद्धिजीवी, राजनीतिक पार्टियाँ और भारतीय समाज के वे लोग, जो समाज के बारे में सोचते हैं, सम्बद्ध हों। यह समूह राष्ट्र के सम्मुख उपस्थित समस्याओं का अध्ययन कर उसके नतीजों की जानकारी आम जनता को देगा, ताकि उस पर सार्थक चर्चा हो सके।

एक गम्भीर संकट पैदा हो गया है। इसका कारण यह है कि आज का नेतृत्व सख्त और अप्रिय फैसले करने में ढुलमुल है। कोई भी संकट बिना खतरा मोल लिये हल नहीं किया जा सकता। आज का जो सरकारी नेतृत्व है, जब उसके सामने कोई कठिन विकल्प उपस्थित होता है तो वह आसान रास्तों को तलाशता है। बजाय इसके कि संकट का मुकाबला किया जाए, वे ऐसे रास्तों की तलाश करते हैं कि उससे बचकर निकल जाएँ। नतीजा यह होता है कि संकट और भी गहरा हो जाता है। हमारी राष्ट्रीय राजनीति के क्षेत्र में भी यही हो रहा है। दुर्भाग्यवश जो लोग विपक्ष में हैं, वे भी स्थिति की गम्भीरता को महसूस करने के बजाय केवल सरकार की नुक्ताचीनी तक ही अपने को सीमित कर लेते हैं। जनता को बढ़ते हुए खतरों के प्रति जागृत करने के बजाय वे क्षुद्र झगड़ों में केवल इसलिए लग जाते हैं ताकि सत्ता-पक्ष को बदनाम करने के लिए उन्हें कोई नुक्ता मिल जाए। जहाँ तक सरकार की नीतियों का पर्दाफाश करने का सवाल है वे नए विकल्पों को सोचने में अक्षम हैं। उनके अंदर केवल हिचकिचाहट ही नहीं है बल्कि वे परोक्ष रूप से ऐसे इशारे करते हैं, जिससे कि इस अक्षम सरकार के कामों का ही समर्थन होता है। कारण स्पष्ट है। उनमें से अधिकांश ऐसे हैं, जो एक-न-एक समय पर इन्हीं नीतियों को लागू करने में साझीदार रहे हैं। इस कारण

जनता को वर्तमान समस्याओं की विकरालता को समझाने का काम और भी मुश्किल हो गया।

इन परिस्थितियों में राष्ट्रीय नीतियों के क्षितिज पर एक धुन्ध-सी बढ़ रही है। ऐसा लगता है कि यह बहुत तेजी से पूरे राष्ट्र को ही अपनी लपेट में ले लेगी। परन्तु इस निराशाजनक स्थिति में भी कुछ सकारात्मक लक्षण दिखाई दे रहे हैं, जिनसे यह पता चलता है कि अन्तर्राष्ट्रीय शक्तियों, के सामने आत्मसमर्पण का जो रुझान है, जनता उसका प्रतिरोध करेगी और वे शक्तियाँ जो अपने द्वारा निर्धारित रास्ते पर सारी दुनिया को चलाने का सपना देख रही हैं, उन्हें चुनौती देकर उनका प्रतिरोध करेगी। इस तरह के प्रयास पहले भी सफल नहीं रहे हैं। आगे भी ऐसा ही होगा। मानव स्वतन्त्रता के समर्थन में खड़े होने की भारत की शानदार परम्परा रही है। इसने बहुत से संकटों का सामना किया है। अपने लम्बे इतिहास में भारत ने महान उपलब्धियों के दिन देखे हैं। ऐसे भी दिन रहे हैं, जब भारत पराधीन हुआ और अत्यन्त दुखद दिनों से गुजरा। जो विद्रोह की भावना थी, वह कभी दबी नहीं। आज भी उस दिशा के संकेत मिल रहे हैं। आज जिस तरह किसानों का मोहभंग हो रहा है, जिस तरह मजदूर वर्ग की संगठित आवाज उठ रही है, जिस तरह नौजवानों के अंदर क्षोभ बढ़ रहा है, जिस तरह वे इसका प्रतिरोध करने का इरादा जाहिर कर रहे हैं और जिस प्रकार बुद्धिजीवियों में वर्तमान नीतियों के दुष्परिणामों के बारे में अहसास हो रहा है, उससे एक नई आशा की किरण दिखाई देती है। जरूरत इस बात की है कि उनके पास खुले दिल-दिमाग से जाया जाए। पूर्वग्रहों से हटकर हमें उनके पास जाना है और उनसे कहना है कि राष्ट्र को आत्म-समर्पण की राजनीति से बचाना है और इसका पूरी ताकत से विरोध करना है। इस दिशा में यह एक विनम्र प्रयास है।

यंग इंडियन, 9-15 जून, 2001

सबसे पहले जन-मानस से जुड़ें

पुनः सत्ता में आकर श्रीमती गाँधी ने अगर कुछ अच्छा किया होता, तो शायद यह बात अधिक गहराई से महसूस न की जा रही होती। और, शायद विपक्षी दलों को तब कोई काम भी न होता। उन्हें विघटन के बाद पुनः संगठन के लिए काफी समय मिल जाता। लेकिन, इन्दिरा सरकार किसी भी समस्या के बारे में समाधान नहीं खोज पा रही और उसकी पकड़ ढीली होती जा रही है। किसी समस्या पर सरकार का अंकुश नहीं है। पिछले 10-11 महीनों से सरकार जैसी भी चल रही है, स्वाभाविक गतिशीलता के कारण। इस तरह सरकार कब तक चल सकती है ?

काम करने के दो ही रास्ते होते हैं। जनता को साथ लेकर चलने की कोशिश, या दमन। श्रीमती गाँधी में पहले के मुकाबले कोई परिवर्तन नहीं दिखाई देता। वे यह मानती हैं कि अन्तिम सत्य का ज्ञान सिर्फ उन्हें है और इस देश की समस्याओं की सबसे अधिक जानकारी भी उन्हें ही है। यही विचार आत्मघाती होगा।

पुनः इमर्जेंसी की सम्भावना भी व्यक्त की जा रही है। लेकिन 1975 और आज की स्थिति में बहुत अन्तर है। 1975 में एक बहुत बड़ा बौद्धिक वर्ग यही सोचता रहा कि अवश्य ही इमर्जेंसी लगाने के पीछे श्रीमती गाँधी की कोई बहुत बड़ी मजबूरी रही होगी। इससे नैतिक समर्थन प्राप्त करने में वे सफल भी हुईं। लेकिन, अब अगर वे इतिहास को दोहराती हैं, तो सबको मालूम रहेगा कि यह सब खेल वह सत्ता हथियाने के लिए कर रही हैं।

पिछले दिनों पुलिस की एक खास भूमिका देखने में आई है, पर इसके लिए समूचे पुलिस-तन्त्र को दोष नहीं दिया जा सकता। हाँ, कुछ पुलिस अधिकारियों की मदद सरकार को मिल रही है। पिछले दिनों विधानसभा चुनावों और उपचुनावों में पुलिस के एक वर्ग का विरोधी दलों के विरुद्ध इस्तेमाल किया गया। तब लोगों ने इस ओर ध्यान नहीं दिया। इस तरह की प्रवृत्तियाँ अगर बढ़ती हैं, तो खतरा है। दरअसल भविष्य उससे भी भयंकर है, जितना हम सोचते हैं।

संसद में विपक्ष के लोग अपने ढंग से आलोचना तो करते ही हैं। सरकार की आलोचना करने में विपक्ष चुप रह भी नहीं सकता, लेकिन इन ग्यारह महीनों में सशक्त आलोचना भी विपक्ष नहीं कर पाया है। और, जनता जब एक बार यह समझ जाती है कि विपक्ष विफल रहा है, तो जन-मानस दूसरे विकल्प की ओर बढ़ता है। जिसके साथ यह जन-मानस जुड़ता है, वही असली शक्ति है। विरोधी पार्टियों की आज की भूमिका यह तय करने में निर्णायक होगी कि कल विकल्प कौन बनेगा ?

एकीकरण की बात फिर हो रही है, लेकिन इससे पूर्व यह प्रयोग कोई बहुत सफल नहीं

रहा। यह सही है कि विलय के समय आर्थिक-सामाजिक कार्यक्रमों का पहलू बहुत कमजोर था। उसके प्रति मानसिक लगाव भी नहीं था। लेकिन, उस समय जनतन्त्र की हिफाजत के लिए सभी दल एक हुए, तो उस सीमा तक एकीकरण सृजनात्मक था। अगर कुछ व्यक्तियों की महत्त्वाकांक्षा हर चीज से ऊपर न उठ गई होती, तो मौजूदा स्थिति न आती। अब सामाजिक-आर्थिक मुद्दों पर मिलकर काम करना उचित है। लेकिन, सब लोग मिलकर सत्ता हथियाने की बात करें, तो सफलता नहीं मिलेगी। जनता इस सबको एक बार अस्वीकार कर चुकी है और इसे दोहराना ठीक नहीं।

वैसे भारत में एक बात अच्छी है। अनपढ़, गरीब भी अपने आपको उठाना जानते हैं। उनमें चेतना है और धीरे-धीरे जन-मानस उस दिशा में जा रहा है। विरोध की राजनीति की शक्ति उभर रही है, विपक्षी पार्टियों के दबे रहने के बावजूद। विरोध की राजनीति और विपक्षी दलों की राजनीति में भेद है। असम में जनशक्ति का उभार है। किसान इकट्ठे हो रहे हैं। और भी कई जगह विरोध पक्ष की असफलता के बावजूद यह हो रहा है। सभी एक बिंदु पर केन्द्रित हो रहे हैं। इन्हीं में से कोई राजनीतिक मोर्चा ऐसा निकलेगा, जिसके पीछे लोग चलेंगे। वही राजनीतिक विकल्प बनेगा। जो राजनेता और दल जन-मानस के साथ अपने को जोड़ सकेंगे, वे ही प्रभावकारी होंगे। लेकिन, दो-चार वर्षों में कहीं भी सशक्त विरोधी दल का उदय नहीं होगा। लोग शासन में आते रहेंगे। स्थायी विकल्प ढूँढ़ने के लिए यह प्रक्रिया बहुत जरूरी है।

कठिनाई यह है कि जो लोग यह मानते हैं कि राजनीतिक पार्टियों में गिरावट आ रही है, अशुद्धता आ रही है, राजनीतिक दलों में जनता की आस्था कम होती जा रही है, वे लोग भी यह नहीं सोचते कि इसे ठीक करने में उनका भी कोई योगदान हो। आखिरकार लोगों का भी तो कोई दायित्व है ! कोई आदर्श स्थिति अपने आप पैदा नहीं होती। आदर्श स्थिति ढूँढ़ना ही सबसे बड़ी कमजोरी है। हमें सब बुराइयों में से कम बुराइयों को ही चुनना होगा।

'धर्मयुग' से बातचीत पर आधारित

गरीबों से उनका महज राजनीतिक संबंध था

भारत के प्रथम प्रधानमंत्री की हैसियत से नेहरूजी की सबसे अनमोल देन है लोकतांत्रिक संस्थाओं को गरिमा प्रदान करना। लेकिन न तो वे अपने आर्थिक सोच को यथार्थ के धरातल पर साकार कर पाए और न ही नई राजनैतिक शैली विकसित की। चन्द्रशेखर की दृष्टि में उनकी विफलता के कारण, उनकी अभिजात सोच में निहित हैं।

जब मैं संसद में आया, तो नेहरूजी प्रधानमन्त्री थे। उन दिनों कई बार मुझे बहस में हिस्सा लेने का मौका मिला। नेहरूजी से वाद-विवाद भी हुआ। लेकिन व्यक्तिगत रूप से जवाहरलालजी से कभी मैं मिला नहीं। पहली बार मुझे याद है कि राज्यसभा में प्रतापसिंह कैरों से सम्बन्धित कोई सवाल उठा था। उस सवाल को लेकर मैंने प्रश्न पूछा। उसका जो जवाब पंडित जवाहरलालजी ने दिया, वह सही नहीं था। वह स्मृति के आधार पर बोल रहे थे। मैंने चुनौती दी कि प्रधानमन्त्री संसद को गुमराह कर रहे हैं। वह जमाना दूसरा था। डॉ. जाकिर हुसैन साहब राज्यसभा के अध्यक्ष थे। उन्होंने कहा कि कल जब प्रश्नों का समय समाप्त हो जाए, तो आप इस सवाल को उठाइएँ।

कांग्रेस कार्यसमिति ने कैरों के बारे में एक कमेटी नियुक्त की थी। उसने एक रपट दी थी। मेरा सवाल इसी रपट से सम्बन्धित था। लोगों ने कहा कि उस रिपोर्ट को सदन के सामने रखा जाए। पंडितजी ने यह कहा था कि वह पार्टी की अपनी रिपोर्ट है, उसे सदन में रखना ठीक नहीं होगा। मैंने इसी को चुनौती दी थी। जब प्रश्न का समय समाप्त हो गया, तो पहली बार मेरी दिनेश सिंह से मुलाकात हुई, दिनेश सिंह उस समय उपमन्त्री थे, हमारे मित्र थे, नाथ पै जी। उन्हें लेकर वह राज्यसभा की लॉबी में आए, और कहा कि पंडितजी यह पूछ रहे थे कि उस नौजवान मित्र से यह पूछिए कि वह किस आधार पर हमारे वक्तव्य को चुनौती दे रहे थे। मैंने उनसे कहा कि वह गुप्त रिपोर्ट नहीं थी। रिपोर्ट कार्यसमिति में रखी गई। उस पर बहस हुई। लेकिन प्रधानमन्त्रीजी ने कहा कि चूँकि वह गुप्त रिपोर्ट है, इस कारण संसद में नहीं रख सकते। वह कैरों साहब को बचवाने की कोशिश कर रहे थे। उन दिनों हम प्रजा सोशलिस्ट पार्टी में थे।

दूसरे दिन जब सदन में प्रश्न आया, तो मैं समाचारपत्रों की प्रतिलिपि सदन में लाया। उनमें उल्लेख था कि कार्यसमिति की मीटिंग जवाहरलालजी के घर हुई, उसमें वह खुद मौजूद थे। इस बैठक में इस रिपोर्ट पर बहस हुई। मैंने यह कहा कि अध्यक्ष महोदय, इस रिपोर्ट पर बहस हुई, रिपोर्ट भी छपी, लेकिन लोगों ने इस पहलू पर ध्यान नहीं दिया। कल प्रधानमन्त्रीजी उस रिपोर्ट पर चर्चा भी करना चाहते थे, क्योंकि रिपोर्ट में कैरों साहब के

खिलाफ टिप्पणी की गई है।

उस समय दूसरे दिन थे। जोश में मैंने कुछ और भी कहा, पंडितजी उठे और अंग्रेजी में उन्होंने उठते ही कहा कि मैं याददाश्त के आधार पर जवाब दे रहा था। मुझसे गलती हुई। मैं सदन से इसके लिए माफी चाहता हूँ। लेकिन अपने नौजवान दोस्त से यह कहना चाहता हूँ कि जान-बूझकर मैंने कुछ नहीं कहा, और जब वह स्वयं कहते हैं कि रिपोर्ट अखबारों में छप चुकी है, तो फिर छिपाने का कोई मतलब ही नहीं था। अगर वह चाहें, तो रिपोर्ट की प्रति सदन के पटल पर रखी जा सकती है, लेकिन उसका कोई लाभ नहीं है, क्योंकि अध्यक्ष महोदय, रिपोर्ट समाचारपत्रों में छप चुकी है।

वह मामला समाप्त हो गया।

मैं आज जब सोचता हूँ कि वो दिन थे और आज की संसद है। आप तुलना कर सकते हैं, उससे पहले जब चीन ने आक्रमण किया था, तब हमारी एक-दो बार झड़प जवाहरलालजी से हुई थी। ऐसी झड़पें हुईं, लेकिन मैं व्यक्तिगत रूप से कभी जवाहरलालजी से मिला नहीं। यह घटना मैंने इसलिए बताई कि जवाहरलालजी जैसा व्यक्तित्व, उनके जैसा प्रभावशाली प्रधानमन्त्री (चाहे उनमें और जो कुछ कमजोरियाँ हों, नीतिगत सवालों पर हम उनकी आलोचना कर सकते हैं) जहाँ तक सार्वजनिक जीवन में आचरण और व्यवहार का सवाल है और संसदीय मर्यादाओं के निर्वाह का प्रश्न है, उन्होंने उसकी परम्परा विकसित की। इसी उदाहरण से पाठक समझ सकते हैं कि तब से हमारे राजनीतिक और संसदीय जीवन में कितनी बड़ी गिरावट आ गई।

वस्तुतः राजनीति में दो तरह की प्रासंगिकता होती है। एक तो वह राजनीति है, जो समस्याओं के समाधान के सवाल से जुड़ी हुई है। उस बिना पर मैं नहीं समझता कि नेहरूजी की नीतियों से समस्याओं का समाधान हो पाता। इसमें मुझे सन्देह है। लेकिन संसदीय जनतन्त्र जहाँ तथ्यों व वास्तविकताओं और राजनीति की मूलभूत समस्याओं से जुड़ा हुआ है, वहाँ इसकी जड़ें तभी मजबूत होती हैं, जब कुछ औपचारिकताओं का और कुछ परम्पराओं का निर्वाह किया जाए। पंडित जवाहरलाल नेहरू ने संसदीय संस्थाओं में परम्पराओं और मर्यादाओं का निर्वाह करने के लिए एक परम्परा डाली। दुर्भाग्यवश, हम वास्तविक समस्याओं से जूझने की आज जो क्षमता प्राप्त कर सकते थे, वो तो नहीं कर पाए, लेकिन जो औपचारिकताएँ और परम्पराएँ थीं, उनका भी निर्वाह करने में असमर्थ हो गए हैं। मैं ऐसा समझता हूँ कि पंडित जवाहरलाल नेहरू ने प्रधानमन्त्री की हैसियत से संसदीय संस्थाओं को एक मर्यादा दी, उनकी परिधि के अंदर समस्याओं पर बहस करने की छूट दी। उनको बढ़ावा दिया और आज भी इस बात की बड़ी प्रासंगिकता है। समस्याएँ तो शायद थोड़े दिन इन्तजार कर सकती हैं, लेकिन अगर लोगों का यह विश्वास टूट जाए कि संसदीय संस्थाएँ उनकी आकांक्षाओं को अभिव्यक्त करने में असमर्थ हैं, तो मैं नहीं समझता कि जनतन्त्र का जो भी माहौल आज हमें दिखाई पड़ता है, उसे बनाए रखना सम्भव होगा। मैं जब यह बात कहता हूँ, तो कुछ लोग समझ सकते हैं कि मैं निराशावादी हूँ, भविष्य को महज अन्धकार की दृष्टि से देख रहा हूँ, लेकिन मुझे कभी-कभी भय लगता है। समस्याएँ जटिल होती जाएँ, लोगों के अंदर निरुत्साह की भावना आए, तो स्थिति विस्फोटक होती है। लोगों के मन की आकांक्षाएँ पूरी नहीं होती हैं, उसके कारण उनमें निराशा की भावना पैदा होती है। ऐसी स्थिति में अगर

संसदीय संस्थाएँ भी अपनी मर्यादा को छोड़ कर लोगों का यह विश्वास भी न रख पाएँ कि उनके द्वारा उनकी भावनाओं की अभिव्यक्ति हो रही है, तो ऐसे ही समय में अराजकतावादी शक्तियों को बल मिलता है। समाज में जो एक शृंखला है, जो जोड़े हुए है सबको, उसके टूट जाने का बड़ा भारी भय पैदा हो जाता है। जवाहरलाल नेहरू ने संसदीय संस्थाओं को मजबूत बनाकर एक बड़ा मौलिक कार्य किया।

पंडित नेहरू ने जहाँ आधुनिक दुनिया से होड़ लेने के लिए भारत को प्रेरणा दी, वहाँ उनके मन में या कम-से-कम उनकी अभिव्यक्ति में गरीब के सवाल को राजनीति से जोड़ने का सदैव एक प्रयास रहा। उन्होंने एक बार कहा था कि अगर भूमि सुधारों को तेजी से लागू नहीं किया गया, तो गाँवों से एक ऐसी आँधी उठेगी, जिसमें हमारे शासन के तन्त्र चरमरा कर टूट जाएँगे या उड़ जाएँगे। भूमि सुधार तो वह नहीं कर पाए, लेकिन समस्या को समझने में उनकी दृष्टि कम-से-कम बिल्कुल साफ रही।

जवाहरलालजी में अदम्य साहस था। वह साहस व्यक्तिगत रूप से अपने जीवन में उन्होंने उतारा था। किसी भी उग्र भीड़ के सामने वह अकेले खड़े हो सकते थे। मैं नहीं कहता कि यह हर आदमी को करना जरूरी है, लेकिन जनतन्त्र में जो व्यक्ति अपने ही लोगों से शंकालु हो, इतना भयभीत हो कि वह उनके बीच न जा सके, वह बहुत दिनों तक जनतन्त्र को कायम नहीं रख सकता, व्यक्तिगत सुरक्षा के लिए राज्य की जो दमनकारी शक्तियाँ हैं, उन पर विश्वास करना पड़े, तो उससे एक ऐसी मानसिकता पैदा होती है कि धीरे-धीरे वह व्यक्ति लोगों द्वारा स्वेच्छा से दिए गए सहयोग पर निर्भर नहीं रहता, बल्कि राजसत्ता के सहारे दमन की शक्तियों का उपयोग कर अपने को सत्ता में बनाए रखने का प्रयास करता है। यह मैं किसी व्यक्ति के बारे में नहीं कह रहा। ये मानवीय भावनाएँ हैं, जिनसे हममें से कोई परे नहीं है। अगर हर दिन हम बंदूक के साए में रहेंगे, तो बंदूक का इस्तेमाल करना हमारा एक स्वाभाविक धर्म हो जाएगा। वृत्ति बन जाएगी। वह वृत्ति व्यक्ति के लिए नहीं, समाज के लिए घातक सिद्ध हो सकती है, खासकर तब, जब वह व्यक्ति शासन के ऊँचे पदों पर हो, जवाहरलाल नेहरू क्रुद्ध पठानों की भीड़ में अकेले कूद पड़े थे।

ये बातें किसी-किसी को रोमांटिक दिखाई पड़ेंगी, लेकिन मैं समझता हूँ कि अंदर से जब तक बहुत अधिक आत्मविश्वास न हो, तब तक कोई आदमी ऐसा नहीं कर सकता। इस आत्मविश्वास की बहुत कमी आज हम लोगों में, राजनेताओं में (मैं सिर्फ सरकारी पक्ष की बात नहीं करता, विरोधी पार्टी के नेताओं में भी) दिखाई पड़ती है। कभी-कभी मैं सोचता हूँ कि आज हम इस हालत में पहुँच गए हैं कि जहाँ न केवल सरकारी पक्ष में कुर्सियों पर बैठे हुए लोग बंदूक के साए में रहने के लिए विवश हैं, बल्कि विरोधी पक्ष के लोग भी बंदूक के साए में चलने में किसी तरह की ग्लानि या अवमानना महसूस नहीं करते। यह संकट की स्थिति है। मैं नहीं जानता कि आज जवाहरलाल नेहरू की उस साहसिकता का कोई अर्थ हमारे राजनीतिक जीवन में काम करनेवाले लोगों के ऊपर है या नहीं। लेकिन कहीं-न-कहीं साहस दिखाना पड़ेगा। आज उस तरह की व्यक्तिगत साहस की प्रासंगिकता बहुत बढ़ी है, विचारों की अभिव्यक्ति में और अपने आचरण में भी।

आचरण में और अपनी सोच, दोनों में पंडित जवाहरलाल नेहरू ने सही बातों को कम-से-कम कहने का साहस किया, जिसका अभाव आज हमारे राजनीतिक जीवन में और

सामाजिक जीवन में भी दिखाई पड़ता है। चाहे वह सवाल गरीब का हो या धार्मिक उन्माद का, पंडित जवाहरलाल नेहरू ने इन सवालों पर कभी कोई समझौता नहीं किया।

धर्मनिरपेक्षता को उन्होंने अपने जीवन में उतारा था, और न केवल अपने जीवन में उतारा था, बल्कि इसके लिए बराबर प्रयास किया था। धर्म व्यक्ति का अपना निजी साधन है, भगवान तक पहुँचने के लिए या ईश्वरत्व के नजदीक जाने के लिए, लेकिन धर्म को सामाजिक और आर्थिक जीवन में अगर डालने की कोशिश की जाती है, तो धर्म भयावह हो जाता है। यह बात जवाहरलाल नेहरू ने अपने जीवन में उतारी और लोगों के मन में इस बात को बैठाने के लिए निरन्तर प्रयास किया। आज दुःख की बात है कि हमारे राजनेताओं का दृष्टिकोण जो भी हो, लेकिन उनके बारे में हमारे समाज के अल्पमत के लोगों के मन में अविश्वास है। पहले से इनके ऊपर मानसिक तनाव बना हुआ है, अगर राजनेताओं से भी इनका विश्वास टूट गया, तो इनके मन में निराशा और निरुत्साह का जन्म स्वाभाविक है। जब इस तरह की निराशा पैदा होती है, तो उससे तरह-तरह की उन्मादी प्रवृत्तियों को बल मिलता है। इसलिए हम देख रहे हैं कि अल्पमत के सवाल पर सफाई से बात न करने के कारण अल्पसंख्यकों का जो विश्वास टूट रहा है, वह हमारे भविष्य के लिए एक खतरनाक बात सिद्ध हो सकती है। ऐसे सवालों पर जवाहरलाल नेहरू ने कोई समझौता नहीं किया। उन्होंने शायद गरीबी के सवाल का, विषमता और अन्य सवालों के समाधान का प्रयास किया। उसमें शायद बहुत दूर तक वह सफल नहीं हुए, लेकिन लोगों का मनोबल न टूटे, इसके लिए उन्होंने निरन्तर प्रयास किया। इसमें वह बहुत हद तक सफल भी रहे।

किसी भी राष्ट्र या कौम के लिए सबसे भयावह स्थिति वह होती है, जब लोगों का दिल टूट जाता है। मैंने कई बार कहा है कि कोई भी देश बाहरी ताकतों के दबाव से नहीं टूटता, आतंकवादियों के कारण नहीं टूटता, देश तब टूट जाते हैं, जब लोगों के दिल टूट जाते हैं, आज हिंदुस्तान के लोगों का दिल टूट रहा है, न केवल गरीब, आदिवासी या हरिजनों का, बल्कि अल्पमत के लोगों की समस्याओं का भी समाधान नहीं हो रहा। उनकी बातों का जिक्र तक भी करना हम भूल गए हैं, इसलिए लोगों के दिल टूट रहे हैं। इन टूटे हुए दिलों को अगर जोड़ना है, तो जो समाज के नेता हैं, उनको अपने अंदर इंसान का दिल पैदा करना होगा।

कम-से-कम लोगों के जज्बात को समझकर उसको प्रकट करने की क्षमता, साहस और शक्ति जुटानी पड़ेगी। आज उसका बड़ा अभाव हमारे सामाजिक-राजनीतिक जीवन में दिखाई पड़ता है। पंडित जवाहरलाल नेहरू ने प्रधानमन्त्री या राष्ट्र के एक स्वतन्त्रता-संग्राम के सेनानी के रूप में इन बातों को समझा था। इसे समझ कर अपने जीवन में उतारने की कोशिश की थी। मैं समझता हूँ कि कभी-कभी ऐसे गुणों से आदमी बहुत दिनों तक समाज के लोगों के विश्वास को बनाए रखने में सफल हो पाता है। पंडितजी ने यह काम अपने जीवन में किया।

आज जो लोग शासन में हैं, उनके ऊपर से छह माह या साल-भर में लोगों का विश्वास टूट जाता है। इसका कारण है कि खुद शासकों के मन में आत्मविश्वास नहीं है, इसलिए वे दूसरों के मन में विश्वास कैसे पैदा करेंगे, जिसे हम राजनीतिक समझ मानकर मौके-मुताबिक अपनी बातों को बदलने का कौशल कहते हैं, उससे तात्कालिक सफलता तो मिल जाती है, लेकिन इस प्रक्रिया में हम अपने अंदर की उस शक्ति को समाप्त कर देते

हैं, जिस शक्ति के सहारे करोड़ों के मन के विश्वास को बनाए रखा जा सकता है। अपने व्यक्तित्व को बढ़ाने के लिए समय के अनुसार अपनी बातों को बदलते रहना एक राजनीतिक कौशल हो सकता है, लेकिन समाज को एक नई दिशा में ले जाने के लिए करोड़ों लोगों का सहयोग पाने और शक्ति जुटाने की क्षमता का प्रतीक नहीं हो सकता, जवाहरलालजी ने यह बात समझी थी।

उनकी सोच से सम्बन्धित दूसरा पहलू जिसके ऊपर बड़ी चर्चा चलती है। आज भी लोग कहते हैं कि पंडित जवाहरलालजी ने कृषि, छोटे उद्योगों को ज्यादा बढ़ावा नहीं दिया। बड़े उद्योगों-योजनाओं के चक्कर में पड़े रहे। उन्होंने अंधाधुंध पश्चिमी देशों की नकल की। मैं नहीं कहता कि इस प्रक्रिया में सभी सही बातें हुईं। लेकिन एक बात समझने में लोग भूल करते हैं। भारत जैसा विशाल देश जिसकी आबादी आज 80 करोड़ है, वह अपनी बुनियादी जरूरतों, मौलिक आवश्यकताओं के लिए दूसरे देशों पर निर्भर नहीं रह सकता। अगर ऐसे देश को अपने पैरों पर खड़ा होना है, तो कुछ बड़े उद्योगों-प्रोजेक्ट्स को अपने हाथ में लेना आवश्यक है। चाहे वह बिजली बनाने का काम हो, चाहे रेल और पानी के जहाज बनाने का काम या फिर इस्पात का सवाल हो। इन चीजों-सवालों के ऊपर बड़े कारखानों को बनाना आवश्यक था।

पंडित जवाहरलाल नेहरू ने प्रारम्भ में ही इस बात को समझा। यह बात नहीं है कि भारत जैसे देश में जहाँ साधन कम हैं, वहाँ इस तरह की बातों-कार्यों में साधनों का अधिक उपयोग हुआ। ऐसे उद्योग जब लगते हैं, तो उसमें पैसे ज्यादा लगते हैं, उत्पादन में देर होती है। पैसे बहुत दिनों तक उसमें फँसे रहते हैं। दूसरे विकास के कामों में थोड़ी अड़चन पड़ती है, लेकिन स्वावलम्बन को (जो, हमारे राष्ट्रीय आन्दोलन का बड़ा हिस्सा था) भविष्य में भी हम बनाए रख सकें इस बात को समझकर जवाहरलाल नेहरू ने यह काम किया।

दूसरी एक और बात कही जाती है कि पंडित नेहरू ने अन्धाधुन्ध कम्युनिस्ट देशों की नकल की। सार्वजनिक क्षेत्र को लेकर यह सवाल उठाया जाता है।

सही बात यह है कि जिस जमाने में ये उद्योग लगे थे, जैसे लोहे का कारखाना, उस जमाने में हमारे देश का कोई उद्योगपति इन क्षेत्रों में जाने की कोशिश नहीं कर रहा था। जाने के लिए तैयार नहीं था, क्योंकि ये लोग समझते थे कि इन क्षेत्रों में पैसा अधिक लगेगा, उत्पादन देर से होगा। मुनाफा कम होगा। हमारे यहाँ के उद्योगपति उन्हीं क्षेत्रों में जाना चाहते हैं, जहाँ साधन कम लगें, मुनाफा तत्काल हो। मुनाफा जरूरत से ज्यादा हो। कभी-कभी तुलना की जाती है कि निजी उद्योगों में बड़ा ज्यादा विकास हुआ, सार्वजनिक उद्योग के जितने उत्पाद थे, उनका उपयोग निजी उद्योगों ने किया। इन साधनों का इस्तेमाल करके ही वे आगे बढ़े और अपने को लाभकारी सिद्ध कर सके। जब तक सर्वांगीण दृष्टि से हम विचार नहीं करेंगे, एकांगी दृष्टि अपनाएँगे, तो नेहरू की सोच में हमेशा यह लगेगा कि उन्होंने एकांगी दृष्टि अपनाई।

उनके चिन्तन में एक कमजोरी थी, जो अप्रिय है, लेकिन वास्तविकता है। दुनिया का इतिहास यह बताता है कि कभी भी उस व्यक्ति ने (चाहे वह राजपुरुष हो या सन्त-महात्मा हो या कोई बड़ा भारी उद्योगपति हो या विचारक हो) गरीबी की समस्या का हल नहीं किया है, जिसने गरीबी का खुद अनुभव नहीं किया है। जवाहरलाल नेहरू के व्यक्तित्व में यह बड़ी

कमी थी। जवाहरलाल नेहरू नया भारत बनाना चाहते थे। गरीबों के लिए बनाना चाहते थे, लेकिन गरीबी को उन्होंने जाना नहीं था। भारत को बिना समझे हुए वह नए भारत को बनाना चाहते थे। अतीत का इतिहास उन्होंने पढ़ा था। वर्तमान में उन्होंने लोगों के साथ बड़ा निकट का सम्पर्क किया था, लेकिन हमारे जन-जीवन या सार्वजनिक जीवन की यह सबसे बड़ी कमजोरी है कि जो नेता हो जाता है, वह जीवन की वास्तविकताओं से दूर हो जाता है। जवाहरलालजी पंडित मोतीलाल के पुत्र थे। उन्होंने गरीबी को देखकर आँसू बहाना तो सीखा था, लेकिन गरीबी की अनुभूति उनमें नहीं थी। इस कारण उनकी नीतियाँ तो सही दिशा में जा सकती थीं, लेकिन उनके क्रियान्वयन में वह तीखापन, पैनी दृष्टि, वह लगाव नहीं था। इसी कारण सही नीतियों को अपनाकर भी उन्हें क्रियान्वित करने में वह सदैव असफल रहे। सबसे बड़ी कमजोरी उनके आर्थिक चिन्तन की यही थी। वह सही दिशा में सोचते थे, लेकिन वह अपनी सोच को तार्किक परिणाम तक ले जाने में असफल रहे। गरीब से उनका सम्पर्क केवल राजनीतिक या सार्वजनिक जीवन में महत्त्व पाने का था। उनके मानस को झकझोरने की ताकत तो इससे आ सकती थी, लेकिन उस मानस में वह तीव्रता लाने की बात कभी न हो सकी, जो किसी लालबहादुर शास्त्री या कामराज में होती। सरदार पटेल के विचारों से मैं असहमत हूँ, लेकिन सरदार पटेल के मन में किसान के लिए, गरीब के लिए काम करने की, मन की तीव्रता ज्यादा पैनी थी, अपेक्षाकृत पंडित जवाहरलाल नेहरू के। विचारों की दृष्टि से वह अपने वर्ग के घेरे से बाहर नहीं आ सके, यही उनकी सबसे बड़ी कमजोरी थी।

आज देश में जो कमियाँ दिखती हैं, उनके लिए कुछ लोग सारा दोष जवाहरलाल पर मढ़ते हैं। लेकिन यह उनकी अकेली कमजोरी नहीं थी, अगर महात्मा गाँधी को छोड़ दिया जाए, तो जितने लोग विदेशों से शिक्षा प्राप्त करके आए और उस माहौल में रहे, यह उन सबकी भूल का परिणाम है। वे लोग भारतीय सभ्यता-संस्कृति की, उसके अतीत की, भूरि-भूरि प्रशंसा करते नहीं थकते थे। लेकिन वे कभी भी अपने को आधुनिक दुनिया की चकाचौंध से अलग नहीं कर सके। पंडित जवाहरलाल नेहरू उन्हीं में से थे। उन्होंने भारतीयता के बारे में इतना वर्णन किया, गंगा की प्रशंसा करते हुए वह कभी नहीं अघाए, जहाँ उन्होंने *भारतीय इतिहास की झलक* से लोगों के मन को उद्वेलित किया, वहीं एक आश्चर्य है कि पंडित जवाहरलाल नेहरू पाश्चात्य जगत की चकाचौंध से अपने को अलग नहीं रख सके। नतीजा यह हुआ कि जो कुछ विरासत थी अंग्रेजी साम्राज्यवाद की, उसे समाप्त करने का काम जो 1947 में हो सकता था, वह उन्होंने नहीं किया। नौकरशाही जो ब्रिटिश शासन में शासन करने आई, जनता की सेवा करने नहीं, वह स्वतन्त्र भारत में और मजबूत हुई। वह भाषा जो हमारे करोड़ों लोगों के मन में एक हीनता का भाव पैदा करने आई थी, हमें नए युग की पहचान कराने नहीं, वह बनी रही।

मुझे आश्चर्य होता है कि आज भी हमारे देश में लोग यह कहते नहीं थकते कि बिना अंग्रेजी के कुछ नहीं हो सकता। जापान बिना अंग्रेजी के आगे बढ़ सकता है, जर्मनी में अंग्रेजी जाने बिना लोग दुनिया की सबसे बड़ी-बड़ी चीजें कर सकते हैं, फ्रांस तरक्की कर सकता है, लेकिन भारत अंग्रेजी के बगैर आगे नहीं बढ़ सकता ! यह हमारी गुलामी की जो मानसिकता है, इसका असर किसी-न-किसी रूप में जवाहरलाल पर था।

1947 में उन्हें जो शक्ति मिली थी, उस शक्ति का उपयोग एक नया समाज बनाने के

लिए बुनियाद रखने की जो बात थी, वह जवाहरलाल नहीं कर सके। अपने बाल्यकाल से युवावस्था तक अर्जित जो उनका संस्कार था, वह उनके लिए बड़ी भारी बाधा बन गया था। यह बात सही है कि आज चाहे नौकरशाही हो या शिक्षा-प्रणाली हो या हमारी शासन-प्रणाली हो, इन सबमें जो विकृतियाँ आई हैं, उनमें पंडित जवाहरलाल नेहरू की सोच का बहुत बड़ा असर है।

रविवार, 13-19 नवंबर, 1988

राजीव के बचकाने कदमों के नतीजे सामने आने लगे हैं

राजीव गाँधी को निजी तौर पर मैं नहीं जानता, इसलिए उनके व्यक्तित्व के बारे में कुछ कहना मेरे लिए उचित नहीं। लेकिन प्रधानमन्त्री के रूप में मुझे शुरू से ही उनकी क्षमता में सन्देह था। उनमें विचारों की परिपक्वता नहीं है। इस कारण देश की जटिल समस्याओं के समाधान में वह कोई पहल नहीं कर सकते। प्रारम्भ में हमारे देश के अभिजात वर्ग के लोगों और कुछ पढ़े-लिखे लोगों ने उन्हें ऊपर उछाला। इससे उनमें संयम और शालीनता भी समाप्त हो गई। यह नहीं भूलना चाहिए कि राजीव गाँधी का प्रधानमन्त्रित्व शुरू ही हुआ था राजधानी में निर्दोष लोगों की निर्मम हत्याओं से। न तो इन लोगों की प्राण-रक्षा के लिए कुछ किया गया और न ही प्रधानमन्त्री को इन लोगों की पीड़ा से द्रवित होते देखा गया। यह इनकी प्रशासनिक अक्षमता एवं मानवीय संवेदनशीलता के अभाव को उजागर करता है।

इसके तुरन्त बाद इन्होंने अपनी राजनीति की शुरुआत सभी विपक्षी लोगों को देशद्रोही कहते हुए की। एक वर्ष में राजीव गाँधी की एक विशिष्ट उपलब्धि है कि प्रायः सभी वर्गों के लोग इनकी दृष्टि में राष्ट्रविरोधी बन गए हैं। यहाँ तक कि स्वयं उनकी पार्टी भी इससे नहीं बच पाई। जो व्यक्ति सिर्फ स्वयं को और अपने परिवार को ही राष्ट्रभक्त समझे और बाकी लोगों की देशभक्ति पर शक करे, वह लोकशाही के जरिए देश को कैसे चला सकता है ?

नीतियों के सवाल पर राजीव की तुलना उनकी स्वर्गीय माता के साथ करना मुमकिन नहीं। श्रीमती गाँधी राष्ट्रीय आन्दोलन के मूल्यों को समझती थीं। उनकी बार-बार दुहाई देती थीं और हर स्थिति में उन मूल्यों के प्रति समर्पित होने की बात जनता के बीच दोहराती थीं। उन्होंने अपने को कभी इस हालत में नहीं रखा कि दुनिया के दूसरे लोगों के हाथों की वह कठपुतली बन जाएँ। आज नहीं, शुरू से ही श्रीमती गाँधी से सहमत न होते हुए भी मैं उनकी इस क्षमता को सार्वजनिक रूप से स्वीकार करता रहा हूँ।

हमारे आज के प्रधानमन्त्री न तो राष्ट्रीय आन्दोलन के मूल्यों से परिचित हैं और न ही उनके प्रति उनका कोई लगाव है। दून स्कूल में पढ़े उच्च वर्ग के मनचले युवक को जैसे सब कुछ सुहाना दिखता है और वह दुनिया से होड़ लेने के लिए हर तरफ से सहायता पाने के लिए हड़बड़ी में होता है, उसकी एक झलक राजीव के क्रियाकलापों और उनकी नीतियों के निर्धारण में साफ दिखाई दे रही है। इसी कारण आज हम इस मुकाम पर पहुँच चुके हैं। स्वदेशी और स्वावलम्बन जैसी हमारी मान्यताएँ भुला दी गई हैं। ऐसी हालत में उन बाहरी ताकतों की दखलन्दाजी हमारे देश में बहुत अधिक बढ़ सकती है, जिनके सहारे सरकार आज

देश बनाना चाहती है। मुझे यह दुःख के साथ कहना पड़ रहा है कि प्रधानमन्त्री बाहरी ताकतों के दबाव से देश को बचा पाने में पूरी तरह अक्षम हैं।

राजीव गाँधी की अब तक की उपलब्धि यही है कि अपनी प्रशस्ति के लिए उन्होंने प्रचार-साधनों का उपयोग कुशलता से किया है। साथ ही विपक्ष के बहुत से नेताओं और कुछ बुद्धिजीवियों में भी अपने प्रति एक चकाचौंध पैदा की है। समाचारपत्रों और राजनीतिज्ञों ने अकारण इनकी प्रशंसा शुरू की। प्रेस में ऐसी प्रसिद्धि किसी अन्य प्रधानमन्त्री को नहीं मिली। लेकिन बालू के घरौंदों का बनाया हुआ सपनों का किला अब उसी तेजी से ढहता नजर आ रहा है।

जहाँ तक आर्थिक मोर्चे का सवाल है, उसमें सरकार को हर तरफ से कठिनाइयों का सामना करना पड़ रहा है। सत्ता सँभालने के साथ ही प्रधानमन्त्री ने बड़ी तड़क-भड़क के साथ बड़े उद्योगपतियों को आयात की छूट दी, जिससे उद्योगपतियों के प्रशंसा के वह पात्र भी बने। उस समय उन्होंने यह नहीं सोचा कि अन्धाधुन्ध आयात करके हम अपने को कठिनाई में डाल लेंगे, क्योंकि आयात की तुलना में निर्यात बढ़ा पाना हमारे लिए सम्भव नहीं। नई तकनीक लाने के सवाल पर भी अपने देश की क्षमता को ध्यान में रखे बगैर अधिक विकसित देशों की नकल की कोशिश काफी महँगी साबित हो रही है। एक साल पहले आयात की बात करना और अब उसका विकल्प ढूँढ़ने की कोशिश हास्यास्पद ही जान पड़ती है।

शासन में आने के तुरन्त बाद प्रधानमन्त्री ने 'इस्टेट ड्यूटी' (सम्पत्ति कर) समाप्त करने की घोषणा की। बड़े पैसेवालों ने इसको खूब सराहा। कहा गया कि इससे लोगों को अनावश्यक परेशानी होती थी और राजकोष में भी बहुत कम धन आता था। पर नए प्रधानमन्त्री को यह बात नहीं मालूम थी कि इस कर को लगाने के पीछे एक जीवन-दर्शन था कि कोई व्यक्ति सिर्फ बड़े बाप का बेटा होने भर से सारे धन का तुरन्त मालिक नहीं हो सकेगा, इस कर को हटाकर इस समूचे जीवन-दर्शन को नकारा गया है। आर्थिक क्षेत्र में अन्य सुविधाएँ भी बड़े उद्योगपतियों को ही मिलीं, सरकार द्वारा घोषित कपड़ा नीति इसका एक उदाहरण है। जब चारों तरफ यह चर्चा चली कि सरकार पूँजीपतियों की अन्धाधुन्ध समर्थक है और समाज के शोषित वर्गों की अवहेलना हो रही है, तो प्रधानमन्त्री को थोड़ी परेशानी हुई। इंका के लोगों ने भी इस पर सवाल उठाने शुरू किए, तो प्रधानमन्त्री ने उद्योगपतियों के यहाँ छापे डलवाना शुरू किया, छापों के सम्बन्ध में कहा गया कि सरकार को आर्थिक जगत में किसी तरह की घपलेबाजी स्वीकार्य नहीं और आर्थिक जीवन में शुद्धता लाने के लिए यह एक बड़ा सार्थक कदम है। बाद में यह एक बचकानी हरकत भर साबित हुई। छापों में संयम नहीं बरता गया और बहुत से निर्दोष अनावश्यक ढंग से परेशान किए गए।

पिछले साल-भर में जो उद्योग नीति अपनाई गई, उससे बहुत से लघु-कटीर उद्योग समाप्त हो गए। निजी और सरकारी उद्योगों में इन नीतियों के कारण और बिना समझी आधुनिकीकरण की बात से रोजगार के साधन कम हुए हैं, और बेकारी बढ़ी है, जिससे शिक्षित और बेरोजगार युवकों में असन्तोष फैल रहा है। सरकारी कर्मचारियों के बारे में भी कुछ ऐसे निर्णय लिए गए। पिछले साल जो कदम उठाए गए, उनसे गाँव उपेक्षित हुए और मानव जीवन की न्यूनतम आवश्यकताओं को पूरा करने का संकल्प कमजोर हुआ, विषमता बढ़ी, साथ ही गाँव और शहर का अन्तर भी उजागर हुआ। इसका परिणाम भयावह हो सकता है। इसके संकेत हमें

हाल में आर्थिक दृष्टि से पिछड़े इलाकों में घूमने पर देखने को मिल रहे हैं।

जिस नई शिक्षा-नीति की आज बड़े जोरों से चर्चा चलाई जा रही है, उसका समाज की वास्तविकताओं से कोई सम्बन्ध नहीं। आज भी 65 प्रतिशत लोग इस देश में निरक्षर हैं। आर्थिक बोझ से दबे करोड़ों माँ-बाप अपने बच्चों को स्कूल नहीं भेज पाते, बहुत से इलाकों में अब भी प्राथमिक शिक्षा देने तक की व्यवस्था नहीं है। जो लड़के स्कूल में जाते हैं, उनमें से अधिकांश अभाव के कारण बीच में ही पढ़ाई छोड़ने को विवश होते हैं।

ऐसी स्थिति में हर जिले में एक 'मॉडल स्कूल' खोलने की बात करना जनजीवन के साथ एक 'क्रूर' मजाक है। पहली बार सरकार इस घोषित नीति से मुकर रही है कि प्रारम्भिक शिक्षा देना राज्य की नैतिक जिम्मेदारी है। इस क्षेत्र में भी निजी संस्थानों को बढ़ावा मिल रहा है। कितनी बिडंबना की बात है कि जिस देश में ढाई-करोड़ पढ़े-लिखे युवा बेरोजगार हैं और 45 करोड़ लोग निरक्षर हैं, वहाँ हम सबको साक्षर बनाने का प्रयास नहीं कर पाते। इससे यह सिद्ध होता है कि युवा प्रधानमन्त्री को युवा-शक्ति पर भी भरोसा नहीं, यदि ऐसा होता, तो इन पढ़े-लिखे बेकार युवकों को देश के निरक्षर लोगों को साकार बनाने के काम में बड़े पैमाने पर लगाया जाता।

पंजाब समस्या के बारे में मेरी यह हमेशा से राय रही है कि आपसी बातचीत से कोई हल निकालने की कोशिश होनी चाहिए, लेकिन मेरे इस सुझाव का मजाक बनाया गया। गुस्सा भी दिखाया गया और इसे राष्ट्रद्रोह तक की संज्ञा दी गई। प्रधानमन्त्री ने बड़े गर्व से यह ऐलान किया कि जब तक आनन्दपुर साहिब प्रस्ताव है, अकालियों से कोई बातचीत सम्भव नहीं। लेकिन छह महीने भी नहीं बीते और अपनी सारी घोषणाओं को भुलाकर इन्होंने पंजाब में समझौते का कदम उठाया। यदि यही समझौता पहले किया गया होता, तो शायद हम बहुत-सी कठिनाइयों से बच सकते थे, पर जो समझौता हुआ, उसके बारे में भी उलझनें बनी हुई हैं। पंजाब के मुख्यमन्त्री इसे एक तरह से देखते हैं, तो हरियाणा के मुख्यमन्त्री इसे दूसरे रूप में परिभाषित करते हैं। देश का प्रधानमन्त्री, जो इस समझौते का सूत्रधार है, इस बारे में खामोश है।

पंजाब की हालत फिर तेजी से बिगड़ रही है। पता नहीं ऊँट किस करवट बैठेगा। गम्भीर मामलों में बिना सोचे-विचारे डींग हाँकने और फिर लचर दलीलों के आधार पर लीपापोती करने के प्रयासों का यही नतीजा होता है। इस समस्या का समाधान फिर से होगा, इसके बारे में कुछ कहना मेरे लिए मुमकिन नहीं है। जिन लोगों ने इसे उलझाया है, वही इसके लिए जवाबदेह हैं। इसे जान-बूझकर उलझाया गया, ताकि लोगों की भावनाओं से खेलकर उसका राजनीतिक लाभ उठाया जा सके।

पंजाब से थोड़ा ही अलग असम की समस्या है। वहाँ भी कभी एक तबके को तरजीह दी गई, तो कभी दूसरे को उछाला गया। समझौते का नाटक जिस तरह रचाया गया, उससे उन्हें बड़ी वाहवाही मिली। लेकिन अब इसकी पेचीदगियाँ सामने आ रही हैं। असम के युवा नेता जो आज सरकार में हैं, उन्हें अपने संकल्पों को पूरा करना है, और देश का प्रधानमन्त्री सारी जिम्मेदारी उन्हीं पर ढकेल कर अपने को बड़ा राजनेता साबित करने की कोशिश कर रहा है। इससे यहाँ भी समस्या उलझ रही है। असम में अल्पसंख्यक बेचैन हैं और बहुत से लोग अपने भविष्य के प्रति आशंकित हैं। यह मन का डर आगे चलकर बड़ी कठिनाइयाँ पैदा

कर सकता है।

प्रधानमन्त्री देश को तेजी से 21वीं सदी में ले जाने के लिए बेताब हैं। चाहे उनके मन की अकुलाहट कितनी भी हो, इसमें 15 वर्ष तो लगेंगे ही और जो भी 15 वर्षों तक जीवित रहेगा, वह 21वीं शताब्दी में अपने आप ही पहुँच जाएगा, इसके लिए प्रधानमन्त्री की सहायता की विशेष जरूरत नहीं। पर सवाल यह है कि हम किस रूप में 21वीं शताब्दी में पहुँचेंगे। हमारी हालत क्या होगी ? यहाँ लोगों को पीने का शुद्ध पानी उपलब्ध नहीं। बच्चों और गर्भवती स्त्रियों को पौष्टिक आहार नहीं मिलता। स्वास्थ्य सम्बन्धी प्रारम्भिक सुविधाएँ नहीं। अगर यही स्थिति रही, तो 21वीं सदी आते-आते देश में पाकिस्तान की आबादी के बराबर लूले-लँगड़ों और मानसिक रूप से विकृत लोगों की फौज खड़ी हो जाएगी। इस समस्या को समझने में हमारी वर्तमान सरकार पूरी तरह असमर्थ है और इसी कारण बेसिर-पैर की बातें की जा रही हैं।

कम्प्यूटर के जरिए देश को आगे ले जाने की चर्चा की जाती है। कम्प्यूटर कल्पवृक्ष नहीं है, जो मनचाही मुरादें पूरी कर सके। विज्ञान वरदान है, बशर्ते वह हमारे हाथों को अधिक पैदा करने की क्षमता दे, लेकिन यहाँ वह तब अभिशाप हो जाएगा, जब हाथ की रोटी छीनने लगेगा।

1983 के प्रारम्भ में मैंने कन्याकुमारी से दिल्ली तक पदयात्रा की थी। उस समय मैं देश की हालत जानने की कोशिश कर रहा था। आज जो मैं पूर्वी उत्तर प्रदेश और बिहार में गाँव-गाँव घूम रहा हूँ, इसका अभिप्राय उससे अलग है। मैं इन इलाकों की हालत से परिचित हूँ। यहाँ की बेबसी एक चुनौती है। इस चुनौती को हमने स्वीकार किया है। यहाँ के लोगों में शक्ति है, इस शक्ति को जगाने की कोशिश हम कर रहे हैं। उन्हें यह बता रहे हैं कि उनकी लगातार उपेक्षा की गई है। उन्हें उपनिवेश बनाकर लूटा गया है...इसका सुधार वे संगठित बगावत के जरिए ही कर सकते हैं। विशेष रूप से हम यहाँ के युवाओं के बीच यह विश्वास पैदा करने के प्रयास में हैं कि यदि वे अपनी शक्ति और ऊर्जा को पहचान लें तो इस शोषण और उपेक्षा से मुक्ति मिल सकती है। उन्हें इसकी अगुवाई करनी होगी। यह बात सिर्फ यहीं के लिए नहीं। देश के आर्थिक दृष्टि से पिछड़े सभी अंचलों के लोगों पर यह बात लागू होती है। उनकी सोई हुई चेतना को जगाना होगा। उन्हें संगठित करना होगा, ताकि हम लोकशक्ति के सहारे नए समाज की रचना की ओर कदम बढ़ा सकें। जयप्रकाशजी के सन्देश को फिर से घर-घर पहुँचाने का यह मेरा विनम्र प्रयास है। जनता पार्टी ऐसा ही प्रयास देश के दूसरे हिस्सों में भी कर रही है। उड़ीसा के आदिवासी अंचल (कालाहांडी) में हमारे युवा विधायक भक्तचरण दास ऐसा ही प्रयास कर रहे हैं। कुछ अन्य इलाकों में भी इस तरह का काम शुरू हुआ है। अगले एक साल में हमारा प्रयास होगा कि देश के पिछड़े और गरीब वर्गों के युवाओं के मन को झकझोरा जा सके। आज जो देश की स्थिति है, वह 1974 से भी बुरी है। लोग इसके विरोध में खुलकर आने लगे हैं। भारत बंद की अभूतपूर्व सफलता इसका एक ज्वलन्त प्रमाण है। 18 मार्च को पटना में होनेवाला क्रांति मार्च इस दिशा में एक बड़ा कदम होगा।

रविवार, 16-22 मई, 1986

आखिर हम कहाँ जा रहे हैं ?

हमने आर्थिक सुधारों के साढ़े सात साल पूरे कर लिए हैं, पहले की परिचित शैली में कहा जाए, तो यह अवधि डेढ़ पंचवर्षीय योजनाओं के बराबर है। यह इस बात के लिए काफी लम्बी अवधि है कि हम इसका वस्तुपरक मूल्यांकन करें। बैंक फंड एसएपी के अभी भी बहुतेरे समर्थक हैं, जो इस प्रक्रिया को बचाने के लिए 'ज्यादा और तीव्र सुधारों' की वकालत करते हैं। मानो इस प्रक्रिया की शुरुआत इस बात का लिहाज किए बिना की गई है कि इसका बहुतायत लोगों पर क्या असर पड़ रहा है या पड़ेगा। सुधारों की मनमानी प्रक्रिया पर बहस की लौ जलाना जरूरी हो गया है।

नीतियों में बदलाव स्थिरता लाने की प्रक्रिया के रूप में हुआ था, जिसके दो मकसद थे। देश के भीतर मूल्य/स्थिरता लाना और विदेशी मोर्चे पर भुगतान सन्तुलन कायम करना। सुधारों की प्रक्रिया तात्कालिक जरूरतों के लिए शुरू की गई थी, न कि आर्थिक हालात और पहले की आर्थिक नीतियों के स्वतन्त्र और पारदर्शी मूल्यांकन के बाद। आर्थिक सुधार अन्तर्राष्ट्रीय वित्तीय संस्थानों द्वारा निर्धारित की गई शर्तों के तहत लागू किए गए। सुधारों की रूपरेखा स्थायित्व की प्रक्रिया को मजबूत करने तथा निजी क्षेत्र के लिए खुलापन लाकर एक तरफ तो विकास की प्रक्रिया को गति देने और दूसरी ओर अर्थव्यवस्था की क्षमता बढ़ाने के लिए बनाई गई थी, विकास की गति तेज करने के मकसद से तो व्यापक विनियमन, प्रोत्साहनों की बड़ी मात्रा में पेशकश तथा सरकारी क्षेत्र की भूमिका में कटौती की गई। दूसरी तरफ अर्थव्यवस्था की क्षमता बढ़ाने के वास्ते उसे खोला गया और उसे वैश्विक अर्थव्यवस्था के समान लाया गया। खासतौर से औद्योगिक लाइसेंस प्रणाली सिरे से रद्द कर दी गई, पूँजी नियन्त्रण को खत्म कर दिया गया। कम्पनी कानून की व्यापक समीक्षा की गई। असल में विदेशी तकनीकी और वित्तीय साझेदारी को सभी सरकारी बन्धनों से मुक्त कर दिया गया। अतीत में की गई करों की बड़े पैमाने पर चोरियों की परवाह न करते हुए निजी और कम्पनी करारोपण की दरें ऐतिहासिक तौर पर गिरी हैं। विदेशों के पूँजी बाजारों में पहुँच आसान बनाई गई। बैंकिंग व्यवस्था को व्यापक आजादी दी गई, ताकि वह निजी क्षेत्र में पैसा लगा सके। जहाँ तक सार्वजनिक क्षेत्र की बात है, तो विनिवेश सरकार की प्रमुख नीति रह गई। कृषि क्षेत्र, जो अब तक सार्वजनिक क्षेत्र के मत्थे हुआ करता था और यह न्यायसंगत भी था, निजी क्षेत्र के लिए खोल दिया गया।

खुलेपन की प्रक्रिया में व्यापार, प्रौद्योगिकी और निवेश के क्षेत्र में व्यापक नीतिगत बदलाव किए गए। शुल्कों में बेतहाशा कटौती की गई। मात्रात्मक प्रतिबन्ध हमारे उद्योग नहीं, बल्कि व्यापारिक साझेदारों की जरूरतों के अनुसार हटाए जा रहे हैं। प्रौद्योगिकी, यहाँ तक

कि दोहरात्मक व साधारण प्रौद्योगिकी तक के आयात की अनुमति दी गई। कृषि क्षेत्र, जहाँ विदेशी पूँजी की जरूरत नहीं समझी जा रही थी, इसके लिए खोल दिया गया। फेरा को फेमा में बदलने से पहले भी उसकी अनदेखी की जाती रही है, प्रक्रिया में एकरूपता लाने और विदेशी खाते को बचाने के लिए पूँजी बाजार को विदेशी निवेश के लिए खोल दिया गया तथा अर्थव्यवस्था पर बढ़ते खतरों की परवाह नहीं की गई, प्रत्यक्ष विदेशी पूँजी निवेश सुधारों की प्रक्रिया की महत्त्वपूर्ण विशेषता थी और इसके विकास की गति तेज होने की उम्मीद थी।

सच्चाई यह है कि सुधारों की प्रक्रिया का विकास के वितरणशील पहलू से कोई लेना-देना नहीं था। सुधारों के कई पैरवीकारों की निहित दलील यह थी कि 10 से 15 साल तक सात फीसदी प्रतिवर्ष की वृद्धि दर से गरीबी का उन्मूलन हो जाएगा और वितरणात्मक एजेंडे की अपरिहार्यता खत्म हो जाएगी। ये दृढ़ मान्यताएँ थीं और सुविधाजनक भी। ये सुधारों से प्रफुल्लित लोगों के विचारों से अवगत कराती हैं। यह भी काबिले-गौर है कि सुधारों की प्रक्रिया खाद्य सुरक्षा, कृषि में सरकारी निवेश, विशाल कृषि क्षेत्र की सिंचाई वर्षा पर निर्भर होने तथा छोटे और सीमान्त किसानों की समस्याओं जैसे सवालों के लिए उपयुक्त नहीं थी। इसलिए प्रौद्योगिकी और ऊर्जा के क्षेत्र में आत्मनिर्भरता के सवालों के भी अनुरूप नहीं थी।

पिछले साढ़े सात सालों के दौरान असल में हुआ क्या ? यह तो स्वाभाविक है कि सुधारों का अधिकतर अंश यथावत था। लेकिन उनके परिणाम क्या हैं ? क्या कीमतों में अस्थिरता आई ? सुधारों के शुरुआती तीन वर्षों में इसकी तस्वीर कुछ उम्मीद बँधाती दिख रही थी। लेकिन ज्यादा बारीकी से विचार करें और कीमतों की पिछले दिनों की हालत पर नजर डालें, तो उन उम्मीदों पर पानी फिर गया है। थोक मूल्य सूचकांक तक की हालत चिन्ताजनक हो गई, जिसमें दो अंकों तक की वृद्धि हुई और उपभोक्ता मूल्य सूचकांक कभी राहतजनक नहीं रहे। इसमें कोई सन्देह नहीं कि कुछ वस्तुओं, पर्सनल कम्प्यूटरों और अब वाहनों की कीमतों में थोड़ी गिरावट आई है। लेकिन हमारे ज्यादातर देशवासियों के लिए यह निरर्थक है। उनके लिए दो दाल, चावल, गेहूँ, सब्जी, चाय तथा ईंधन की कीमतें और भाड़ा महत्त्वपूर्ण है। लगातार करीब 10 साल के अच्छे मानसून तथा बेतहाशा मन्दी के बावजूद इन वस्तुओं और सेवाओं की हालत उलटी थी। सबसे चिन्ताजनक बात तो यह है कि हमारी सार्वजनिक वितरण प्रणाली (पीडीएस) लगभग चौपट हो गई, क्योंकि एक तो खुले बाजार की कीमतों और पीडीसी कीमतों में बेहद अन्तर है और दूसरे, इसका दायरा लगातार सिमटता गया। ये दोनों बातें सुधारों की प्रक्रिया के प्रत्यक्ष परिणाम हैं। बैंक कोष अर्थशास्त्रियों की मूल तत्त्वों की परिभाषा और भारत के सन्दर्भ में उनकी सन्तुष्टि कुछ भी हो। चिन्ताजनक तथ्य यह है कि कीमतों के रुझान के साथ जन सन्तुष्टि की मूल बातों में सब कुछ ठीक-ठाक नहीं है।

सुधारों के लागू होने के बाद रुपए की कीमत में बेतहाशा गिरावट आई। अभी ज्यादा समय नहीं बीता, जब दो मौके ऐसे आए कि रुपए पर दबाव गहरी चिन्ता का कारण बन गया, व्यापार सन्तुलन बिगड़ता गया, जिसने भुगतान सन्तुलन को और भी गड़बड़ कर दिया। विदेशी मुद्रा के बहुप्रचारित भंडार में बड़ा हिस्सा 'करेंसी' का था। खासकर नजदीक के दक्षिण-पूर्व एशियाई देशों में व्याप्त मन्दी के वक्त इस भंडार के चलता हो जाने से भुगतान सन्तुलन पर संकट को मामूली (कसेंडर्स) दुःस्वप्न मानकर खारिज नहीं किया जा सकता।

क्या भारतीय निजी क्षेत्र को खोलने से औद्योगिक विकास में तेजी आई है ? शुरुआती दो वर्षों के अलावा औद्योगिक क्षेत्र की प्रगति मामूली है।

सबसे ज्यादा गिरावट तो मौजूदा वर्ष में हुई। दरअसल भारतीय उद्योग जगत के अग्रणी लोग, जो शुरू में सुधारों की प्रक्रिया के वाहक बने थे, अब भूमंडलीकरण की ताकतों से 'अनुचित' प्रतिस्पर्द्धा में फँस गए और 'समान अवसरों', यानी संरक्षण उपाय बढ़ाने की माँग कर रहे हैं। व्यापार को खोलने से आखिरकार उद्योग जगत असल भूमंडलीकरण के कुछ नतीजों से रू-ब-रू हुआ है। पूँजीगत वस्तुओं, इलेक्ट्रॉनिक्स, इलेक्ट्रिकल सामानों और मशीनरी, चीनी, कागज और रबड़ तथा रबड़ उत्पादों तक उद्योग के सभी क्षेत्रों में हालत बिगड़ी है। पूँजीगत और माध्यमिक वस्तुओं में मामूली बढ़ोतरी के अलावा बाकी सभी क्षेत्रों में जबर्दस्त नुकसान हुआ। सुधारों के पैरवीकार इस संकट से निबटने के वास्ते सभी श्रम-कानूनों को सिरे से खत्म करने के लिए हल्ला मचाएँगे। लेकिन उद्योग जगत के समझदार लोग भी इस हो-हल्ले को यथार्थ से परे बताएँगे।

विदेशी पूँजी की भारी आमद अभी भी एक सपना है। इसमें कोई सन्देह नहीं कि पूँजी बाजार में आमद में काफी बढ़ोतरी आई है। लेकिन इस साल एक महत्त्वपूर्ण समयावधि में सकल आमद नकारात्मक रही है। प्रत्यक्ष विदेशी निवेश प्रस्तावों की मंजूरी के मुकाबले उनका निवेश काफी कम रहा है। इन निवेशों का विकास की प्रक्रिया पर कोई सकारात्मक असर नहीं पड़ा। दूसरी तरफ इस आमद पर वैसा भरोसा भी नहीं रहा। सुधारवादी तथाकथित 'स्वतन्त्र बिजली उत्पादकों' की भूमिका को लेकर इतने उत्साहित थे कि सरकारी क्षेत्र की बिजली परियोजनाओं की अनदेखी होती गई और नतीजतन उत्पादन क्षमता में कोई बढ़ोतरी नहीं हुई। 'सुधारकों' के सिद्धान्तों की असफलता का इससे बढ़िया सबूत दूसरा नहीं हो सकता और अभी भी बुनियादी ढाँचे के क्षेत्र की सभी समस्याओं के लिए 'थोक मूल्य सूचकांक' के रामबाण की पेशकश की जा रही है।

पिछले तीन वर्षों में वित्तीय हालत गहरे दबाव में रही है। हरेक सरकार इस समस्या को और बढ़ाती गई। समाज के प्रभु वर्ग के पक्ष में हुए फैसलों, खासकर व्यक्तिगत और कम्पनी करों तथा शुल्कों में गैर-जरूरी और अभूतपूर्व कटौती ने वित्तीय समस्या के गहराते जाने में बड़ी भूमिका निभाई है। बार-बार की क्षमादान योजनाओं से हमारे कर ढाँचे की साख पर बट्टा लगा है तथा ईमानदार करदाता के मनोबल को चोट पहुँची है। और इस तरह व्यवस्था को पुष्ट करने की भावी नीतियों की निरन्तरता पर सवाल खड़े किए हैं।

सरकारी क्षेत्र के मनोबल में अभूतपूर्व गिरावट आई है। पहले अच्छा काम करनेवाली इकाइयाँ पैसे की कमी से जूझ रही हैं। घाटा कम करने के नाम पर खर्चों में सारी कटौतियाँ पूँजीगत बजट में कर दी गईं। पहले अच्छी तरह काम कर रही इकाइयाँ प्रतिस्पर्द्धा लागू करने की बिना सोची-समझी नीतियों के चलते बर्बाद हो गईं और बजटीय जरूरतें पूरी करने के लिए विनिवेश की कार्यवाही की जा रही है। जिस क्षेत्र ने पहले वास्तव में अर्थव्यवस्था के विकास में उल्लेखनीय भूमिका निभाई, अब उसे गर्त में डाला जा रहा है, वह भी झूठे आरोपों में, सुधारकों ने हमें बताया था कि सुधार तीव्र प्रगति लाएँगे, इक्विटी या वितरणात्मक पहलू की चिन्ता न करें। लेकिन हकीकत क्या है ?

सुधार के वर्षों के विकास के आँकड़े खुद ही सच्चाई बयान करते हैं। प्रथम तीन वर्षों

के बाद स्थिति सन्तोषजनक नहीं रही। अगर हम विकास पर क्षेत्रवार दृष्टिपात करें, तो हालत और भी चिन्ताजनक दिखती है। पिछले साल योजना आयोग ने ही इस सच्चाई को प्रकट किया था, कि देश के 39 फीसदी से ज्यादा लोग गरीबी रेखा से नीचे जीवन गुजार रहे हैं।

सुधारक हमारे देश की आबादी के उस बड़े हिस्से के बारे में चुप्पी साधे हुए हैं, जो कृषि पर निर्भर है, जो उत्पादन के साधनों पर सार्थक अधिकारों के बगैर गुजर-बसर करते हैं, जिनका अपन श्रम और उत्पादन की पुनर्खरीद की शर्तों पर कोई नियन्त्रण नहीं होता। ये सुधारवादी व्यापक भूमि सुधारों की बात सोचने के बजाय ग्रामीण आबादी के इस बड़े हिस्से के सर्वनाश के लिए कृषि का निगमीकरण करेंगे। कृषि के क्षेत्र में सरकारी निवेश में लम्बे समय से आए ठहराव से भी सुधारवादी चिन्तित नहीं हुए। उनका मॉडल भारतीय कृषि को विश्व कृषि के समरूप लाने की बात करता है। इसका मतलब यह होगा कि खाद्यान्न फसलों और खाद्य सुरक्षा की कीमत पर निर्यात और नकदी फसलों का बेहद जोर रहेगा। इसका असर उन लोगों पर तो नहीं पड़ सकता, जो सुधारों के चलते अभी भी आयातित पनीर और शराब का लुत्फ उठा रहे हैं। लेकिन जो लोग सस्ती दरों पर आवश्यक खाद्य पदार्थों के लिए पीडीएस पर निर्भर रहते हैं, उनके अस्तित्व पर भी खतरा पैदा हो जाएगा।

सुधारकों में रोजगार के सवाल को विकास के सवाल के समकक्ष दुनिया-भर में हाल की रोजगारविहीन प्रगति इस नव क्लासिकल सिद्धान्त को खारिज कर देती है। 80 के दशक के मध्य से अपेक्षाकृत उच्च विकास दर भी हमारी बेरोजगारी को कम नहीं कर सकी। दूसरी तरफ, सुधारों ने छँटनी और बंदी को न्योता दिया है।

सुधारों का दूसरा चिन्ताजनक नतीजा बढ़ती असमानता रही है, भले ही वह व्यक्तियों के बीच हो, वर्गों के बीच हो या फिर क्षेत्रों के बीच। उत्तर प्रदेश, मध्य प्रदेश, असम और बिहार किस कदर पिछड़ रहे हैं, इसे हम आसानी से समझ सकते हैं। अपने सन्दिग्ध सामाजिक मूल्यों के लिए चुनिन्दा लोग इससे पहले इतना पुरस्कृत कभी नहीं हुए थे। असमानताएँ भी इतना साफ तौर पर कभी परिलक्षित नहीं हुई और कभी प्रोत्साहन देने तो कभी वित्तीय अनुशासन लाने के नाम पर समाज के निचले स्तरों और देश के सर्वाधिक पिछड़े अंचलों को उनके अधिकारों से वंचित किया जा रहा है।

सुधारकों और अन्तर्राष्ट्रीय वित्तीय संस्थानों में बैठे उनके आकाओं की ऐसी जोरदार घोषणाओं के बावजूद कि सरकार को शिक्षा और स्वास्थ्य पर ज्यादा-से-ज्यादा संसाधन खर्च करने चाहिए, वास्तविक रुझान अलग तस्वीर पेश करते हैं। ये सेवाएँ राज्य सरकारों के दायरे में आती हैं और अपेक्षाकृत पिछड़े राज्यों में कम होते खर्च, जो कि कुछ हद तक तथाकथित वित्तीय अनुशासन का प्रत्यक्ष नतीजा है, से समस्या और गहराती गई है। आखिरी नतीजा यह है कि राज्य की बेहतर भूमिका और भी संकुचित हो गई है और असमानताएँ अत्यधिक बढ़ती गई हैं।

आर्थिक सुधारों का मामला आर्थिक विशेषज्ञों के बीच ले जाना बहुत महत्त्वपूर्ण है। अब वक्त आ गया है कि जागरूक नागरिक और राजनेता आगे आएँ और अपनी चौकड़ी, शब्दाडंबरों और रहस्यों से पार जाकर नतीजों को जनता के सामने प्रस्तुत करें, जो अपने भविष्य को निर्धारित करने की एकमात्र हकदार है। और बाहरी प्रभावों में आकर बिना पारदर्शिता के लागू की जा रही सुधारों की प्रक्रिया उनके भविष्य का निर्धारण कर रही है,

उनकी सहमति के बिना ही।

हम आखिर जा कहाँ रहे हैं ? नई नीतियों की दिशा की मुख्य विशेषताएँ क्या हैं। सम्भव यह है कि एक व्यापक रूपरेखा बनाई जाए और कुछ जरूरी परिवर्तन सुझाए जाएँ। सबसे पहले और शीघ्रातिशीघ्र सरकार की भूमिका में कमी और संकुचन को रोका जाए। सरकार आगे आकर सुखी और आत्मनिर्भर समाज बनाने की भूमिका स्वीकारे। वित्तीय अनुशासन का मतलब यह तय करना है कि संसाधनों, खासकर कर्ज का इस्तेमाल कुशलतापूर्वक और उत्पादक ढंग से किया जाए, न कि फंड बैंक विशेषज्ञों द्वारा खोजे गए और लागू किए गए सकल घरेलू उत्पाद के जादुई आँकड़ों से मनमानीपूर्वक चिपके रहा जाए।

विकास के लक्ष्य और विकास की प्रक्रिया को नए सिरे से परिभाषित करना होगा। रोजगार सृजन को आर्थिक नियोजन के उद्देश्य के रूप में स्वीकार करना होगा, न कि आर्थिक प्रगति के सह-उत्पाद के रूप में। इसके लिए हमें औद्योगिक विकास के तरीके में मौलिक बदलाव लाने होंगे। अभी तक भारतीय उद्योगों का एकमात्र वांछित लक्ष्य विश्व-बाजार में प्रतिस्पर्द्धा माना गया—जहाँ औद्योगिक नीतियों और नियोजन में यह पहलू महत्त्वपूर्ण है, वहीं यह भी स्वीकार करना होगा कि औद्योगिक प्रगति रोजगार के अवसरों को बढ़ाने तथा क्षेत्रीय असमानताओं का धीरे-धीरे कम करनेवाली होनी चाहिए।

यानी छोटे और ग्रामीण उद्योगों को देश के औद्योगिक मानचित्र पर सम्मानित जगह दिलानी होगी। उनकी आर्थिक विपणन और प्रौद्योगिकीय जरूरतों को पूरी तरह से पूरा करना होगा। अगर इसके लिए विश्व-बाजार की प्रतिस्पर्द्धा के बुरे प्रभावों से बचने के वास्ते कुछ संरक्षण देना पड़े, तो दिया जाना चाहिए।

कृषि में सरकारी निवेश अवश्य बढ़ाना चाहिए। शोध और विस्तार की गतिविधियाँ, खासतौर से सार्वजनिक और सरकारी क्षेत्र में बढ़ाई जानी चाहिए। हमें यह तय करना होगा कि इस क्षेत्र की नीतियों और नियोजन से सिंचाई के लिए वर्षा पर निर्भर छोटे और सीमान्त कृषकों के हित और कल्याण तथा राष्ट्र की खाद्य सुरक्षा पर आँच न आए। इसके लिए हमें भारतीय कृषि को दुनिया की कृषि के समरूप लाने, डब्ल्यूटीओ की शर्तों के आधार पर यूपीओवी जैसी व्यवस्थाओं को स्वीकारने, भारतीय कृषि का निगमीकरण आदि जैसी सुधारवादी सोच की मौजूदा रूढ़ियों को तोड़ना होगा। इतना ही जरूरी यह भी है कि हम हदबंदी कानूनों को लागू करके, जमींदारी खत्म करके भूमि सुधार को बटाई जोतकों की सुरक्षा और खेतिहर मजदूरों के लिए न्यूनतम मजदूरी कानून लागू करें।

सामाजिक कल्याण के क्षेत्र के लिए राशि आवंटन में अत्यधिक बढ़ोतरी करनी होगी। राज्यों को इस वास्ते ज्यादा राशि आवंटित करके उन्हें साधनसम्पन्न बनाना होगा। इस तरह के आवंटन के लिए योग्यता की बाजार जरूरत को आधार बनाना होगा।

साथ ही बढ़ी हुई रकम को स्थानीय निकायों और पंचायती राज संस्थाओं के अधीन करना होगा। यह जरूरी करना होगा कि समाज का प्रभुतासम्पन्न वर्ग राज्य पर बढ़े हुए आर्थिक बोझ को उठाए। इस सम्बन्ध में नव-क्लासिकी आर्थिक दलीलें या वित्तीय अराजकता आड़े नहीं आनी चाहिए।

सबसे अहम बात यह है कि हमें दक्षिण-पूर्व एशियाई देशों, रूस और अब ब्राजील के अनुभवों से सीख लेनी चाहिए। सबसे महत्त्वपूर्ण बात यह है कि हम अपनी अर्थव्यवस्था

अन्तर्राष्ट्रीय वित्तीय पूँजी के हाथों में न जाने दें। सौभाग्य की बात है कि जो लोग हाल तथा पूँजी खाते की परिवर्तनीयता की वकालत करते रहे हैं, अब इस मसले पर मुँह नहीं खोलते। लेकिन इतना ही पर्याप्त नहीं है। चालू और पूँजी खाते में फर्क हमेशा स्पष्ट नहीं रहा है। इतना ही नहीं दीर्घावधि पूँजी आमद बढ़ाने के क्रम में बीमा क्षेत्र को खोलने की जोरदार वकालत की जा रही है और चौतरफा भ्रान्त धारणाओं के बावजूद प्रक्रिया आगे बढ़ाई जा रही है।

असल मुद्दा अर्थव्यवस्था पर संकट को कम करने का है। और यह मकसद हम अपनी जमाओं पर निर्भरता बढ़ाकर तथा कल्पनिक पूँजी आमद, खासतौर पर अन्तर्राष्ट्रीय, वित्तीय पूँजी की भूमिका कम करके पूरा कर सकते हैं। सम्पत्ति का सृजन शेयर बजार में उछाल आने से नहीं, बल्कि औसत किसान और मजदूर की उत्पादकता बढ़ाने से होता है। यह सिर्फ आम आदमी और महिलाओं की समानता, सुरक्षा और गरिमा के माहौल में ही हो सकता है। राष्ट्रीय सम्प्रभुता के इस्तेमाल और भारतीय समाज के ज्यादा-से-ज्यादा लोकतन्त्रीकरण के लिए ज्यादा स्थान चाहिए। ये दोनों प्रक्रियाएँ आर्थिक सुधारों को गति देने के नाम पर नष्ट की जा रही हैं।

आखिरकार, हमें अपने उद्देश्यों को ज्यादा समतामूलक, मानवीय और शोषणमुक्त दुनिया के निर्माण के व्यापक लक्ष्य के मद्देनजर बनाना होगा। इस मकसद के लिए हमें अन्तर्राष्ट्रीय व्यापार और आर्थिक सहयोग की समानान्तर व्यवस्था बनानी होगी। क्षेत्रीय सहयोग और विकासशील देशों के बीच अन्तर्क्षेत्रीय सहयोग पुनर्जीवित करना भी राष्ट्रीय एजेंडे का एक अंग होना चाहिए। पड़ोस के दक्षिण-पूर्व एशियाई देशों की घटनाओं और ब्राजील के संकट के मद्देनजर लैटिन अमेरिका के सम्भावित संकट इस बात के संकेत हैं कि सामूहिक आत्मनिर्भरता के लक्ष्य और रणनीति को हासिल करने की सम्भावनाएँ अस्सी के दशक के मुकाबले उज्ज्वल हैं।

आर्थिक सुधारों के सात वर्ष पूरे होने पर तैयार किया गया आलेख
जो 'प्रभात खबर' में 3-8 फरवरी, 1999 तक छह किश्तों में प्रकाशित किया गया

एक क्रांति बेमिसाल : वही लौटते हुए सवाल

आजादी मिलने के बाद सम्भवतः 1977 ही एक ऐसा वर्ष है, जिसका राजनीतिक सर्वेक्षण करना सबसे कठिन है और सबसे आसान भी। वह साल जयप्रकाश नारायण का था। यह साल भारत के गरीब और सीधे-सादे वोटरों का था। लेकिन इस साल ने एक तथ्य पूर्णतः स्थापित कर दिया है कि देश की आजादी कायम रहेगी।

राष्ट्रीय आजादी हमने 1947 में पाई थी, किन्तु उस अजादी ने हमें व्यक्तिगत स्वतन्त्रता का महत्त्व नहीं समझने दिया था, क्योंकि विदेशी राज से हम सीधे एक लोकतन्त्रवादी देश के नागरिक बन गए थे। इस 'व्यक्तिगत स्वतन्त्रता' के लिए हम पहले कभी नहीं लड़े थे। 1977 ने राष्ट्र की जनता को 'व्यक्तिगत स्वतन्त्रता' हासिल करने का मार्ग दिखाया, जिसे देश के पहले प्रधानमन्त्री और एक महान डेमोक्रेट नेहरू की ही बेटी (इंदिरा गांधी) ने खत्म कर दिया था। मैंने इन्दिरा गाँधी से बार-बार कहा था कि उनके पास चाहे कितनी ही अच्छी सरकारी मशीन हो, शक्ति हो, जब तक जनता का विश्वास नहीं होगा, देश में प्रशासन को सुचारु रूप से चलाकर राज्य करना असम्भव है। इस देश की जनता का अपना चरित्र है। यहाँ की सरकार असफल हो सकती है, जनता नहीं। मेरा इस देश की जनता पर पूरा यकीन है और इसीलिए मुझे देश का भविष्य उज्ज्वल दीखता है। किसी भी देश के इतिहास में वर्ष-दो वर्ष के उथल-पुथल का समय कोई बड़ा महत्त्व नहीं रखता। 1977 का यही राजनीतिक आकलन है।

30 सालों के बाद राष्ट्र के क्षितिज पर तानाशाही के काले घने बादल छा गए थे। राजनीतिज्ञ सोचते थे कि राष्ट्र फासिज्म के गर्त में डूब चुका है। राजनीतिज्ञ निराश थे, पर जनता नहीं। मार्च के चुनाव ने दुनिया के सामने एक बेमिसाल, रक्तहीन, गाँधी और नेहरू के सपनों की क्रांति की। खामोश, हिंसारहित। जयप्रकाश ने जन और सत्ता के समन्वय का जो सपना देखा था, वह पूरा किया देश की जनता ने।

लेकिन 1977 ने जनता पार्टी की सरकार के सामने भी एक बड़ी चुनौती रखी है। 1947 के बाद कांग्रेस 30 साल खींच ले गई, किन्तु हम भली-भाँति समझते हैं कि जनता उन्हीं गलतियों को दोहराने पर हमें 30 महीने भी न देगी। जनता पार्टी ने उसकी आकांक्षाएँ जागृत कर दी हैं। हाल के उपचुनावों में जनता पार्टी की जीतें इसकी द्योतक हैं कि जनता का उस पर अभी विश्वास है। वह आज भी यही चाहती है कि हम एक रहकर राष्ट्र की सेवा करें। किन्तु 1977 में इसी अवाम ने शासकों को समझा दिया कि वह अब सरकार से जनता की उपेक्षा बर्दाश्त नहीं करेगी। इतिहास से इन्दिरा गाँधी ने पाठ नहीं पढ़ा, पर मेरा पूरा विश्वास है कि जनता पार्टी की सरकार इन्दिरा गाँधी की गलतियों से सीख लेकर चौकन्नी रहेगी और

अपने वायदों को पूरा करके देश की जनता की आकांक्षाओं का आदर करेगी, क्योंकि वर्ष '77 ने जनता को रास्ता समझा दिया है और जनता शायद ज्यादा प्रतीक्षा न करे।

किन्तु 1977 ने राजनीतिज्ञों को यह भी बता दिया है कि 'कन्फ्रंटेशन' की राजनीति का हश्र मार्च 1977 सरीखा होता है। सभी जानते हैं कि इस तरह की राजनीति में मेरा कभी विश्वास नहीं रहा। मैं 'नेशनल कांसेंसस और रिकांसिलिएशन' में विश्वास रखता हूँ। देश के सामने अनेक समस्याएँ हैं, जिनका हल मिल-बैठकर ही खोजा जा सकता है। लेकिन यह प्रयास एकतरफा नहीं हो सकता। इसी साल ने मेरी एक और बात साबित कर दी कि स्वयं को जन-आकांक्षाओं से जोड़े बिना कांग्रेस जीवित नहीं रह सकती। दरअसल कांग्रेस को इन्दिराजी ने बहुत पहले ही तोड़ दिया था—वह आज तक सत्ता के 'मोमेंटम' से चल रही थी। कांग्रेस जिस तरह 1977 में बिखर गई, उसका मुझे दुःख है। जनता पार्टी के अध्यक्ष के नाते मैं चाहता था कि कांग्रेस अपनी गलतियों के लिए जनता से क्षमा माँगकर सशक्त विरोधी दल के रूप में काम करे, जो लोकतन्त्र के लिए अपरिहार्य है। किन्तु कुछ कारणों से ऐसा नहीं हुआ, क्योंकि कांग्रेस-विघटन की प्रक्रिया काफी तेज थी और जनता से कट जाने पर किसी भी राजनीतिक दल का यही हश्र होता है। यह विघटन मेरे लिए, मेरी पार्टी के लोगों के लिए सतर्क रहने की चेतावनी है कि जनता को ज्यादा दिनों तक भुलावे में नहीं रखा जा सकता।

आकलन वर्ष '77 का नहीं, बल्कि बहादुर जनता का होना चाहिए। जिस समय सम्पूर्ण नेतृत्व अन्धकार में भटककर हाथ-पाँव मार रहा था, इसने राष्ट्र को नई दिशा दी। मैं इस सिद्धान्त का प्रतिपादन नहीं करता कि यदि इन्दिरा गाँधी चुनाव नहीं करातीं, तो देश में कोई परिवर्तन नहीं होता। मैं समझता हूँ कि वे जान गई थीं कि यदि उन्होंने चुनाव न कराए, तो देश में क्रांति हो जाएगी, इसलिए राष्ट्र की जनता अभिनन्दन योग्य है। 1977 ने इस तथ्य को सिर्फ और गहरा किया है।

अन्त में मैं एक बात स्पष्ट कर दूँ। अब राजनीति वैसे नहीं चलेगी जैसे पहले चलती रही है। 1977 इसकी चेतावनी है। हमें बेरोजगारी, गरीबी और मजदूर-समस्याओं का समाधान खोजना होगा। यह वर्ष नए सामाजिक-आर्थिक परिवेश की माँग करते हुए राजनीतिक दबाव का था कि जनता परिवर्तन चाहती है। इसके लिए सत्ता पक्ष के कार्यकर्ताओं को गाँव-गाँव में जाकर लोगों को सरकार की आर्थिक नीतियों से अवगत कराना होगा। सरकार के सम्पूर्ण ढाँचे में क्रांतिकारी परिवर्तन लाकर अपने वायदे पूरे करने होंगे। 1977 ने राजनीतिक रूप से देश की जनता को जागृत कर दिया है और मुझे पूर्ण आशा ही नहीं विश्वास है कि जनता पार्टी की सरकार जन-आकांक्षाओं को पूरा करेगी और 1977 के अपने वायदे निभाएगी।

रविवार, 15-21 जनवरी, 1978

क्षेत्रीय असंतुलन : एक विस्फोटक स्थिति

आजादी के पचास वर्षों के बाद देश में एक खतरनाक विभाजन होता दिखाई दे रहा है, लेकिन यह विभाजन साम्प्रदायिक आधार पर न होकर उतना ही तीव्र वैभव और दरिद्रता के बीच हो रहा है। एक भारत जो अल्पमत में है, दुनिया के विकसित देशों से होड़ लेने के लिए कमर कसे हुए है और दूसरी ओर हमारे देश की बहुसंख्या गरीबी और बेबसी के गर्त में डूब रही है। देश में जो विपन्न हैं, एक अँधेरे कोने में ढकेले जा रहे हैं, जबकि देश का एक छोटा-सा भाग दूसरों की कीमत पर विकास की रोशनी में उभारा जा रहा है।

दिल्ली इस असन्तुलन की सिर्फ जन्मदात्री ही नहीं है, बल्कि वह इसका लाभ भी उठा रही है। दिल्ली में प्रति व्यक्ति आय 19,779 रुपए है और अगर इसके आसपास के गरीब इलाकों को इससे अलग कर दिया जाए, तो यह आँकड़ा और भी ऊपर चला जाएगा। बिहार में प्रतिव्यक्ति आय 3,835 रुपया है। अगर विकास सूचकांक के और कारकों—मसलन साक्षरता, बिजली के उपभोग, टेलीफोन लाइनों और अस्पताल सम्बन्धी सुविधाओं को दृष्टि में रखकर देखा जाए तो बिहार की हालत दिल्ली से सात गुना बुरी है। यह ऐसा विभेद है, जो अभूतपूर्व टकराव के रूप में फूट सकता है।

देश में उत्तर प्रदेश दूसरा सबसे गरीब और सबसे कम विकसित राज्य है। यद्यपि बिहार के मुकाबले इसकी प्रतिव्यक्ति आय करीब दोगुनी (6,733 रुपए) है, फिर भी विकास सूचकांक में जहाँ दिल्ली 100 पर है, वहीं उत्तर प्रदेश 14 पर। देश के सबसे गरीब सात राज्य—बिहार, उत्तर प्रदेश, असम, मध्य प्रदेश, उड़ीसा, जम्मू-कश्मीर और त्रिपुरा हैं। अकेले दिल्ली इनसे छह से सात गुना अधिक समृद्ध है। राजस्थान, मणिपुर व मेघालय इन गरीब राज्यों से थोड़ी ही अच्छी हालत में हैं। आन्ध्र प्रदेश और पश्चिम बंगाल को इस सूचकांक में 20 और 21 अंक मिलते हैं और ये दिल्ली से पाँच गुना बुरी हालत में हैं।

गंगा और यमुना के आसपास का भूभाग हरिद्वार से लेकर हुगली तक एक विस्फोटक स्थिति से गुजर रहा है। उत्तर प्रदेश, बिहार, मध्य प्रदेश, आन्ध्र, बंगाल, उड़ीसा, राजस्थान और पूर्वोत्तर भारत ऐसा क्षेत्र है, जिसमें देश की 70 प्रतिशत से अधिक आबादी निवास करती है और यही क्षेत्र देश के सबसे गरीब इलाकों में हैं। जो समृद्ध भारत समझा जाता है, उसमें भी आपस में असन्तुलन है। राज्य विकास सूचकांक में महाराष्ट्र के 52 अंक हैं, जबकि दिल्ली के 100 अंक हैं। इसमें यह भी ध्यान रखने की जरूरत है कि महाराष्ट्र को प्राप्त इस अंक में मुम्बई की दौलत भी शामिल है। महाराष्ट्र के इस सूचकांक से जो तस्वीर उभरती है, उसके मुकाबले ग्रामीण महाराष्ट्र बहुत ही विपन्न है। सीधे विदेशी निवेश (एफडीआइ) की जो सरकारी नीति है, उसके कारण विदेशी निवेश पश्चिम और दक्षिण के राज्यों में हो रहा है।

इससे पश्चिम व दक्षिण के राज्यों तथा उत्तर-पूर्वी राज्यों के बीच जो असमानता है, वह और भी बढ़ेगी। जरूरत इस बात की है कि देश के आर्थिक नियोजन को इस तरह पुनर्योजित किया जाए, ताकि इस खाई को पाटा जा सके। चाहे सरकार किसी भी दल की रही हो, केन्द्र सरकार का हर फैसला इस खाई को और बढ़ानेवाला सिद्ध हुआ है। भारत सरकार के लिए दिल्ली की सीमा से शुरू होकर अरब सागर और बंगाल की खाड़ी के बीच बंगाल से लेकर आन्ध्र तक फैली हुई मानवीय त्रासदी के मुकाबले स्टाक एक्सचेंज का महत्त्व ज्यादा है। गांगेय क्षेत्र के संकट या त्रासदी से बाहर निकलने का सिर्फ एक रास्ता है कि लोगों के हाथ में शक्ति दी जाए, उन्हें शिक्षित किया जाए, नई दृष्टि दी जाए और उस क्षेत्र में अधिकाधिक निवेश किया जाए। जरूरत इस बात की है कि भारत का वह हिस्सा जिसे भुला दिया गया, उसे सम्पन्न हिस्सों के बराबर करने के लिए सरकार दखल दे। किसी भी जनतान्त्रिक सरकार का, जो सभी नागरिकों की समानता का दावा करती है, यह पहला कर्त्तव्य है। ऐसा नहीं हो सकता है कि आप सिद्धांत में समानता की बात करें और व्यवहार में असमानता बढ़ाएँ। यह भी नहीं हो सकता कि संविधान में आप समानता की व्यवस्था करें और बाजार में खुले शोषण की छूट दें।

सरकार को चाहिए कि वह विपन्न भारत के लिए सामाजिक सेवाओं और उसके जीवन स्तर को उठाने के लिए खुद निवेश करे तथा दूसरों को निवेश करने के लिए मजबूर करे। शिक्षा और टेक्नॉलॉजी ही ऐसी सीढ़ियाँ हैं, जो राष्ट्र के भीतर पिछड़े हुए तबकों को ऊपर ले जा सकती हैं। इसमें टेक्नोलॉजी शिक्षा के पहले नहीं आ सकती। असमानता का सीधा परीक्षण इस बात से ही किया जा सकता है कि इस बात का पता लगाया जाए कि सॉफ्टवेयर क्षेत्र में गांगेय क्षेत्र, राजस्थान, उड़ीसा, मध्य प्रदेश और पूर्वोत्तर के कितने युवक काम कर रहे हैं। केवल इस बात से ही आप इस तथ्य को आसानी से समझ सकते हैं कि हमारे देश के जो विकसित क्षेत्र हैं, उनके और इन राज्यों के बीच कितनी असमानता है। पश्चिम बंगाल इसका एकमात्र अपवाद है, क्योंकि वहाँ शिक्षा के क्षेत्र में काफी निवेश हुआ है। नग्न सत्य तो यह है कि शिक्षा और स्वास्थ्य जैसे क्षेत्रों में संस्थागत खर्च बढ़ने की बजाय घटा है। देश के गरीब हिस्सों पर दोहरी मार पड़ रही है, क्योंकि वहाँ एक ओर तो साधनों की कमी है और दूसरी ओर राजनीतिक प्रबन्धन भी ठीक नहीं है।

विपन्न लोगों की पहचान बहुत आसानी से की जा सकती है। दलित, पिछड़े, अल्पसंख्यक और जनजातीय लोग इसके दायरे में आते हैं। गरीबी के साथ एक निराशा का भाव भी उन्हें घेरे हुए है। उन्हें ऐसा लगता है कि देश उनके साथ एक समान नागरिक के रूप में व्यवहार करने की इच्छा नहीं रखता। उनके भीतर गुस्से का एक लावा भीतर-ही-भीतर उबल रहा है और अगर समय रहते कोई उपाय नहीं किया गया, तो यह किसी भी क्षण फूट सकता है। जैसे साठ और सत्तर के दशक में नक्सलवादी आन्दोलन ने सामाजिक शान्ति को खतरे में डाल दिया था, वैसी ही स्थिति बड़े पैमाने पर पैदा हो सकती है।

यह सम्भव है कि भारत आज तीस वर्ष पहले के मुकाबले अधिक सम्पन्न हुआ हो, लेकिन उसी के साथ यह भी सत्य है कि आज हमारा राष्ट्र अधिक खतरों से घिरा हुआ है। बहुत तेजी से हम ऐसे राष्ट्र बन रहे हैं, जिसमें सामाजिक संवेदनशीलता का अभाव है। आज देश में जो विभाजन दिखाई दे रहा है, उसमें एक ओर वह जनसंख्या के विभिन्न वर्गों के

बीच है और दूसरी ओर जहाँ तक भौगोलिक स्थिति का सवाल है, वह बिल्कुल सीधी रेखा में है। जो भौगोलिक विभाजन है, वह कुछ उसी तरह की भावनाओं को उभाड़ सकता है, जैसा कि हमने साठ के दशक के भाषाई आन्दोलन के दौरान देखा था, जबकि दक्षिण और उत्तर एक-दूसरे के विरुद्ध खड़े दिखाई दे रहे थे। एक महान पीढ़ी के नेताओं ने अपनी बुद्धिमत्ता से देश के भीतर किसी तरह जनतान्त्रिक एकता स्थापित की, परन्तु ऐसा लगता है कि आज जिस बुद्धिमत्ता की आवश्यकता उस संकट को टालने के लिए जरूरी है, जो सम्भवतः आजादी के बाद का सबसे भयंकर खतरा हो सकता है, उसका अभाव दिखाई दे रहा है। इस वक्त जरूरत इस बात की है कि उत्तरी और पूर्वी राज्यों में आधारभूत ढाँचे को विकसित करने के लिए अधिकाधिक निवेश किया जाए, ताकि देश के ये हिस्से भी दूसरे विकसित हिस्सों के साथ विकास कर सकें।

प्रभात खबर, 12 अप्रैल, 2000

सिर्फ चुनाव जलते प्रश्नों का उत्तर नहीं

आजादी की लड़ाई के दिनों में हमने एक नए भारत का सपना देखा था। आजादी चंद लोगों के लिए नहीं, करोड़ों के लिए होगी। उनके मुरझाए चेहरों पर नई मुस्कान आएगी। गरीबी, बेबसी, बीमारी और अशिक्षा से उन्हें छुटकारा मिलेगा। गाँव-शहर में कोई भेदभाव नहीं होगा। पिछड़े इलाकों की उन्नति होगी। समाज में उपेक्षित लोग एक मर्यादा की जिंदगी जी सकेंगे। उनके लिए समान अवसर होंगे। जो पिछड़े थे, उपेक्षित थे, दलित और शोषित थे, उन्हें विशेष अवसर दिया जाएगा। इससे लोगों के मन में नया विश्वास पैदा होगा। पिछड़े इलाकों के विकास की गति तेज की जाएगी। आंचलिक योजनाओं के जरिए विकास का विशेष आयोजन होगा। खेती करने वाले गाँवों के किसान नई सुविधाएँ पा सकेंगे। धर्म, जाति के नाम पर कोई अंतर नहीं होगा। इसी सपने को साकार करने के लिए लोगों ने कुर्बानी दी। देश आजाद हुआ।

आजादी के बाद उसके लिए हमने प्रयास शुरू किया। देश का संविधान बना। योजना आयोग का गठन हुआ। योजनाओं में उन उद्देश्यों की पूर्ति के लिए सीमित साधनों का उपयोग आज तक उपेक्षित रहे वर्गों के लिए होगा, ऐसा आश्वासन दिया गया। सबको शिक्षा देने के लिए योजना बनाने की बात की गई और यह कहा गया कि 10 वर्षों के भीतर कोई निरक्षर नहीं रहेगा। लोगों को बालिग मताधिकार मिला। संसद और विधानमंडलों के चुनाव हुए। न्यायपालिका की स्वतंत्रता की रक्षा का हमने व्रत लिया। प्रशासनिक सेवा के लोग सेवक की भावना से कार्य करेंगे, शासक की जेहनियत से नहीं, ऐसी बात जनता तक पहुँचाई गई। योजना आयोग को सीमित दलगत राजनीतिक दायरे से ऊपर उठकर आर्थिक विकास को ध्यान रखकर काम करने का अधिकार देने की बात की गई।

पर 40 वर्षों के बाद आज हमारे देश की क्या स्थिति है? बड़ी संख्या में लोग भूखे और प्यासे हैं। लगभग 2 लाख गाँव पीने के पानी की सुविधा से वंचित हैं। 65 फीसदी लोग निरक्षर हैं। नए आकलन के अनुसार 21वीं सदी के आरंभ में 50 करोड़ लोग निरक्षर होंगे। यह संख्या सारी दुनिया के पढ़े-लिखे लोगों की संख्या का 52 फीसदी होगी। पुरानी सभ्यता और संस्कृति के इस राष्ट्र की इस गिरावट की स्थिति के बारे में सोचकर गर्दन शर्म से झुक जाती है। 3 करोड़ पढ़े-लिखे युवक-युवतियाँ बेरोजगार हैं। श्रम करना चाहते हैं, पर उन्हें मेहनत करने का अवसर ही नहीं मिलता। वे मर्यादा के साथ जीविका नहीं कमा सकते। वे निरुत्साहित हैं। इस कारण मन में भटकाव है।

आज हम यह सोचने के लिए तैयार नहीं हैं कि हमारे देश की सबसे बड़ी शक्ति जनशक्ति है और उसका उपयोग नहीं हो पाता। हम आधुनिक तकनीक के सहारे विदेशों

की मदद लेकर नया देश बनाने की कल्पना कर रहे हैं। अंधाधुंध विदेशों से नई तकनीकी अपनाने की बात चलती है। अपने देश में हमने जो क्षमता पैदा की थी वह बेकार पड़ी है। नई क्षमता पैदा करने का सवाल ही नहीं उठता। आजादी की लड़ाई के दिनों में स्वदेशी और स्वावलंबी ह्नेने की बात की गई, जिसके लिए आज कोई स्थान नहीं है। एक ओर भूख और प्यास, गरीबी और अशिक्षा है, बीमारों को दवा नहीं मिलती। गर्भवती माताओं को भरपेट खाना नहीं मिलता, इस कारण वे अपंग बच्चों को जन्म देने के लिए विवश हैं। दूसरी ओर चंद लोग वैभव की जिंदगी जी रहे हैं। संपदा थोड़े लोगों के हाथ में सिमट रही है। सत्ता संपदा की सहचरी बन गई है। नतीजा यह है कि गरीबों के लिए कोई उम्मीद दिखाई नहीं देती। एक ओर वैभव और विलासिता का दिखावा जोर पकड़ रहा है, दूसरी ओर बेबसी से लोग सिसक रहे हैं। वैभव और बेबसी के बीच यह टकराव समाज में तनाव पैदा कर रहा है। मितव्ययिता की जो बात हमने आजादी की लड़ाई के दिनों में सोची थी, उसकी ओर आज किसी का ध्यान नहीं जाता। समाज में यथास्थिति बनाए रखने के लिए प्रयास होता रहा। परन्तु समाज की अपनी गतिशीलता है। समाज में निरंतर परिवर्तन की प्रक्रिया चलती रहती है। सदियों से जो परिवार उपेक्षित और शोषित रहे, आज उन्हीं परिवारों के लड़के और लड़कियाँ विश्वविद्यालयों में शिक्षा पा रहे हैं। उनमें एक नई जागृति आ रही है। दुनिया की क्रांतियों का इतिहास उन्हें मालूम है। अब वे इस बात पर विश्वास करने के लिए तैयार नहीं कि किसी नियति ने या अलौकिक शक्ति ने उन्हें बेबस और उपेक्षित पैदा किया है और यही जिंदगी जीने के लिए वे मजबूर हैं। वे समाज से अपना अधिकार चाहते हैं। वे अपनी आवाज उठा रहे हैं। प्रश्न केवल यह है कि हम उनके अरमानों को पूरा करने के लिए कदम उठाएँ या राज्य की दमनकारी शक्तियों का सहारा लेकर उनकी आवाज को दबाने की कोशिश करें? दुर्भाग्य है कि हम उनके जज्बात को समझने और उनकी समस्याओं का समाधान ढूँढ़ने के लिए तैयार नहीं हैं। दमन के सहारे इसे कानून का सवाल बनाकर इससे निपटना चाहते हैं। यह एक आत्मघाती सोच है। इससे समस्या और उलझेगी। समाज में बिखराव आएगा। त्रिपुरा से लेकर तमिलनाडु की ताकतें सिर उठा रही हैं। अराजकता का धुआँ उठ रहा है। कहीं-कहीं हिंसा की आग भड़क उठी है।

आर्थिक पिछड़ेपन का एक और नतीजा सामने आ रहा है। जब साधारण जन की बुनियादी जरूरतें पूरी नहीं होतीं, तो वे उदासी और निराशा के शिकार हो जाते हैं और अपने अस्तित्व की तलाश जाति, धर्म और आंचलिक प्रवृत्तियों में करते हैं, संकीर्णता और असहिष्णुता की शक्तियों को प्रश्रय मिलता है। उन्हें सहारा मिल जाता है और फिर राग-द्वेष और हिंसा को भड़का पाना सुगम हो जाता है। ये सवाल जगह-जगह उभर रहे हैं। अल्पमत तथा भारतीय मूल के लोगों की उचित मांगों और वास्तविक समस्याओं को अनदेखा कर दिया जाता है। उन्हें पूरा करने के लिए कोई कदम नहीं उठाया जाता और इस कारण कभी-कभी संसदीय जनतंत्र की उपयोगिता के बारे में ही लोगों को संदेह होने लगता है और वे कुछ भी कर गुजरने के लिए अपने को विवश समझ बैठते हैं। हताशाजनित यह उन्माद कभी-कभी भयावह रूप ले लेता है और हम उससे निपटने में अपने को असमर्थ पाते हैं। इसका परिणाम आज हमें दिखाई दे रहा है।

सबसे दुख की बात यह है कि जिन संस्थाओं की रचना हमने राष्ट्रीय भावनाओं के समाधान के लिए की थी, वे धीरे-धीरे अपने कर्त्तव्य का निर्वाह करने में अक्षम जान पड़ती हैं। सीमित साधनों के इस देश में योजना आयोग से यह आशा की जाती थी कि वह लोगों की बुनियादी जरूरतों को पूरा करने के उद्देश्य से प्राथमिकताएँ निर्धारित करेगा, पर आयोग बेबस जान पड़ता है। राजपुरुषों की इच्छाओं की पूर्ति को ध्यान में रखकर आर्थिक नीतियों का निर्धरण होता है। पर आर्थिक वास्तविकता राजपुरुषों की इच्छा के अनुसार नहीं चलती, उसका अपना अनुशासन है। यदि वास्तविकता को भुलाकर लुभावने नारों का सहारा लिया जाएगा, तो विकृतियाँ पैदा होंगी और राष्ट्र को उसकी भारी कीमत चुकानी पड़ेगी। आज योजना आयोग की भूमिका केवल औपचारिकता मात्र रह गई है। न्यायपालिका की मर्यादा को ठेस लगी है। संसद और विधानमंडल में उपेक्षित लोगों की आवाज उठती ही नहीं। यदि उठे भी, तो दिल्ली में सत्ता में बैठे लोग उसे अनसुना कर देते हैं। राज्य सरकारों की हैसियत केंद्र की चेरी से अधिक मानी नहीं जाती। इससे भी दुखद और कटुता का वातावरण उत्पन्न होता है। जहाँ गैर-कांग्रेस सरकारें हैं, वहाँ की स्थिति और अधिक चिंतनीय है क्योंकि लोगों के मन में यह बात घर करती जा रही है कि उनके साथ सौतेला व्यवहार किया जा रहा है।

समस्याओं के समाधान के लिए सत्ता में बैठे लोगों को आज एक ही रास्ता दीख पड़ता है। वह है लोगों की आवाज दबाने के लिए नए-नए दमनकारी कानून बनाकर अधिकाधिक आर्थिक अधिकारों का सरकार द्वारा हथियाया जाना। पिछले एक साल में जिस तरह के कानून बने हैं, उससे सरकार की जेहनियत का अंदाजा लगाया जा सकता है। नागरिक अधिकारों का हनन साधारण-सी बात बन गई है। जीवन और स्वतंत्रता के मौलिक अधिकार पर भी ग्रहण लगता दीख पड़ता है। राष्ट्रीय आंदोलन के मूल्यों को पूरी तरह तिरस्कृत किया जा रहा है। सत्ता पक्ष में लोग मौन हैं। मानव-जीवन के प्रति उनकी ममता मृतप्राय जान पड़ती है। फिर उनसे क्या आशा की जाए? भ्रष्टाचार आदि के सवाल पर फिर उनकी जो प्रतिक्रिया है, वह कोई आश्चर्य की बात नहीं।

विरोध पक्ष में भी भटकाव है। समस्याओं का सही मूल्यांकन नहीं हो पाता। बुनियादी सवालों पर एक दृष्टि नहीं, फिर एकता की बातें एक व्यामोह में अटक कर रह जाती हैं। चुनाव के लिए एका एक बात है। शायद यह आवश्यक भी है। क्योंकि आज के लोग यदि सत्ता में बने रहे, तो फिर लोकशाही के सामने वही संकट आने की आशंका है, जिसे देश 1975 में झेल चुका है। पर यह भी संभव है कि सत्ता में बने रहने की लालसा सत्ताधारियों को अंधा बना देती है। वे लोकशाही की बुनियाद पर ही आघात करते हैं। बहाना ढूँढ़ा जाता है या कभी-कभी जान-बूझकर तैयार किया जाता है। बाहरी खतरे और आंतरिक संकट की बात चलाकर लोगों को दिशा विशेष में सोचने के लिए विवश किया जाता है और फिर सुरक्षा और एकता के नाम पर तानाशाही जेहनियत को राष्ट्रभक्ति का जामा पहनाकर अपनी लिप्सा को पूरा करने के लिए अभिनय रचाया जाता है। आज इस संभावना से इंकार नहीं किया जा सकता। ऐसी स्थिति में जनमत को जगाना होगा। प्रतिरोध की राजनीति के लिए लोगों को तैयार करना होगा। राष्ट्रीय समस्याओं पर बेलाग बात करने का साहस जुटाना होगा। ऐसा तभी संभव है, जब इन समस्याओं पर समान विचार के लोग एक साथ मिलकर

लोगों के बीच जाएँ। इसके अभाव में मात्र चुनाव के लिए किया गया गठबंधन हमारी लोकशाही के सामने मौजूद जलते प्रश्नों का उत्तर नहीं दे सकेगा।

महत्त्वपूर्ण व्यक्तियों ने इस समस्या के बारे में सोचा है। अपना विचार लोगों के सामने रखा है। मुझे विश्वास है कि इससे इस प्रश्न पर सम्यक दृष्टि से सोचने में सहायता मिलेगी।

'दिनमान' में अतिथि सम्पादकीय

जेपी से मेरी पहली मुलाकात

बात 1951 की है। मैं इलाहाबाद में एमए की परीक्षा दे चुका था। उसी दौरान जेपी ने इलाहाबाद में आने की इच्छा जताई थी, पर इलाहाबाद सोशलिस्ट पार्टी में कुछ वकीलों के असहयोग के कारण ऐसा करना संभव नहीं हो पा रहा था। इस संबंध में सोशलिस्ट पार्टी के सचिव गेंदा सिंह जी बड़े परेशान थे।

दिल्ली जाने का कार्यक्रम बना चुका था। दिल्ली में समाजवादियों द्वारा आयोजित 'जनवाणी दिवस' में भाग लेने जाना था। टिकट कटाकर मैं ट्रेन में अभी बैठने जा ही रहा था कि स्टेशन पर गेंदा सिंह जी भागे-भागे आए। पूछने लगे, "क्या इलाहाबाद में जेपी का कार्यक्रम नहीं होगा?"

मैंने कहा, "क्या दिक्कत है? पार्टी में इतने प्रभावकारी लोग हैं तो सही।"

गेंदा सिंह बोले, "सबने मना कर दिया है। अब जेपी यहाँ नहीं आ पाएँगे। क्या आप कुछ मदद कर सकते हैं?"

मैंने कहा, "कर सकता था, पर यूनिवर्सिटी बंद हो गई है, विद्यार्थी हैं नहीं और बाहर मेरा कोई संपर्क नहीं है।"

उन्होंने कहा, "देखिए, यह प्रतिष्ठा का प्रश्न है। जयप्रकाश जी को मैंने कह दिया है कि आप इलाहाबाद आइए। मैं नहीं चाहता कि यह कार्यक्रम स्थगित हो। अगर आप कुछ कर सकते हों तो, कीजिए।"

मैंने कहा, "अगर कार्यक्रम कराना ही है, तो हो जाएगा, बहुत मुश्किल तो नहीं है।"

कुछ ही दिन शेष रह गए थे। मैंने दिल्ली का अपना टिकट वापस कर दिया और काम जुट गया। काशीनाथ मिश्रा (आजकल फिर कांग्रेस में चले गए हैं) और रामेश्वर बाली (आजकल जम्मू में हैं, जनता दल में) को साइकिल पर बैठाकर तमाम लोगों से मिलता। सारी तैयारियाँ करवाईं। जयप्रकाश जी की बड़ी इच्छा थी कि इलाहाबाद में कुछ श्रमिक संगठनों के नेताओं से भी वह मिलें। सो उसका भी बंदोबस्त कराया।

जिस रोज जयप्रकाश जी को इलाहाबाद आना था, उसी रोज 'करंट' के संपादक डीएफ कराका भी इलाहाबाद पहुँच रहे थे, हमारे जितने भी समाजवादी नौजवान थे, सभी जयप्रकाश जी का स्वागत करने स्टेशन चले गए।

दूसरी तरफ कराका साहब को कोई भी रिसीव करने नहीं पहुँचा। न मैं उन्हें शक्ल से जानता था, न वह मुझे। सो, मैं स्टेशन पर पार्टी का झंडा लेकर पहुँच गया। कराका साहब ने भीड़ में उठा वह झंडा देखा और मुझ तक पहुँचे। मैंने उन्हें रेलवे गेस्ट हाउस में ठहरा दिया। जयप्रकाश जी भी वहाँ ठहरे थे।

आज भी मुझे याद है, बाद में कराका साहब ने अपने अखबार में लिखा था—'आई रिसीव्ड वन मैन रिसेप्सन।'

खैर, जब सब कार्यक्रम खत्म हो गए, तो जयप्रकाश जी ने पार्टी कार्यकर्ताओं से पूछा, "भई, ये चन्द्रशेखर हैं कौन? सुबह से मैं उनका नाम सुन रहा हूँ, और वह दिखाई नहीं पड़ रहे। कहाँ हैं?"

लोगों ने मुझसे कहा कि जयप्रकाश जी बुला रहे हैं। मैं गया, तो उन्होंने भोजपुरी में कहा, "आप बलिया के ही रहने वाले हैं? कभी मिले नहीं।"

मैंने कहा, "हरदम आपके गाँव जाता था, आपकी हर सभा में मौजूद रहता था।"

"तो कभी मिले क्यों नहीं?"

"कभी जरूरत ही नहीं समझी।"

सारंगा स्वर, जुलाई, 1989

●●●